高职院校专业教学创新系列教材——铁道机车类

电力机车行车安全装备

主　编　王　峰　黄　华
副主编　王红红　聂　荐
主　审　何成才

西南交通大学出版社
·成　都·

图书在版编目（CIP）数据

电力机车行车安全装备 / 王峰，黄华主编. —成都：西南交通大学出版社，2022.8
ISBN 978-7-5643-8832-4

Ⅰ. ①电… Ⅱ. ①王… ②黄… Ⅲ. ①电力机车 - 行车安全 - 安全设备 - 高等职业教育 - 教材 Ⅳ. ①U264.91

中国版本图书馆 CIP 数据核字（2022）第 141036 号

Dianli Jiche Xingche Anquan Zhuangbei
电力机车行车安全装备

主　编 / 王　峰　　黄　华　　责任编辑 / 李　伟
封面设计 / 墨创文化

西南交通大学出版社出版发行
（四川省成都市金牛区二环路北一段 111 号西南交通大学创新大厦 21 楼　610031）
发行部电话：028-87600564　　028-87600533
网址：http://www.xnjdcbs.com
印刷：成都蓉军广告印务有限责任公司

成品尺寸　185 mm × 260 mm
印张　22　　字数　537 千
版次　2022 年 8 月第 1 版　　印次　2022 年 8 月第 1 次

书号　ISBN 978-7-5643-8832-4
定价　65.00 元

课件咨询电话：028-81435775

前 言

随着铁路运输向高速度、高密度和重载方向发展，目前在我国各条铁路线上运行的各种电力机车均安装了列车安全运行监控记录装置。机车行车安全装备主要是指设于机车、轨道上，用于直接防止列车运行事故或辅助司机提高操纵列车运行安全能力的装备。机车行车安全装备是机车的重要组成部分。

行车安全装备是列车运行安全的重要保障，掌握行车安全装备的操作与维护是机车运用人员安全操纵机车的重要保证。目前，电力机车行车安全装备不断更新，科技含量、性能功用不断提升，以往的教学工具及内容已经不能满足现场工作的需要。为满足实际需求，我们深入铁路现场一线进行调研，制定了新的教学内容，并开发了这本教材。

为保证电力机车行车安全装备准确、稳定、可靠地工作和提高作业及管理标准化、规范化程度，本书所讲述的电力机车行车安全装备是正在使用的中国国家铁路集团有限公司（简称国铁集团）批准的型号。

本书采用项目教学的理念进行编写，全书共有 7 个项目，深入浅出地介绍了电力机车行车安全装备的结构与工作原理。本书内容主要包括机车信号车载设备概况、列控系统的发展、CTCS-2 级列控系统、LKJ（列车运行监控装置）设备技术结构、LKJ-2000 型监控装置标准化乘务作业操作、LKJ-2000 型监控装置非正常行车操作、LKJ 典型事故案例等。

本书作为铁道机车专业驾驶方向的教材，编写指导思想是：基础理论适度、强化基础及共性知识、专业针对性强、以培养能力为主、反映本学科技术科学领域的现状及发展。本书可作为职业院校铁道机车专业的教学用书，同时也可供从事铁道机车专业工作的广大科技人员学习参考。

本书由武汉铁路职业技术学院王峰、黄华担任主编，王红红、聂荐担任副主编，武汉铁路职业技术学院何成才担任主审。参加编写的还有：武汉铁路职业技术学院李鹏、潘永军、李星泽、李一凡、何方，中国铁路武汉局集团有限公司江岸机务段董运鹏。具体编写分工如下：王红红、聂荐、董运鹏编写项目一、项目二和项目三，黄华、李鹏编写项目四，李星泽、何方编写项目五，潘永军、李一凡编写项目六和项目七；王峰统稿。在编写过程中，编者还得到了很多单位和职业教育界同仁的帮助，在此一并表示感谢。

由于编者水平有限，疏漏之处在所难免，敬请读者批评指正。

编 者

2022 年 5 月

本书视频资源

目录

项目一　机车信号车载设备概况

项目描述

随着铁路运输向高速度、高密度和重载方向发展，目前在我国各条铁路线上运行的各种电力机车均安装了列车安全运行监控记录装置。机车行车安全装备主要是指设于机车、轨道上，用于直接防止列车运行事故或辅助司机提高操纵列车运行安全能力的装备。机车行车安全装备是机车的重要组成部分。

JT1 型通用式机车信号系统接收各种制式机车信号，采用全数字化处理与控制，具有接收和处理各种制式机车信号的功能。它能自动识别和接收 UM71 移频信号，4 信息、8 信息、18 信息电化和非电化移频自动闭塞信号，25 Hz、50 Hz、75 Hz 交流计数和微电子交流计数自动闭塞信号，译码后通过机车信号机显示，同时为列车运行记录装置和列车运行超速防护系统提供信息。

本项目任务：

任务一　机车信号概况

任务二　JT1 型通用式机车信号设备概况

任务三　机车信号设备维护操作训练

任务一　机车信号概况

知识目标

（1）机车信号的定义。

（2）机车信号的发展趋势。

技能目标

（1）掌握机车信号设备的作用。

（2）掌握机车信号的发展趋势。

任务一课程思政教学案例

素质目标

（1）培养学生遵章守纪、爱护机车信号车载设备的职业道德。

（2）培养学生学习新技术、新知识的意识。
（3）培养学生勇于创新、开拓进取的意识。
（4）培养学生严谨认真、精益求精的态度，提升学生合作、应变与可持续性发展的能力。
（5）能客观、公正地进行学习效果的自我评价。

知识点学习

一、机车信号定义

机车信号是指设在司机室内反映列车前方运行条件的信号显示，通常实现机车信号功能的车载设备也被简称为机车信号。如图 1-1 为实现机车信号而装设的整套技术设备，称之为机车信号设备。

（a）机车信号机　　（b）机车驾驶室

图 1-1　机车信号设备

列车按照地面信号显示行车时，由于风、雪、雨、雾等气候条件不良或隧道、弯道等地形条件的影响，司机往往不能在规定距离内确认信号显示，存在冒进信号的危险。尤其是在行车密度大、列车速度快及载重量大的区段，发生冒进信号的可能性更大。机车信号能复示前方地面信号机的显示，改善司机的瞭望条件。当机车上采用机车信号后，就能较好地避免自然条件的干扰，提高司机接收信号的可靠性，如图 1-2 所示。在机车信号的基础上配套列车运行超速防护系统，可促使司机提高警惕，并在司机丧失警惕而有可能冒进信号或超速时强迫列车停车或减速，以防止列车冒进信号或超速运行。安装机车信号和列车运行超速防护系统后大大提高了行车安全程度，其效果十分显著。

机车信号是单方向的控制设备，只能从地面向车上传递信息。为使车上设备和地面设备间保持不间断联系，地面必须设有源的发送设备，向钢轨发送行车信息的电信号。该电信号在钢轨中传输，钢轨周围即形成磁场，机车上的接收线圈中就感应出电动势，经译码使机车信号机显示相关信号。连续式机车信号能在整条线路上连续不断地反映线路状态和运行条件，用于自动闭塞区段，大大改善司机的劳动强度，保证了行车安全。

图 1-2　机车信号复示前方地面信号

随着机车信号可靠性的提高，机车信号已从辅助信号转为主体信号。列车速度为 160 km/h 时，司机能确认地面信号机显示的临界速度，虽然其正方向仍设有地面信号机，但在正常情况下以机车信号为主，反方向则按机车信号运行。在列车速度超过 200 km/h 时，司机确认地面信号已不可能，只能凭机车信号行车。

二、机车信号的发展

机车信号发展初期，其功能是为了改善司机瞭望条件而向司机复示地面信号。随后在机车信号设备的基础上增加了自动报警、自动停车设备；机车信号设备不仅向司机提供信号显示，同时向后级设备提供信号来源，机车信号成为提高运输安全，实现车上自动报警、自动停车功能所必备的重要车载设备，成为机车“三大件”之一。

1. 机车信号的应用

我国铁路从 1959 年开始安装机车信号和列车自动停车装置。最初，由于历史的原因，我国铁路自动闭塞的建设，出现了不同线路、不同区段建有不同制式的自动闭塞。不同的自动闭塞制式，配套相应制式的机车信号，相互之间不能兼容。电气化区段与非电气化区段的机车信号也不兼容。列车在只安装一套机车信号时，不能保证机车信号连续不间断地显示，这给机车长交路运行带来一定的影响。一台机车有时需要安装两种以上的车载设备。

2. 机车信号的通用化

北京交通大学于 1980 年首先提出了采用微机系统来解决机车信号多制式兼容问题的方法，并于 20 世纪 80 年代中期开始通用式机车信号的研究。

1991 年，第一代通用式机车信号“非电化区段通用式机车信号”通过铁道部的技术鉴定；1992 年，第二代通用式机车信号“电化区段通用式机车信号”通过铁道部的技术鉴定；1995 年，第三代“JT1-A/B 型（即 SJ-93/SJ-94 型）数字化通用式机车信号”通过铁道部的技术鉴定。

从铁路运输的要求来看，列车速度越来越高，机车交路越来越长，对机车信号的要求也越来越高。JT1-A/B 型通用式机车信号较好地解决了机车交路在不同自动闭塞制式的问题，即多制式通用的问题以及与运行监控记录装置结合、提供信息的问题。但是，通用式机车信号可靠性不高，未按主体化进行设计，不能成为主体信号使用。

3. 机车信号的主体化

随着机车信号地位的提高，我国《铁路技术管理规程》(简称《技规》) 提出了机车信号主体化的概念，规定："作为行车凭证的机车信号为主体机车信号，是由车载信号和地面信号设备共同构成的系统，必须符合故障导向安全的原则，车载设备应具有运行数据记录的功能；地面信号设备应能正确发送信息。"

2002 年，北京交通大学完成了第四代 JT1-CZ2000 型机车信号车载系统的研制；2003 年 10 月，该机车信号车载系统通过了铁道部的技术鉴定。JT1-CZ2000 型机车信号采用多项先进技术和系统化的安全设计方案，满足铁路信号"故障-安全"原则，具有数据记录功能，在地面信号具备条件时可作为主体机车信号应用。机车信号主体化彻底改变了机车信号只能用作列车运行辅助信号的被动局面，大大提高了列车运行速度和效率。

2006 年，铁道部召开全路机车信号整治工作会议，按照铁道部授权，北京交通大学起草制定了《JT1-C 系列机车信号车载系统设备技术规范（暂行）》(科技运〔2006〕2 号）及《JT1-C 系列机车信号车载系统设备安装规范（暂行）》(运基信号〔2006〕243 号）(简称《规范》)，并于 2006 年 7 月底全路颁发。《规范》制定的目的是进一步提高设备的可靠性标准，并对机车信号系统车载设备的安装、接口、规格、使用操作等方面做出统一规定。按照《规范》要求，2006 年 9 月重新设计制造出一体化 JT1-CZ2000 型机车信号车载系统设备。

任务二　JT1 型通用式机车信号设备概况

知识目标

（1）JT1 系列机车信号车载系统概况。
（2）通用式机车信号处理过程。
（3）JT1-C 系列机车信号车载系统概况。
（4）JT1-C 系列机车信号车载系统工作原理。
（5）机车信号设备维护。

技能目标

（1）熟悉 JT1 系列机车信号车载系统概况。
（2）掌握 JT1 型通用式机车信号系统的使用。
（3）掌握 JT1-C 系列机车信号车载系统的设备构成。
（4）能够熟练运用 JT1-C 系列机车信号车载系统。
（5）掌握机车信号设备维护方法。

任务二课程思政教学案例

素质目标

（1）培养学生遵章守纪、爱护机车、熟练运用机车信号系统的职业道德。
（2）培养学生学习新技术、新知识的意识。

（3）培养学生勇于创新、开拓进取的意识。

（4）培养学生严谨认真、精益求精的态度，提升学生合作、应变与可持续性发展的能力。

（5）能客观、公正地进行学习效果的自我评价。

知识点学习

一、JT1 系列机车信号车载系统概况

北京交通大学“八五”期间开发的新一代数字化通用机车信号，采用现代数字信号处理技术，在可靠性、抗干扰性方面较之前设备有大幅提高。JT1 型通用式机车信号分为 JT1-A 型（SJ-93 型）及 JT1-B 型（SJ-94 型）两种，如图 1-3 与图 1-4 所示。

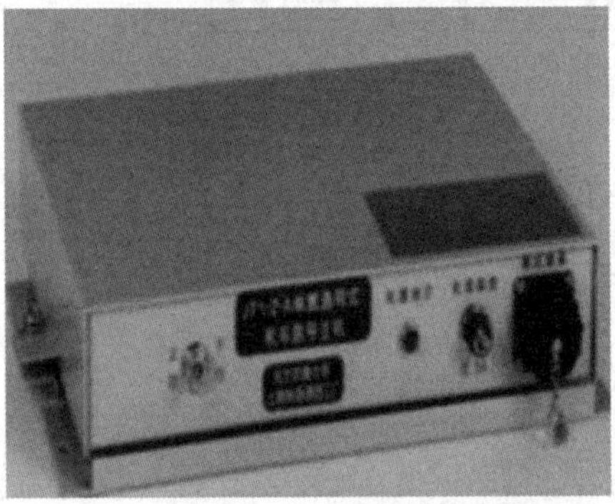

图 1-3　JT1-A（SJ-93）型主机

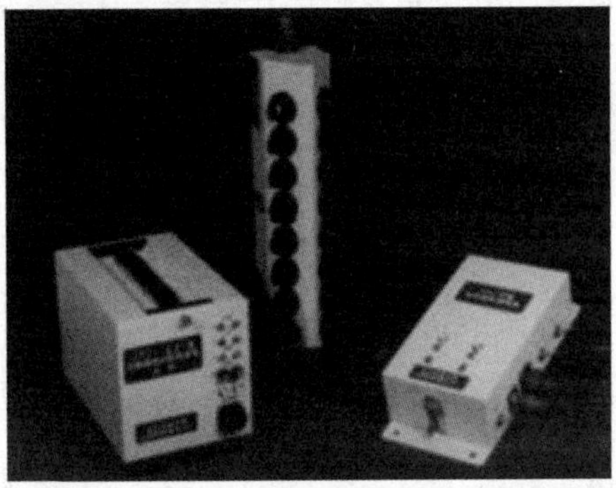

图 1-4　JT1-B（SJ-94）型整套设备

通用机车信号适用于各种制式的自动闭塞和半自动闭塞区段，适用于安装在国内已有各种型号的电力机车和内燃机车上，能满足机车长交路的要求，不仅解决了在空间有限的机车司机室无法安装多种制式机车信号设备的困难，而且做到信息采集、识别自动化，大大提高了可靠性，为列车提速创造了条件。

JT1 型通用式机车信号在技术条件规定的范围内可以根据用户要求使用各种机车接收感应器，并统一采用八色灯信号显示器复示前方信号。

通用式机车信号可与超速防护设备相结合，向超速防护设备提供所需信息，如速度等级、制式、过绝缘节等信息，当列车超速防护装置发生故障时，不影响机车信号的正常使用。

JT1 型通用式机车信号装置符合铁路信号“故障-安全”原则。

JT1-A/B 型通用式机车信号，是采用数字信号处理技术及高速超大规模集成电路设计而成的新一代通用式机车信号装置。JT1-A 型为单套主机，JT1-B 型为双套主机，设备能够自动接收移频 4 信息、8 信息、18 信息、交流计数（25 Hz、50 Hz、75 Hz 和微码化）信息、极频信息、UM71 信息及 ZPW2000（UM 系列）等自动闭塞信息，通过制式自动识别并处理后，将相应的信息显示在八显示机车信号机构上。

JT1 型通用式机车信号的技术特点如下：

（1）采用高速数字信号处理技术（Digital Signal Process，DSP），减小了信号反应识别时间，抗干扰能力增强。

（2）JT1-B 型机车信号设备主机的每块主机板内采用“二取二”容错安全结构，并采用双机热备，提高了系统的可靠性。

（3）使用双面 8 色灯 LED 机车信号显示器，提高了显示器的可靠性。

（4）为监控装置提供机车信号灯位、速度等级、绝缘节等信息。

JT1 型通用式机车信号设备主要由机车信号接收线圈、机车信号主机、八显示机车信号机、机车信号接线盒和电缆等部分组成，系统框图如图 1-5 所示。

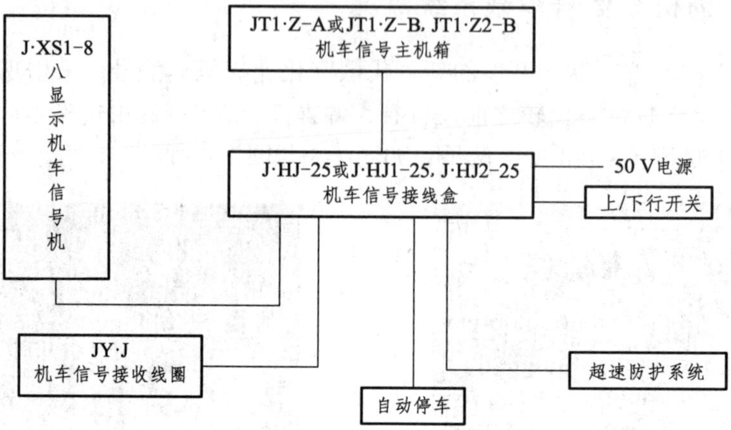

图 1-5　JT1 型通用式机车信号系统框图

1．机车信号接收线圈

从地面向机车上传输移频信号，是由与钢轨有电磁耦合的接收线圈来实现的。接收线圈是机车信号接收地面信息的传感设备，它采用的是电磁感应的方法。在移频自动闭塞区段的钢轨中，通有移频电流，此电流在钢轨周围形成交变磁场，该磁场的磁力线穿过接收线圈的铁心，使绕在铁心上的线圈产生交变的感应电动势，从而将地面信号机的显示传递到机车信号设备上，使机车信号设备和地面信号设备保持不间断联系。

两接收线圈的连接如图 1-6 所示。两线圈按异名端串联连接，此连接方式能得到两倍的信号感应电动势，并可将两根钢轨同方向的牵引电流所产生的感应电动势互相抵消，从而提高了设备的抗干扰能力。

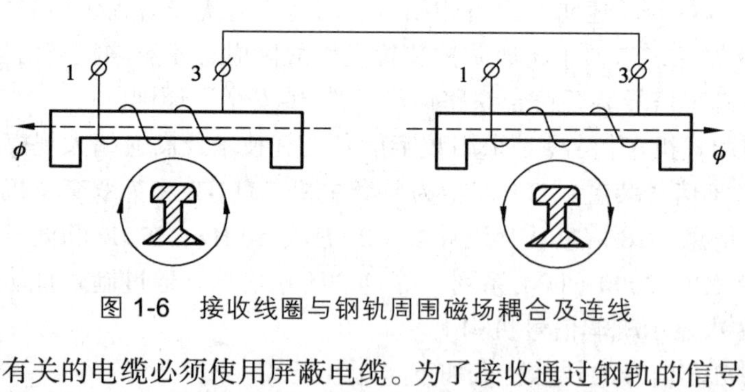

图 1-6　接收线圈与钢轨周围磁场耦合及连线

与感应器信号有关的电缆必须使用屏蔽电缆。为了接收通过钢轨的信号电流，JT1 型通用式机车信号的接收线圈安装在机车导轮前方，吊装在机车前方轮对与排障器之间的槽钢上，对应于两根钢轨中心的上方各设一个。

2．机车信号点灯电路

机车信号点灯电路如图 1-7 所示。

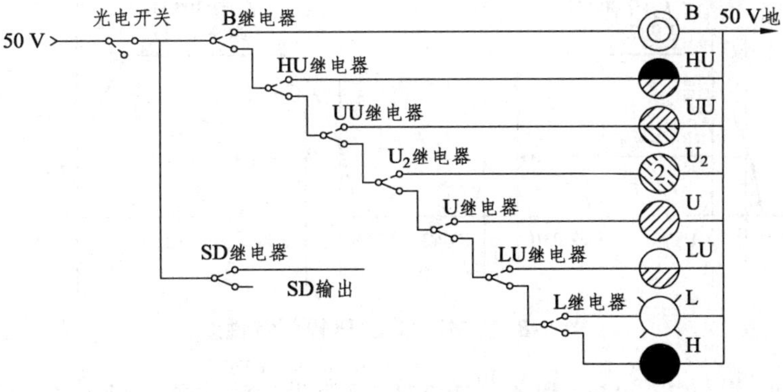

图 1-7　机车信号点灯电路

JT1 型通用式机车信号点灯电路电源由+50 V 的直流供电电源提供。机车信号点灯受光电开关控制。机车信号点何种灯由执行继电器接点状态决定。

速度继电器（SDJ）接点构成速度（SD）输出，该条件输入列车运行监控记录装置或列车运行超速防护设备。使用方法是由 8 位色灯信号条件与速度等级（SD）输出相互组合来向超速防护装置提供完整的速度信号。

通用式机车信号工作时，一方面控制执行继电器接通机车信号点灯，同时又将执行继电器接点状态及点灯情况反馈给机车信号主机参与运算。

执行继电器为长方形小型继电器，安装在通用式机车信号主机板上。通用式机车信号共使用 8 个小型执行继电器。每个继电器内部设有 1 个线圈，两组前后接点。该继电器接点，一组用于点灯，另一组用于向主机传递反馈信号。

3．信号处理过程

通用式机车信号主机板信号处理过程是在软件作用下完成的。

开机后首先进行初始化，由动态监督电路输出信号对 DSP 芯片进行复位，复位后即进入程序自检状态。在自检过程中，DSP 芯片要对 EPROM（可擦写可编程只读存储器）、RAM（随机存取存储器）输出电路进行自检，自检时间约 4 s，自检完毕后使白灯继电器（BJ）吸起，机车信号显示白灯。

接收信息经 A/D 变换后得到数字信号并输入 DSP 芯片。DSP 芯片在程序作用下对输入信号进行频率测量。当输入若干个周期信号，测量结果均为 400 ~ 1 000 Hz 时，则可判定接收的是国产移频信号，然后进入移频信号译码程序。若测量结果输入信号为 1 650 ~ 2 650 Hz 时，可判定为接收的是 UM71 信息，便可进入 UM71 译码程序。

下面以接收 UM71 信息为例分析。

UM71 也为一种移频信息，其信号处理过程分为带通滤波、解调、低频译码三部分。

UM71 的四个载频 f_0 分别为 1 700 Hz、2 000 Hz、2 300 Hz 和 2 600 Hz，频偏 Δf 为 11 Hz。首先通过程序分别设置 4 个带通滤波器，通带范围为 $f_0\pm30$ Hz 以内，阻带范围为 $f_0\pm42$ Hz 以外。其部分幅频特性图如图 1-8 所示。

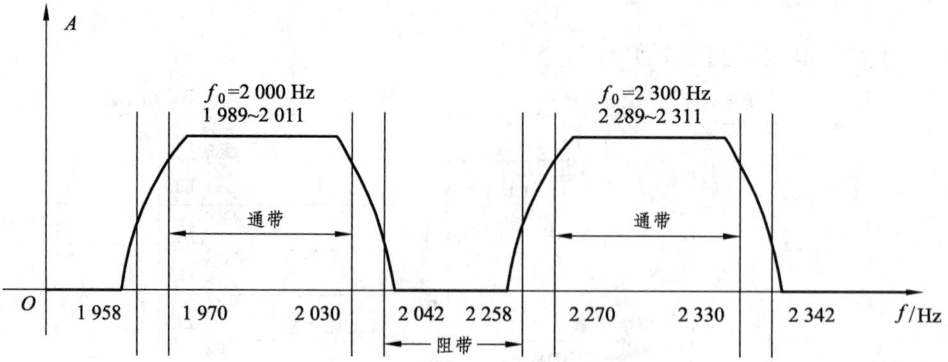

图 1-8　UM71 滤波器幅频特性图

图 1-8 中选取了 f_0=2 000 Hz 和 f_0=2 300 Hz 两个带通滤波器。当 f_0=2 000 Hz 时，通带范围为 1 970 ~ 2 030 Hz，阻带范围为低于 1 958 Hz 和高于 2 042 Hz。当 f_0=2 300 Hz 时，通带范围为 2 270 ~ 2 330 Hz，阻带范围为 2 042 ~ 2 258 Hz 及 2 342 Hz 以外。

当 f_0=2 000 Hz 时，钢轨信息为 1 989 ~ 2 011 Hz；当 f_0=2 300 Hz 时，钢轨信息为 2 289 ~ 2 311 Hz。由图 1-8 可见，UM71 钢轨上传输的信息均在通带之内，而其他干扰信号受到阻带衰减为零。

对 UM71 低频信号的译码也是采用测周期的办法实现。即由程序指定，低频信号被解调出后对每个低频方波连续不断地测量周期。方波被测量一定个数后得到的结果与软件内的标准码周期进行比较，比较一致后通过输出接口发出控制命令，动作相应的执行继电器。

4．JT1 型通用式机车信号系统的使用

1）通用式机车信号设备的使用

JT1 型通用式机车信号设备正确安装与调试后即可正常使用。当接通机车信号的 DC 110 V 电源时，主机电路的电源则由开关逆变电源模块将 DC 110 V 转换为 DC 50 V 供电。

数字化通用机车信号有两种：JT1-A 型主机内只有一块主机板；JT1-B 型主机内有两块主机板，双机热备，上电时双机中哪一个主机投入工作是随机的，双机故障切换自动进行。在机车信号检测时按压面板上两个人工转换按钮，其中一个实现主、备机人工切换，以便检测某一指定主机板。

JT1 型通用式机车信号一经通电，经过 4 s 自检时间，自检正常后点亮机车信号机的白灯。

2）通用式机车信号灵敏度调整

JT1 型通用式机车信号在生产调试时灵敏度已按上述指标调整好，实际值与指标值误差小于±10%，在安装、使用时一般无须再调整。机车信号接收灵敏度除与主机有关外，还与机车信号接收线圈安装位置、接收线圈性能及接收线圈输出的信号电缆状况是否良好有关，因此机车信号接收灵敏度应定期通过环线进行检查。

JT1 型通用式机车信号使用的接收线圈，无论是何区段，接收线圈安装高度都必须按照要求安装。在实际测量灵敏度不符合要求的情况下，可适当调整接收线圈的高度。

二、JT1-C 系列机车信号车载系统概况

从铁路运输的要求看，列车速度越来越快，交路越来越长，对机车信号的要求越来越高，并且随着机车信号重要性的提高，如何解决提速区段机车信号的主体化问题，变得十分突出。经过各方对机车信号的深入研究、统一认识，认为提速区段的机车信号必须走主体化的道路。

2007 年 4 月 1 日起施行的《铁路技术管理规程》第 93 条规定“机车信号作为行车凭证时，由车载信号和地面信号设备共同构成，必须符合故障导向安全原则。车载信号设备应具有运行数据记录功能；地面信号设备应具有闭环检查功能，提供正确信息。”

2000 年，科技司设立“主体化机车信号设备的研制”项目，要求北京交通大学从整个车载设备的故障安全性、可靠性、可用性角度出发，全面研制包括主机、机车感应器、电源系统在内的全新的机车信号系统，满足提速区段列控设备的需要。2001—2002 年，北京交通大学研制了两批样机，2002 年 7 月进行审查，2003 年 10 月，通过了铁道部的技术鉴定，2004 年 4 月铁路提速开始，JT1-CZ2000 型一体化车载系统设备应用于六大干线 2 000 余台客运提速机车上，正式进入批量应用。

JT1-CZ2000 型机车信号解决了通用式机信号车载设备存在的问题，创新性地采用 DSP 技术和多项先进的安全技术措施，极大地提高了设备的安全性和可靠性，符合铁路信号“故障-安全”原则。车载系统设备满足机车信号主体化，即机车信号作为行车凭证的严格要求，通过了铁道部技术鉴定，技术已达到国际先进水平。

作为列车运行控制系统中关键的车载安全性设备，JT1-CZ2000 型机车信号为我国铁路急需解决的既有线机车信号主体化提供了完善的车载设备，在解决通用性的同时又达到主体化的要求，能更好地保证列车运行安全。

在地面信号系统条件和维护管理条件具备的情况下，JT1-CZ2000 型机车信号可作为主体化信号使用；在上述条件不具备的情况下，也可作为一般通用式机车信号使用。

2006 年，《JT1-C 系列机车信号车载系统设备技术规范（暂行）》及《JT1-C 系列机车信号车载系统设备安装规范（暂行）》颁发后，按照《规范》的要求，2006 年 9 月又重新设计制造出 JT1-CZ2000 型一体化机车信号车载系统设备。

JT1-CZ2000 型一体化机车信号车载系统设备在全路使用，其系列产品占全路机车信号保有量的 90%以上，在多次铁路大提速中起到了重要作用，创造了巨大的经济效益和社会效益，获得了各个路局的广泛认可。该设备适用于运行速度 160 km/h 及以下的内燃机车、电力机车、动车组。

（一）设备构成

JT1-C 系列机车信号车载系统由机车信号主机（含机车信号记录板）、机车信号双路接收线圈、机车信号机、带电源接线盒及连接电缆等构成，如图 1-9 所示。JT1-C 系列机车信号车载系统，通过安装在机车第一轮对前面的接收线圈接收轨面信息，并送给机车信号主机，主机通过模数（A/D）转换、数字信号处理一系列译码处理过程，将译码结果显示在司机室的机车信号机上，指导司机行车，同时把机车信号信息输出到监控装置作为控车的基本条件。

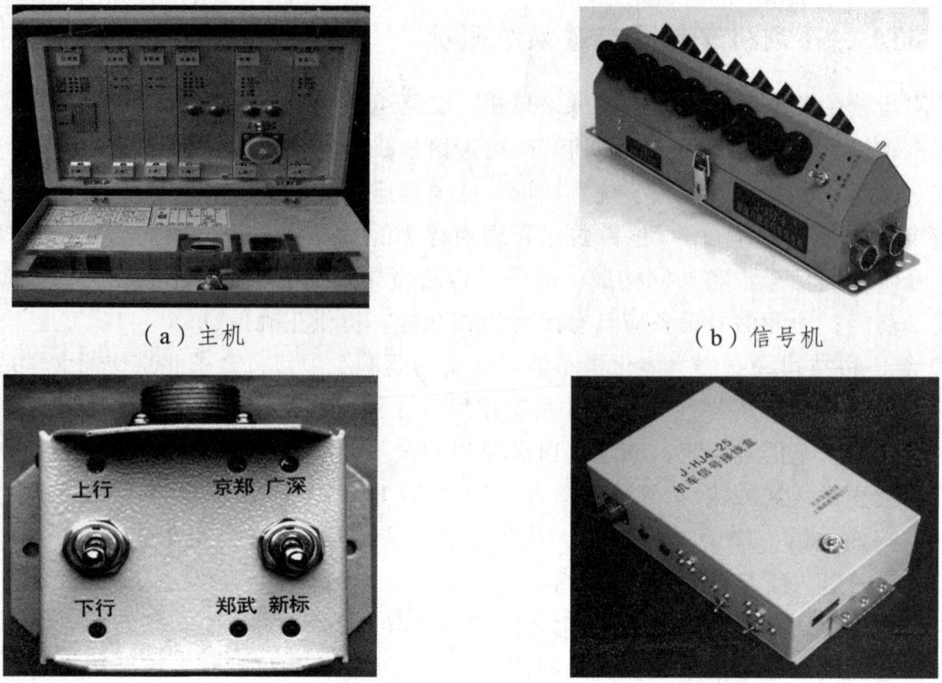

（a）主机　（b）信号机

（c）开关盒　（d）接线盒

图 1-9　JT1-CZ2000 型一体化机车信号车载系统

机车信号记录板可对机车信号运行状态及地面信息进行记录，并可通过地面处理系统对机车信号运行过程中采集的有关动态信息进行读取分析。JT1-C 系列机车信号车载系统设备的构成如图 1-10 所示。

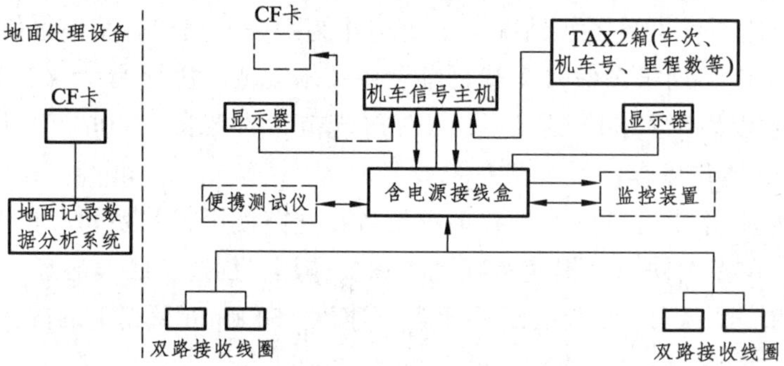

图 1-10　JT1-C 系列一体化机车信号车载系统构成框图

轨道电路信号通过机车信号双路接收线圈感应接收。双路接收线圈中的每路信号各对应一个主机板，由主机板中的两路接收电路同时接收。进入主机板的信号由隔离放大器进行隔离，然后经 A/D 转换，由 DSP 芯片进行处理、译码。

JT1-C 系列机车信号车载系统与 JT1 型通用式机车信号相比，做了一系列改进，表现在：

（1）采用新型双路接收线圈，保证在一路接收线圈断线，或因中间连线故障而无法接收地面信号时，另外一路接收线圈保证机车信号主机仍能正常译码输出。

（2）主机单机采用“二取二”故障安全结构，同时采用双套热备冗余来提高可靠性。每套主机对应一路接收线圈绕组。

（3）接线盒做了相应改进，支持双线圈感应器引入。

（4）采用 LED 新型显示器，功耗小、可靠性高，与现有机车信号机使用兼容。

（5）增加了机车信号记录器。

（6）全部使用屏蔽电缆。

（二）系统工作原理

1．机车信号主机

机车信号主机把从两路接收电路同时接收到的轨面信息由隔离放大器进行隔离，经 A/D 转换，由 DSP 芯片进行处理、译码，控制相应的输出显示。

主机机箱外观如图 1-11 所示。

图 1-11　机车信号主机前视图

（1）主机工作原理及结构特征。

主机的原理框图如图 1-12 所示。双路接收线圈的一路接主机板 A，另一路接主机板 B，主机输出除原来并行输出外，还预留了 CAN（控制器域网）总线输出或 RS485 输出，可支持双向信息传输。

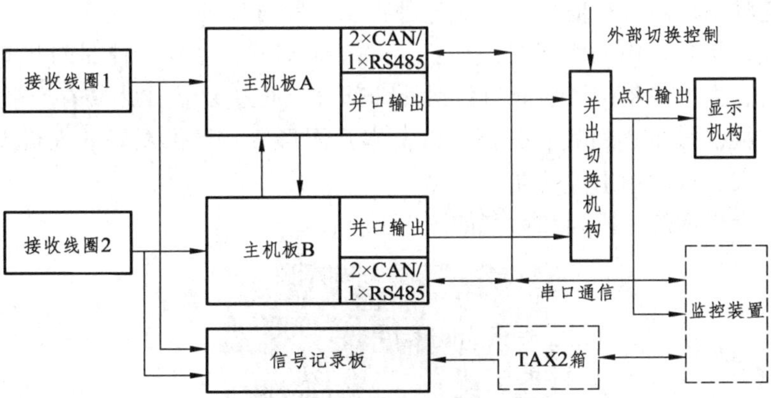

图 1-12　接收主机结构原理框图

主机内部采用 6 槽机箱结构，自左至右分别为记录板插板、主机板 A、主机板 B、连接板、电源板一、电源板二，如图 1-13 所示。

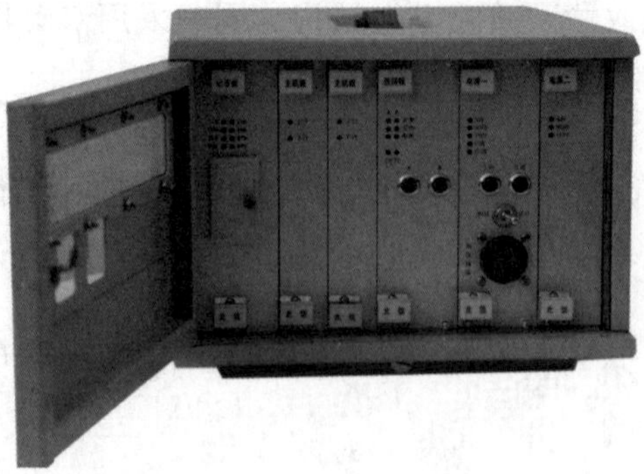

图 1-13　机箱前面板

主机板完成信号的接收及输出工作，两块主机板、两块电源板、双路接收线圈构成双套热备冗余系统。

连接板实现电源分配、主机状态显示、并口输出的双套切换等功能。

连接板前面板设有 8 个指示灯。两个正常表示灯，双套主机板均无故障时点亮。两个工作表示灯，平时只有一个亮，表示某主机处于输出工作状态。两个电源指示灯，分别表示两套主机输入 50 V 电源是否正常。两个上下行表示灯，显示上下行开关操作是否正常。设有两个人工转换按钮，在机车信号检测时可以按压转换按钮，实现主、备机人工切换，以便检测某一指定主机板。双套主机热备故障切换是自动的，上电时双机中的哪一套主机投入工作是随机的。

两块电源板中，各含一块电源模块，电源模块每路输入为 110 V，输出为双路 50 V。一路为接收主机电路提供 50 V 工作电源，另一路为动态控制安全点灯电路提供 50 V 点灯电源。点灯电源由主机输出的动态信号来激励，动态消失时点灯电源关闭，其电路为安全性设计。

记录板实现在机车运行过程中的有关动态信息的采集、记录，并通过 U 盘作为转存介质进行读取。记录板上插有能实时记录机车运行过程中各种动态信息的大容量 CF 卡和用于完成信息转录的 USB 接口。通过大容量 CF 卡作为记录介质的记录器能真实反映机车信号动态运行中的各种变化状态，对机车信号相关信息进行全面实时记录。

机车信号记录板功能由两大部分组成：一是车载部分，主要功能是对机车信号运行过程中的有关动态信息进行采集；二是地面数据处理部分，通过 U 盘作为转存介质，通过 USB 接口进行读取、转换、显示、回放、分析，以文本及图形方式提供友好的人机界面，并提供自动统计、分析列表、打印输出等功能。

记录板共 8 个指示灯，排列和命名如图 1-14 所示。

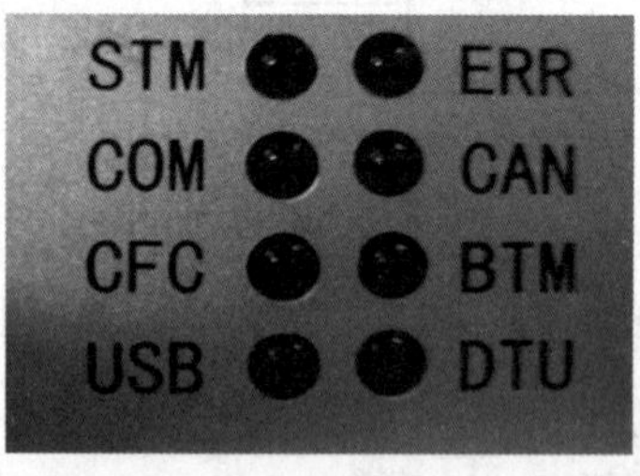

图 1-14　记录板指示灯示意图

主机启动时记录板 8 个灯同时闪烁 2 次，表示记录板进行初始化。记录板面板指示灯具体含义见表 1-1。

表 1-1　记录板面板指示灯含义

指示灯	指示灯含义	正常情况	异常情况
STM	主机板状态指示	0.25 s 亮，1.75 s 灭（2 s 周期）	0.125 s 亮，0.875 s 灭（1 s 周期），表示主机 A 或 B 重启复位或已损坏
COM	主机、TAX2 串口状态指示	0.125 s 亮，0.875 s 灭（0.5 s 周期），表示主机和 TAX2 信息都正常	0.125 s 亮，0.875 s 灭（1 s 周期），表示主机串口正常（无 TAX2 信息）
			0.875 s 亮，0.125 s 灭（1 s 周期），表示 TAX2 信息正常（无主机信息）
			常亮（3.975 s 亮，0.025 s 灭），表示无串口信息
CFC	CF 卡状态指示	转储时快速闪烁（0.025 s 亮，0.025 s 灭，0.05 s 周期），表示正在操作 CF 卡，包括初始化（检查上电时 8 个灯同时闪烁 2 次）、读/写 CF 卡	常亮（3.975 s 亮，0.025 s 灭），表示 CF 卡故障或无卡
		CF 卡正常（每 2 s 亮 25 ms），没有操作	
USB	U 盘状态指示	插入 U 盘、U 盘检测及转储数据到 U 盘，转储完毕指示灯快速闪烁（0.025 s 亮，0.025 s 灭，0.05 s 周期）	USB 常亮（3.975 s 亮，0.025 s 灭），即转储失败。 CFC 有两种可能状态： CFC 常亮，表示 CF 卡损坏导致转储失败； CFC 就绪，表示 U 盘错误导致转储失败。 转储失败需拔出 U 盘重启
		CF 卡就绪（每 2 s 亮 25 ms），USB 就绪，表示 U 盘正常，转储操作完成，可以拔出	
ERR	异常指示	正常时灭灯	2 s 一闪，指示铁电存储器（FM1808）操作故障
			快闪，表示系统时钟源错误（DS17487 故障）
			1 s 两闪，表示在转储前操作 CF 卡故障（只能重新更换 CF 卡）
CAN	CAN 数据指示	收到 CAN 数据帧时快速闪烁	常亮
BTM	TAX 数据指示	接收到 TAX 数据帧时快闪	熄灭
DTU	CF 卡读写指示	2 s 一闪，表示没有操作 CF 卡或者向 USB 数据转存器转存数据完成； 3 s 常亮，表示记录了 1 个 15 s 的波形信号； 持续快速闪烁，表示正在对 CF 卡进行初始化或向 USB 数据转存器转存数据（20 ms）	常亮，表示 CF 卡故障或无卡

（2）双套热备冗余方式。

JT-C 系列机车信号的安全性和可靠性主要由“二取二”原理和双机热备原理实现。“二取二”原理指系统中有两台计算机同时工作，两台计算机的输出结果必须完全一致，系统才输出。否则认为系统出现故障，必须故障导向安全侧。JT-C 系列机车信号每块主机板中均有两路独立接收译码通道。两路译码通道的译码输出要进行比较，比较一致才能有效输出。

JT-C 系列机车信号设备的双套热备是指由机车信号主机内双套主机板、双路电源、双路接收线圈共同组成的双套热备系统。由机车信号主机完成双套热备输出的切换。

机车信号主机的双套切换继承了 JT1-B 型机车信号主机切换电路，即主机上电后随机由双套主机板中的一套占据输出位置，即处于工作状态，另外一套处于备用状态。当占据输出位置的主机故障时，将自动关断点灯电源，失去输出位置状态，而由备机获得输出位置状态，从而实现双机的自动切换。然而对于 JT1-B 型机车信号主机而言，当工作主机的接收线圈信号输入部分、前级放大部分故障时，机车信号主机误以为线路无码而“掉灯”，并不切换到正常工作的备机，造成双套热备份不起作用的情况。主机双套主机板之间有动态方波信号进行信息交换，当工作主机前级故障“掉灯”时，备机正常，“有码”信息会传递到工作主机，工作主机会短时自动切掉输出，使得系统自动转到备机工作，实现完全双套热备份的功能。另外，通过外部切换控制（来自面板或测试仪），可以强行设置工作机，为系统自动测试提供了基础。

2．机车信号双路接收线圈

机车信号接收线圈安装在机车排障器与第一轮对之间，距第一轮对轴心水平距离大于 1.5 m 处的安装架上，必须要保证接收线圈底部与轨面距离为（155±5）mm，接收线圈中心与轨面中心偏移小于±5 mm，安装时必须使线圈外壳上方箭头指向一致，以免同名端接反。

机车信号双路接收线圈内部设计为双路冗余接收线圈，通过与钢轨的电磁耦合接收钢轨上的信号，然后传送给机车信号主机。每个接收线圈盒内设有两个独立的接收线圈。每路接收线圈与另一线圈盒内对应串联后对应机车信号主机中的一路主机板。接收线圈中一路发生故障时，主机可以通过自动切换控制电路，把对应正常接收线圈的主机转换成工作机，提高了系统的可靠性。

新的双路接收线圈在设计时考虑了双路线圈断路、短路对系统接收电路电气参数的影响，保证一路线圈断线造成的另外一路线圈接收的幅度变化不超过 15%。另外，双路接收线圈可实现车载设备的闭环自动检测。测试时线圈的一路作为测试线圈发送信号，另一线圈接收信号，并控制与接收线圈相连接的主机进行译码接收，从而实现车载设备的闭环测试。这种设计既完成了闭环测试，又省去了测试线圈。

3．机车信号机

机车信号机采用双面八显示，从机车信号主机箱取得电源，额定电压为 48 V，功耗为 6 W，如图 1-15 所示。

机车信号机与载频切换（上下行）开关及 UM71 模式选择开关一体化设计。信号机安装在司机室前挡风玻璃中间或两侧，保证司机方便观察。信号机显示机车信号主机译码后的点灯输出及制式输出；信号机下端设有载频切换（上下行）开关和载频组指示灯，指示灯可显示机车信号主机正在接收的载频组（上下行）状态。司机可在操作台直接进行上下行的转换和制式的选择，并可直观地根据面板指示灯看到相应的指示。

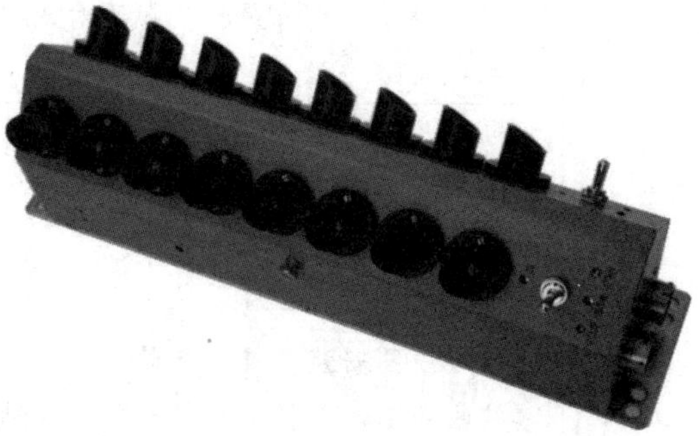

图 1-15　双面八显示机车信号机

三、机车信号设备维护

机车信号系统由地面信号、接收线圈、电缆、接收主机、信号机等设备构成，系统中任何部分故障都可能导致机车信号显示输出异常。机车信号主要故障现象及原因见表 1-2。

表 1-2　机车信号主要故障现象及原因

序号	故障现象	车上原因	地面原因
1	上电后不点灯	电源故障； 机车信号机故障； 主机故障； 电缆或电缆插头故障； 点灯线上负载过大	无
2	某一灯位故障	机车信号机故障； 主机故障； 电缆或电缆插头故障； 输出线上负载过大	无
3	熔断器熔断	主机故障； 电源故障； 机车电源故障接地	无
4	点白灯后不译码	上/下行开关电路故障； 前后端切换电路故障； 主机故障； 电缆或插头故障	地面信号故障
5	上行或下行某一方向不译码	上/下行开关电路故障； 主机故障； 某一端接收线圈及线路故障	无

续表

序号	故障现象	车上原因	地面原因
6	机车接收灵敏度不合格	接收线圈安装位置、参数不对或接线错误； 主机故障	无
7	使用中闪白灯	电缆及插头接触不良； 上/下行开关接触不良； 前后端切换条件不稳； 主机不良； 接收线圈安装位置、参数不对； 接收线圈电缆屏蔽层没有单点接地	地面信号故障

当设备出现异常情况时，维修人员针对故障现象进行分析，如是个别机车还是多台机车发生，是固定地点发生还是随机发生，等等。维修人员可以通过以下手段对故障进行定位：

（1）通过机车信号记录板记录数据进行一般分析，确定故障类型。

（2）采用便携式机车信号系统测试仪对车载设备进行测试来判断故障在哪个部分。

（3）通过人工测试替换设备的办法确定是哪部分故障。

1．主机的自动测试

可利用BT-01T/H型机车信号测试台进行设备基本功能的自动测试,来检查主机是否良好。

2．接收线圈的测试

用万用表测量线圈电阻，兆欧表测量线圈绝缘，初步检查接收线圈是否良好。

3．机车信号机的测试

根据机车信号机电路原理图，检查显示器内部是否故障，更换或修复内部器件电路。

列车在行进过程中，当地面设备能保证连续可靠地向列车提供机车信号信息时，JT-C 系列机车信号可作为行车凭证，即实现机车信号的主体化功能。提速后，装备 CTCS-2 级列控系统的列车，原来的机车信号信息作为提供目标距离的列车移动许可凭证。

任务三 机车信号设备维护操作训练

机车信号设备维护操作训练实训项目工作活页见表 1-3。

任务三课程思政教学案例

表 1-3 机车信号设备维护操作训练实训项目工作活页

<table>
<tr><td>实训项目</td><td colspan="3">机车信号设备维护操作训练</td></tr>
<tr><td>学　　时</td><td colspan="2"></td><td>实训对象</td><td></td></tr>
<tr><td>指导教师</td><td colspan="2"></td><td>教学时间</td><td></td></tr>
<tr><td>实训场所</td><td colspan="4">铁道机车行车安全装备实训室</td></tr>
<tr><td>工具设备</td><td colspan="4">机车信号设备仿真模型、机车驾驶实训台、多媒体设备、多媒体课件资源</td></tr>
<tr><td rowspan="3">教学目标</td><td>专业能力</td><td colspan="3">（1）能说出通用式机车信号设备的作用；
（2）掌握 JT1-C 系列机车信号车载系统的设备构成；
（3）能够熟练运用 JT1-C 系列机车信号车载系统；
（4）掌握机车信号设备维护方法</td></tr>
<tr><td>方法能力</td><td colspan="3">（1）能综合运用专业知识，通过利用专业书籍、多媒体课件和图片资料获得帮助信息；
（2）能根据实训项目学习任务确定实训方案，从中学会表达及展示活动过程和成果</td></tr>
<tr><td>素质能力</td><td colspan="3">（1）能在实习训练活动中保持积极向上的学习态度和社会能力；
（2）能与小组成员和教师就学习中的问题进行交流和沟通；
（3）能与他人共享学习资源，具有较好的合作能力和团队协作精神</td></tr>
<tr><td>教学活动</td><td colspan="4">以 5～7 人小组为单位开展实训活动</td></tr>
<tr><td rowspan="2">教学评价</td><td>学生评价</td><td colspan="3">（1）根据本组同学在实训过程中的能力表现及结果进行自评和组内互评；
（2）根据其他小组同学在成果展示活动中的表现及结果进行互评</td></tr>
<tr><td>教师评价</td><td colspan="3">（1）教师组织学生开展评价活动和总结；
（2）对学生本实训项目单元成绩做出综合评价</td></tr>
</table>

项目一机车信号车载设备概况习题

一、填空题

1. 机车信号可分为连续式和____________。

2. 电气化区段机车入口端的 ZPW-2000 制式信息，1 700 Hz 时最小短路电流为____mA。

3. 对高于 36 V 电压的信号设备进行带电作业时，不得同时接触__________和接地部分。

4. 各种类型的机车信号系统，在任何运用条件和环境中，应能保证设备________地工作。

5. 各种类型的机车信号系统，应能满足“故障-安全”原则要求，当设备发生故障时，应能显示________信号。

6. 8 信息移频自动闭塞中，当机车信号显示一个黄 2 闪灯，地面发送的低频频率是____Hz。

7. 装有连续式机车信号的列车，遇通过信号机灯光熄灭，而机车信号显示进行的信号时，应按________的显示运行。

8. JT-C 型机车信号采用多种信号制式__________________________的方式。

9. JT-C 型机车信号主机完成_________输出的切换，故障时自动关断点灯输出。

10. JT-C 型机车信号的双套热备是指由主机内双套主机板、__________、双路接收线圈共同组成的双套热备系统。

11. JT-C 系列机车信号双路接收线圈可实现车载系统的________测试。

12. 站内移频化，是将站内____________转变为移频轨道电路。

13. JT-C 系列机车信号主机具有_________________________测试接口。

14. JT-C 系列机车信号电源系统具有____________安全点灯电源。

15. JT-C 系列机车信号在库内测试完毕后，电源板 1 上的“试验/运行”开关要恢复到___位。

16. 要保证机车信号系统正常工作，必须满足三个条件，即________、工作电源和控制条件，三者缺一不可。

17. JT-C 系列机车信号车载系统由机车信号主机、机车信号显示器、______________及感应线圈接线盒、电缆线等组成。

18. JT-C 系列机车信号主机板完成信号的________工作，与电源板的双套电源、双路接收线圈构成双套热备冗余系统。

19. JT-C 系列机车信号主机输出除________外，预留了 CAN 总线输出或 RS485 输出，可支持双向信息传输。

20. 远程监测设备通过无线信道将车载____________及部分列车运行信息实时传回到地面处理系统。

21. JT-C 系列机车信号电源板电路包括____________电源和主机工作电源电路。

22. 机车信号的显示，应与线路上列车接近的____________的显示含义相符。机车停车位置，应以地面信号机或有关停车标志为依据。

23. 当机车未收到地面发送的相关信息时，机车色灯信号机应显示白灯或________。

24. 信号装置一般分为信号机和____________两类；铁路信号分为视觉信号和听觉信号。

25. 主体化机车信号就是作为______________的机车信号。

26. 通用式机车信号低频译码是通过对____________测量周期而译出信息的。

27. JT-C 系列机车信号主机有速度等级信号输出、______________、过绝缘节信号输出 3 种辅助信号。

28. 机车信号作为行车凭证时，由车载信号和地面信号设备共同构成，必须符合_______原则。车载信号设备应具有运行数据记录的功能；地面信号设备应具有闭环检查功能，提供正确信息。

29. JT1-CZ2000 型机车信号记录器转储有两种方式：_________以及 CF 卡转储。

30. 对于 TX98-A 型通用机车信号环线发码箱，接至各个端口环线的________受到严密监测和监控，环线故障可发出报告。

31. JT-C 系列机车信号主机连接板上的上行或下行指示灯是由________________送来的 50 V 电压点亮的。

32. JT1- CZ2000 型机车信号主机 X26 的 12、18、24 号线信号定义为____________。

33. JT-C 系列机车信号记录器车载部分的中央处理器模块由中央处理器、___________、温度感传感器、总线驱动器构成。

34. JT-C 系列机车信号车载系统信号采集接口主要是由光电隔离输出接口、______组成。

35. JT-C 型机车信号主机点灯输出电压为_____________。

二、判断题

1. 机车信号设备除了给司机显示外，给列车运行监控设备提供信息成为一项重要功能。(　)

2. JT-C 型机车信号双路接收线圈，单个接收线圈的每路电感应不小于 60 mH；直流电阻应不大于 8 Ω。(　)

3. 目前应用的 ZPW2000 制式中，L5 对应的低频频率为 23.5 Hz。(　)

4. 机车信号记录数据转储的方法只能通过 U 盘进行数据转储。(　)

5. JT-C 型机车信号主机板信号输入部分采用隔离放大器，以减少传统分立元件的离散性，并提高可靠性。(　)

6. 一体化机车信号主机板的 2 个 LED 为 1 s 同步瞬间灭 1 次闪亮时，指示该主机板检测到接收线圈断线或接收线圈与主机箱之间的电缆断线。(　)

7. 机车信号记录器数据在 U 盘转储且假设数据量最大的情况下转储时间为 90 s，一般情况下为 30 s 左右。(　)

8. JT-C 型机车信号接收线圈的安装：左右 2 个接收线圈外壳上表面的指示箭头可以方向不一致。(　)

9. JT-C 型机车信号设备具有载频自动切换和锁定功能，即根据地面信号设备传递的载频切换信息，实现接收载频的自动切换和锁定。(　)

10. 可靠性指产品在规定的条件下和规定的时间内，完成规定功能的能力。(　)

11. JT-C 型机车信号记录板板面上 COM 灯常亮代表主机板与记录器板和 TAX 箱与记录器板之间的两路串口通信均故障。(　)

12. JT-C 型机车信号记录器存储介质 CF 卡的转储需要在 U 盘转储操作完成后才可进行。(　)

13. USB 数据转存器（U 盘）的数据格式为 FAT（FAT16）。(　)

14. JT-C 型机车信号记录板板面上 COM 灯约 1 s 两闪，表示主机板与记录板的串口通信和 TAX2 箱与记录板的两路串口通信均正常。(　)

15. JT-C 型机车信号记录器以独立插板的形式嵌入机车信号主机箱，记录器故障后影响机车信号系统的正常工作。(　)

16. JT-C 型机车信号主机箱插板由左至右依次是：主机板 A、主机板 B、连接板、记录板、电源板一、电源板二。(　)

17. 机车信号测试环线使用多股道环线铺设时，应选用单通道环线发码器。(　)

18. JT-C 型机车信号数据转储时，正常将 U 盘插入 USB 口，此时 USB 灯应快闪，其他灯正常闪烁。(　)

19. 记录器保存断电和上电时间、故障代码、记录器非法操作等关键数据，都具有掉电不失的特性。失电过程中数据可以自动保护，可长期保存关键数据。(　)

20. 交路号是车站名信息的重要组成部分，机车信号记录器从 TAX2 箱中接收到的交路号是由司机输入的交路号信息，与从车站号文件中提取出来的交路信息有所不同。(　)

21. JT-C 型机车信号主机具有内部自检及接收线圈断线检查功能，当双路接收线圈双路故障时，控制机车信号机灭灯，表示车载系统设备失效。(　)

22. 机车信号系统由车载信号和地面信号设备共同构成，必须符合故障导向安全原则。(　)

23. 机车信号数据转储过程中可以将 U 盘拔出。(　)

24. 车次管理和数据转存是进行机车信号设备数据分析的基础，从机车上采集下来的运行数据，只有在经过数据转存以后才能进行数据分析。(　)

25. 连续式和接近连续式机车信号在显示的含义上是一致的。(　)

26. 机车信号记录器主要记录的机务辅助信息包括记录器内时刻，来自 TAX2 箱的线路公里标、机车号、速度、时刻、信号机类型和编号、车站号、司机号等。(　)

27. 机车信号记录器地面分析软件状态文件窗口包括菜单和工具条功能区、记录信息图形显示区、记录信息文字显示区和记录信息提示区四部分。(　)

28. 1991 年，第一代微机处理的机车信号能接收 50 Hz 交流计数、移频、UM71 轨道电路。(　)

29. JT-C 型机车信号主机采用欧洲标准 4U 高度机箱，一体化设计和可插拔的小电路板结构。(　)

30. 机车信号记录器只对一路信号进行记录，如果主机板 A 为工作机，则继电器接通 A 路接收线圈，如果主机板 B 为工作机，则继电器接通 B 路接收线圈。(　)

三、选择题

1. 计算机识别和处理的信号为（　　）。

A. 数字信号　　B. 模拟信号　　C. 调频信号　　D. 编码信息

2. 在计算机上使用机车信号远程监测客户端软件查看在线机车时，必须得先上（　　）网。

A. 内部网　　B. 办公网　　C. 互联网　　D. 国铁集团专用网

3. JT1-CZ2000 型机车信号记录器 2.0 板面上 CFC 灯短时常亮约 3 s 代表（　　）。

A. 没有对 CF 卡进行操作　　B. 向 U 盘转储数据完成

C. 记录了 1 个 12 s 的波形　　D. 正在向 U 盘转储数据

4. J.JYC 机车信号远程监测装置车载终端可与哪种机车信号主机配套使用？（　　）

A. JT1-A 数字化通用式机车信号主机　　B. JT1-CZ2000 一体化机车信号主机

C. 电气化区段通用式机车信号主机　　D. 任意机车信号主机

5. JT-C 型机车信号主机上电正常工作时，记录器分析软件显示主机代码应为（　　）。

A. C0C000000000　　B. C0CD11000000

C. CCE408000000　　D. C9CC00000010

6. JT-C 型机车信号双路接收线圈，当一路接收线圈开路时，另一路的接收电压变化不大于（　　）。

A. 35%　　B. 20%　　C. 15%　　D. 10%

7.（　　）是车载机车信号系统的核心部分。

A. 机车信号主机　　B. 机车信号机

C. 双路接收线圈　　D. 机车信号远程监测数据传输模块

8. 记录数据转储方法有 U 盘转储，其 U 盘应初始化为（　　）格式。

A. FAT　　B. FAT32　　C. 无特殊　　D. exFAT

9. JT1-CZ2000 型机车信号主机安装空间的最低要求：主机采用抽拉板式安装或者安装背面为敞开方式时要求（长×宽×高）为（　　）。

A. 510 mm×360 mm×310 mm　　B. 520 mm×360 mm×310 mm

C. 510 mm×370 mm×300 mm　　D. 520 mm×370 mm×300 mm

10. JT-C 车载设备主机提供过绝缘节信息 JY，载频为 750 Hz、850 Hz 时 JY 信息为______；载频为 1 700 Hz、2 000 Hz 时 JY 信息为_______；以下哪种组合满足题目要求？（　　）

A. 高电平，低电平　　B. 高电平，高电平

C. 低电平，高电平　　D. 低电平，低电平

11. 车载设备由机车蓄电池供电，通常情况下，额定电压（　　），电源波动范围 DC 77～138 V。

A. DC 110 V　　B. DC 75 V　　C. DC 100 V　　D. DC 125 V

12. ZPW2000 制式中，被用作“载频切换码”的是（　　）。

A. 24.5 Hz　　B. 25.7 Hz　　C. 26.8 Hz　　D. 27.9 Hz

13. 国产 18 信息移频制式信号的上行载频为 650 Hz、850 Hz，下行载频为 550 Hz、750 Hz，频偏为（　　）。

A. ±55 Hz　　B. ±11 Hz　　C. ±50 Hz　　D. ±1 Hz

14. 机车信号分为连续式和（　　）。

A. 非连续式　　B. 间隔式　　C. 接近连续式　　D. 重复式

15. 进行主机测试时，设备的整机返还系数应不小于（　　）。

A. 75%　　B. 85%　　C. 95%　　D. 100%

16. 主机板上设计了两组跳线 L1 和 L3，跳线的组合可以确定接收的模式，现某局机车需要接收 1.9 模式移频，则相关的跳线应该为以下哪种设置？（　　）

A. C 短路，D、E 断开　　B. C、E 短路，D 断开

C. D 短路，C、E 断开　　D. C、D 短路，E 断开

17. 记录器 2.0 前面板“DTU”LED 指示灯，为工作电压为 12 V 的 J.JYC 机车信号远程监测装置车载终端工作指示灯，其正常状态分别是（　　）。

A. 长亮　　B. 2 s 1 闪　　C. 1 s 1 闪　　D. 有数据时闪

18. 一体化机车信号机“上/下行开关”设有上下行指示灯，自动载频切换后的结果用（　　）表示。

A. 灭灯　　B. 闪烁灯光　　C. 稳定灯光　　D. 多色灯光

19. ZPW2000 制式中，被用作“闭环检测码”的是（　　）。

A. 24.5 Hz　　B. 25.7 Hz　　C. 26.8 Hz　　D. 27.9 Hz

20. 机车信号设备的配线、引入线的线间绝缘电阻不小于（　　）。

A. 0.1 MΩ　　B. 0.2 MΩ　　C. 1 MΩ　　D. 2 MΩ

21. 一体化机车信号主机中的主机板输入供电为（　　）。

A. DC 110 V　　B. DC 48 V　　C. DC 5 V　　D. AC 48 V

22. 机车信号是指设在司机室内反映（　　）的信号显示。

A. 列车前方运行条件　　B. 钢轨状态

C. 地面信号机显示　　D. 道岔开放位置

23. JT-C 型机车信号设备运用中双路感应线圈断线时，记录器分析软件显示主机代码应为（　　）。

A. C0C000000000　　B. CDCD11000000

C. CCE408000000　　D. C9CC00000010

24. 早期的机车信号设备仅实现（　　）功能。

A. 向列车后级设备提供信息

B. 改善司机瞭望条件而向司机复示地面信号

C. 列车行车控制

D. 向地面传输列车定位信息

25. JT-C 型机车信号主机采用双套热备方式，工作机故障时自动切换到备用机，切换时间应不大于（　　）。

A. 1 s　　B. 0.4 s　　C. 0.5 s　　D. 0.2 s

26. 机车信号设备利用简易环线测试时，环线要求使用的电缆芯线面积不小于（　　）。

A. 5.0 mm^2　　B. 2.0 mm^2　　C. 1.5 mm^2　　D. 1.0 mm^2

27. ZPW2000 制式信号中，2000-2 的具体频率值是（　　）。

A. 2 001.4 Hz　　B. 2 298.7 Hz　　C. 2 301.4 Hz　　D. 1 998.7 Hz

28. JT-C 型机车信号记录板上 JP701 短路线中 1、2、3、4 全部短路代表（　　）。
A. 全程记录　　B. 主机切换、JY 变化及灯光变灯（出厂设置）
C. 主机切换、灯光变灯　　D. 波形记录程序始终启用

29. JT-C 型机车信号设备以大容量 CF 卡作为存储介质记录数据，标配 CF 卡容量是（　　）。
A. 512 MB　　B. 1 GB　　C. 2 GB　　D. 4 GB

30. JT1-CZ2000 型机车信号记录器上 JP701 短路线中 B 短路代表（　　）。
A. 通过 TAX2 箱获取机务信息通信速率为 28.8 kb/s
B. 通过机车综合无线通信设备的 B 子架获取机务信息，通信速率为 9.6 kb/s（预留）
C. 室内测试，在非全程记录模式下，可以在巡检条件下记录关键波形
D. 现场使用，库内不记录关键波形

31. JT1-CZ2000 型一体化机车信号是根据（　　）改进而来。
A. JT-C 系列机车信号车载系统设备技术规范
B. JT-C 系列机车信号车载系统设备安装规范
C. 主体机车信号技术条件
D. 机车信号低频信息定义及分配

32. JT1-CZ2000 型机车信号记录板 STM 灯正常闪烁为（　　）。
A. 2 s 一闪　　B. 1 s 一闪　　C. 1 s 两闪　　D. 1 s 四闪

33. 安装机车信号主机时，机箱应可靠接地，连接电缆应采用屏蔽电缆，屏蔽层应（　　）。
A. 可靠接地　　B. 普通接地　　C. 完全接地　　D. 单点接地

34. JT-C 系列机车信号车载系统设备的可选部分为（　　）。
A. 机车信号主机（含机车信号记录器）　　B. 机车信号机
C. 机车信号远程监测数据传输模块　　D. 双路接收线圈

35. JT-C 系列机车信号记录器数据转储失败拔出 U 盘后系统重启，需（　　）s 后方可再次转储。
A. 5　　B. 10　　C. 15　　D. 20

36. 机车信号远程监测车载终端在 GPRS 信号覆盖不好区域，GPRS 断线后，可在车载终端系统内存中缓存（　　）的远程监测数据。
A. ≤25 min　　B. ≤30 min　　C. ≤35 min　　D. ≤40 min

37. 通常实现（　　）的车载设备简称为机车信号。
A. 列车制动控制功能　　B. 机车信号功能
C. 列车速度曲线绘制功能　　D. 列车事件告警功能

38. 最早采用的微机控制机车信号是为了解决（　　）的问题。
A. 模拟设备参数一致性差　　B. 干扰难以排除
C. 应变速度不足　　D. 多制式通用

39. 从机车信号记录器上用 U 盘转储前最好人工切换一下主、备机的原因是（　　）。
A. 检查电源　　B. 更好记录故障主机的故障代码
C. 防止频偏　　D. 检查信号机

40. LKJ（列车运行监控装置）接入机车信号接收线圈时，其输入阻抗应不小于（　　）。

A. 50 kΩ　　B. 100 kΩ　　C. 70 kΩ　　D. 90 kΩ

四、简答题

1. JT-C 系列机车信号数据分析处理软件具有哪几部分功能？
2. JT-C 系列机车信号记录器记录的辅助信息有哪些？
3. 机车信号为什么两个线圈要反接？
4. JT-C 系列机车信号主机内部设备自左至右是如何安装排列的？
5. 机车信号与列车超速防护设备安装应有哪些防护措施？
6. 什么是机车信号设备和测试环线设备？
7. 机车信号安装测试环线的作用是什么？
8. JT-C 系列机车信号车载系统应满足哪些要求？
9. 机车信号出入库检查应满足哪些要求？
10.《铁路信号维护规则》对机车信号设备的绝缘标准是如何规定的？
11. 简述 JT-C 系列机车信号车载系统的组成。
12. 简述机车信号的定义。

项目二　列控系统概述

项目描述

在铁路运输中采用机械的、电气的、智能化的信号设备，以确保列车行车安全，保护生命财产。这些信号设备就是向司机指示列车运行条件、保障行车安全的列车运行控制系统（以下简称列控系统）和联锁设备。列控系统是由地面设备和车载设备构成，用于实现列车间隔控制和速度控制的，保证行车安全和提高运输能力的安全控制系统，具有线路空闲检测、危及行车安全因素检测、间隔控制和速度控制的功能。

列车运行控制系统是将先进的控制技术、通信技术、计算机技术与铁路信号技术融为一体的行车指挥、控制、管理自动化系统。它是现代保障行车安全、提高运输效率的核心，也是标志一个国家轨道交通技术装备现代化水准的重要组成部分。CTCS 是 Chinese Train Control System 的缩写，即中国列车运行控制系统，它以分级的形式满足不同线路运输需求，在不干扰机车乘务员正常驾驶的前提下有效保证列车运行安全。

本项目任务：

任务一　发展列控系统的意义
任务二　列控系统的分类和基本原理
任务三　CTCS 系统描述
任务四　CTCS 等级划分
任务五　CTCS 操作训练

任务一　发展列控系统的意义

知识目标

（1）列控系统的发展。
（2）国外典型列控系统。

技能目标

（1）掌握列控系统的发展趋势。
（2）掌握国外典型列控系统。

任务一课程思政教学案例

素质目标

(1)培养学生遵章守纪、爱护机车信号车载设备的职业道德。
(2)培养学生学习新技术、新知识的意识。
(3)培养学生勇于创新、开拓进取的意识。
(4)培养学生严谨认真、精益求精的态度，提升学生合作、应变与可持续性发展的能力。
(5)能客观、公正地进行学习效果的自我评价。

知识点学习

一、列控系统的发展

铁路运输肩负着安全、迅速、正确和经济地运送旅客和货物的社会责任。铁路运输要安全、快速地运输，人的因素是首先应重视的。在同一个轨道上高速而且短行车间隔运行的列车，司机的一点点精神疏忽，都可能造成重大行车事故。而人的注意力范围是有限的，因此必须采用机械的、电气的、智能化的信号设备，以确保列车行车安全，保护生命财产。

速度控制是保证列车不管在什么状态下都不能超过规定的限制速度，在实际运行中，列车的速度受到若干因素的限制，如受线路状态（结构、曲线和坡度）、道岔曲线、列车前方障碍物以及机车车辆的构造速度所限制。如果列车实际运行速度超过了限制速度，则会引起列车颠覆、冒进信号或撞车的危险。其次是间隔控制，列控系统必须保证列车间始终保持一个安全间距，保证后续列车不会与前行列车相撞，同时又必须尽量使该间距短，以便增加列车的密度，从而保证运输效率。

铁路信号系统发生过几次革命性的变革。首先是 1841 年从无信号到手动闭塞信号的过渡，接着是向基于轨道进行信息传输的固定闭塞信号系统的演进，到目前大面积推广应用的基于轨道电路或点式信息传输的自动闭塞，以及目前正向基于通信的 CBTC 控制的虚拟闭塞或移动闭塞发展。总之，铁路列控系统的发展是随着列车与地面信息传输系统的发展而发展的，不同历史时期出现的典型信号速度控制和间隔控制的设备或系统包括：

(1)地面人工信号；
(2)自动闭塞系统；
(3)机车信号；
(4)自动停车系统；
(5)速度码台阶控制的列控系统；
(6)基于速度-距离曲线控制的列控系统；
(7)基于虚拟/逻辑控制的列控系统；
(8)基于 CBTC 控制的列控系统。

二、国外典型列控系统

国外列车运行控制系统应用比较普遍，各种速度的铁路都有运用，但建立一套满足高速铁路或客运专线的列车运行控制体系的系统还不多，主要集中在欧洲的德国、法国和亚洲的中国、日本。典型的列控系统主要有中国 CTCS 系统、法国 TVM300 和 TVM430 系统、日本 ATC 系统、德国 LZB80 系统、欧洲 ETCS 等系统，见表 2-1；目前各国正在运行的高速铁路列控系统见表 2-2。

表 2-1 典型高速铁路列控系统

设备名称	法国 TVM300	法国 TVM430	德国 LZB	日本 ATC
运行速度	最高：270 km/h	最高：320 km/h	最高：270 km/h	最高：270 km/h
闭塞方式	固定闭塞	固定闭塞	固定闭塞	固定闭塞
制动模式	滞后式速度码台阶控制	分级速度-距离曲线控制	一次速度-距离曲线控制	提前式速度码台阶控制
控制方式	人控为主，设备为辅	人控为主，设备为辅	可实行自动控制（ATC）	设备控制优先，人控为辅
安全信号传输	媒介：无绝缘模拟轨道电路； 方向：地对车，单方向； 载频：1 700 Hz、2 000 Hz、2 300 Hz、2 600 Hz； 信息量：18 个	媒介：无绝缘模拟轨道电路； 方向：地对车，单方向； 载频：1 700 Hz、2 000 Hz、2 300 Hz、2 600 Hz； 信息量：27 bit	媒介：数字电道电缆； 方向：地—车间，双方向； 载频：(36±0.4)kHz、(56±0.1)kHz； 信息量：83.5 bit	媒介：有绝缘模拟轨道电路； 方向：地对车，单方向； 载频：750 Hz、850 Hz、900 Hz、1 000 Hz； 信息量：10 个
其他信号传输	媒介：环线、应答器； 方向：地对车或车对地，单向	媒介：应答器、无线数传； 方向：地—车，双方向	媒介：应答器、无线数传； 方向：地—车，双方向	媒介：应答器、无线数传； 方向：地—车，双方向
列车定位	轨道电路、车载测距	轨道电路、车载测距	交叉环线、车载测距	轨道电路、车载测距
区段占用	无绝缘模拟轨道电路	无绝缘模拟轨道电路	无绝缘模拟轨道电路	无绝缘模拟轨道电路
设备器件	晶体管分立元件，小零星模集成电路	大规模集中电路，超大规模集成电路	晶体管分立元件，小规模集成电路	晶体管分立元件，小规模集成电路
系统评价	系统的结构简单、造价低廉；与移频自闭有较好的兼容性；需有保护区段对能力有一定的限制	不需要保护区段，通过能力较 TVM300 有一定的提高； 采用大规模集成电路，生产、调试、维护较容易	连续控制、通过能力有较大提高；轨道电缆作传输媒介，区间有源设备较多，系统造价高，生产、调试、维护较困难	分级阶梯式，设备优先，不需保护区段，通过能力有提高；电源同步抗干扰手段不适合我国供电情况；绝缘节与我国也不相同

表 2-2 各国高速铁路列控系统

设备名称	法国 TVM430	意大利 ETCS（1）	日本 D-ATC	欧洲 ETCS（2）	中国 CTCS
闭塞方式	固定闭塞	固定闭塞	固定闭塞	固定闭塞	固定闭塞
制动模式	连续速度曲线	连续速度曲线	连续速度曲线	连续速度曲线	连续速度曲线
控制方式	人控为主，设备为辅	人控为主，设备为辅	设备为主，人控为辅	可由设备实行自动控制	可由设备实行自动控制
安全信息传输媒介	轨道电路	轨道电路	轨道电路	GSM-R 无线通信	轨道电路+应答器，或无线通信
传输方式及信息量	地对车：21 bit	地对车：100 bit 车对地：56 bit	地对车：43 bit	地对车 车对地	地对车 车对地
载　　频	1 700、2 000、2 300、2 600 Hz	2.1 ~ 4.1 kHz，6 通道	625 Hz、575 Hz		1 700、2 000、2 300、2 600 Hz
其他信息传　　输	应答器、无线数传地、车双向	应答器、无线数传地、车双向	应答器，无线数传地、车双向	应答器	应答器、无线数传地、车双向
列车定位	轨道电路、车载测距	轨道电路、车载测距	轨道电路、车载测距	应答器、轨道电路或计轴	轨道电路、应答器、车载测距

（一）法国 U/T 系统

法国高速铁路（TGV）区段的列控系统，车载信号设备采用 TVM300 或 TVM430，地对车的信息传输以无绝缘轨道电路 UM71 为基础，该列控系统简称 U/T 系统。

TVM300 系统在 1981 年于巴黎—里昂首先投入使用，随后在东南新干线和大西洋新干线也得到应用，地面信息传输设备采用 UM71 轨道电路，该系统构成简单，造价较低。该系统中 UM71 轨道电路不仅反映列车对区段的占用和完整性检查，而且向机车上传输机车信号信息。无绝缘轨道电路 UM71，地对车的信息传输容量仅有 18 个，速度监控是滞后阶梯式的控制方式，TVM300 系统只检查列车进入轨道区段的入口速度，为确保安全，它需要有一个安全的保护区段，这对线路的通过能力有一定影响，运行间隔一般为 4 ~ 5 min。

法国 TVM430 系统是在 TVM300 的基础上研制的一种列车运行控制系统。TVM430 系统在 1993 年于法国第三条北方线高速铁路首先投入使用。随着列车速度不断提高，速度已达 320 km/h。法国 CS 公司对模拟电路构成的 U/T 系统进行了数字化改造：数字电路技术使设备结构小型化、模块化；采用无绝缘轨道电路 UM2000、数字通信技术使车地间的信息传输数字编码化；其速度监控方式改为分段速度-距离曲线控制模式，该控制方式是在每个分区按速度-距离分段制动的，其列车追踪间隔主要与闭塞分区的划分和列车速度有关，而闭塞分区长度的确定是以线路上运行的最坏性能的列车为依据，对高中速列车混合运行的线路采用这种模式能力是要受到较大影响的，运行间隔一般为 3 min。近年来，法国 CS 公司又开发了计算机联锁（SEI）和列控（ATC）一体化的系统，在地中海线和海峡—伦敦线开通使用，我国秦沈客运专线也采用了该系统。

（二）日本 ATC 系统

日本高速铁路自 1964 年 10 月东海道新干线开通运行以来，随着技术不断发展，列车运行速度已达 300 km/h，ATC 系统对保证行车安全、提高运输效率起到了重要作用。日本新干线现有的 ATC 系统普遍采用提前阶梯式速度监控，它的制动方式是设备优先的模式，即列控车载设备根据轨道电路传送来的速度信息，对列车进行减速或缓解控制，使列车出口速度达到本区段的要求。它没有滞后控制方式所需的保护区段，在线路能力和自动化程度上较滞后控制有所提高。

日本的 ATC 系统由地面设备和车载设备构成。地面设备由轨道电路和点式设备构成。轨道电路不仅反映列车对区段的占用和列车完整性检查，而且向列车传送 ATC 信息。轨道电路采用电源同步单边带音频（SSB），为了提高抗牵引电流干扰的能力，采用了双频组合轨道电路。

日本新干线 ATC 系统控制模式与法国 TVM300 系统相似，也是采用速度码台阶方式，所不同的是 TVM300 是采用人控优先的控制方式，即列车的运行速度一般由司机完成，只有在司机未按速度控制及时将列车速度降低时设备才起作用。而日本新干线 ATC 系统采用设备优先的控制模式，即列控车载设备根据从地面收到的速度控制命令，自动发出制动命令使列车减速，速度达到本区段的要求时自动发出命令使列车缓解。因此，它不需要设置保护区段，在线路通过能力上较 TVM300 系统有所提高。

为解决现行 ATC 系统的缺点，20 世纪 90 年代初日本就开始数字 ATC 的研究，数字 ATC 系统也是采用安全性能高的轨道电路来检查列车占用，由地面向车上传送数字编码信息。传送的信息内容不是现有 ATC 系统所传送的速度信息（限制速度），而是传送至前方列车的距离。具体内容是：轨道电路编号、至前方列车所空闲的区间数、到站/出站股道、临时限速和其他信息。车载设备除了具有轨道编号和空闲区间数为计算距离前方列车距离所需要的数据外，车上还存储有限制曲线、道岔限速、坡度等线路数据。列车依据地面传来的轨道电路编号、空闲区间数等信息计算出与前方列车的距离，实施一次速度-距离曲线控制。由于传送的距离前方列车的距离，因而车载设备能生成与各列车制动性能相适应的制动曲线，能够实施最佳控制，使列车在前方列车之后的闭塞分区内停车。

数字 ATC 系统的整体特点：使用了具有实际使用业绩的轨道电路来检查列车占用，并由地面向车上传送信息；车载设备实现智能化，此外由于采用了一次制动控制方式，列车能够按照适合于各自制动性能的制动模式曲线实施最佳运行；能够缩短运行间隔时间和提高列车速度；能够方便地适应电动车组和机车牵引，高速列车与既有线列车的混合运行。

（三）德国 LZB 系统

德国铁路早在 20 世纪 60 年代就开始研究用于最高行车速度 200 km/h 的连续式列车运行自动控制系统 LZB，它是德国铁路、西门子公司及劳伦茨公司合作研究的成果，70 年代后期开始推广。LZB 系统是目前世界上典型的连续式列车速度控制系统之一，这种连续式列控系统不但能反映地面信号的显示，而且能自动控制列车的牵引和制动。

LZB 系统主要由地面列控中心、车—地双向信息传输设备、列控车载设备三大部分组成。地面控制中心是 LZB 系统的核心，它负责实时追踪、确定所管辖范围内各列车的安全运行速度，产生的控制命令通过通信网发送到轨旁发送/接收设备，经过信号放大后通过轨道电缆传输向车载设备发送信息，控制列车安全运行。同时，利用每 100 m 交叉一次的铺设方法可以实现列车准确定位。LZB 系统车载设备包括中央计算机、测速测距设备及制动控制设备等。

LZB 系统最突出的特点就是利用铺设在钢轨之间的轨道电缆实现车—地之间的双向信息传输。通过车—地信息传输系统，LZB 车载设备可以将列车的精确位置、实际速度、机车及列车工作状况（设备状况、轴温、供电及故障）等信息及时送到地面列控中心。列控中心的计算机根据综合调度中心下达的列车运行计划、列车运行线路状况信息（坡度、曲线半径、限制速度等）、相邻联锁中心送来的列车进路信息等经计算、比较处理后，确定出在保证行车安全的前提下使列车运行间隔最小的列车运行速度，并立即通过 LZB 地—车双向传输系统将这一速度控制命令传送到 LZB 车载设备，由此实现对列车运行速度的控制。

但是 LZB 系统利用轨道电缆作为车—地间双向信息传输的通道，另需轨道电路来检查列车占用，轨旁设备较多，给维修带来不便。LZB 以地面控制中心为主计算制动曲线，车载信号设备智能化不够，与其他列控系统兼容比较困难。

（四）欧洲 ERTMS/ETCS 系统

为克服欧洲各国信号制式复杂、互不兼容，保证高速列车在欧洲铁路网内互通运行，在欧洲共同体的支持下，欧洲各信号厂商联合制定了 ERTMS/ETCS 技术规范，ERTMS 是欧洲铁路运输管理系统的缩写，它是一个以 ETML（欧洲铁路运输管理）为运输指挥基础、以 ETCS 为安全核心、以 GSM-R 为传输平台的铁路运输管理系统。ETCS 是一个先进的列车自动防护（ATP）系统和机车信号技术规范。安装符合 ERTMS/ETCS 技术规范的列车运行控制系统，不仅能提高列车的安全性，并且能够在欧洲境内穿越国境时实现互通运营。

1. ERTMS/ETCS 应用等级

ETCS 系统根据功能需求和运用条件配置基本结构，从应用角度分为 5 级。

ERTMS/ETCS 等级 0：主要是为了保证装配 ETCS 车载设备的列车，能在没有 ETCS 地面设备的线路、或尚不具备 ETCS 运营条件的线路上运行。

ERTMS/ETCS 等级 STM：专用传输模块 STM，主要是为了保证装配 ETCS 车载设备的列车，在既有线运行时能够提供通用机车信号功能。

ERTMS/ETCS 等级 1（带注入或不带注入信息）：基于点式传输的列车控制系统，装备了 ERTMS/ETCS 的列车在地面装备点式设备的线路上应用，列车检测和列车完整性检查由既有地面信号系统完成。

ERTMS/ETCS 等级 2：基于无线传输的列车控制系统，装备了 ERTMS/ETCS 的列车，在由无线闭塞中心控制并且装备了 Eurobalise 和 Euroradio 的线路上运行，由地面设备提供列车定位功能和列车完整性检测。ETCS2 级可以取消地面信号机，司机凭车载信号行车。

ERTMS/ETCS 等级 3：ETCS3 级取消了传统的地面信号系统，列车定位和列车完整性检查由地面 RBC 和列车完整性验证系统（不属于 ERTMS/ETCS）共同完成。RBC 在其管辖的区域内跟踪每列列车的位置，根据各列车发回的信息进行进路的锁闭或解锁，并确定每列列车的移动授权。

2. ERTMS/ETCS 技术规范核心

技术规范核心：以欧洲车载设备 Eurocab 为核心；以欧洲应答器（Eurobalise）作为列车定位修正基准；以欧洲应答器 Eurobalise（应用等级 1）、欧洲环线 Euroloop（应用等级 1）及欧洲无线 Euroradio（应用等级 2、应用等级 3）作为车地信息传输的通道；以基于通信的列控系统作为欧洲铁路列车运行控制系统今后的发展方向。

ETCS 从保持设备互用性，确保高速列车跨国/跨线运行角度制定技术规范。地面设备规范了地面设备间的数据交换，以及地面设备与车载设备间的数据交换。车载设备则是规范了车载设备的功能，地面设备与车载设备数据交换，车载设备各子系统间的数据交换，车载设备与司机人机接口，车载设备与列车间的接口等。ETCS 定义的两类接口规范：FIS 为功能接口规范，保证了接口逻辑互用；FFFIS 为形式适配功能接口规范，保证逻辑和物理的互用性。

3. ERTMS/ETCS 标准化设备

ERTMS/ETCS 车载设备是一个基于欧洲安全计算机的系统，它基于与地面子系统的交换信息来控制列车运行。车载子系统的设备包括 Eurocab（欧洲车载设备）、STM（专用传输模块）、BTM（应答器传输模块）、LTM（环线传输模块）、TTM（无线通信传输模块）。

标准化的地面设备结构，包括如下标准模块：欧洲应答器（Eurobalise）；欧洲环线（Euroloop）；欧洲无线（Euroradio），即 GSM-R；无线闭塞中心（RBC）。

4. ERTMS/ETCS 的特点

系统的开放性：ERTMS/ETCS 技术规范是得到欧洲共同体和国际铁路联盟承认的标准，而且该标准是公开的。

可操作性与互用性：所有的 ERTMS 设备供应商按照统一的 ERTMS/ETCS 技术规范来设计生产，所以不同厂家的 ERTMS 设备可以任意组合、任意互换使用。

兼容性：ERTMS/ETCS 的 5 个应用等级的机车尽管其装备的车载设备不同，但机车可以在不同等级的线路互通运营。

模块化：ERTMS/ETCS 的低等级系统在原有设备的基础上，增加了一些新的设备（模块）就能方便升级到更高的等级，原有的列控车载设备在高等级的系统中继续使用。

任务二　列控系统的分类和基本原理

知识目标

（1）列控系统的分类方法。

（2）列车自动防护系统（ATP）。

（3）铁路列车运行自动控制系统（ATC）。

（4）速度码阶梯控制方式、速度-距离模式曲线控制方式。

（5）点式列控系统、连续式列控系统和点连式列控系统。

技能目标

（1）熟悉列控系统的分类方法。
（2）掌握列车自动防护系统（ATP）。
（3）掌握铁路列车运行自动控制系统（ATC）。
（4）掌握速度-距离模式曲线控制方式。
（5）掌握点连式列控系统。

任务二课程思政教学案例

素质目标

（1）培养学生遵章守纪、爱护机车信号车载设备的职业道德。
（2）培养学生学习新技术、新知识的意识。
（3）培养学生勇于创新、开拓进取的意识。
（4）培养学生严谨认真、精益求精的态度，提升学生合作、应变与可持续性发展的能力。
（5）能客观、公正地进行学习效果的自我评价。

知识点学习

列车运行控制系统是将先进的控制技术、通信技术、计算机技术与铁路信号技术融为一体的行车指挥、控制、管理自动化系统。它是现代保障行车安全、提高运输效率的核心，也是标志一个国家轨道交通技术装备现代化水准的重要组成部分。值得注意的是，各国铁路由于历史、传统术语、指示和原文意义不同等原因，对列车运行自动控制系统的名称划分也不尽相同，列车超速防护系统（ATP）与列车运行自动控制系统（ATC）并没有严格的划分，在城市轨道交通的信号系统 ATC 系统中包括列车自动防护（ATP）、列车自动监督（ATS）和列车自动驾驶（ATO）。

在铁路行业中，由于运输组织比较复杂，一般只是注重 ATP 系统的发展和应用，而 ATS 和 ATO 在铁路运输中应用难度较大。虽然日本、法国及德国列控系统的名称不同，但有一个共同点，即自动监控列车运行速度，通过车内信号直接指示列车应遵守运行速度（即允许速度）。在人机关系方面，系统能可靠地防止由于司机失去警惕或错误操作可能酿成的冒进信号或列车追尾等恶性事故。为便于讨论，将铁路的列车超速防护系统称为列车运行控制系统。下面将从不同的角度进行列控系统分类和控制原理的分析。

一、按系统功能、自动化程度分类

列控系统按照系统完成的功能、人工的自动化程度分成列车自动防护系统（ATP）和铁路列车运行自动控制系统（ATC）。

（一）列车自动防护系统（ATP）

1. ATP 概述

列车自动防护系统（ATP）可对列车运行速度进行实时监督，当列车运行速度超过最大允许速度时，自动控制列车实施常用全制动或紧急制动，使列车停在显示禁止信号的信号机或停车标前方。随着列车速度的提高，完全由司机控制列车已经非常困难。ATP 系统的车载设备以仪表或数字指示方式（车内信号方式）向司机给出列车最大允许速度、目标距离和目标速度等信息，司机只要按允许速度操纵机车，就能可靠保证列车安全运行，不冒进信号。通俗地说，一般 ATP 系统不包含列车的自动加速和自动减速，只是起到超速防护的目的，在国内也将 ATP 系统称为列车超速防护系统。

当列车速度为 140 km/h 时，列车制动距离为 1 100 m；列车运行速度提高到 160 km/h 时，紧急制动距离为 1 400 m；列车运行速度提高到 200 km/h 时，紧急制动距离将超过 2 000 m。而司机的视觉能力对列车信号的判断最少时间为 3 ~ 5 s，随着列车速度的不断增加，当司机判断距离小于紧急制动距离时，将会造成严重的后果。因此，依靠司机来判断信号已经不能适应列车的发展需要，必须由列车超速防护系统去控制列车运行，列车超速防护系统在防止列车超速运行，保证列车停车的准确性和及时调整列车运行速度方面具有较大的优越性。

在列车超速防护区段一般采用轨道电路连续传递前行列车的位置信息，采用应答器传递线路参数及进路信息，或者采用无线通信传输信息。例如，根据前方列车位置通过轨道电路编码向钢轨传递表示不同速度等级的信号电流。列车上的传感器接收信号电流后，经车内信号接收器译解，获得允许的限制速度。根据车轴上的速度传感器计算出列车走行的实际速度，将允许列车的限制速度与列车走行的实际速度送入车载微机系统进行比较，当实际走行速度超过限制速度，则操作制动设备使其制动，如实际走行速度低于限制速度，则制动设备缓解，而运行操作仍由司机完成。

20 世纪 90 年代初，我国铁路在京广线郑武段电气化改造工程中首次引进轨道电路 UM-71 和 TVM300 带速度监控的机车信号，即 U/T 系统，TVM300 采用滞后的阶梯形分级控制模式，地面自动闭塞必须设置双红灯防护区段，列车超速防护的制动方式采用紧急制动，经过实践检验，TVM300 系统不适合我国的实际情况，在京广线不得不停止使用。随后，在广深准高速工程中，采用了 UM71 与移频制式兼容功能的 ZLSK 型准高速客车速度分级控制系统，其基本原理与 TVM300 相同，但在制动模式上进行了改进。它依据闭塞分区的长度、坡道，通过不同低频信息将列车监控速度进行分级，系统为双机热备，常用制动和紧急制动分开使用。

2002 年在我国第一条客运专线建设中，采用了法国 UM2000 型数字轨道电路和 TVM430 型带速度监督机车信号的列车超速防护系统，由 UN2000 提供地面信息，包含闭塞分区长度、曲线坡度、监控速度等信息，实现了速度-距离模式曲线方式控制列车运行。

2006 年在青藏线采用增强型列车运行控制系统（ITCS）。ITCS 是基于无线传输的虚拟自动闭塞及超速防护系统，在较大车站采用计算机联锁，中、小车站及区间不设轨道电路和信号机，室外仅有转辙机和相应电缆。

2. ATP 的功能

（1）安全防护。

防止列车无行车许可运行，防止列车超过进路允许速度、线路结构规定的速度、机车车辆构造速度、临时限速和紧急限速及铁路有关运行设备的限速运行，防止列车超速、溜车。

测速环节应保证在一定范围内列车车轮滑行和空转不影响车载设备的功能，并具有轮径修正功能。

（2）人机交互。

ATP 为司机提供必需的数据及操作装置，能够以字符、数字及图形等方式显示列车的运行数据，即允许速度、目标速度和目标距离。能够实时地给出列车超速、制动、允许缓解及设备故障状态报警。司机输入装置必须配置必要的开关按钮和有关数据输入装置，具有标准的列车数据界面，可根据运营和安全控制要求对输入数据进行有效检验。

（3）设备制动优先。

设备制动优先的列控系统，当列车减速时，在闭塞分区入口处，设备自动实施制动，低于目标速度后自动缓解。当列车速度超过紧急制动曲线时，则实施紧急制动。列车的减速制动完全由列车运行控制系统自动完成，不必司机介入。这样，可以适当地缩短列车运行间隔时间，保证列车按照时刻表运行。

（4）自动检测。

具有开机自检和动态检测功能，具有关键数据和关键动作的记录功能及检测接口。

（二）铁路列车运行自动控制系统（ATC）

铁路列车运行自动控制系统（ATC）可根据行车指挥命令、线路参数、列车参数等实时监督列车运行速度，通过控制列车多级常用制动，自动降低列车运行速度，保证行车安全。列车运行自动控制系统是比列车超速防护系统高一级的列车自动控制系统，它可替代司机的部分操作。通俗地说，铁路的 ATC 系统可以包含列车的自动减速，该系统在日本应用较为广泛，这种控制模式可以有效降低司机的劳动强度，并且能够提高运输效率，不会因为司机的水平不一样而造成效率的降低。

二、按人-机设备优先等级分类

列控系统按照系统是人工优先控制还是设备优先控制分成设备优先的列控系统和人工优先的列控系统。前者以日本新干线 ATC 为代表，后者以德国 LZB 或法国高速铁路 TVM300、TVM430 系统为代表。

（一）设备优先的列控系统

设备优先的列控系统当要求列车减速时，在闭塞分区入口处，ATP 车载设备就自动实施制动，低于目标速度后自动缓解。当列车速度超过紧急制动曲线时，则实施紧急制动，使列车停车。由于列车的减速制动完全由列车运行控制系统自动完成，不必司机人工介入，其最大优点是能够减轻司机的劳动强度，使司机能集中精力确保列车正点运行，从而提高列车运行服务质量。但是，为满足旅客乘车舒适性的要求，采用这种方式对列车自身的制动系统的自动化程度以及制动性能要求非常高。它的最大常用制动必须采用可短时间重复制动、缓解的高质量多级制动（电阻、再生、电空等）方式，特别是电空制动，它要求缓解充风时间要短，一旦列控设备发出减速命令，列车制动系统能根据列车实际运行状态自动控制按保证旅客舒适的要求实施制动。

以设备制动优先的列控系统的另一优点是可以适当缩短列车运行间隔时间，保证列车按时刻表或运行图运行。根据经验，一般以人控为主的列控系统，司机为防止速度超过允许速度，往往将列车的运行速度控制在距离设备监督曲线较远的地方，尤其是列车前方为禁止信号时，司机往往提前降速缓行，因此使列车的运行间隔增加。而设备制动优先的列控系统，由于它完全由设备控制并且可以连续制动、缓解，它的运行速度控制曲线一般距离设备监督曲线较近，因此它可以适当缩短列车运行间隔时间。

（二）人控优先的列控系统

以人控优先的列控系统列车运行速度一般由司机控制，只有列车超过允许速度，设备才自动介入实施制动。司机制动优先的系统的优点是便于发挥司机的责任感，使司机处于积极的工作状态，能及时处理异常情况，充分发挥人的技术能力，减少设备对司机操纵的干扰。在列车制动系统技术水平不高的条件下，司机控制列车减速比设备自动控制列车更为舒适。另外，对于以空气制动为主的列车，由于其不能短时间重复实施制动和缓解，因此对于这种列车必须采用人控优先的控制方式。

综合以上分析，对于那些列车性能稳定、设备安全可靠、司机劳动强度大、运行间隔要求高的轨道交通运输系统，宜采用设备优先的控制系统。

三、按控制模式分类

列控系统按照系统控制模式分成速度码阶梯控制方式和速度-距离模式曲线控制方式。

（一）速度码阶梯控制方式

速度码阶梯控制方式，在一个闭塞分区内只控制一个速度等级。在一个闭塞分区中只按照一种速度判断列车是否超速。阶梯控制方式又可分为出口检查方式（滞后式控制）和入口检查方式（提前式控制）。

如图 2-1 所示，出口检查方式要求司机在闭塞分区内将列车运行速度降低到目标速度，ATP 车载设备在闭塞分区出口检查列车运行。如果司机按照允许速度操纵列车，ATP 设备不干预司机正常操作，当司机违章操作或列车运行超过允许速度时，列控设备将自动实施制动。在每个闭塞区段的速度含义中存在允许速度/目标速度的意义，本区段的允许速度为该区段的入口速度，本区段的出口速度就是下一个闭塞分区的允许速度，这种控制模式属于滞后控制，列车制动后需要走行一段距离才能减速（或停车），因此，在禁止信号后方需要设置一段防护区段，用于过走防护。法国 TVM300 就是采用这种控制方式。

如图 2-1 所示，入口检查方式就是列车在闭塞分区入口处接收到允许速度后立即依此速度进行检查，没有目标速度指示，一旦列车速度超过允许速度，则列控设备自动实施制动使列车运行速度降低到目标速度以下。入口检查方式中本区段的入口速度就是本区段的允许速度。日本新干线 ATC 就是采用这种方式。在该种控制方式下，需要在列车停车前设置一个地面环线或应答器设备，用于防止列车冒进信号，该点式设备的布置要求列车以 30 km/h 的速度紧急停车后能在危险点停车。这种控制方式较滞后式控制方式间隔能力提高不少。

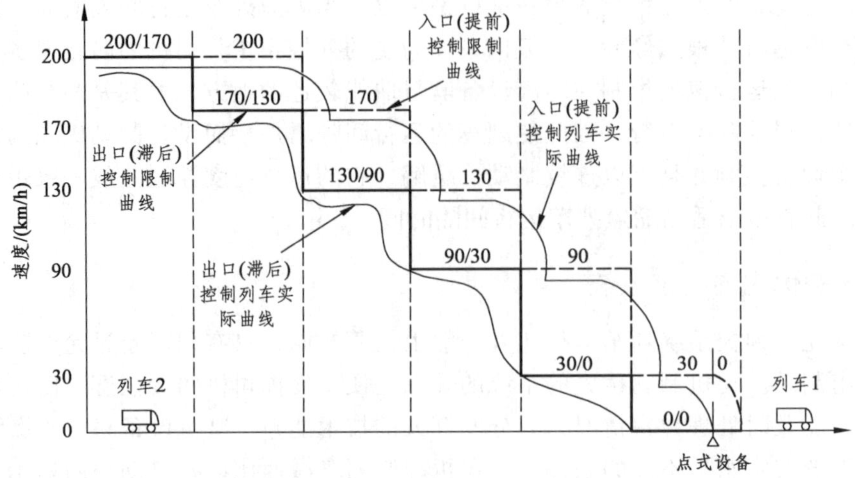

图 2-1　速度码台阶控制曲线

速度码阶梯控制方式系统的主要优点是简单，需要地车传输的信息量小，不需要知道列车的准确位置，只需要知道列车占用哪个区段即可。但是缺点也是明显的，铁路运输系统的行车能力受到了限制。

（二）速度-距离模式曲线控制方式

为了缩短列车间的间隔距离，采用速度-距离模式曲线方式实现列车间的安全速度和间隔控制。速度-距离模式曲线控制是根据目标速度、线路参数、列车参数、制动性能等确定的反映列车允许速度与目标距离间关系的曲线，速度-距离模式曲线反映了列车在各点允许运行的速度值。列控系统根据速度距离模式曲线实时给出列车当前的允许速度，当列车超过当前允许的速度时，设备自动实施常用制动或紧急制动，保证列车能在停车地点前停车。因此，采用这种控制方式的列控系统不需要设置安全防护区段。这种控制系统又分成以下两种方式：分段速度-距离模式曲线控制、一次速度-距离模式曲线控制。

分段速度控制模式是将轨道区段按照制动性能最差列车安全制动距离要求，以一定的速度等级将其划分成若干固定区段。一旦这种划分完成，每一列车无论其制动性能如何，其与前行列车的最小追踪距离只与其运行速度、区段划分有关，这对于制动性能好的列车的线路通过能力将受到影响，TVM430 就是采用这种控制方式，见图 2-2。

分段速度控制模式列车最大安全制动距离为

$$S=(S_1+S_2+S_3+S_4)\times n \qquad (2\text{-}1)$$

式中　S——列车最大安全制动距离；

S_1——车载设备接收地面列控信号反应时间距离；

S_2——列车制动响应时间距离；

S_3——列车制动距离；

S_4——过走防护距离；

n——列车从最高速度停车制动所需分区数。

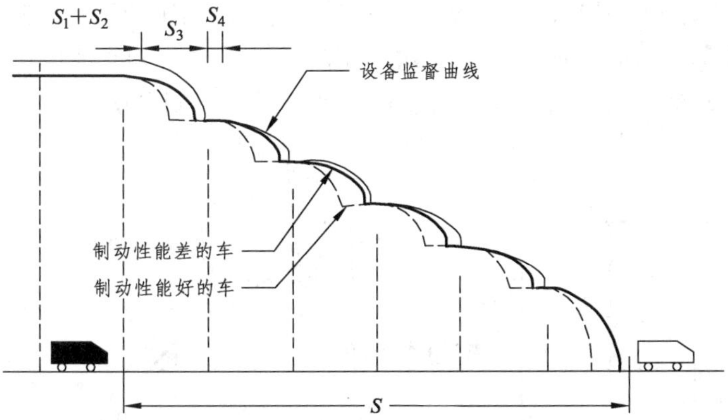

图 2-2　分段速度控制模式示意图

显然，如果每一种列车的性能不同，其制动距离 S_3 是不同的，性能好的列车制动距离短，性能差的列车制动距离就会很长。而如果以列车最大安全制动距离为依据确定闭塞分区长度时以性能最差的列车为标准，这样确定的闭塞分区长度势必对性能好的列车来说就长了，从而限制性能好的列车的线路通过能力。因此，这种模式适用于只运行一种性能列车的情况。而对于高中速混跑运行的线路，如果列车的制动性能相差较大，采用这种模式要想达到较高的通过能力是比较困难。

列控设备给出的分段的制动速度控制曲线是根据每一个闭塞分区的线路参数和列车自身的性能计算而定的，闭塞分区的线路参数可以通过地对车信息实时传输，也可以事先在车载信号设备中存储通过核对取得。因为制动速度控制曲线是分段给出的，每次只需一个闭塞分区线路参数，TVM430 系统就是通过地对车信息实时传输的，其信息量为 27 bit。

一次速度-距离模式曲线控制的制动模式是根据目标距离、目标速度的方式确定的速度-距离模式曲线，该方式不设定每个闭塞分区速度等级，采用一次制动。以前方列车占用闭塞分区入口为目标点，通过地车信息传输系统向列车传送目标速度、目标距离等信息。该方式能减少闭塞分区长度对列车运行间隔时间的影响。一次连续速度-距离模式曲线方式更适于高中速混跑的线路。图 2-3 是连续速度模式曲线控制模式示意图。一次连续速度控制模式列车最大安全制动距离为

$$S=S_1+S_2+S_3+S_4 \tag{2-2}$$

式中　S——列车最大安全制动距离；

S_1——车载设备接收地面列控信号反应时间距离；

S_2——列车制动响应时间距离；

S_3——列车制动距离；

S_4——过走防护距离。

式（2-2）中，S_1、S_2、S_3 与式（2-1）基本相同，在计算一次连续速度模式最大安全制动中由于为一次制动，因此在制动过程中它们只考虑一次。而在分段模式中由于在整个制动过程中要多次制动、缓解，这三个参数要考虑 n 次。另外，连续速度控制模式列车最大安全制动距离 S_3 采用的是每一列车的实际最大安全制动距离，列车制动性能好的列车 S_3 的数值小，

性能差则 S_3 的数值就大。因此，在连续速度控制模式中，列车的运行间隔距离，各尽其能，有助于提高运行效率。同时其所具有的一次性制动的性能也与列车实际制动方式相吻合。一次连续速度距离模式是各国铁路尤其是高速铁路列车运行控制系统的发展主流。

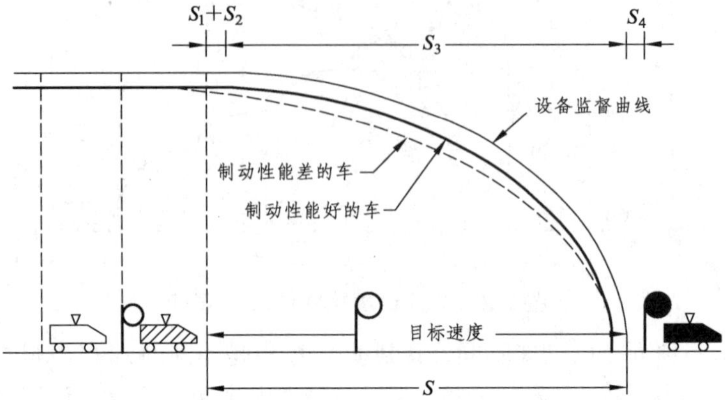

图 2-3　连续速度控制模式示意图

连续式一次速度控制模式若以前方列车占用的闭塞分区入口为追踪目标点，则为准移动闭塞；若以前方列车的尾部为追踪目标点，则为移动闭塞。移动闭塞在城市轨道交通中有运用，铁路系统中尚无运用实例，以下所述的目标距离速度控制方式主要是指准移动闭塞，如欧洲 ETCS1 和 2 级、日本 D-ATC 和中国 CTCS1-3 级列控系统。

四、按照地—车信息传输方式分类

列控系统按照地—车信息传输方式分成点式列控系统、连续式列控系统和点连式列控系统。

（一）点式列控系统

点式列车运行自动控制系统是采用高信息容量的地面应答器或地面轨道环线或其他感应设备进行地面对车载设备的信息传输，该方式结构简单、安装灵活、可靠性高，目前在欧洲轨道交通应用中较为广泛。点式列车自动控制系统因其主要功能是实现列车超速防护，所以又称为点式超速防护（点式 ATP）系统，它是一种点式传递信息，用车载计算机进行信息处理，最后达到列车超速防护目的的系统。

如果在点式列控系统中要求的运输效率比较高，则可以通过应答器注入的方式将信号机前的应答器信息提前传送给列车，保证列车在信号开放的情况下及早提速前行。

（二）连续式列控系统

点式列车运行控制系统的主要缺点是信息传递的不连续性，有时会对列车的精确定位或高效运行造成影响。鉴于这个问题，西方工业国家的铁路信号公司相继研制开发了采用连续交叉轨道交叉环线、音频轨道电路、GSM-R、漏泄交叉环线、无线或波导管等方式作为信息传输通道的连续式列车运行自动控制系统，这种系统实现了连续信息传递。

在当前世界上，不论是闻名世界的法国高速铁路、德国高速铁路、西班牙高速铁路、日本新干线等干线铁路，还是近几年开通的城市轨道交通，无一例外地采用了连续式列车运行自动控制系统。换句话说，连续式列车运行自动控制系统是适应高速干线与高行车密度的地铁、轻轨交通而发展起来的一项铁路信号技术，毫无疑问，其技术基础正是目前飞速发展的信息传输与处理技术。

按地面—车上信息传输所用的媒体分类，连续式列车运行自动控制系统可分为有线与无线两大类，前者又可分为利用轨间交叉环线与利用数字编码音频轨道电路技术两类。按自动闭塞的性质分类，连续式列车运行自动控制系统可分为移动闭塞与虚拟闭塞两类。按地—车之间所传输信息的内容分类，列车运行自动控制系统可分为速度码系统与距离码系统。前者由控制中心通过信息传输媒体将列车最大允许速度直接传至车上，这类制式在信息传递与车上信息处理方面比较简单，速度分级是阶梯式的，法国 TVM-300、日本新干线、北京地铁 1 号线、上海地铁 1 号线、大连快轨、重庆单轨等信号系统均是采用此种制式。后者从地面传至车上的是前方目标点的距离等一系列基本数据，由车载计算机进行实时计算得出列车的最大允许速度。显然可见，这种制式的信息传输比较复杂，而速度控制则是实时、无级的。欧洲的高速铁路干线以及广州地铁 1、2、3、4、5 号线等，武汉轻轨，天津地铁，上海地铁 2、3、4、5、8 号线等，北京 13、4、5、10 号线等，南京 1 号线等都采用此种制式。也就是说，现在应用和研发的系统大多数均是采用该类系统。

（三）点连式列控系统

针对我国的国情，目前铁路上的列车运行控制系统采用点连式列车运行控制系统，点式应答器作为线路数据的输入，连续轨道电路信息作为列车前方轨道空闲数量的传输媒介。这种方式有效利用了轨道线路和点式设备，典型的应用就是目前 CTCS-2 级的控制方式，见图 2-4。

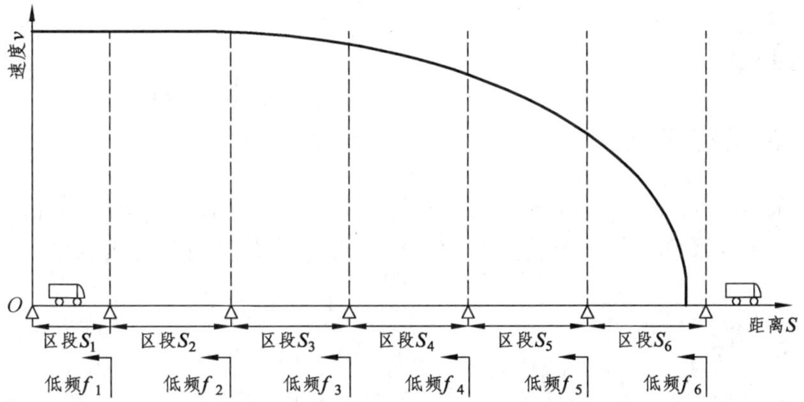

图 2-4　点连式列控系统的控制原理

在点连式列控系统中，轨道电路作为连续信息传输的通道，分别采用低频信息代表列车运行前方闭塞区段的空闲数目，在每个区段或间隔几个区段设置的应答器向列车传送线路参数信息，车载 ATP 设备将接收到的点式应答器数据与轨道电路接收的连续信息进行综合计算，则计算出列车目标点的目标距离和限制速度，实时比较列车的实际速度和限制速度，实现对列车的安全控制。

任务三　CTCS 系统描述

知识目标

（1）CTCS 系统定义。
（2）CTCS 系统基本功能。
（3）CTCS 体系结构。
（4）CTCS 系统构成。

技能目标

（1）掌握 CTCS 系统的基本功能。
（2）掌握 CTCS 体系结构。
（3）掌握 CTCS 系统构成。

任务三/任务四课程思政教学案例

素质目标

（1）培养学生遵章守纪、爱护机车信号车载设备的职业道德。
（2）培养学生学习新技术、新知识的意识。
（3）培养学生勇于创新、开拓进取的意识。
（4）培养学生严谨认真、精益求精的态度，提升学生合作、应变与可持续性发展的能力。
（5）能客观、公正地进行学习效果的自我评价。

知识点学习

一、CTCS 系统定义

CTCS 是 Chinese Train Control System 的缩写，即中国列车运行控制系统，它以分级的形式满足不同线路运输需求，在不干扰机车乘务员正常驾驶的前提下有效保证列车运行的安全。

二、基本功能

CTCS 系统在满足 RAMS 条件下，完成设备运行状态诊断记录，向机车乘务员提供驾驶信息及数据输入输出界面，对列车进行超速防护，保证列车安全运行。

1. 安全防护

在任何情况下防止列车无行车许可运行；防止列车超速运行：防止列车超过进路允许速度、防止列车超过线路结构规定的速度、防止列车超过机车车辆构造速度、防止列车超过临时限速及紧急限速、防止列车超过铁路有关运行设备的限速；防止列车溜逸；测速环节应保证一定范围内的车轮滑行和空转不影响 ATP 的功能，并具有轮径修正能力。

2. 人机界面

为机车乘务员提供信息显示、数据输入及操作装置。

CTCS 系统能够以字符、数字及图形等方式显示列车运行速度、允许速度、目标速度和目标距离；能够实时给出列车超速、制动、允许缓解等表示以及设备故障状态的报警；机车乘务员输入装置应配置必要的开关、按钮和有关数据输入装置；具有标准的列车数据输入界面，可根据运营和安全控制要求对输入数据进行有效性检查。

3. 检测功能

CTCS 系统具有开机自检和动态检查功能；具有关键数据和关键动作的记录功能及监测接口。

4. 可靠性和安全性

CTCS 系统能够按照信号故障导向安全原则进行系统设计；采用冗余结构；满足电磁兼容性相关标准。

三、CTCS 体系结构

CTCS 的体系结构按铁路运输管理层、网络传输层、地面设备层和车载设备层配置，如图 2-5 所示。

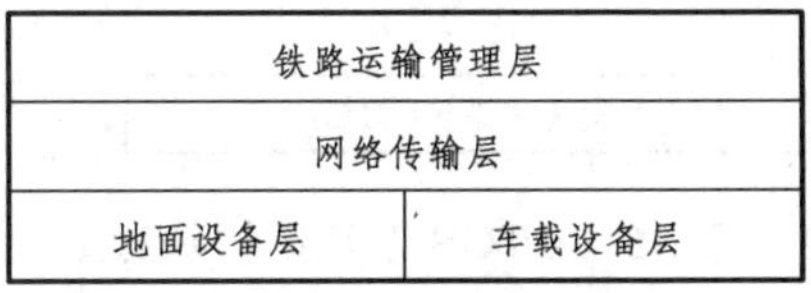

图 2-5　CTCS 体系结构

1. 铁路运输管理层

铁路运输管理系统是行车指挥中心，以 CTCS 为行车安全保障基础，通过通信网络实现对列车运行的控制和管理。

2. 网络传输层

CTCS 网络分布在系统的各个层面，通过有线和无线通信方式实现数据传输。

3. 地面设备层

地面设备层主要包括列控中心、轨道电路和点式设备、接口单元、无线通信模块等。列控中心是地面设备的核心，根据行车命令、列车进路、列车运行状况和设备状态，通过安全逻辑运算，产生控车命令，实现对运行列车的控制。

4. 车载设备层

车载设备层是对列车进行操纵和控制的主体，具有多种控制模式，并能够适应轨道电路、点式传输和无线传输方式。车载设备层主要包括车载安全计算机、连续信息接收模块、点式信息接收模块、无线通信模块、测速模块、人机界面和记录单元等。

四、系统构成

CTCS 系统参照国际标准，结合我国国情，从需求出发，按系统条件和功能划分等级。CTCS 体系的构建原则是以地面设备为基础，车载与地面设备统一设计。系统结构如图 2-6 所示。

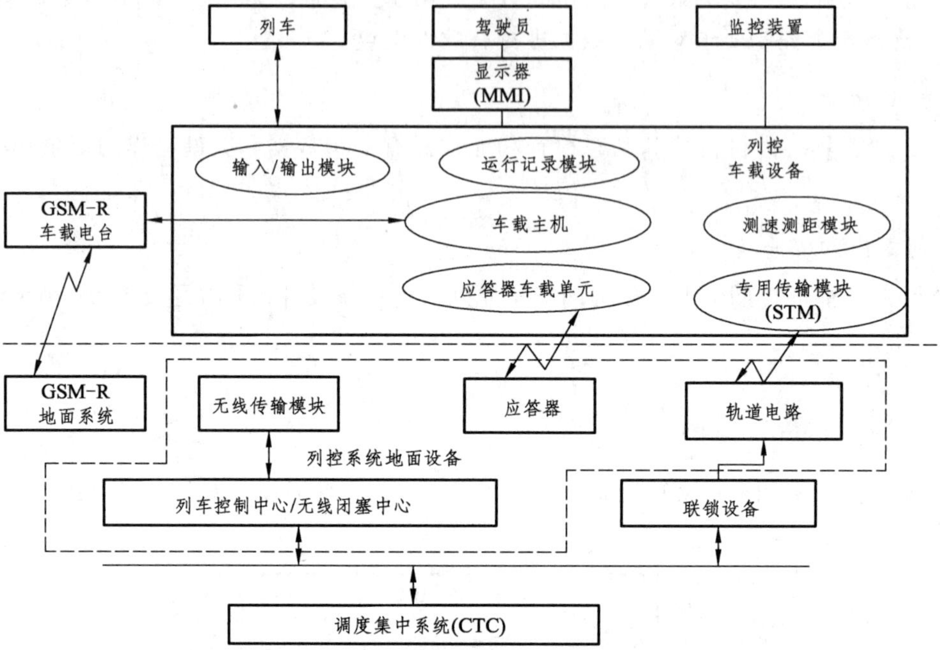

图 2-6　CTCS 系统结构示意图

任务四　CTCS 系统等级划分

知识目标

（1）CTCS 系统等级划分。

（2）CTCS 系统的地面子系统。

（3）CTCS 系统的车载子系统。

（4）列控系统等级比较。

技能目标

（1）掌握 CTCS 系统等级划分。

（2）掌握 CTCS 系统的地面子系统。

（3）掌握 CTCS 系统的车载子系统。

素质目标

（1）培养学生遵章守纪、爱护机车信号车载设备的职业道德。
（2）培养学生学习新技术、新知识的意识。
（3）培养学生勇于创新、开拓进取的意识。
（4）培养学生严谨认真、精益求精的态度，提升学生合作、应变与可持续性发展的能力。
（5）能客观、公正地进行学习效果的自我评价。

知识点学习

列车运行控制系统包括地面设备和车载设备，根据系统配置按功能划分为 5 级。

一、CTCS-0 级

CTCS-0 级为既有线的现状，由通用机车信号和运行监控记录装置构成。

二、CTCS-1 级

由主体机车信号和安全型运行监控记录装置组成，面向 160 km/h 以下的区段，在既有设备基础上强化改造，达到机车信号主体化要求，增加点式设备，实现列车运行安全监控功能。

（一）地面子系统组成

1. 轨道电路

完成列车占用检测及列车完整性检查，连续向列车传送控制信息。
车站正线采用与区间同制式的轨道电路，侧线采用与区间同制式的叠加电码化设备。

2. 点式信息设备

宜设置在车站附近，主要用于向车载设备传输定位信息。

（二）车载子系统组成

1. 主体机车信号

完成轨道电路信息的接收与处理。

2. 点式信息接收模块

完成点式信息的接收与处理。

3. 安全型运行监控记录装置

实时检测列车运行速度，对列车运行控制信息进行综合处理，控制列车按命令运行。

三、CTCS-2 级

CTCS-2 级是基于轨道传输信息的列车运行控制系统。CTCS-2 级面向提速干线和高速新线，采用车—地一体化设计，适用于各种限速区段，地面可不设通过信号机，机车乘务员凭车载信号行车。

（一）地面子系统组成

1. 列控中心

根据列车占用情况及进路状态计算行车许可及静态列车速度曲线并传送给列车。

2. 轨道电路

完成列车占用检测及列车完整性检查，连续向列车传送控制信息。

车站与区间采用同制式的轨道电路。

3. 点式信息设备

用于向车载设备传输定位信息、进路参数、线路参数、限速和停车信息等。

（二）车载子系统组成

1. 连续信息接收模块

完成轨道电路信息的接收与处理。

2. 点式信息接收模块

完成点式信息的接收与处理。

3. 测速模块

实时检测列车运行速度并计算列车走行距离。

4. 设备维护记录单元

对接收信息、系统状态和控制动作进行记录。

5. 车载安全计算机

对列车运行控制信息进行综合处理，生成控制速度与目标距离模式曲线，控制列车按命令运行。

6. 人机界面

车载设备与机车乘务员交互的设备。

7. 运行管理记录单元

规范机车乘务员驾驶，记录与运行管理相关的数据。

8. 预留无线通信接口

预留的无线通信接口。

四、CTCS-3 级

CTCS-3 级是基于无线传输信息并采用轨道电路等方式检查列车占用的列车运行控制系统。CTCS-3 级面向提速干线、高速新线或特殊线路，基于无线通信的固定闭塞或虚拟自动闭塞，适用于各种限速区段，地面可不设通过信号机，机车乘务员凭车载信号行车。

（一）地面子系统组成

1. 无线闭塞中心（RBC）

使用无线通信手段的地面列车间隔控制系统。它根据列车占用情况及进路状态向所管辖列车发出行车许可和列车控制信息。所使用的安全数据通道不能用于话音通信。

2. 无线通信（GSM-R）地面设备

作为系统信息传输平台完成地—车间大容量的信息交换。

3. 点式设备

主要提供列车定位信息。

4. 轨道电路

主要用于列车占用检测及列车完整性检查。

（二）车载子系统组成

1. 无线通信（GSM-R）车载设备

作为系统信息传输平台完成车—地间大容量的信息交换。

2. 点式信息接收模块

完成点式信息的接收与处理。

3. 测速模块

实时检测列车运行速度并计算列车走行距离。

4. 设备维护记录单元

对接收信息、系统状态和控制动作进行记录。

5. 车载安全计算机

对列车运行控制信息进行综合处理，生成目标距离模式曲线，控制列车按命令运行。

6. 人机接口

车载设备与机车乘务员交互的接口。

7. 运行管理记录单元

规范机车乘务员驾驶，记录与运行管理相关的数据。

五、CTCS-4 级

CTCS-4 级是基于无线传输信息的列车运行控制系统。CTCS-4 级面向高速新线或特殊线路，基于无线通信传输平台，可实现虚拟闭塞或移动闭塞；CTCS-4 级由 RBC 和车载验证系统共同完成列车定位和列车完整性检查；CTCS-4 级地面不设通过信号机，机车乘务员凭车载信号行车。

（一）地面子系统组成

1. 无线闭塞中心（RBC）

使用无线通信手段的地面列车间隔控制系统。它根据列车占用情况及进路状态向所管辖列车发出行车许可和列车控制信息。所使用的安全数据通道不能用于话音通信。

2. 无线通信（GSM-R）地面设备

作为系统信息传输平台完成地—车间大容量的信息交换。

（二）车载子系统组成

1. 无线通信（GSM-R）车载设备

作为系统信息传输平台完成车—地间大容量的信息交换。

2. 测速模块

需要时，实时检测列车运行速度并计算列车走行距离。

3. 设备维护记录单元

对接收信息、系统状态和控制动作进行记录。

4. 车载安全计算机

对列车运行控制信息进行综合处理，生成目标距离模式曲线，控制列车按命令运行。

5. 人机接口

车载设备与机车乘务员交互的接口。

（三）其他系统

全球卫星定位或其他设备提供列车定位及列车速度信息；列车完整性检查设备；运行管理记录单元；规范机车乘务员驾驶，记录与运行管理相关的数据。

六、CTCS 级间关系

符合 CTCS 规范的列车超速防护系统应能满足一套车载设备全程控制的运用要求；系统车载设备向下兼容；系统级间转换应自动完成；系统地面、车载配置如具备条件，在系统故障条件下应允许降级使用；系统级间转换应不影响列车正常运行；系统各级状态应有清晰的表示。

七、列控系统等级比较

CTCS 各应用等级是根据设备配置来划分的，各应用等级均采用目标距离控制模式，但在地对车信息传输的方式、线路数据的来源、闭塞方式、有无地面信号、轨道占用检查等方面存在差异，详见表 2-3。

表 2-3　列控系统等级比较表

应用等级	CTCS-0	CTCS-1	CTCS-2	CTCS-3	CTCS-4
适用速度	120 km/h 以下	160 km/h 以下	200 km/h 以上	200 km/h 以上	200 km/h 以上
控制模式	目标距离	目标距离	目标距离	目标距离	目标距离
闭塞方式	固定闭塞	固定闭塞	固定闭塞	固定闭塞	移动闭塞或虚拟闭塞
地车信息传输	轨道电路	多信息轨道电路+点式设备	多信息轨道电路+点式设备	无线通信双向信息传输+点式设备	无线通信双向信息传输+点式设备
轨道占用检查	轨道电路	轨道电路	轨道电路	轨道电路、计轴设备等	车载定位，应答器校正
地面信号机	有	有	可取消	无	无
线路数据来源	大储存于车载数据库	大储存于车载数据库	应答器提供	应答器提供	应答器提供
对应 ETCS 级	—	—	ETCS-1 级	ETCS-2 级	ETCS-3 级

任务五　CTCS 操作训练

CTCS 操作训练实训项目工作活页见表 2-4。

任务五课程思政教学案例

表 2-4　CTCS 操作训练实训项目工作活页

实训项目	CTCS 操作训练		
学　　时		实训对象	
指导教师		教学时间	
实训场所	铁道机车行车安全装备实训室		
工具设备	CTCS 设备仿真模型、机车驾驶实训台、多媒体设备、多媒体课件资源		
教学目标	专业能力	（1）熟悉列控系统的分类方法； （2）掌握列车自动防护系统（ATP）、铁路列车运行自动控制系统（ATC）； （3）掌握 CTCS 系统的基本功能； （4）掌握 CTCS 体系结构、系统构成； （5）能够熟练运用 CTCS 系统	
	方法能力	（1）能综合运用专业知识，通过利用专业书籍、多媒体课件和图片资料获得帮助信息； （2）能根据实训项目学习任务确定实训方案，从中学会表达及展示活动过程和成果	
	素质能力	（1）能在实习训练活动中保持积极向上的学习态度和社会能力； （2）能与小组成员和教师就学习中的问题进行交流和沟通； （3）能与他人共享学习资源，具有较好的合作能力和团队协作精神	
教学活动	以 5～7 人小组为单位开展实训活动		
教学评价	学生评价	（1）根据本组同学在实训过程中的能力表现及结果进行自评和组内互评； （2）根据其他小组同学在成果展示活动中的表现及结果进行互评	
	教师评价	（1）教师组织学生开展评价活动和总结； （2）对学生本实训项目单元成绩做出综合评价	

项目二列控系统概述习题

一、填空题

1. CTCS以分级的形式满足不同线路运输需求，在_________机车乘务员正常驾驶的前提下，有效______列车运行安全。

2. CTCS可以向机车乘务员提供______信息及__________________界面，完成设备运行状态诊断记录。

3. 人机界面主要为列车司机提供____________、_____________及操作。

4. CTCS设备具备开机______功能和运行中____________功能。

5. CTCS设备能够记录设备的关键______以及关键______，并提供监测接口。

6. CTCS 体系结构按照______________________层、_____________层、地面设备层和车载设备层配置。

7. 铁路运输管理层是行车指挥中心，以_______为行车安全保障基础，通过________实现对列车运行的控制和管理。

8. CTCS网络分布在系统的各个层面，通过______和______通信方式实现数据传输。

9. 车载设备层是对列车进行______和______的主体。

10. CTCS-0级由______机车信号和___________________装置组成。

11. CTCS-2级是基于____________和________________传输控车信息，并采用车地一体化设计的列车运行控制系统。

12. CTCS-3 级是基于________传输信息，并采用轨道电路等方式______________的列车运行控制系统。

13. CTCS-4级列控系统由无线闭塞中心和列控车载设备共同完成列车_____________和_____________检查。

14. CTCS-4级列控系统可以实现______闭塞或______闭塞。

15. 列控地面设备分为______设备和______设备。

16. 轨道电路、车站电码化设备传输______列控信息，点式应答器传输______列控信息。

17. 列控车载设备根据地面提供的动态控制信息、线路静态参数、临时限速信息及有关列车数据，生成_____________和_____________模式曲线，控制列车运行。

18. 列控中心根据列车占用情况及进路状态，通过_____________及________________向列车发送控制命令。

19. 轨道电路完成列车_____________及列车__________检查。

20. 轨道电路连续向列车传送___________、前方空闲闭塞分区数量、车站___________等信息。

21. 无源应答器设于闭塞分区______处和车站___________端处。

22. 无源应答器向列控车载设备传输闭塞分区长度、线路_______、线路_______、列车定位等信息。

23. 有源应答器向列车提供____________________、_____________等信息。

24. 列控车载设备的超速防护功能监控动车组构造速度、_______允许速度、_______允许速度、临时限速和紧急限速。

25. 列控车载设备实时监测列车运行速度并_______列车走行距离，_______空转或滑行对测速测距的影响。

26. CTCS 级间切换主要指_________与_______之间控制权的切换。

27. 列控车载设备在________________的配合下，可以在区间完成与 LKJ 的_______切换。

28. 如果在切换时列控车载设备或 LKJ 已经触发制动，则在______后或______后方可切换。

29. 列控车载设备可以自动识别国产 8、18 信息数字移频轨道电路和_____________系列轨道电路、_________轨道电路等信息。

30. 应答器信息称为_______，含有 830 位的用户信息、标题和校验码，共有_________位信息。

二、判断题

1. CTCS 在满足 RAMS 条件下，对列车进行超速防护，保证列车安全运行。(　　)

2. CTCS 按照信号故障-安全原则进行系统设计。(　　)

3. CTCS 核心软件设备须采用冗余结构。(　　)

4. CTCS 设备须满足电磁兼容性相关标准。(　　)

5. CTCS-1 级由通用机车信号和安全型运行监控记录装置组成。(　　)

6. CTCS-2 级区段地面可不设通过信号机。(　　)

7. CTCS-4 级是基于无线传输信息的列车运行控制系统。(　　)

8. CTCS-3 级列控系统可以叠加在 CTCS-2 级列控系统上。(　　)

9. CTCS 车载设备向上兼容，通过系统设计、系统级间切换可以自动完成。(　　)

10. 如果列车速度与允许速度之间的差距超过报警门限，列控车载设备提供相应报警信息。(　　)

11. 如果列车速度与允许速度之间的差距超过常用制动门限，列控车载设备会产生紧急制动。(　　)

12. 如果列车速度与允许速度之间的差距超过紧急制动门限，列控车载设备会产生常用制动，直到允许缓解。(　　)

13. 列控车载设备具备主体机车信号功能。(　　)

14. 列控车载设备向列车运行监控记录装置输出机车信号信息。(　　)

15. 列控车载设备只有在检测出故障时，才进行一般状态记录。(　　)

16. 列控车载设备根据轨道电路信息进行位置校正。(　　)

17. 两个应答器的位置校正通过检测轨道电路的边界（绝缘节）实现。(　　)

18. 控车权的交接以 LKJ 为主。(　　)

19. 轨道电路信息接收模块可利用应答器信息锁定载频。(　　)

20. 轨道电路信息接收模块可利用 DMI 选择锁定载频。(　　)

21. 轨道电路信息接收模块可利用轨道电路信息锁定载频。(　　)

22. 在 CTCS-1/0 级区段，按照 DMI 选择和轨道电路信息锁定载频的方法首先接收指令锁

定载频。(　　)

23. 线路数据和限速信息预存在列控车载设备内部，并对其进行实时、有序的处理。(　　)

24. 列车接口单元也称为继电器逻辑单元。(　　)

25. 列车接口单元对两套车载安全计算机输出的制动指令进行“与”操作后，作为系统的最终输出。(　　)

26. 安全计算机由两个完全相同的系统组成，每个系统具有功能相同的两个 CPU，如果两个 CPU 处理结果不一致，则说明该系统故障。(　　)

27. STM 天线根据电磁感应原理接收流经钢轨的信号电流。(　　)

28. BTM 天线具有从车上向地面应答器接收能量的功能。(　　)

29. 应答器都有编号，在铁路局范围内具有唯一性。(　　)

30. 有源应答器传输直到下一站为止的临时控制速度信息等。(　　)

三、选择题

1. CTCS-0 级为既有系统，适用于列车最高运行速度为（　　）km/h 以下的区段。

A. 120　　B. 140　　C. 160　　D. 200

2. CTCS-3 级列控系统点式设备主要传送（　　）信息。

A. 限速　　B. 距离　　C. 分相区　　D. 定位

3. 列控车载设备最少可以连续记录（　　）h 的信息。

A. 12　　B. 20　　C. 24　　D. 30

4. 列控车载设备可通过主机的（　　）开关进行轮径补偿系数的设定。

A. 电源　　B. 切换　　C. 隔离　　D. 拨码

5. 在 CTCS-2 级区段，优先采用（　　）锁定载频。

A. 应答器信息　　B. 轨道电路信息

C. DMI 选择　　D. 上下行选择

6. 目标距离模式曲线反映了列车在各位置的（　　）值。

A. 运行速度　　B. 允许速度　　C. 目标速度　　D. 目标距离

7. 200H 型列控车载设备测速误差在速度低于 30 km/h 时，不大于（　　）km/h。

A. 1　　B. 2　　C. 3　　D. 4

8. 200H 型列控车载设备测速误差在速度高于 30 km/h 时，不大于列车速度的（　　）%。

A. 1　　B. 2　　C. 3　　D. 4

9. 200H 型列控车载设备系统测距误差不大于（　　）%。

A. 1　　B. 2　　C. 3　　D. 4

10. 200H 型列控车载设备区间累计测距误差不大于（　　）m。

A. 30　　B. 50　　C. 80　　D. 100

11. 200H 型列控车载设备站内累计测距误差不大于（　　）m。

A. 30　　B. 50　　C. 80　　D. 100

12. 应答器能在列车运行速度高达（　　）km/h 时工作。

A. 350　　B. 400　　C. 450　　D. 500

13. 每个应答器（组）可由（　　）个应答器组成。

A. 1 ~ 2　　B. 1 ~ 4　　C. 1 ~ 6　　D. 1 ~ 8

14. 以 FS 模式运行时，如果从应答器获得的线路数据描述的范围小于通过轨道电路信息推算的停车点、检测到应答器信息丢失，且列车速度已经降到（　　）km/h 以下，从 FS 模式转换到 PS 模式。

A. 45　　B. 60　　C. 125　　D. 160

15. 除（　　）模式、机车信号状态以外，列车在停车状态时，司机按下调车键，列控车载设备进入 SH 模式。

A. PS　　B. FS　　C. IS　　D. OS

16. 在 SH 模式下，列车在停车状态时，司机按下调车键退出调车模式，列控车载设备转入（　　）模式。

A. SB　　B. IS　　C. OS　　D. PS

17. 列车的制动性能参数由车辆供应商以（　　）的方式提供。

A. 制动减速度　　B. 制动距离　　C. 制动加速度　　D. 制动时间

18. 在 CSM 区，列车未超速的情况下，目标速度以（　　）色显示。

A. 灰　　B. 深灰　　C. 黄　　D. 红

19. 在 CSM 区，列车未超速的情况下，允许速度以（　　）色显示。

A. 灰　　B. 深灰　　C. 黄　　D. 红

20. 在 TSM 区，列车未超速的情况下，允许速度以（　　）色显示。

A. 灰　　B. 深灰　　C. 黄　　D. 红

21. 列车超速防护的缩写字母是（　　）。

A. ATC　　B. ATD　　C. ATP　　D. NBP

22. 顶棚速度监视区的缩写字母是（　　）。

A. STM　　B. BTM　　C. CSM　　D. TSM

23. 目标速度监视区的缩写字母是（　　）。

A. STM　　B. BTM　　C. CSM　　D. TSM

24. 紧急制动模式曲线的缩写字母是（　　）。

A. ATP　　B. NBP　　C. EBP　　D. WSP

25. 常用制动模式曲线的缩写字母是（　　）。

A. ATP　　B. NBP　　C. EBP　　D. WSP

26. 允许速度曲线的缩写字母是（　　）。

A. PSP　　B. NBP　　C. EBP　　D. WSP

27. 静态速度曲线的缩写字母是（　　）。

A. PSP　　B. SSP　　C. EBP　　D. WSP

28. 报警速度曲线的缩写字母是（　　）。

A. PSP　　B. SSP　　C. EBP　　D. WSP

29. 客运专线的 CTCS-2 级和既有线的 CTCS-2 级的区别在于（　　）有所不同。

A. 车站列控中心功能　　B. 轨道电路发码方

C. 最高运行速度　　D. 移频制式

30. 在 CTCS-2 级区段，L3 码的含义是准许列车按规定速度运行，表示运行前方（　　）个闭塞分区空闲。

A. 3　　B. 4　　C. 5　　D. 6

四、简答题

1. 200 ~ 250 km/h 既有提速铁路、客运专线采用的 CTCS-2 级列控系统的技术目标是什么？
2. 人机界面的主要功能有哪些？
3. 列控车载设备与 LKJ 的接口有哪些功能？
4. 列控车载设备与动车组（EMU）的接口有哪些功能？
5. 列控车载设备具有哪些基本功能？
6. 安全计算机有什么功能？
7. 轨道电路信息接收模块有什么功能？
8. 应答器信息接收模块有什么功能？
9. 运行记录单元有什么功能？
10. 应答器报文信息包括哪些内容？
11. 级间切换应答器设置有哪些基本要求？
12. 什么是目标距离模式曲线？

项目三　CTCS-2 级列控系统

项目描述

CTCS-2 级列控系统为车地一体化的列车控制系统。CTCS-2 级列控系统面向系统提速干线和高速线，是基于轨道电路和点式设备传输信息的列车运行控制系统，适用于各种限速区段，地面可不设通过信号机。

CTCS-2 级列控系统是基于轨道电路应答器传输列车运行信息的点连式系统，是采用目标-距离模式连续监控列车安全运行的列车运行控制系统。系统通过轨道电路完成列车占用和完整性检查，连续向列车传送控制信息，并采用点式应答器向高速列车传送定位信息、进路参数、限速和停车信息等。

列控车载设备由主机、人机界面、速度传感器、应答器信息接收天线、轨道电路信息接收天线等组成。车载设备符合故障-安全原则，采用冗余结构，单系统独立设备故障后不影响系统运用。CTCS-2 地面设备由车站列控中心、应答器、地面电子单元（LEU）、轨道电路、车站电码化、其他信号设备配套改造组成。

本项目任务：

任务一　CTCS-2 级列控系统概述

任务二　CTCS-2 级列控系统总体结构与工作原理

任务三　CTCS-2 级列控系统车载设备

任务四　CTCS-2 地面设备

任务五　CTCS-2 控车模式

任务六　CTCS-2 列控系统操作训练

任务一　CTCS-2 级列控系统概述

知识目标

（1）CTCS-2 级列控系统的创新点。

（2）CTCS-2 级列控系统的特点。

（3）CTCS-2 级列控系统的主要技术原则。

技能目标

（1）掌握 CTCS-2 级列控系统的创新点。
（2）掌握 CTCS-2 级列控系统的特点。
（3）熟练运用 CTCS-2 级列控系统的技术原则。

任务一课程思政教学案例

素质目标

（1）培养学生遵章守纪、爱护机车信号车载设备的职业道德。
（2）培养学生学习新技术、新知识的意识。
（3）培养学生勇于创新、开拓进取的意识。
（4）培养学生严谨认真、精益求精的态度，提升学生合作、应变与可持续性发展的能力。
（5）能客观、公正地进行学习效果的自我评价。

知识点学习

CTCS-2 级列控系统是一种点连式列车运行控制系统，功能比较齐全并适合国情。司机凭车载信号行车。轨道电路完成列车占用检测及完整性检查，连续向列车传送控制信息；点式信息设备传输定位信息、进路参数、线路参数、限速和停车信息。CTCS-2 级列控系统包括车载设备和地面设备。

地面设备由轨道电路、车站电码化设备传输连续列控信息，由点式应答器、车站列控中心传输点式列控信息。

动车组车载设备根据地面提供的信号动态信息、线路静态参数、临时限速信息及有关动车组数据，生成控制速度和目标-距离模式曲线，控制列车运行，实现一次连续式制动方式。同时，记录单元对列控系统有关数据及操作状态信息实时动态记录。

CTCS-2 级列控系统适用于区间 ZPW-2000 系列自动闭塞（包括 UM 系列）、车站计算机联锁或 6502 电气集中、行车指挥 CTC 或 TDCS（原 DMIS）；能在既有提速线路上叠加，实现在同一线路上与既有信号系统的兼容。

一、CTCS-2 级系统的创新点

我国自主研发、集成创新研制的 CTCS-2 列控系统和 CTC 调度集中指挥系统，以及在具有世界先进水平的 GSM-R 技术平台上，自主研发的机车综合无线通信系统，取得了重大技术突破，具有世界先进水平。CTCS-2 级系统具有以下几个方面的创新点：

（1）系统集成创新。

CTCS-2 级系统是采用车地一体化设计的基于轨道电路和点式应答器传输信息的列车运行控制系统，实现了行车指挥调度、联锁、列控和微机监测的系统集成；实现了铁路信号区间和车站一体化、通信和信号一体化。

（2）列控系统自主创新。

按照中国《CTCS-2 级系统技术规范》，在技术引进、消化吸收的基础上，通过自主研发，

实现了列控系统的再创新。采用了具有自主知识产权的 ZPW-2000A 型无绝缘轨道电路；首次采用了按统一标准、功能需求和技术平台研发的具有自主知识产权的列控中心设备；完成了列控车载设备的技术引进、消化吸收和功能提升。

（3）应答器及 LEU 再创新。

完成了地面应答器和 LEU 电子单元的技术引进、消化吸收和再创新。

（4）报文结合国情再创新。

CTCS 报文在 ETCS 信息包框架、组成的基础上，按照中国的 CTCS 技术规范、运输作业特点和需求进行定义，综合考虑动车组开行、运用要求，并预留了客运专线的发展；确定了统一的安全编码规则和程序，自行研发了报文编制、解析工具，完全掌握了报文编制技术。

二、CTCS-2 级系统的特点

（一）系统结构方面

CTCS-2 级系统增加了车载 ATP 设备，包括安全计算机、STM、BTM、DMI、记录单元、机车接口单元、测速单元，以及车站列控中心、轨旁电子单元 LEU、有源应答器、区间无源应答器。而且地面增加了级间切换应答器，ATP 设备与 LKJ 装置共存。当 LKJ 工作时，ATP 设备为 LKJ 设备提供机车信号并进行数据记录。

（二）系统功能方面

CTCS-2 级系统功能特点表现在：应用车载 ATP 超速防护功能；增加了列车进路信息传送功能、区间点式信息传输功能、上下行方向判别、人控和机控优先选择以及临时限速设定和向列车传送等功能。

三、CTCS-2 级系统的主要技术原则

（1）CTCS-2 级列控系统满足运营速度 250 km/h 需要；作为 CTCS-3 级列控系统后备模式，满足运营速度 300 km/h 需要。

（2）近期兼顾货运的客运专线，CTCS-2 级列控系统应适应客车 4 min、货车 5 min 的追踪间隔要求。仅开行动车组的客运专线，CTCS-2 级列控系统应按照正向运行追踪间隔 3 min 的要求进行检算。

（3）客运专线的 CTCS-2 级列控系统应采用统一的设备配置和运用原则，并应兼容既有线 CTCS-2 级列控系统功能，具备互联互通运行条件。

（4）CTCS-2 级列控系统满足正向按自动闭塞追踪运行，反向按自动站间闭塞运行的要求。

（5）CTCS-2 级列控系统满足跨线运行的运营要求。

（6）CTCS-2 级列控系统车载设备采用目标距离连续速度控制模式、设备制动优先的方式监控列车安全运行。

（7）CTCS-2 级作为 CTCS-3 级的后备系统。无线闭塞中心（RBC）或无线通信故障时，CTCS-2 级列控系统控制列车运行。

（8）动车段及联络线均安装 CTCS-2 级列控系统地面设备。

（9）CTCS-2 级列控系统统一接口标准，涉及安全的信息采用满足 IEC 62280 标准要求的安全通信协议。

（10）CTCS-2 级列控系统安全性、可靠性、可用性、可维护性满足 IEC 62278 等相关标准的要求，关键设备冗余配置。

任务二　CTCS-2 级列控系统总体结构与工作原理

知识目标

（1）CTCS-2 级列控系统地面设备。
（2）CTCS-2 级列控系统车载设备。
（3）CTCS-2 级列控系统的信息流程。
（4）CTCS-2 级列控系统的系统的工作原理。

技能目标

（1）掌握 CTCS-2 级列控系统地面设备。
（2）掌握 CTCS-2 级列控系统车载设备。
（3）掌握 CTCS-2 级列控系统的信息流程。
（4）掌握 CTCS-2 级列控系统的工作原理。
（5）能够熟练运用 CTCS-2 级列控系统。

任务二课程思政教学案例

素质目标

（1）培养学生遵章守纪、爱护机车信号车载设备的职业道德。
（2）培养学生学习新技术、新知识的意识。
（3）培养学生勇于创新、开拓进取的意识。
（4）培养学生严谨认真、精益求精的态度，提升学生合作、应变与可持续性发展的能力。
（5）能客观、公正地进行学习效果的自我评价。

知识点学习

CTCS-2 级列控系统是基于轨道电路应答器传输列车运行信息的点连式系统，是采用目标-距离模式连续监控列车安全运行的列车运行控制系统。系统通过轨道电路完成列车占用和完整性检查，连续向列车传送控制信息，并采用点式应答器向高速列车传送定位信息、进路参数、限速和停车信息等。其总体结构如图 3-1 所示。

列控地面设备由列控中心控制，ZPW-2000（UM）系列轨道电路传输连续列控信息，应答器传输点式列控信息。列控车载设备根据地面提供的动态控制信息、线路静态参数、临时限速信息及有关列车数据，生成控制速度和目标距离模式曲线，控制列车运行。CTCS-2 列控系统地面设备与车载设备结构如图 3-2 所示。

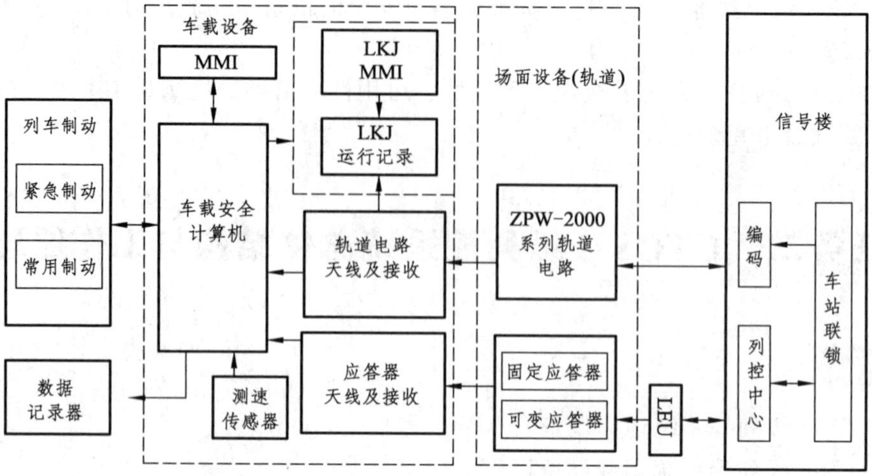

图 3-1　CTCS-2 级列控系统总体结构图

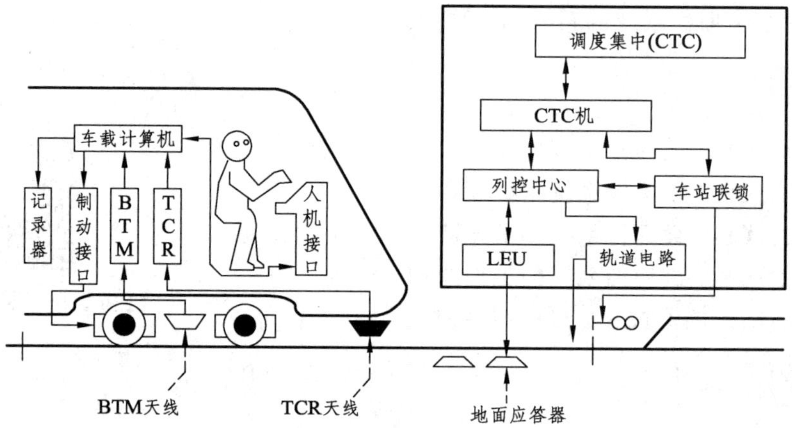

图 3-2　CTCS-2 级列控系统地面设备与车载设备结构图

一、地面设备

列控地面设备由临时限速服务器、ZPW-2000（UM）系列轨道电路、车站电码化、应答器和车站列控中心（包括地面电子单元 LEU）等设备组成。

ZPW-2000 系列轨道电路实现列车占用及完整性检查，在 CTCS-2 级运用时连续向具有 CTCS-2 级功能的列车传送空闲闭塞分区数量、车站进路速度行车许可等信息。轨道电路中三个信息码具有明确的目标速度含义，它们是：HU 码，0 km/h；UU 码，45 km/h；UUS 码，80 km/h。为满足列控车载设备运行需要，车站正线接车区段和发车区段轨道电路载频必须交叉配置，不能使用同一频率。

地面应答器分有源应答器（可变应答器）和无源应答器（固定应答器）两种类型，为便于维护，原则上区间不设有源应答器。如果应答器所需传输的数据量较大（有效数据超过 772 bits），一个应答器不能满足要求，可以使用一组（最多 8 个）应答器来完成。无源应答器设于闭塞分区入口和车站进、出站端处，用于向列控车载设备传输闭塞分区长度、线路速度、线路坡度、列车定位等信息。有源应答器（也称可变应答器）设置于车站进、出站端，当列车通过应答器时，应答器向列车提供接车进路参数、临时限速等信息。

列控中心接收轨道电路占用信息并发送给计算机联锁系统。运用 CTCS-2 级列控系统时，具有轨道电路编码、应答器报文产生与发送功能，根据轨道电路、进路状态及临时限速等信息产生 CTCS-2 级行车许可，通过轨道电路及有源应答器将行车许可传送给 CTCS-2 级列控车载设备。

二、车载设备

列控车载设备由车载安全计算机（VC）、轨道电路信息接收单元（STM）、应答器信息接收单元（BTM）、制动接口单元（TIU）、记录单元（DRU）、人机界面（DMI）、速度传感器、轨道电路信息接收天线、应答器信息接收天线等部件组成。如图 3-3 所示。

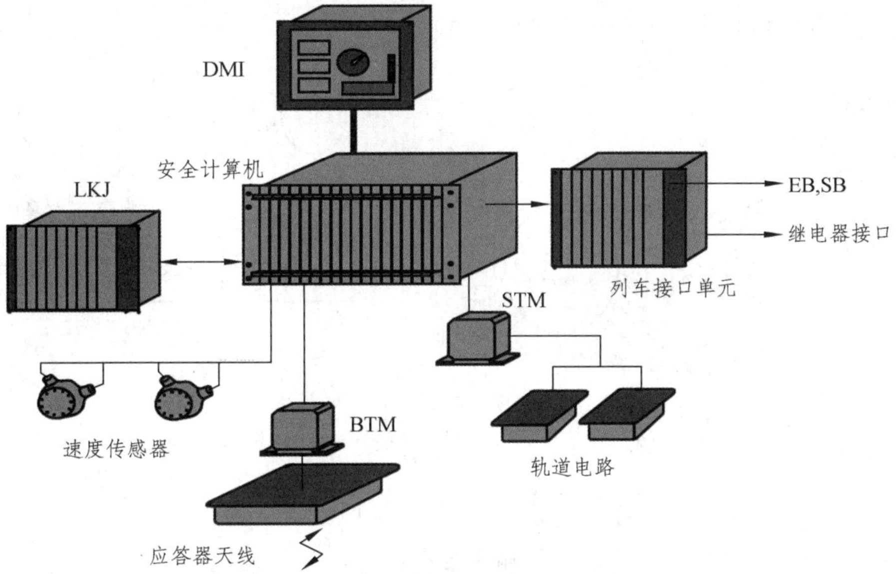

图 3-3　CTCS-2 级车载列控设备基本结构

安全计算机是 ATP 的核心。VC 基于两个处理器的实时比较达到 SIL4 级，为了提高系统可用性采用了第三个处理器。该原则基于两个不同应用处理器同时执行应用软件，并采用故障安全检测器对这些处理器的输出进行比较。如果输出相同，检测器给出相关输出。若存在任何差异，检测器将输出设置为限制状态。

STM 模块用于接收 ZPW2000 系列轨道电路及 4 信息、8 信息、18 信息等传统移频轨道电路的信息，并及时将地面轨道电路信息传输给 VC 和 LKJ 监控装置。STM 模块是安全模块。

应答器信息接收单元通过 BTM 天线，接收、解调地面应答器的报文信息，并在校核后，将正确的信息传输给 VC 的模块。一个 BTM 模块包含电源板、接收板、传输板和接口板。BTM 是一个采用“二取二”技术的故障安全模块；应答器提供精确定位功能。

ATP 车载设备配备了内部记录器，主要用于设备状态和故障信息以及各种事件（包括司机对 ATP 设备的操作，轨道电路信息，ATP 与机车的信息交换等）的记录。维修人员可通过专用计算机或IC卡等进行数据下载。

DMI是周围配置了扬声器和各种按键的10英寸LCD液晶显示器，安装在驾驶台上，作用是通过按键、声音、文字和图像实现司机与ATP车上装置的信息交互。DMI的安全等级为SIL2级。

STM天线安装于前端梁下，左右轨道的正上方。利用电磁感应接收流经钢轨的信号电流，传送到设置在ATP主机柜的STM，STM对该信号进行选择和解调。

BTM天线接收地面应答器所发出的高频无线电信号，并通过专用的电缆将该信号传递给设置在ATP本体上的BTM。

三、CTCS-2级列控系统工作原理

（一）系统的信息流程

CTCS-2系统的信息流程如图3-4所示。

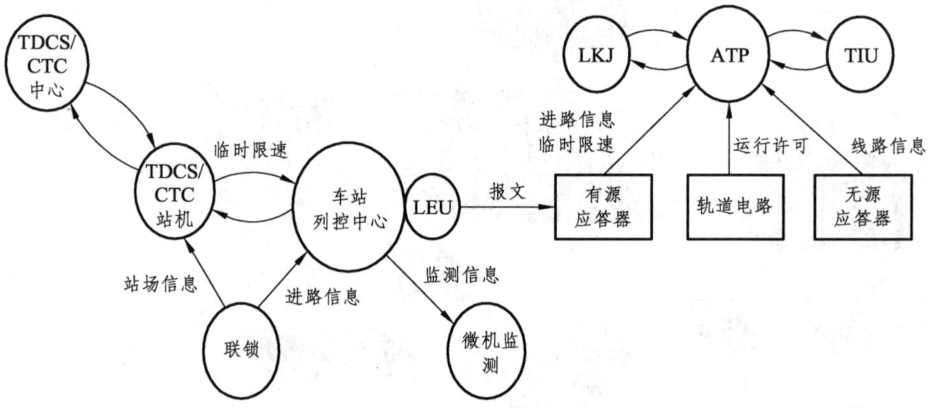

图3-4 系统的信息流程图

CTCS-2系统的信息流程中的信息传输主要有：

（1）TDCS中心与TDCS站机之间传输的信息，包括既有TDCS站场表示信息、调度命令和车次号校核等信息，若是CTC，还包括控制信息。CTCS-2级系统中两者之间增加传输临时限速信息和操作回示确认信息。

（2）车站列控中心从联锁获得列车进路信息，包括接车进路、发车进路、通过进路、运行方向、股道号等。

（3）车站列控中心与TDCS/CTC传输临时限速信息和执行回示确认信息。

（4）车站列控中心向微机监测传输的信息，包括列控中心设备状态、操作及故障诊断等信息。

（5）车站列控中心、LEU和有源应答器之间传输的报文信息。

（6）ATP通过BTM、STM接收有源应答器和无源应答器的点式信息；接收轨道电路的信息，包括行车许可、空闲闭塞分区数量和道岔限速等。

（7）ATP与LKJ之间的信息传输，ATP与LKJ之间通过RS422方式进行通信，将ATP

接收到的轨道电路信号、应答器数据、ATP 状态等传输给 LKJ；LKJ 将时间、司机号、车次号等信息传输给 ATP。

（8）ATP 与 TIU 之间的信息传输，EMU 向 ATP 输入信息，包括牵引开关、制动位置、前进位置、后进位置、零位（制动/牵引手柄）位置。

（9）ATP 向 EMU 输出的信息（指令），包括紧急制动（EB）、常用最大制动（B7N）、常用 B4 制动（B4N）、常用 B1 制动（B1N）、切除牵引。

（二）系统的工作原理

CTCS-2 级列控系统由轨道电路实现列车占用检测及完整性检查，并连续向列车传输控制信息，包括行车许可、空闲闭塞分区数量和道岔限速等。由应答器传输点式信息，包括线路长度、线路坡度、线路固定限速、列车定位、列车进路、临时限速信息等。

CTCS-2 级采用目标距离控制模式（又称为连续式一次速度控制）。目标距离模式根据目标距离、目标速度及列车本身性能确定列车制动曲线，不设定每个分区速度等级，采用一次制动方式。

1. 车站列控中心

车站列控中心与 CTC 或 TDCS 站机连接获取临时限速命令，与车站联锁连接获取列车进路信息。按照行车计划选择合适时机将临时限速信息和进路信息发送到 LEU 和有源应答器，向列车发送。

临时限速由调度中心管理，通过 CTC 或 TDCS 向临时限速管辖车站下达命令，临时限速命令须经车站值班员人工签收、确认后，方可由 CTC 或 TDCS 车站设备传至列控中心。车站列控中心收到临时限速命令后检查命令的有效性，如果正确，则执行该命令，根据相应的限速命令选取相应的限速报文发给 LEU，由 LEU 发送到室外应答器。

当办理正线通过且本站站内有临时限速，或在站外前方有临时限速且根据牵引计算列车必须预先降低速度时，调度中心将临时调度命令下达地点后移，由后方车站出站口有源应答器和本站进站口有源应答器执行限速。

当列车接近车站准备进站或者通过时且接车进路建立后，列控中心接收联锁进路信息，识别接车进路后，通过进站口有源应答器向列车发送进路信息。当接车进路第一个区段解锁或者进路取消，车站列控中心停止向应答器发送进路报文。

2. 车载 ATP

列车运行过程中车载 ATP 设备不断检测列车运行速度，接收轨道电路低频信息，根据空闲闭塞分区数量确定目标距离，结合地面提供的列控动态信息（包括运行许可、进路信息等）、线路静态信息、临时限速信息及有关动车组数据，计算生成控制速度和目标-距离模式曲线，通过 DMI 显示列车运行速度、允许速度、目标速度和目标距离等，控制列车运行。一般情况下列车实际运行在常用制动控制线下方，当列车运行速度超过常用制动控制线时，设备报警并自动实施常用制动，当列车运行速度超过紧急制动控制线时，则引发紧急制动。因为速度控制是连续的，全程监控的，所以不会超速太多，紧急制动的停车点不会冒出闭塞分区，无须增设一个闭塞分区作为安全防护区段，当然设计时会在停车点与目标点之间留有一定的安全距离。车载 ATP 设备主要控制模式分为完全监控模式、部分监控模式、目视行车模式、调车模式、隔离模式和机车信号模式。同时，记录单元对列控系统有关数据及操作状态信息实时动态记录。

ATP 设备具备设备制动优先（机控优先）与司机制动优先（人控优先）两种模式，通过 ATP 车载设备内部设置选择其中一种模式。人控优先是司机按照模式曲线控制列车速度，设备不干涉司机正常驾驶，只有当列车超速时设备采取有效的减速措施确保列车运行安全。设备制动的缓解须设备允许和司机操作确认。机控优先是设备能够按照模式曲线自动控制列车减速并保证列车运行安全。设备常用制动后一旦满足缓解条件，将及时自动缓解。

3. 调度中心

调度中心通过 CTC 或 TDCS 网络向车站列控中心发送临时限速命令，车站列控中心接收到临时限速命令后返回确认。当网络中断后，调度中心应授权在 CTC 或 TDCS 站机上完成临时限速命令设置操作。CTC 或 TDCS 既有功能不变。

任务三　CTCS-2 级列控系统车载设备

知识目标

（1）列控车载设备的功能。
（2）列控车载设备的构成。
（3）列控车载设备的车载主机作用。
（4）列控车载设备的车载外围设备作用。

技能目标

（1）掌握列控车载设备的功能。
（2）掌握列控车载设备的构成。
（3）掌握列控车载设备的车载主机作用。
（4）掌握列控车载设备的车载外围设备作用。
（5）能够熟练运用列控车载设备。

任务三课程思政教学案例

素质目标

（1）培养学生遵章守纪、爱护机车信号车载设备的职业道德。
（2）培养学生学习新技术、新知识的意识。
（3）培养学生勇于创新、开拓进取的意识。
（4）培养学生严谨认真、精益求精的态度，提升学生合作、应变与可持续性发展的能力。
（5）能客观、公正地进行学习效果的自我评价。

知识点学习

一、列控车载设备的功能

CTCS-2 级列控车载设备的功能总体上说有车载设备测速测距及速度监控满足列车最高运营速度 300 km/h 的要求；车载设备能够通过输出常用制动和紧急制动来监控列车运行；车载设备能防止列车在无行车许可时运行；车载设备在监控到列车超速后执行自动防护；车载设备输出的紧急制动仅能在停车后人工缓解；车载设备测速测距系统综合测量误差应不大于 2%。

1. 轨道电路信息接收处理

通过轨道电路信息接收天线和轨道电路信息接收模块从轨道电路获取地面信息，包括行车许可、前方空闲闭塞分区数量、车站进路速度等信息。

车载设备具备如下三种途径来指定载频：通过 DMI 人工输入；通过地面 25.7 Hz 移频信息；通过应答器信息。

2. 应答器信息接收与处理

通过应答器信息接收天线和应答器信息接收模块从地面应答器获取地面信息，包括前方线路信息、列车位置、列车的运行方向、进路信息、临时限速信息等。

3. 测速测距

实时监测列车运行速度并计算列车走行距离，校正空转或滑行对测速测距的影响。根据应答器信息进行位置校正，两个应答器的位置校正通过检测轨道电路的边界（绝缘节）实现。可通过主机的拨码开关进行轮径补偿系数的设定。

4. 超速防护

根据来自轨道电路信息接收模块的轨道电路信息、来自应答器信息接收模块的线路数据以及列车的特性，生成一次制动的连续控制模式曲线。

列控车载设备监控列车允许的速度，包括动车组构造速度、线路允许速度、进路允许速度、临时限速和紧急限速。

如果列车速度与允许速度之间的差距超过报警门限，提供相应报警信息。如果列车速度与允许速度之间的差距超过常用制动门限，产生常用制动。如果列车速度与允许速度之间的差距超过紧急制动门限，产生紧急制动，直到列车停车。

5. CTCS-2/CTCS-0 等级转换

车载设备在地面应答器的配合下，可以在区间完成与 LKJ 的自动切换，控车权的交接以列控车载设备为主。

为保证制动的平稳性和连续性，在司机制动优先模式下，如果在切换时列控车载设备或 LKJ 已经触发制动，则停车后或司机缓解后手动切换。

6. 列车溜逸及退行防护

停车后，若列车移动方向与方向手柄不一致，判断列车溜逸。列车溜逸超过规定值，车载设备输出紧急制动停车并给出制动原因提示，车载设备也可在判定列车停稳且方向手柄处于中间位时输出常用制动，用于主动防溜。

若列车移动方向与允许方向不一致，判断列车退行。列车退行超过规定值，车载设备输出紧急制动停车并给出制动原因提示。

7. 司机制动优先和设备制动优先

司机制动优先下，车载设备仅采用最大常用制动和紧急制动作为制动输出的控制手段，最大常用制动一旦施加，必须人工缓解。

设备制动优先下，车载设备除采用最大常用制动及紧急制动作为制动输出的控制手段外，还根据情况采用 1 级常用制动、4 级常用制动作为制动输出控制手段，常用制动施加后可在满足缓解条件时自动缓解。

车载设备默认采用设备制动优先配置。

8. 人机交互

通过人-机界面设备，可接收司机的信息输入，部分非安全信息也可通过运行监控记录装置提供，并向司机提供以下信息：列车实际速度、目标速度、限制速度、目标距离、机车信号等，以及显示和声音提示。

9. 站名、公里标及轨道条件显示

车载设备根据从应答器接收到的 ETCS-72 包通过 DMI 显示站名。

车载设备根据从应答器接收到的 ETCS-79 包实时计算公里标并通过 DMI 进行显示。

车载设备根据从应答器接收到的 ETCS-68 包通过 DMI 显示过分相区信息。

10. 数据记录

为了能在事故发生时进行原因分析，采用连续记录的方式对信息进行详细记录，最少可以连续记录 24 h，记录的周期为 300 ms。对于地面应答器的信息，只有在通过地面应答器时才进行记录。记录列控车载设备的主要状态，其记录容量达到 30 天以上。只有在检测出故障时，才进行一般设备状态记录。当所有数据域记录满后，用新数据覆盖旧数据。

11. 机车信号

列控车载设备具有机车信号功能，并向列车运行监控记录装置输出机车信号信息。

12. 过分相控制

CTCS-2 等级下，CTCS-2 级列控主控单元通过应答器接收分相区信息并实现自动过分相控制。

CTCS-2 级列控主控单元控制过分相信号输出遵循以下原则：车头距分相区起点 10 s 时给出过分相语音提示；车头距分相区起点一定时间（时间参数根据动车组要求进行配置）时输出过分相控制信号；车头越过分相区终点一定距离时（距离参数根据动车组要求进行配置）后撤销过分相控制信号。

CTCS-2 级列控主控单元控制过分相选择信号输出遵循以下原则：从应答器接收到分相区预告信息后，立即输出 GFX 禁止信号；车头越过分相区终点 600 m 后，停止输出 GFX 禁止信号。

13. 与 LKJ 接口

通过开关量接口、通信接口、模拟量接口，列控车载设备向 LKJ 输出控车权，与 LKJ 交换与运行监督记录有关的信息，提供轨道电路感应信号、机车信号等。LKJ 经列控车载设备与列车的制动控制接口连接。LKJ 向列控车载设备输出 LKJ 制动状态以及司机号、车次号、日期、时间等信息。

接口内容包括 LKJ 向列控车载设备的输入接口、列控车载设备向 LKJ 的输出接口及列控车载设备与 LKJ 的串口通信。

14. 故障处理

故障处理主要包括 BTM 故障处理、DMI 故障处理、测速设备故障处理、整机故障处理、制动力不足时的故障处理、临时限速信息耗尽的处理等模块。

二、列控车载设备的构成

列控车载设备由主机、人-机界面、速度传感器、应答器信息接收天线、轨道电路信息接收天线等组成。车载设备符合故障-安全原则，采用冗余结构，单系统独立设备故障后不影响系统运用。

1. 车载主机

车载主机是列控车载设备的关键部件，包括车载安全计算机（VC）、轨道信息接收模块（STM）、应答器信息接收模块（BTM）、列车接口单元（TIU）、运行记录单元（DRU）等，它们组合成一体，放在机柜内，便于设备的安装、维护和管理，CTCS-200C 设备主机柜如图 3-5 所示。

（1）车载安全计算机（VC）。

安全计算机是列控车载设备的控制核心，采用安全设计结构。整个系统由两套独立运算的主备系统组成。车载安全计算机主备系统完成 CTCS-2 级列控系统的逻辑处理功能。它从车载设备各个模块获取信息，依据轨道电路信息、列车制动力、线路坡度、列车运行速度等信息，确定列车位置，生成相应的运算模式曲线；确定列车行车许可界限（LMA），生成制动模式曲线，并比较列车运行速度与模式曲线，必要时通过故障-安全电路向列车输出制动信息，控制列车安全运行。

安全计算机采用“二乘二取二”硬件安全冗余结构。主备系统具有功能相同的两个 CPU。两个 CPU 的处理结果相比较，如果两个 CPU 的处理结果不一致，则说明系统故障。双重系统中的各系统完全平等。单系统发生故障时，隔离发生故障的系统，制动指令由正常工作的系统进行判断，不存在启动时间、相互切换等间隔，对运行没有影响。双系统均故障时，持续输出制动。安全计算机如图 3-6 所示。

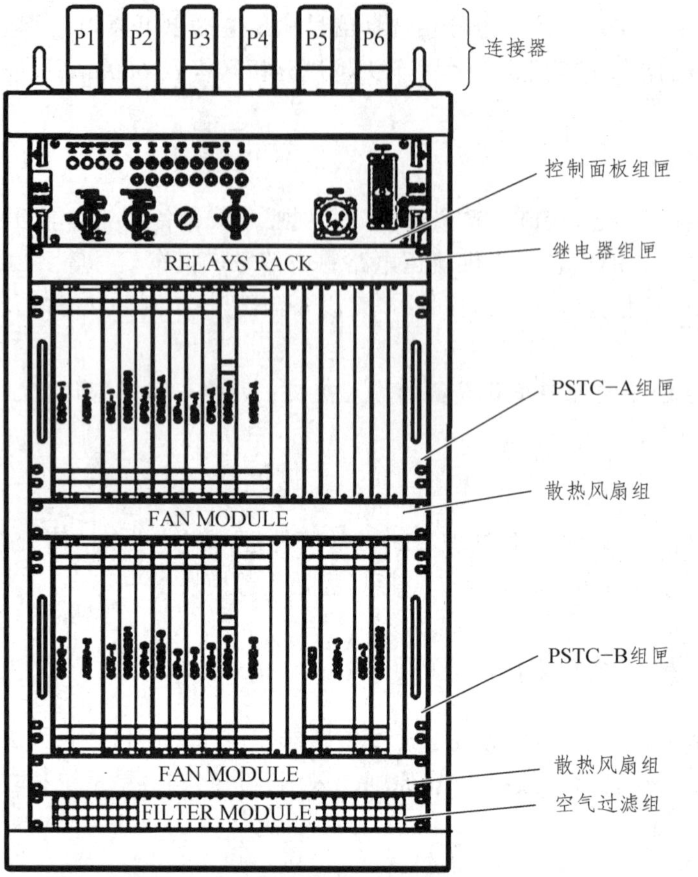

图 3-5　CTCS-200C 设备主机柜

图 3-6　安全计算机（VC）

（2）应答器信息接收模块（BTM）。

应答器信息接收模块用于接收处理应答器信息，并将解码得到的应答器报文提供给车载安全计算机。

在列车运行过程中，应答器信息接收模块通过 BTM 天线不断向地面发送信号。当列车经过地面应答器时，地面应答器被激活并将存储在其内的报文信息发送给 BTM 主机。BTM 主机接收到报文后进行框架确定、错误核对、解码，并将解码后的数据传输给 VC，为生成制动模式曲线提供数据。来自应答器的数据包括线路参数信息、进路信息、临时限速信息以及级间切换等信息。

一个 BTM 模块包含电源板、接收板、传输板和接口板，如图 3-7 和图 3-8 所示。BTM 是 1 个采用“二取二”技术的故障安全模块，接收应答器信息并提供精确定位。在应答器连续发送信息时，列控车载设备能够暂时保留其内容。

图 3-7 进口 BTM 设备

图 3-8 国产 BTM 设备

（3）轨道电路信息接收模块（STM）。

轨道电路信息接收模块通过 STM 天线（感应接收线圈）感应出轨道电路的信息，确定载波之后将解调低频信息，判断信号码，并将这些信息传递给安全计算机，为生成制动模式曲线提供依据，同时将没有处理的原始信息供给列车运行控制记录装置（LKJ）。实物如图 3-9 所示。

STM 具备多载频接收功能，根据应答器信息，司机上下行载频选择确定上下行载频。STM 采用双套冗余配置，每个 STM 与安全计算机配合，组成一系控制系统，两系 STM 完全独立工作。

每套主机中有两块电源板和解码板，STM 的板卡从左至右依次为：电源板、记录板、解码板、模拟量输入板、解码板、测试板、电源板。电源板用于板卡的供电电源。解码板解读来自 STM 天线的轨道电路信息，与 VC 通信。模拟量输入板将来自 STM 天线的轨道电路信号分配给解码板，与 VC 的通信接口。记录板通过采样获得轨道电路信息，在 CF 卡中记录 STM 的动作状态、故障信息等，用于数据分析。测试板可仿真轨道电路的载频信息，方便对 STM 天线的在线测试。

图 3-9　轨道电路信息接收模块（STM）

（4）运行记录单元（DRU）。

DRU 通过通信接口与 STM、LKJ-2000、VC1 和 VC2 相连，获取列控车载设备的动作、状态、司机的操作等各种输入/输出信息，通过 BUF 板采集各节点的状态，可将行车及列控车载设备自身运行状况和节点的状态等关键数据记录到 PCMCIA 卡上，并可通过读卡器将数据下载至地面分析管理微机，维护人员根据下载读取记录卡的信息获取列车的运行信息，进行设备运行状况分析。

DRU 采用 PC 记录卡作为记录介质，将 PC 记录卡取出，即可利用一般的计算机来读出该记录卡上的记录内容。

DRU 由 8 块板卡组成，分别为 EUR-E060BCN、QXC8-1A、QXC8-2A、BUF8-4A、PCR8-1A、FSC8-6A、QXC8-2A、QXC8-3A，如图 3-10 所示。其中，EUR-E060BCN 板提供各板卡电源。QXC8-1A、QXC8-2A、QXC8-3A 板是用于和外部连接的 PCB 转接板。BUF8-4A 板采集来自 TIU 的继电器接点的信号和风扇故障信号。PCR8-1A 板接收速度传感器的速度信息。FSC8-6A 板与 BTM 进行通信接收应答器报文信息，与 DMI 进行通信，生成模式数据。

图 3-10　运行记录单元（DRU）

DRU 通过电源线和通信线与外部相连。通信线采用 RS-422 的方式与 STM、LKJ-2000、VC1 和 VC2 通信。

2. 车载外围设备

（1）人机界面单元（DMI）。

人机界面单元（DMI）是车载设备的显示和操作装置，根据车载主控单元的命令显示列车速度、距离、工作状态及线路条件等信息，并实现声光报警、司机操作等功能。

DMI 安装在便于司机操作和观察的位置。其面板配置为 LCD，周围配置了扬声器和各种按键，司机可以通过操作这些按键来切换列控车载设备的模式以及输入信息。

人机界面主要由显示屏、键盘、扬声器、航空插座以及电源板、主板、嵌入式 CPU 板组成。显示屏用于显示各种图形信息；键盘用于司机进行各种操作或输入数据；扬声器用于向司机输出语音或声音提示信息；航空插座用于连接车载设备的电源，A 系通信插座用于连接车载设备系统的 A 系，B 系通信插座用于连接车载设备系统的 B 系；电源板将输入电压转换为 DMI 内部各个部分所需的工作电压；主板为 CPU 提供各种连接通道，包括通信接口、键盘采集接口等。嵌入式 CPU 板是 DMI 的核心计算部分，内有嵌入式操作系统。DMI 的外观如图 3-11 所示。

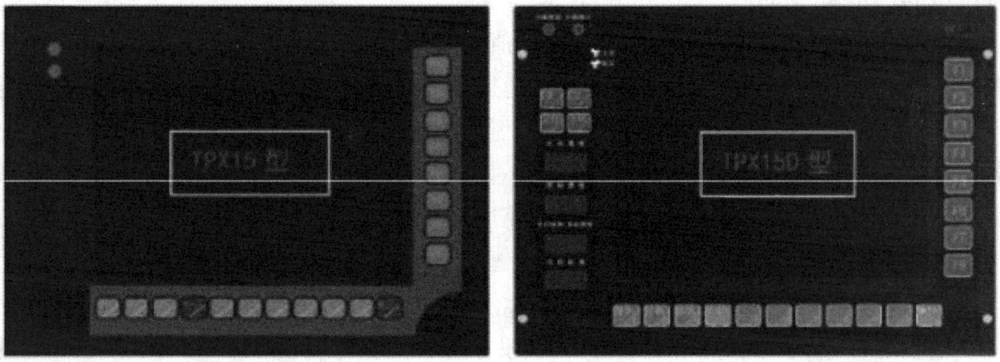

图 3-11 DMI 外观示意显示图

DMI 软件系统包括主控模块、界面显示模块、通信采集模块、键盘接收处理模块和声音播放模块。主控模块主要负责任务调度；通信采集模块负责与列控车载设备进行通信；界面显示模块以图形化显示由列控车载设备传来的数据；键盘接收模块负责接收用户输入的操作命令和信息；声音播放模块播放各种提示信息和警示音。DMI 软件系统在主控模块的调度下，以图形化的方式显示接收到的列控车载设备数据，并伴有相应的语音提示和警示，同时接收来自键盘输入的用户操作命令和输入信息，通过通信模块反馈给列控车载设备，并给出相应的显示和语音提示、警示。

DMI 与车载主机通信故障时导向安全侧，相关功能规格符合《CTCS-3 级列控车载设备人机界面（DMI）显示规范》。

（2）速度传感器。

速度传感器属于电磁式感应器，安装在动车组两端车头的第二轴和第三轴上，将各轴的转速变成电信号后加以输出，如图 3-12 所示。该信号的频率和列车速度成正比例，传递给车载设备的 VC，VC 通过该频率的技术来获得速度和距离。

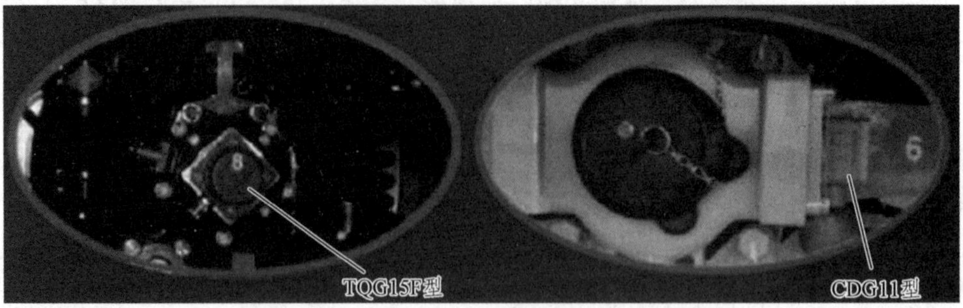

图 3-12　速度传感器

车载设备宜采用不同类型的速度传感器用于采集列车速度信号，可组合采用车轮速度传感器和雷达速度传感器。若车载设备组合采用车轮速度传感器和雷达速度传感器，则雷达故障后不应影响系统运行。雷达速度传感器安装在头车车体底部，车底在雷达的照射波束间不应有任何障碍物或可移动物体存在。

列控车载设备根据速度传感器传输的速度脉冲信号检测列车速度，并根据列车速度判断是否发生空转、滑行现象。

若当前列车速度和 1 s 前的列车速度的差值（加速度）过大，超过了空转判定加速度，列控车载设备认为出现了空转现象，并对列车速度进行校正。校正方法是把空转校正加速度默认为当前加速度，得到校正速度。来自速度传感器的检测速度值低于校正速度后，校正结束。

若当前列车速度和 1 s 前的列车速度的差值（减速度）过大，超过了滑行判定加速度，列控车载设备认为出现了滑行现象，并对列车速度进行校正。校正方法是把滑行校正减速度默认为当前减速度，得到校正速度。来自速度传感器的检测速度值高于校正速度后，校正结束。

（3）应答器信息接收天线（BTM 天线）。

应答器信息接收天线（BTM 天线）用于接收应答器信息，安装在头车车体底部的横向中心线上。为了从应答器得到报文，BTM 天线具有从车上向地面应答器发送能量的功能。BTM 天线通过地面应答器的正上方时，会接收到地面应答器所发送的高频无线电信号，并通过专用的电缆将该信号传递给列控车载设备中的 BTM。应答器信息接收天线尺寸满足高速条件下应答器信息可靠接收的要求。

（4）轨道电路信息接收天线（STM 天线）。

从头车的第一轴起，在左右轨道的正上方各设有一台 STM 天线，STM 天线利用电磁感应接收流经钢轨的信号电流，如图 3-13 所示。两个天线所接收到的信号在连接箱处连接，信号被传送到设置在列车车载设备主机柜内的 STM 主机上，STM 主机对该信号进行选择和解调。

（5）隔离开关/冗余切换开关。

设置车载设备隔离开关，用于车载设备故障后隔离车载设备输出的制动/切除牵引命令。

车载设备可设置冗余切换开关，用于车载设备双系手动切换。

3．列车接口单元（TIU）

与动车组接口宜采用继电器接口方式，TIU 也称为继电器逻辑单元。

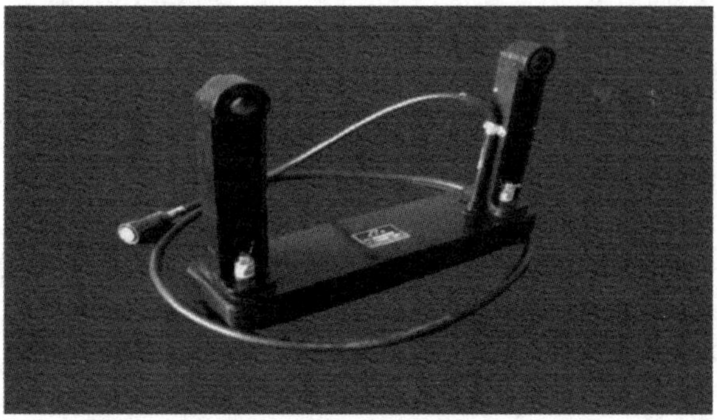

图 3-13 STM 天线

与动车组采用继电器接口时，车载设备通过数字输入/输出单元采集从列车输入的开关量信息，并通过控制继电器的输出实现与列车之间的接口，紧急制动与最大常用制动均采用失电制动逻辑。

TIU 接收来自两套安全计算机的输出指令，比较接收到的两制动指令，进行“或”操作后，做出系统的最终输出，通过继电器输出相应的信号。当各系统制动指令输出不相同时，选择输出大的制动力指令。两系统中单系统故障时，故障系统的常用、紧急输出产生短路，列车接口单元不再核对双系统的输出，此时，正常系统的制动指令输出将作为系统的最终输出。两系统均故障时，则认为整个系统故障，列车接口单元最终输出紧急制动。

此外，安装在 TIU 上的还有继电器 LKJOAR、LKJOBR，对来自列控车载设备的制动指令和来自 LKJ 的制动指令进行切换。

任务四 CTCS-2 地面设备

知识目标

（1）CTCS-2 地面设备的组成。
（2）车站列控中心、应答器的作用及原理。
（3）地面电子单元、轨道电路的作用及原理。
（4）其他信号配套地面设备。

技能目标

（1）掌握 CTCS-2 地面设备的组成。
（2）掌握车站列控中心、应答器的作用及原理。
（3）掌握地面电子单元、轨道电路的作用及原理。
（4）掌握其他信号配套地面设备。
（5）能够熟练运用 CTCS-2 地面设备。

任务四课程思政教学案例

素质目标

（1）培养学生遵章守纪、爱护机车信号车载设备的职业道德。
（2）培养学生学习新技术、新知识的意识。
（3）培养学生勇于创新、开拓进取的意识。
（4）培养学生严谨认真、精益求精的态度，提升学生合作、应变与可持续性发展的能力。
（5）能客观、公正地进行学习效果的自我评价。

知识点学习

一、车站列控中心

1. 列控中心组成

车站列控中心（TCC）是设于各车站的列控核心安全设备，其与计算机联锁或6502电气集中、与CTC或TDCS接口，根据调度命令、进路状态、线路参数等产生进路及临时限速等相关控制信息，通过有源应答器和轨道电路传送给列车。

TCC主要单元构成包括安全主机单元、通信接口单元、驱动采集单元、辅助维护单元、冗余电源单元。TCC的设备构成如图3-14所示。

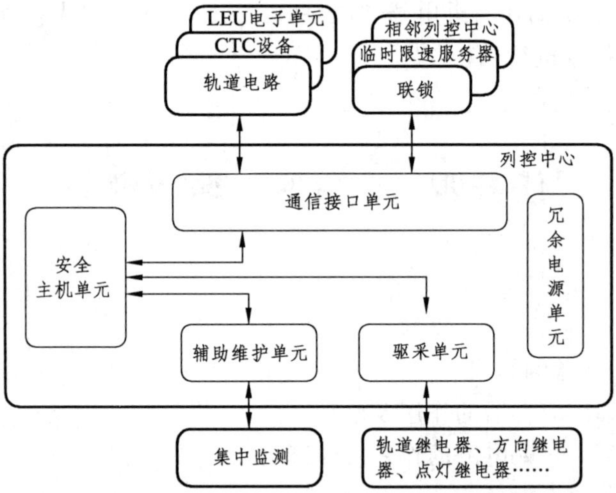

图3-14　TCC设备结构组成

TCC主机单元采用冗余的通信接口单元、驱动采集单元进行通信。通信接口单元采用冗余的通信通道，与轨道电路、LEU、联锁、TSRS、CTC系统外部设备通信。驱动采集单元采用冗余的驱动采集硬件结构，实现外部继电器的驱动和状态采集。配置冗余的电源单元为TCC中各个单元设备可靠供电。辅助维护单元配置显示器及键盘鼠标，统一安装于TCC机柜中。

LEU安装在TCC机柜中，每台TCC设备至少控制16台LEU。TCC中的各单元设备集中安装于标准尺寸的机柜中。

（1）安全主机单元。

安全主机单元由并列二重系组成，以主从方式并行运行，每一系采用故障-安全的双 CPU 处理器，称之为逻辑控制单元，用于完成列控中心逻辑运算和列控系统软件和硬件管理。两系之间通过并行接口（FIFO）建立的高速通道交换信息，实现二重系的同步和切换。

安全主机为列控中心的核心设备，负责完成列控中心的逻辑处理和系统管理任务。

（2）驱动采集单元。

驱动采集单元是采用故障-安全型双 CPU 构成的智能控制器。其输出电路按故障导向安全的原则设计，输入采集电路通过有效的自检测功能，能够检测出输入电路的故障，保证输入信息的安全性。输出驱动采用双 CPU 动态和静态信号比较校核，保证输出的安全性。电子终端采用并列二重系结构，单板的故障不影响系统的输入和输出，输出直接驱动安全型继电器，输入采集直流 24 V 信号。

输入输出接口单元采集外部继电器状态后传输给主机单元，同时接收到主机单元的命令后驱动外部继电器。

（3）通信接口单元。

LEU 通信接口单元安装于列控中心主设备柜中。其中安装 CTC 通信接口板和 LEU 通信接口板。

LEU 通信接口板用于列控中心主机和 LEU 设备进行安全数据传输，向 LEU 传输报文数据，同时接收 LEU 传送的应答器状态数据。

CTC 通信接口板用于列控中心和 CTC 系统通信，向 CTC 系统传输区间轨道区段的状态、低频码信息，同时也向 CTC 系统传输区间的运行方向信息。CTC 通信接口板仅在配置有 CTC 站机的车站或线路所安装。

（4）辅助维护单元。

辅助维护单元用于检测 TCC 的工作状态，记录 TCC 的通信数据，并向集中监控系统发送监测到的状态数据。

监测数据终端配置的显示器，作为监测维护终端的显示设备。

（5）冗余电源单元。

冗余电源单元配置独立的电源模块，安装在主设备柜中的电源把电源屏提供的 AC 220 V 电源转换为独立的两路逻辑 24 V 电源和驱采 24 V 电源，分别给主机单元、输入输出接口单元、LEU 通信接口单元和轨道电路通信接口单元。安装在 LEU 机柜中的冗余电源把电源屏提供的 AC 220 V 电源转换为一路逻辑 24 V 电源单独给 LEU 设备供电。

（6）电源接口。

列控中心由外部电源屏设备提供两路独立的 AC 220 V 电源进行供电。对于配置有远程 LEU 的列控中心，还需提供一路可调电源。

2. 列控中心的主要功能

（1）系统启动。

TCC 启动由系统自检、与外部设备建立通信和 TCC 初始化三个过程组成。

TCC 上电、复位后，首先进行设备自检，检查各模块单元工作是否正常，检测到故障时进入离线状态，并进行故障报警。完成启动自检后，开始与轨道电路、联锁、相邻 TCC、TSRS、CTC 系统和 LEU 外部设备建立通信。当与某外部设备通信建立失败时，TCC 进行故障报警，同时按与外部设备通信故障处理。

TCC 显示启动过程中的各种状态信息：设备自检状态、通信建立状态、线路方向初始化状态和临时限速初始化状态。

（2）轨道电路状态判断。

TCC 采集轨道继电器状态，并同时通过通信接口接收轨道电路状态，仅当二者均为空闲时，按照空闲处理，否则按占用处理；当两者状态不一致时，向集中监测输出。

当 TCC 具备通信接口接收轨道电路状态时，可仅采集继电器的前接点，当 TCC 无法通过通信接口接收轨道电路状态时，同时采集轨道继电器的前后接点。

（3）轨道电路编码控制。

① 站内轨道电路编码。

列车进路信号没有开放时，TCC 向股道发送 HU 码或检测码，道岔区段发送检测码。

接车进路信号开放后，TCC 控制接车进路相关轨道区段，根据出站信号状态发码，接车进路区段与股道区段发码一致。

列车发车进路信号开放后，发车股道根据出站信号状态和出站第一离去区段发码状态发码，发车进路区段和出站第一离去区段发码一致。

② 区间轨道电路编码。

列车在区间正反向运行时，轨道电路均按照追踪码序发码。

TCC 通过站间安全信息传输获得邻站边界区段的状态以及编码所需的信息，实现闭塞分区编码逻辑的连续性。

（4）轨道电路发码方向控制。

① 站内轨道电路方向。

站内 ZPW-2000A 型轨道电路设置独立的发码方向切换继电器（FQJ）实现发码方向切换。TCC 根据列车进路，分别驱动相应的 FQJ，控制轨道电路发码方向与进路方向一致。

TCC 采集 FQJ 状态，当 FQJ 的状态与进路方向不符时，TCC 维持原发码，轨道电路保持空闲检测的基本功能，同时向集中监测系统发送报警信息。站内轨道区段缺省方向为线路运行正方向，TCC 启动后，站内区段发码方向置为缺省方向。

② 区间轨道电路方向。

每段区间轨道电路设置方向切换继电器用于改变轨道电路的发码方向。区间轨道区段的缺省方向为正向运行方向。车站的每个发车口设置一个区间方向继电器（FJ），由 FJ 来驱动区间 FQJ 的动作，TCC 通过控制改方继电器（GFJ）来实现区间轨道电路方向的切换。

（5）站间安全信息的传输功能。

列控中心间通过冗余双环网实现站间安全信息的传输，为实现区间方向控制功能、中继站临时限速命令接收、车站联锁办理发车进路等提供条件，以保证列车在区间的连续、安全运行。

站间安全信息的传输内容主要包括边界区段的占用/出清、边界信号的灯丝状态、闭塞分区的状态及低频信息、线路改方信息、中继站临时限速命令和执行状态等。

（6）控制正线有源应答器的 LEU 切换功能。

为提高系统的可靠性，控制正线有源应答器的 LEU 冗余配置并实现自动切换，即为同一个有源应答器配置两台 LEU，平时 2 台 LEU 同时工作，有源应答器与 LEU A 相连，在 LEU A 故障时，有源应答器应自动切换为与 LEU B 相连。

（7）信号机点灯控制。

设置有区间地面信号机的客运专线，由 TCC 实现区间信号机的点灯控制功能。TCC 根据区间的运行方向，列车占用，区间轨道电路故障，站内接、发车进路的办理情况等条件，通过输出 LJ、UJ、HU 等继电器，直接控制区间信号的点灯，同时实现红灯转移功能。

二、应答器

随着列车运行速度不断提高，仅依靠由轨道电路将闭塞信息送至车载设备的方式，在信息量方面已经不能满足列车高速行驶的要求，需要增加应答器设备向车载设备提供大量固定信息和可变信息。在中国列车运行控制系统（CTCS）技术规范里，从 CTCS-1 级到 CTCS-4 级列控系统均需使用应答器接收信号。因此，应答器是铁路既有线提速以及客运专线中不可缺少的设备。

1. 应答器传输的信息

应答器设备向列控车载设备传送以下信息：线路基本参数，如线路速度、轨道区段参数等；线路速度信息，如线路最大允许速度、列车最大允许速度等；临时限速信息，当由于施工等原因引起的对列车运行速度进行限制时，向列车提供临时限速信息；车站进路信息，对车站每个接发车进路，可以向列车提供“线路坡度”“线路速度”“轨道区段”等线路参数；道岔信息，给出前方道岔侧向允许运行速度；特殊定位信息，如升降受电弓、隧道等；其他信息，如固定障碍物信息、链接信息等。

2. 应答器的结构与工作原理

应答器由壳子、电路板、灌封材料构成。壳体由玻璃纤维类材料热压而成。电路板厚度为 3.2 mm，安装在壳体内，它包含了用于发送和接收的电磁感应耦合线圈。应答器利用电磁感应原理，用于在特定地点实现地面与车载设备间高速点式数据传输。

应答器电路板原理如图 3-15 所示。

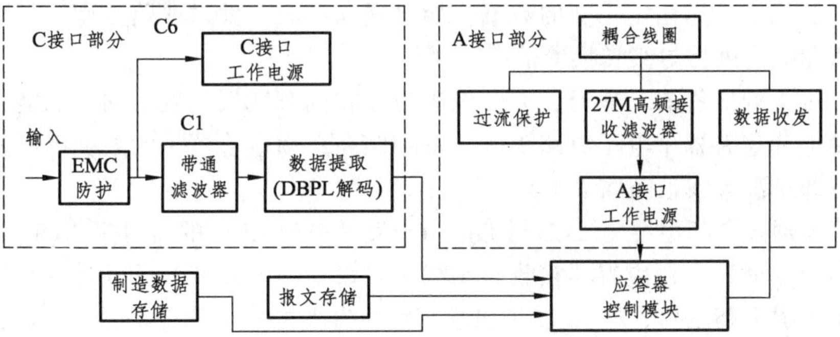

图 3-15　应答器原理框图

当车载天线接近应答器时，应答器的耦合线圈感应到 27 MHz 的磁场，能量接收电路将其转化为电能，从而建立起应答器工作所需要的电源，此时应答器开始工作。

应答器控制模块是整个电路的控制核心，当电源建立后，它首先判断由 C 接口来的数据是否有效，若该数据无效或无数据，控制模块使用存储在报文存储器中的数据，将其进行 FSK 调试，输出到数据接收模块，经功率放大后，由耦合线圈发送。只要电源存在，控制模块就不间断发送，这意味着车载天线一直在应答器上方。

当控制模块上电时，如判断出接口 C 的数据有效，则控制模块将发送 C 接口传来的数据，否则发送应答器存储的默认报文。当车载天线离开应答器上方后，应答器失去电源，便停止数据发送。

总结应答器的工作过程，可分为以下 5 个步骤：平时不工作；接收电磁能量，当车载天线接近时，向下发送频率为 27.095 MHz 的连续波；建立工作电源，应答器的耦合线圈感应到 27 MHz 的磁场，能量接收电路将其转化为电能，从而建立起应答器工作所需要的电源；循环发送报文，应答器将存储的 1 023 位数据报文实时循环地发送出去，直至电能消失；恢复休眠状态。

3. 应答器的分类

根据应答器所传输报文是否可变，应答器分为无源应答器（固定信息应答器）和有源应答器（可变信息应答器），如图 3-16 所示。

图 3-16 应答器

无源应答器用于发送固定不变的数据，如设置在区间，发送线路坡度、最大允许运行速度、轨道电路参数、列控等级转换等信息。

当列车经过无源应答器上方时，无源应答器接收到车载天线发射的电磁能量后，将其转换成电能，使地面应答器中电子电路工作，将存储在地面应答器中的数据循环发送出去，直至电能消失（即车载天线已经离去）。

有源应答器通过专门电缆与 LEU 连接，用于发送来自 LEU 的实时变化的信息。当列车经过有源应答器上方时，有源应答器接收到车载天线发射的电磁能量后，将其转换成电能，使地面应答器中发射电路工作，将 LEU 传输给有源应答器的数据循环实时发送出去，直至电能消失（即车载天线已经离去）。

当 LEU 通信故障时，有源应答器变为无源应答器工作模式，发送存储的固定信息（默认报文）。

4. 应答器组设置

（1）区间应答器的设置。

在 CTCS-2 级客运专线，可间隔一个闭塞分区设置区间无源应答器组，用于列车定位和向 CTCS-2 级列控车载设备发送线路允许速度、线路坡度、轨道区段及特殊区段等线路固定信息，如图 3-17 所示。

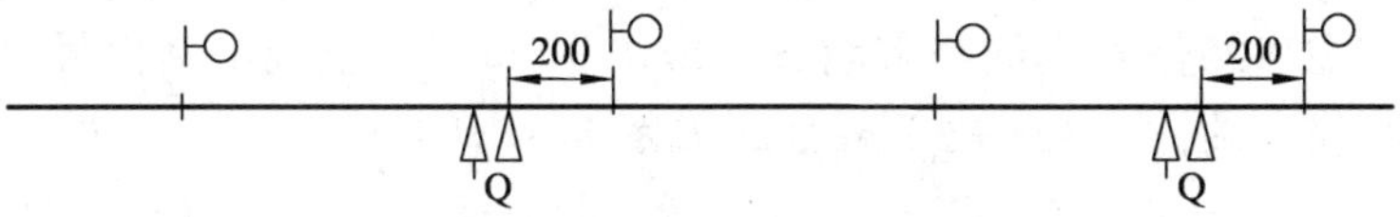

图 3-17　区间应答器组设置示意图

应答器组内距闭塞分区分界点较近的应答器距闭塞分区入口（200±0.5）m。

当进站口或中继站发送反向线路数据的无源应答器容量不能满足要求时，应在区间设置专门用来提供反向数据的反向中继应答器组（FQ）。反向中继应答器组不与区间应答器组共用，如图 3-18 所示。

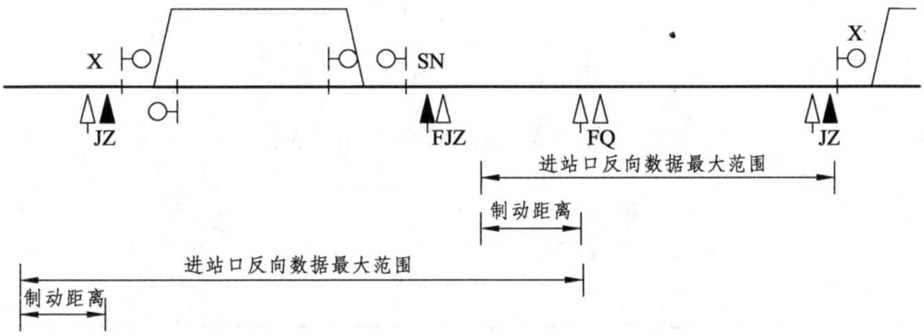

图 3-18　反向中继应答器组设置示意图

（2）车站应答器的设置。

① 进站信号机应答器组（JZ）设置。

进站信号机（含反向）外方（30±0.5）m 处设置由一个有源应答器和两个及以上无源应答器构成的应答器组，如图 3-19 所示。

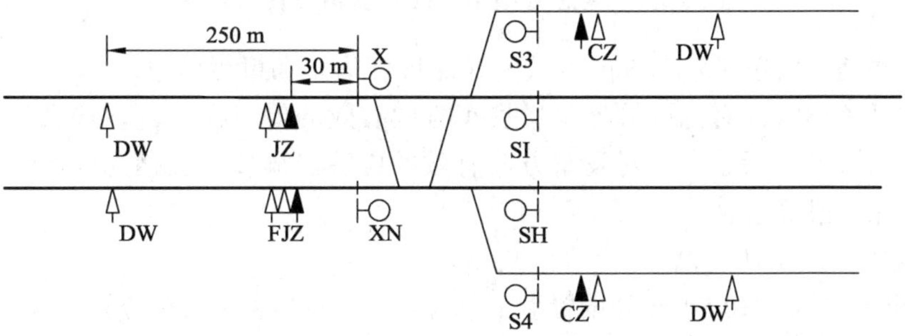

图 3-19　进站应答器组设置示意图

正向进站信号机无源应答器组发送线路允许速度、线路坡度、轨道区段及调车危险等反向线路数据和正向线路坡度信息。

反向进站信号机无源应答器组发送线路允许速度、线路坡度、轨道区段及调车危险等正向线路数据和反向线路坡度信息。

② 出站信号机应答器组（CZ）设置。

在车站到发线和有固定转线作业的正线出站信号机设置由一个有源应答器和一个无源应答器构成的应答器组。对客货共线的客运专线，出站信号机处的应答器组安装在出站信号机绝缘节前方（65±0.5）m 处，如图 3-20 所示。对仅开动车组的客运专线，到发线出站信号机处的应答器组安装在出站信号机绝缘节前方（20±0.5）m 处，正线出站信号机处的应答器组安装在出站信号机绝缘节前方（30±0.5）m 处，如图 3-21 所示。

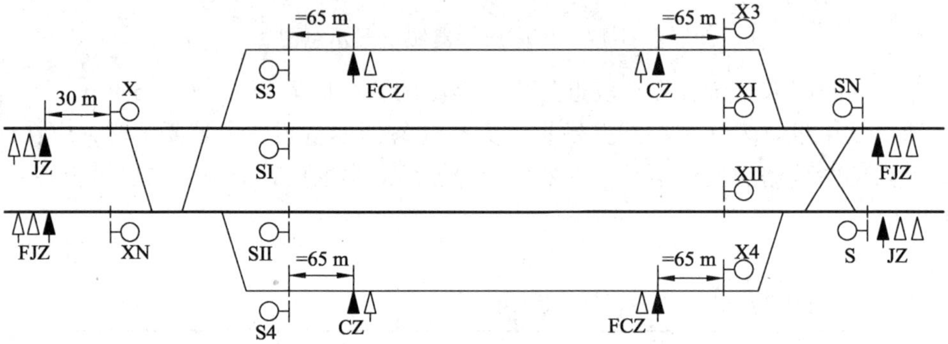

图 3-20　客货共线出站应答器组设置示意图

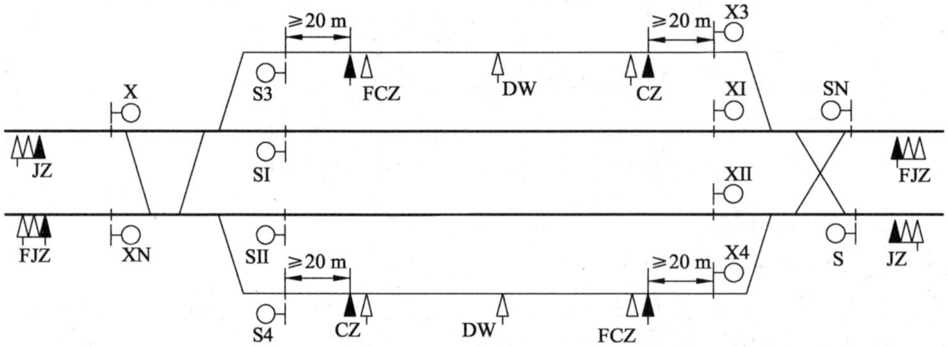

图 3-21　客运专线出站应答器组设置示意图

无源应答器用于发送对发车方向有效的线路坡度信息和里程信息。

当发车信号关闭时，有源应答器发送发车方向有效的停车报文，该报文只含绝对停车信息包；当发车信号开放后，发送对发车方向有效的应答器链接、线路允许速度、轨道区段、临时限速及特殊区段等信息。

③ 进路应答器组（JL）设置。

进路信号机外方（30±0.5）m 处设置由 1 个有源应答器和 1 个无源应答器构成的应答器组。当该进路信号机防护的进路为唯一进路时，可不设置有源应答器。

当设置有源应答器组时，发送进路信息、临时限速信息和特殊区段信息，当设置为无源应答器组时，发送线路数据。

④ 调车应答器组（DC）设置。

对于有调车作业并有可能危及正线列车运行安全的调车信号机外方（15±0.5）m 处设置由 1 个有源应答器和 1 个无源应答器构成的应答器组。当调车信号关闭时，该应答器组发送调车危险信息，当调车信号开放时，该应答器组发送空信息。

⑤ 列车定位应答器组（DW）设置。

车站进站信号机（含反向）外方（200±0.5）m 处设置由单个无源应答器构成的定位应答器组，用于列车定位。

⑥ 中继站应答器组（ZJ）设置。

中继站处，上、下行线路分别设置由有源应答器和无源应答器构成的中继站应答器组，用于发送临时限速信息。中继站应答器组之间的距离应为（100±0.5）m。中继站应答器设置如图 3-22 所示。其中，第一个有源应答器位置处设置中继站标志牌。该标志采用白底色、写有黑“××号中继站”标记的反光长方形板，装设于邻近的接触网支柱上。

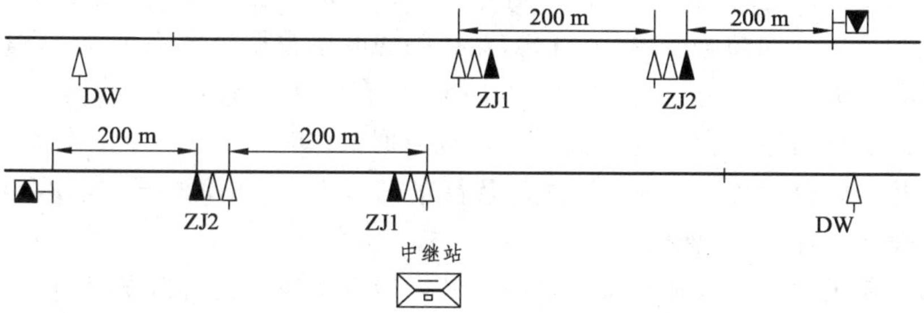

图 3-22 中继站应答器组设置示意图

有源应答器根据区间方向发送应答器链接信息和临时限速信息，中继站第 1 组应答器组（ZJ1）中无源应答器增加反向线路数据，满足列车反向运行时，接收到该组应答器后，进入全监控模式。中继站应答器组不能与其他应答器组合并。

5. 应答器的运用环境

运行温度范围：−40 ~ +70 °C；

冷却：自然对流；

储存：−40 ~ +70 °C，在最后的检查和测试之后小于 5 年；

振动：符合 EN50125-3；

抗振：根据标准 EN60068-2-75，符合摆锤打桩机冲击试验，根据标准，最高级别是 20 J；

抵抗行人踩踏：以 2 000 N 的最大力在安装的应答器上行走的可能性；

湿度范围：根据 EN60721-3-4，为等级 4K3；

压力范围：根据 EN60721-3-4，为等级 4K3；

风：根据标准 EN60721-3-4（50 m/s），为等级 4Z5；

防护等级：根据标准 EN 60529，为 IP68；

太阳辐射：根据 EN 60721-3-4 分类，为 4K3；

生物：根据 EN 60721-3-4 分类，为 4B2；

机械：根据 EN 60721-3-4 分类，为 4S4；

MTBF：$\lambda=2.869\times10^{-6}$/h（40 °C）；

使用年限：大于 20 年；

安全：根据 EN50129，为 SIL4（电气系统）。

三、地面电子单元（LEU）

地面电子单元（LEU）是一种数据采集与处理单元。LEU 应可随外部控制条件产生或存储不少于 256 种变化信息的数据报文。根据需要车站地面控制中心或联锁系统应能对 LEU 中存储的数据报文内容进行修改、更新，列车接近地面有源应答器时，LEU 发送的数据报文应保持不变。

LEU 应能实时监测与地面有源应答器间的信息发送、通道状态及信息的正确性。一旦地面电子单元与地面有源应答器通信中断或者检测到发送的数据与预期的数据有误，不应产生危及行车安全的后果。地面电子单元（LEU）存储的原始数据应准确无误，数据正确存放在地面电子单元存储单元的相应位置，即存放在相应的存储单元地址，选择地址线时不得有误，且必须有相应的安全措施。存储的数据需对随机数据错误有很好的防护，如果有数据错误，应该可以被检测到并得到及时处理，以防危及行车安全。一个地面电子单元可同时向 4 个地面有源应答器发送 4 种不同数据报文。

当应答器车载天线在有效作用范围内时，地面应答器需发送连续的信息。地面应答器发送的信息形成一个无缝的报文信息流，该报文由同步码、有效信息以及校验码组成。报文的长度根据运用的区段定义，一个地面应答器只能发送一种长度的报文。

LEU 通过串行通信接口与列控中心设备连接，将来自列控中心的报文连续向有源应答器发送，从而实现向车载设备发送可变信息。

1. LEU 的功能

LEU 从功能上分为两种类型，即报文透明传输型 LEU 和报文存储型 LEU，两种 LEU 可以是相同的硬件采用不同的软件配置，也可以是不同的硬件和软件配置。LEU 的功能如下：接收外部发送的应答器报文并连续向应答器转发；接收外部发送的控制命令，根据控制命令选择一条预先存储的报文并连续向应答器发送；存储几百条至上千条报文；当输入通道故障或 LEU 内部故障时，向应答器发送预先存储的默认报文；当有车载天线经过有源应答器时，LEU 不转换新的报文。一台 LEU 可以同时向 4 台有源应答器发送不同内容的报文；输出开路与短路检测信息；设备自检及事件记录，并向外部设备上传。

2. LEU 的工作原理

LEU 的工作原理如图 3-23 所示。

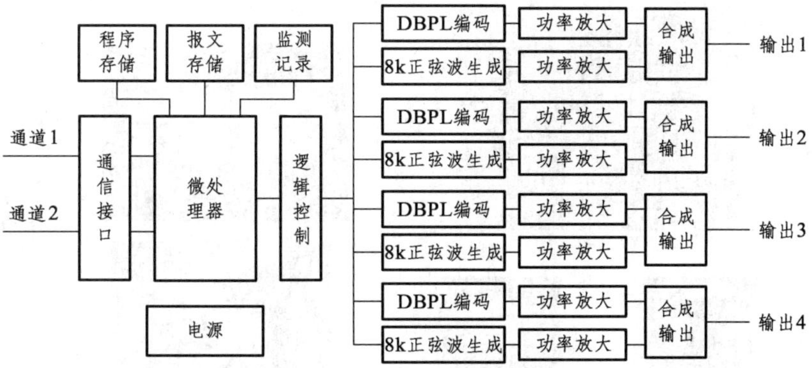

图 3-23　LEU 工作原理

（1）报文接收。

微处理器通过通信接口周期性地从 TCC 接收报文，并把报文传送至逻辑控制单元，由逻辑控制单元把周期性的报文输入变为连续性的报文输出。

如果由于通道故障或 LEU 内部故障，微处理器无法接收正确的报文，此时便从报文存储器中选择出相应的默认报文，并传送到逻辑控制单元。在采用透明传输模式时，报文存储器只存储 LEU 的默认报文，即对每一路输出只存储一条默认报文。

输入通道和接口单元是双套同时工作的，即使有一条通路或接口电路发生故障，也不会影响 LEU 与列控中心的通信。

安全通信协议保证了通信的可靠性，除采用常用的编码、帧结构定义和 CRC 校检外，其最大的特点是引入时间戳的概念，从而确保了通信信息的正确性、实时性、完整性以及信息顺序的正确性。

（2）逻辑控制单元。

微处理器接收到报文后，把报文转储在逻辑控制单元中，逻辑控制单元相当于发送缓冲器，以 564.48 kb/s 的速率把这个 1 023 位的报文循环地输出。

逻辑控制单元采用现场可编程门阵列 FPGA，因此最大程度上减少了元件数量，缩小了体积，提高了可靠性和抗干扰能力。

逻辑控制单元除输出报文数据外，还产生 C6 接口所需要的 8.82 kHz 方波。

（3）功率放大。

由于 C 接口定义的报文数据 C1 和接口供电信号 C6 在频率上相差很大，需要分别进行功率放大。

将经过放大后的 C1 和 C6 信号耦合到一个变压器内，从而实现在一对传输线上传送两种信号。

3. LEU 的结构

LEU 与有源应答器相连接，向有源应答器传送可变信息的报文。

LEU 盒内安装有母板，在母板上插接 4 块电路板，这 4 块电路板分别为电源板、数据处理板、S 接口通信板和输出板。结构如图 3-24 所示。

图 3-24　LEU 实物图

在既有线提速区段采用了阿尔斯通和 CSEE 两家公司的 LEU。阿尔斯通的 LEU 采用外形为 3U 的盒子，CSEE 的 LEU 采用标准的 6U 电路板，安装在列控中心的机柜内，占用一层。两种 LEU 外形和实现方式不同，但其基本功能是相同的。

（1）阿尔斯通的 LEU 构成。

阿尔斯通的 LEU 采用外形为 3U 的盒子，盒内安装有母板，在母板上插接 4 块电路板，自左向右为电源板、数据处理板、串行输入接口板和输出板，其结构如图 3-25 所示。

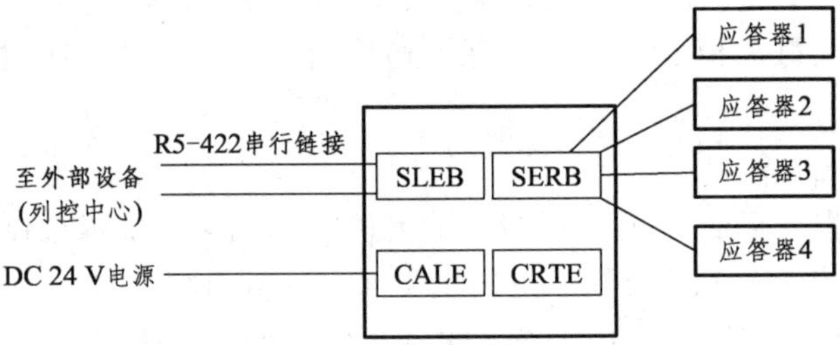

图 3-25　阿尔斯通 LEU 结构

① 电源板（CALE）。

左数第 1 块电路板，通过插头连接外部的 DC 24 V 电源，将其转换为 LEU 所需的工作电源。

CALE 板上装有一个绿色的 LED（焊接侧），当 LED 亮时，表明向其他编码器提供了内部供电。

② 数据处理板（CRTE）。

左数第 2 块电路板，是整个 LEU 的核心控制部分，不需要通过插头与外部连接。既有线提速区段使用的 LEU 采用透明传输模式，即把接收到的报文转发到应答器，它主要完成以下工作：S 接口的安全通信管理，正确接收列控中心发来的报文；向 4 个有源应答器转发正确报文；S 接口异常时，向 4 个有源应答器发送相应的默认报文；向列控中心传送自检结构，并存储记录。

除透明传输模式外，LEU 还可以存储约 1 000 条报文，根据外部的输入条件，选择相对应的报文输出。

③ 串行输入接口板（SLEB）。

左数第 3 块电路板，通过插头与列控中心的串行通信线连接，是 LEU 接收报文的通道。

串行通信板作为 LEU 的串行通信接口，将 RS-422 通信接口电平转换为数字电路电平，接收列控中心发送的报文，并向列控中心发送 LEU 状态。

串行通信板包含两路独立的 RS-422 串行接口，每路接口有 2 个 LED，1 个黄色，1 个绿色，黄色灯表示接收数据，绿色灯表示发送数据。

④ 应答器输出板（SERB）。

左数第 4 块电路板，输出板把数据处理板的报文进行 DBPL 编码以及功率放大，通过插头与应答器传输电缆连接，向 4 个有源应答器输出可变信息的报文。

（2）CSEE 公司的 LEU。

CSEE 公司的 LEU 构成如图 3-26 所示。

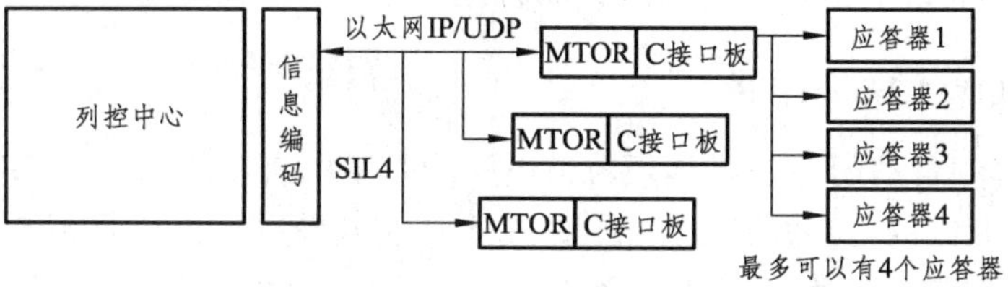

图 3-26　CSEE 公司 LEU 连接示意图

采用标准的 6U 电路板，组成模式包括 1 个组匣、1 块 CALM 电源板、1 块 MTOR 板、1 块 C 接口板及安全子板。

① 组匣。

LEU 机笼属 E2 扩展板，内有 220 mm 深、6 步高（1 步=20 mm）和 9 步宽。组匣中，BDU（LEU）模块使用 3 步宽度，CALM 板使用 1 步宽度。BDU 标准功率 60 W，输入电压 24 V。

② MTOR 板。

MTOR 板接收报文，并进行数据处理。MTOR 板采用 Freescale 系列 Coldfire5407 处理器；2 个以太网 10BASE-T 口或 2 个 PROFIBUS 口（带隔离）；1 个 RS485 串口（带隔离）；1 路安全输出（带隔离）；8 路安全输入（带隔离）。

③ C 接口板。

C 接口板配有 FPGA，该接口板有 4 个接口用以驱动 4 个应答器。FPGA 使 MPC 能够通过安全机制保证信息及时更新；如果 MPC 检查到问题，安全开关将断掉同应答器的连接。

4. LEU 技术指标

（1）使用温度范围：−40 ~ +70 °C；

（2）冷却：自然对流；

（3）防护等级：IP 21（至少按照 IP 54 在机柜中安装）；

（4）振动：符合 EN50125-3；

（5）电磁兼容性 EMC：符合 EN 50121-4：2000；

（6）绝缘：符合 EN 50124-1：2000；

（7）平均无故障时间 MTBF：>100 000 h（11.4 年），温度 40 °C 时；

（8）使用寿命：>22 年（40 °C 情况下）；

（9）安全性：SIL 4，根据 EN 50129、EN 50126（RAMS）以及 EN50128（SW 即软件）。

四、轨道电路

根据 CTCS 有关技术规范，区间轨道电路制式，不同级别的线路其制式有所不同，主要包括以下制式：

CTCS-0 级：国产 4 信息、8 信息、18 信息移频轨道电路；

CTCS-1 级：UM-71、ZPW2000；

CTCS-2 级：UM-71、ZPW-2000A。

当列控车载设备运行于 CTCS-0 级和 CTCS-1 级线路时，只作为机车信号功能使用。CTCS-2 级站内轨道电路采用与区间同制式的轨道电路。

（一）ZPW-2000A 轨道电路

ZPW-2000A 移频自动闭塞是以移频轨道电路为基础的自动闭塞，它选用频率参数作为控制信息，采用频率调制的方法，把低频信息（f_c）调制到较高频率（载频 f_0）上，以形成振幅不变、频率随低频信息的幅度做周期性变化的调制信号，将此信号用两根钢轨作为传输通道来控制通过信号机的显示，达到自动指挥列车运行的目的。

ZPW-2000A 无绝缘移频轨道电路基本结构示意图见图 3-27。

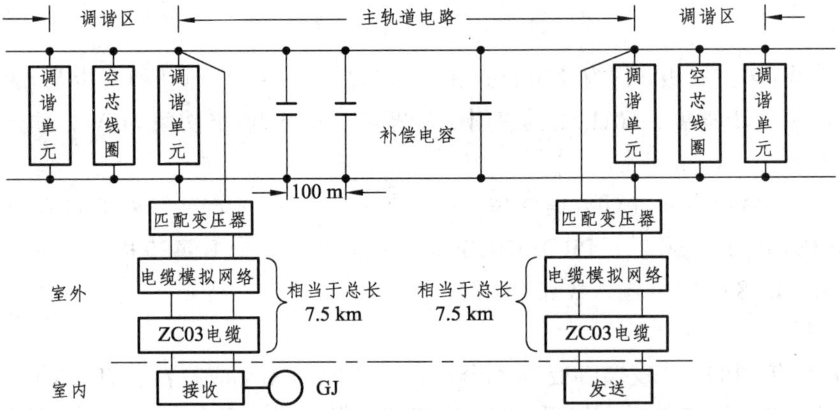

图 3-27　ZPW-2000A 无绝缘移频轨道电路基本结构示意图

ZPW-2000A 采用四显示自动闭塞，是一种新型速差式自动闭塞制度，通过信号机显示灯位自上而下为绿、红、黄。除了显示绿、黄、红灯外，增加了绿黄灯显示，能预告列车运行前方至少三个及以上闭塞分区的空闲状态，列车从最高速度到停车的制动距离为两个（或多个）闭塞分区，这样既可适当缩短闭塞分区的长度，从而缩短了列车追踪的间隔，增加了区间通过列车的对数，又能满足列车制动距离的要求。因此采用四显示自动闭塞对保证行车安全、提高区间通过能力以及提高运行速度都是十分有利的。

载频共 8 种，如表 3-1 所示。

表 3-1　载频的 8 种频率

名称	1700-1	1700-2	2000-1	2000-2	2300-1	2300-2	2600-1	2600-2
频率/Hz	1 701.4	1 698.7	2 001.4	1 998.7	2 301.4	2 298.7	2 601.4	2 598.7

下行线使用载频：1700-1、1700-2、2300-1、2300-2。

上行线使用载频：2000-1、2000-2、2600-1、2600-2。

低频信息最多 18 个：10.3 Hz、11.4 Hz、12.5 Hz、13.6 Hz、14.7 Hz、15.8 Hz、16.9 Hz、18 Hz、19.1 Hz、20.2 Hz、21.3 Hz、22.4 Hz、23.5 Hz、24.6 Hz、25.7 Hz、26.8 Hz、27.9 Hz、29 Hz。

绝缘方式：电气谐振。

调谐区长度：29 m。

该制式是 CTCS-2 级区段地面轨道电路的主要制式，它能够满足区间和站内使用的要求。在将要实现 CTCS 规范的区段，新改造线路和新建线路主要使用这种制式。

ZPW-2000A 制式低频信息的定义与 UM-71 基本相同，除了低频信息 25.7 Hz，该频率只出现在站内，用于载频切换与锁定。

（二）载频切换

1. 载频划分

STM 可同时接收多个载频，可接收的载频如表 3-2 所示。例如，日立 200 km/h 动车组的 STM 可最多同时接收 16 种载频。

表 3-2　三种设备可接收的载频比较

序号	区分	可接收的载频/Hz
1	国产 FSK	550，650，750，850
2	UM71	1 700，2 000，2 300，2 600
3	ZPW2000	1 698.7，1 701.4，1 998.7，2 001.4，2 298.7，2 301.4，2 598.7，2 601.4

日立 200 km/h 动车组的 STM 具有可任意指定要接收的载波频率的功能，既可以同时接收所有的载波，也可以指定 1 个载波和指定 2 个、4 个、8 个载波。但是，要解调低频信号（VLF），则只能限定 1 个载波。如指定要接收多个载波，则在该状态下，只有电平最高的载波会被自动选择，该载波中所包含的 VLF 会被解调。其结果，只有 1 个低频码可被识别。

2. 载频切换方法

（1）利用应答器的方法。

（2）利用 DMI 的按钮的方法。

（3）利用流经轨道电路中的载频锁定方法。

（4）利用 UU 或 UUS 之后无信号的方法。

3. 主体化机车信号区段载频切换原则

主体机车信号系统技术条件中，对站内电码化设备提出了为车载设备进行载频切换和锁定提供信息的功能要求，该功能需要通过区分 ZPW-2000 轨道电路中的子载频（-1 载频系列和-2 载频系列）并与 25.7 Hz 的低频信息结合起来，构成载频切换和锁定的条件。载频切换与锁定的实现原理如下：

（1）载频切换与锁定的目的。

① 列车转线运行（由上行线转下行线或相反）时，减少司机操作上、下行转换开关的烦琐。

② 防止因人为操作失误引起对邻线信息的错误接收，通过设备切换提高安全性。

载频切换与锁定利用 8 种载频与 25.7 Hz 的低频信息相结合，其逻辑如表 3-3 所示。

表 3-3　载频切换与锁定逻辑表

标号	载频及低频	功能
D1	1700-1，25.7 Hz	车载设备锁定接收 1 700 Hz 信息
D2	2000-1，25.7 Hz	车载设备锁定接收 2 000 Hz 信息
D3	2300-1，25.7 Hz	车载设备锁定接收 2 300 Hz 信息
D4	2600-1，25.7 Hz	车载设备锁定接收 2 600 Hz 信息
S1	1700-2，25.7 Hz	车载设备切换到接收 1 700/2 300 Hz 信息
S2	2000-2，25.7 Hz	车载设备切换到接收 2 000/2 600 Hz 信息
S3	2300-2，25.7 Hz	车载设备切换到接收 1 700/2 300 Hz 信息
S4	2600-2，25.7 Hz	车载设备切换到接收 2 000/2 600 Hz 信息

（2）载频切换与锁定的条件。

锁定载频的目的是防止车载设备错误接收邻线轨道电路中的信息，在车站需要防止接收相邻股道的电码化信息，在区间需要防止接收并行的另一条线路中的轨道电路信息。因此，载频切换和锁定主要发生在进入车站股道时和从车站出发进入区间时，通常涉及的情况发生在侧线接车、侧线发车进路中，对于个别改变上下行方面的车站，也发生在正线通过时，如图 3-28、图 3-29、图 3-30 所示。

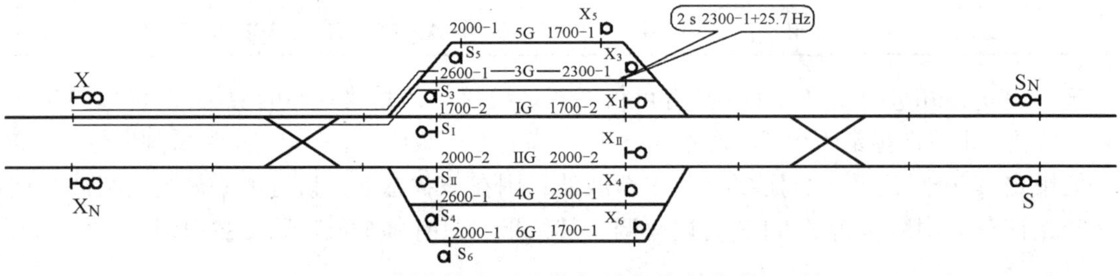

图 3-28　侧线接车时的载频锁定信息的发码时机

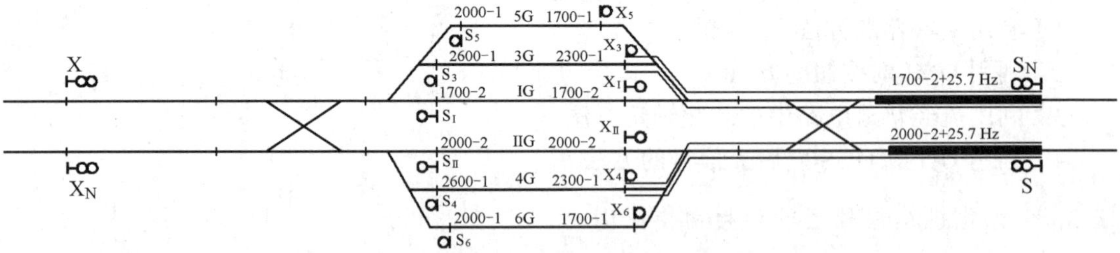

图 3-29　侧线发车时的载频锁定的发码时机

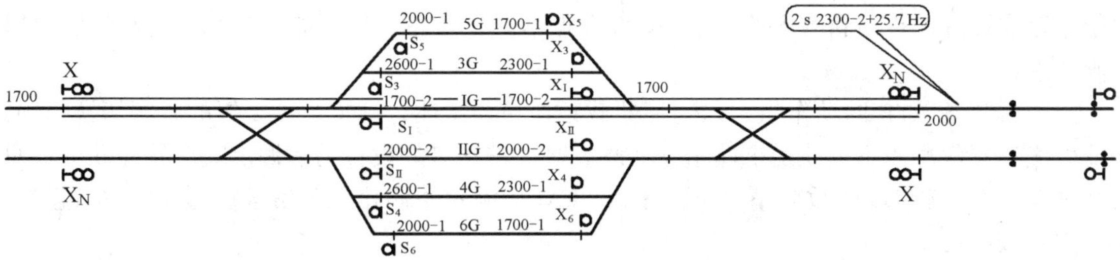

图 3-30　正线通过改变上下行方向车站时载频切换的发码时机

（3）载频切换与锁定的逻辑。

载频切换与锁定的逻辑对照上述三个图说明如下：

① 侧线接车时的切换时机。

列车在防护经道岔侧向的进路的信号机外方时，接收 UU 码；当列车压入信号机内方时，UU/UUS 码结束（在信号机接近区段取消进路时，UU 码将变为 HU 码或 HUS 码，不属自动切换逻辑），此时列控车载设备（机车信号）将搜索任意载频上叠加的 25.7 Hz 低频信息，若收不到 25.7 Hz 的信息，将不能接收任何正常码；收到 UU/UUS 码后如果接收不到信息，在点白灯前（4 s 以内），只接收 HU/HUS 码；在点白灯后（无码大于 4 s 后），只接收载频切换信息码；列车经道岔侧向进入股道时，将收到该股道规定的-1 载频（比如 1700-1 载频）所叠加的 25.7 Hz 的信息，之后将接收载频锁定于仅接收叠加于该载频（比如 1700）上的低频信息；股道的载频锁定信息发码时间为列车进入股道后的 2 s，2 s 之后转发送正常信息码。

② 侧线发车时的切换时机。

当列车由侧线经道岔侧向出站时，UU 码结束后，机车信号开始搜索任意载频上叠加的 25.7 Hz 信息；当列车收到-2 载频（如 1700-2 载频）所叠加的 25.7 Hz 信息后，将接收载频锁定到接收相应区间的载频（如 1700/2300 载频）；向 1700/2300 载频区间发车时，发车进路的最后一个区段固定发送 1700-2+25.7 Hz 或 2300-2+25.7 Hz 信息，车载设备收到此信息后，将载频锁定在 1700/2300 载频组上；向 2000/2600 载频区间发车时，发车进路的最后一个区段固定发送 2000-2+25.7 Hz 或 2600-2+25.7 Hz 信息，车载设备收到此信息后，将载频锁定在 2000/2600 载频组上。

③ 通过改变上下行方向车站时的切换时机。

个别特殊车站的载频组切换也可能发生在正线通过时：当车站两端区间线路的上下行有变化时，比如进站时为下行，出站后为上行区间，载频切换在第一离去区段进行；车站正线的载频组与接近车站的区间方向载频组相同；当列车压入区间时，在第一离去区段发送 2 s-2 载频叠加 25.7 Hz 后恢复正常信息码，车载设备收到此信息后将载频切换并锁定到相应的载频组。

以上是正常情况下的自动切换实现逻辑，当出现以下情况时，需要司机操作选择载频组：

主机上电后或故障复位后；机车连挂后始发；接收载频切换信息码失效后；非主体机车信号区段。另外，需要强调的是，上述载频切换逻辑仅适用于无应答器的 CTCS-1 级区段，对于 CTCS-2 级区段，载频通过应答器信息预告、切换和锁定，可进一步提高系统的安全性。

4. CTCS-2 级区段载频切换原则的说明

符合 CTCS-2 技术标准地面装备的区段，具备应答器载频切换和轨道电路载频切换条件，由于应答器设置地点与轨道电路 25.7 Hz 发送点不同，同时考虑不同列车的混合运营，其处理原则如下：

（1）对装备 ATP 的动车组，以应答器载频切换为主体，即 CTCS-2 级的载频切换与锁定功能由应答器信息而不是轨道电路信息实现，通过进站口处设置的有源点式应答器获取信息，进行锁频。在车载 BTM 故障情况下，车载 STM 应满足主体化机车信号功能，此时依靠轨道电路进行载频切换。

（2）对安装 JT1-CZ2000 机车信号的列车，用轨道电路进行载频切换。

（3）对安装通用式机车信号的列车，按目前的有关规定，由司机人工切换。

（三）低频信息意义

ZPW-2000A 发送器发出的低频信息都具有速度的含义。列车速度是分级控制的。连续式机车信号接收设备，接收地面 ZPW-2000A 信息，以提供列车允许行驶的速度值。机车上装有测速设备，可以测出列车实际行驶速度。列车实际行驶速度若比列车允许行驶速度高 7 km/h 时，则无论在哪个速度等级运行，都将产生紧急制动。

1. 既有线 CTCS-1 级区段主体化机车信号的低频信息

ZPW-2000A 系统共有 18 个低频信息，既有线 CTCS-1 级区段主体化机车信号定义了 14 个信息标准，即 10.3 Hz、11.4 Hz、12.5 Hz、13.6 Hz、14.7 Hz、15.8 Hz、16.9Hz、18 Hz、19.1 Hz、20.2 Hz、22.4 Hz、24.6 Hz、26.8 Hz、29 Hz。余 4 个未作定义：21.3 Hz、23.5 Hz、25.7 Hz、27.9 Hz。

既有线 CTCS-1 级区段主体化机车信号的 14 个低频信息意义如下：

L3 码：准许列车按规定速度运行，表示运行前方 5 个及以上闭塞分区空闲，机车信号机显示一个绿色灯光。

L2 码：准许列车按规定速度运行，表示运行前方 4 个及以上闭塞分区空闲，机车信号机显示一个绿色灯光。

L 码：准许列车按规定速度运行，机车信号机显示一个绿色灯光。

LU 码：准许列车按规定速度注意运行，机车信号机显示一个半绿半黄灯光。

LU2 码：要求列车减速到规定的速度等级越过接近的地面信号机，并预告次一架地面信号机显示一个黄色灯光，机车信号机显示一个黄色灯光。

U 码：要求列车减速到规定的速度等级越过接近的地面信号机，机车信号机显示一个黄色灯光。

U2S 码：要求列车减速到规定的速度等级越过接近的地面信号机，并预告次一架地面信号机显示一个黄色闪光和一个黄色灯光，机车信号机显示一个带“2”字的黄色闪光灯光。

U2 码：要求列车减速到规定的速度等级越过接近的地面信号机，并预告次一架地面信号机显示两个黄色灯光，机车信号机显示一个带“2”字的黄色灯光。

U3 码：要求列车减速到规定的速度等级越过接近的地面信号机，表示接近的地面信号机显示一个黄色灯光，并预告次一架信号机为进站或出站信号机且显示一个红色灯光，机车信号机显示一个黄色灯光（仅适用于双红灯防护的自动闭塞区段）。

UUS 码：要求列车限速运行，表示列车接近的地面信号机开放，经 18 号及以上道岔侧向位置进路，且次一架信号机开放经道岔的直向，或 18 号及以上道岔侧向位置进路；或表示列车接近设有分歧道岔线路所的地面信号机开放，经 18 号及以上道岔侧向位置进路，机车信号机显示一个双半黄色闪光灯光。

UU 码：要求列车限速运行，表示列车接近的地面信号机开放，经道岔侧向位置进路，机车信号机显示一个双半黄色灯光。

HB 码：表示列车接近的进站或接车进路信号机开放引导信号或通过信号机显示容许信号，机车信号机显示一个半红半黄色闪光灯光。

HU 码：要求及时采取停车措施，机车信号机显示一个半红半黄色灯光。

H 码：要求立即采取紧急停车措施，机车信号显示一个红色灯光。

2. 既有线 CTCS-2 级区段 200 km/h 动车组运行时的低频信息定义

原铁道部对既有线 CTCS-2 级区段 200 km/h 动车组运行时的低频信息做了补充定义，修订了 2 个低频信息定义，即：

UU 码（18.0 Hz）：表示进路开通道岔侧向，默认道岔允许速度 45 km/h。

UUS 码（19.1 Hz）：表示进路开通道岔侧向，默认道岔允许速度 80 km/h。

除 UU 码、UUS 码的信息意义不同外，信息修订以后，低频信息意义、信息名称、信号显示及使用频率都没有变化。表 3-4 为既有线 CTCS-2 级区段 200 km/h 动车组运行时信号的 14 个低频信息定义。

表 3-4　既有线 CTCS-2 级区段 200 km/h 动车组运行时信号的 14 个低频信息定义

序号	1	2	3	4	5	6	7
信息名称	L3 码	L2 码	L 码	LU 码	LU2 码	U 码	U2S 码
机车信号显示	L 绿	L 绿	L 绿	LU 绿黄	U 黄	U 黄	U2S 黄闪
频率/Hz	10.3	12.5	11.4	13.6	15.8	16.9	20.2
地面信号显示	L	L	L	L	L	LU	LU 或 U
序号	8	9	10	11	12	13	14
信息名称	U2 码	U3 码	UUS 码	UU 码	HB 码	HU 码	H 码
机车信号显示	U2 黄 2	U 黄	UUS 双黄闪	UU 双黄	HUS 红黄闪	HU 红黄	H 红
频率/Hz	14.7	22.4	19.1	18.0	24.6	26.8	29.0
地面信号显示	LU 或 U	U	U	U	U	U	H

3. 客运专线 CTCS-2 级区段低频信息定义

原铁道部对客运专线 CTCS-2 级区段 200 km/h 动车组运行时，增加了 2 个低频信息 L4 和 L5，规定了 3 个轨道电路低频信息定义，即：

L3 码：10.3 Hz，表示前方 5 个闭塞分区空闲。

L4 码：23.5 Hz，表示前方 6 个闭塞分区空闲。

L5 码：21.3 Hz，表示前方至少 7 个闭塞分区空闲。

五、车站电码化

车站正线电码化，接车进路和发车进路采用不同的载频（以下行正线正方向为例，若接车进路为 1 700 Hz，则发车进路应为 2 300 Hz）；进站信号机前方轨道电路和接车进路电码化采用不同的载频。CTCS-2 级区段，ATP 车载设备的锁频功能通过应答器信息实现，若应答器信息丢失，由机车乘务员按现行规则手动切换轨道电路载频。

（1）为了满足主体化机车信号的需求，车站轨道区段电码化存在的问题。

站内轨道区段过去采用叠加发码方式，为保持机车信号信息时间上的连贯性，后又改为预叠加发码方式。但无论是叠加发码或预叠加发码方式，平时发码方式系统故障得不到检查。

相邻股道或咽喉区可能存在同频信息串扰，易造成机车信号干扰，甚至产生显示升级。

站内轨道区段过去只设计正线电码化和股道电码化，道岔区段的侧线是没有电码化的。有时过机械绝缘节或短小轨道区段时容易丢码，机车信号信息空间上的连贯性不能得到保持。

接发车时，需要自动切换载频。

（2）车站闭环电码化方式对上述问题的解决。

站内电码化载频频谱的排列，利用数字处理技术能精密正确识别载频的技术特点，将原有的载频 1 700 Hz、2 000 Hz、2 300 Hz、2 600 Hz 采用加 1.3 Hz 和减 1.4 Hz 的方法，分别变成 1700-1、1700-2 等 8 种载频，从而可以实现站内股道或咽喉区纵向和横向相邻轨道电路载频频谱的交错排列，有效防止同频信息串扰。

站内电码化的检测，车站每条正线分为接车进路、正线股道、发车进路三个发码区，分别由三个发送盒发码，并采用 N+1 的方式备用 1 个发送盒。设低频 27.9 Hz 为检测码，平时对各发码区段的传输通道及设备进行检测。当接、发车进路的各区段未被车列占用，检测盘未收到检测码时，可判断为传输通道或设备故障，系统提供故障报警，必要时可关闭防护该进路的信号机。

站内电码化载频的自动切换，列车仅在经道岔侧向接、发车时进行载频的切换，直向通过车站时不进行载频的切换。例如，办理股道弯进时接车进路，在机车信号收到 UU 码后又断码的基础上，列车压入股道发送 2 s 载频为-2 的 25.7 Hz 的转频码，然后发送相应信号显示的低频码。车载信号设备在收到 UU 码后又断码的基础上，接收到转频码就自动切换到相应的载频。

站内无码区的锁频，目前既有铁路上，咽喉区经道岔弯股的进路是无电码化的，无码区就更容易收到串扰码。车站闭环电码化方式采用如下处理逻辑：车载信号设备在收到 UU 码后又断码的基础上，将一直搜索 25.7 Hz 的转频码，如果未找到 25.7 Hz 的转频码，则不能接收其他的低频信号。如此就能有效地实现站内无码区的锁频，防止收到串扰码。

六、其他信号设备配套改造

1. 行车指挥设备

CTCS-2 适用于装备 TDCS 或 CTC 行车指挥设备的线路。在 CTC 或 TDCS 的车站车务终端上设有特定的列控中心人机界面，采用统一的格式，包括输入、确认、显示方式等，应与既有车站车务终端的有关规定和格式统筹考虑。CTC 或 TDCS 的车站分机与车站列控中心采用 RS-422 接口，具有光电隔离措施，接口及通道应冗余配置。临时限速调度命令，在调度中心以表格形式体现（包括界面、输入、回执），在车站车务终端采用与调度中心基本相同的形式，无线调度命令向列车发送时自动转换成既有的文本形式。调度命令由调度中心传输至车站的时机及准确性应能满足列车运行控制的需要。

2. 联锁设备

CTCS-2 适用于装备计算机联锁或 6502 电气集中的车站。计算机联锁与车站列控中心采用 RS-422 接口，具有光电隔离措施，接口及通道应冗余配置。6502 电气集中与车站列控中心连接，采用继电器接点采集、安全继电器输出方式。对于站型简单、6502 电气集中中间站，在保证安全控车的前提下，可考虑简化处理。联锁的功能适应 200 km/h 动车组的安全开行要求，主要是列车通过时进路锁闭、解锁的安全性，既有正线轨道电路长度的适用性。反向按自动站间闭塞方式进行配套改造。

3. 其　他

微机监测进行配套改造，增加与列控中心的接口及相应的监测功能。有条件时，对车站联锁、闭塞设备、闭环电码化、道岔缺口检查、灯丝报警、电源等监测功能进行整合。有条件时车站采用综合智能电源屏。对既有线路暂按信号电缆方式传输站间信息，需铺设站间贯通电缆。

任务五　CTCS-2 控车模式

知识目标

（1）车载列控系统控制方式。
（2）列控车载设备的工作模式。
（3）列控车载设备的工作模式转换。

技能目标

（1）掌握车载列控系统控制方式。
（2）掌握列控车载设备的工作模式。
（3）掌握列控车载设备的工作模式转换。
（4）能够熟练运用 CTCS-2 控车模式。

任务五课程思政教学案例

素质目标

（1）培养学生遵章守纪、爱护机车信号车载设备的职业道德。
（2）培养学生学习新技术、新知识的意识。
（3）培养学生勇于创新、开拓进取的意识。
（4）培养学生严谨认真、精益求精的态度，提升学生合作、应变与可持续性发展的能力。
（5）能客观、公正地进行学习效果的自我评价。

知识点学习

一、车载列控系统控制方式

车载列控系统有机控（设备制动）优先和人控（司机制动）优先两个可选择的控制方式。

当采用机控模式时，在确保列车行车安全、满足旅客舒适度的前提下，对列车制动与缓解的控制均由列控装置自动完成，根据需要司机可追加或实施更强烈的制动控制。此时制动输出共 4 挡，1 挡紧急制动，3 挡常用制动，由设备根据制动的需要自动追加。机控优先模式曲线如图 3-31 所示。当列车运行速度超过常用制动线后输出常用制动，列车自动减速，减速至缓解速度以下之后，列控车载设备自动缓解常用制动。

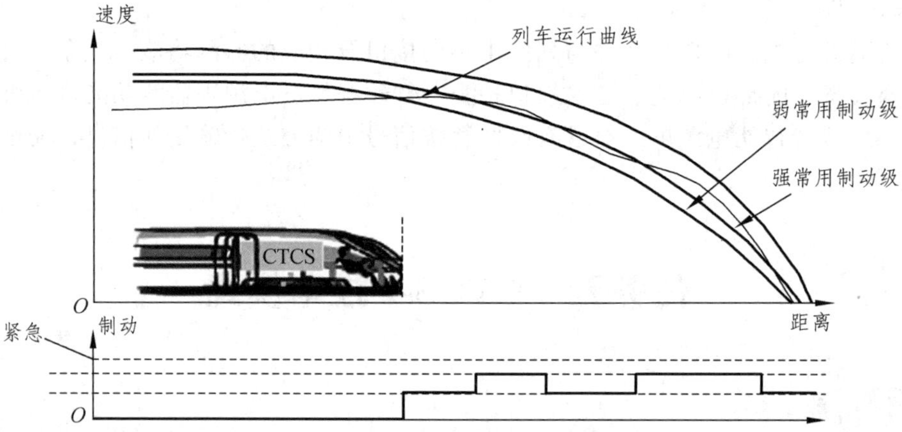

图 3-31　设备制动优先模式曲线

当采用人控优先模式时，列控车载设备只有两挡制动输出，最大常用制动与紧急制动。当列车速度在最大常用制动线以下时，由司机负责实施制动，列控车载设备不干预司机的操作。当列车速度超过最大常用制动线后，列控车载设备将触发制动，当速度降低到一定范围时，由司机缓解。人控优先模式曲线如图 3-32 所示。当列控车载设备输出常用制动，列车自动减速，减速至缓解速度以下之后，如果人工按压缓解键后，列控车载设备缓解常用制动。

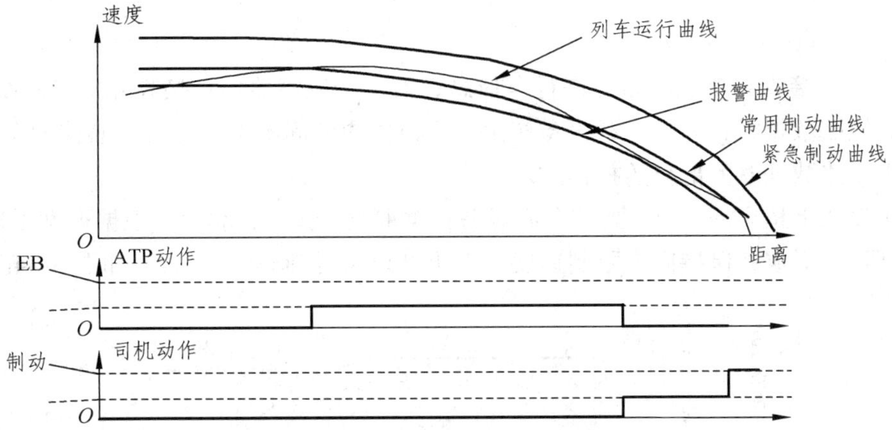

图 3-32　司机优先模式曲线

二、列控车载设备的工作模式

CTCS-2 级列控车载设备有 7 种主要工作模式，其中通用的模式有完全监控模式（FS）、目视行车模式（OS）、引导模式（CO）、调车模式（SH）、隔离模式（IS）、待机模式（SB）、部分监控模式（PS）。

1. 完全监控模式（FS）

完全监控模式是 CTCS-2 级列控系统中最普通的模式。当具有列车控制所需的基本数据（包括列车位置、轨道电路信息、应答器的线路信息、车载设备预置的列车参数等）时，列控车载设备转入此模式。列控车载设备能生成目标-距离模式曲线并进入完全监控模式。在完全监控模式下，列控车载设备应能判断列车位置和停车位置，在保证列车速度满足线路固定限速、车辆构造速度、停车位置、临时限速等条件的前提下，生成目标-距离模式曲线，并连续监控列车速度，在列车超速时自动输出常用制动或紧急制动命令。同时，应能通过 DMI 显示列车实际速度、允许速度、目标速度和目标距离等信息，如图 3-33 所示。

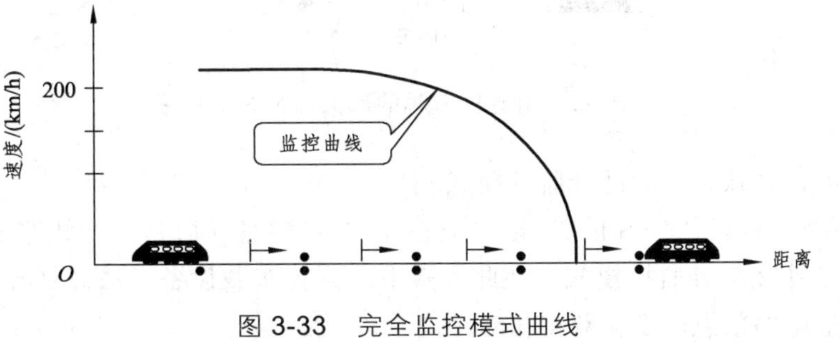

图 3-33　完全监控模式曲线

2. 待机模式（SB）

在列控车载设备默认等级设置为 CTCS-2 级的情况下，上电后，列控车载设备应自动进入待机模式。在待机模式下，列控车载设备应保持接收轨道电路信息功能有效，无条件施加最大常用制动并进行溜逸防护。

3. 部分监控模式（PS）

当车载设备接收到轨道电路允许行车信息，而由于应答器信息接收异常导致线路数据缺失，或者无线路数据时，列控车载设备产生一定范围内的固定限制速度，监控列车运行。

（1）无线路数据时的部分监控模式。

在待机模式下按启动按键，列控车载设备根据股道轨道电路信息（根据道岔限速发送 UU 码或 UUS 码），形成并保持固定限制速度（至出站口），控制列车运行，如图 3-34 所示。

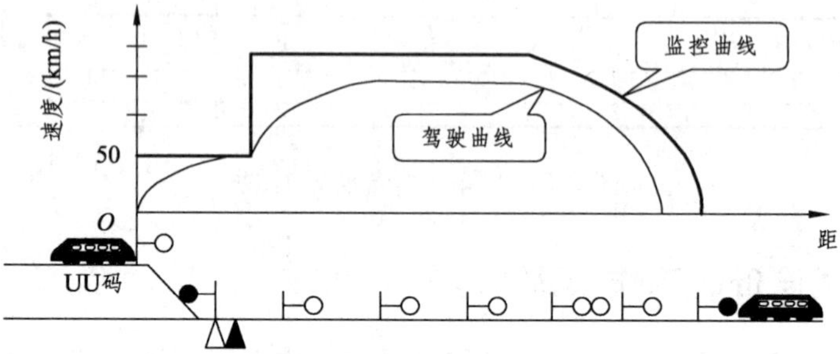

图 3-34　无线路数据时部分监控模式曲线

（2）引导接车时的部分监控模式。

车站开通引导接车进路时，列控车载设备从轨道电路接收 HB 码，越过进站信号机后，自动转入 PS 模式生成固定限速的模式曲线，如图 3-35 所示。在此模式下，司机应当在每 60 s 之内或运行 200 m 以前按下警惕开关，否则列控车载设备将触动紧急制动。

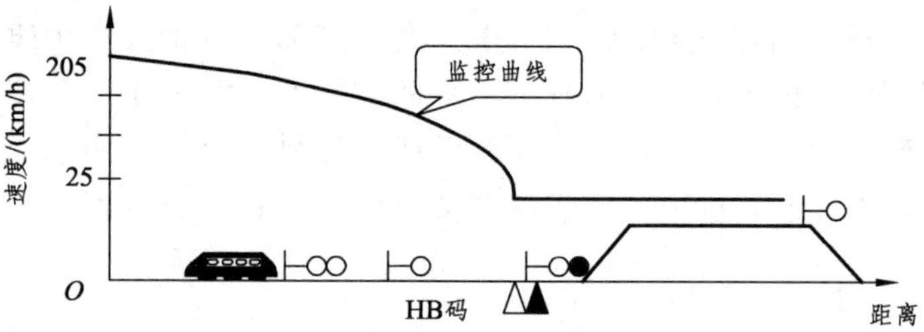

图 3-35　引导接车时的部分监控模式曲线

（3）应答器信息缺失时的部分监控模式。

当列控车载设备运行在 FS 模式、缺失应答器的线路数据时，从已知线路数据的末端开始，列控车载设备工作在部分监控模式。在此模式下，列控车载设备无法详细确定自己的位置，但可以识别轨道电路信息的变化获得相对距离。

以 FS 模式运行时，如果从应答器获得的线路数据描述的范围小于通过轨道电路信息推算的停车点，检测到应答器信息丢失，且列车速度已经降到 125 km/h 以下，则从 FS 模式转换到 PS 模式，如图 3-36 所示。

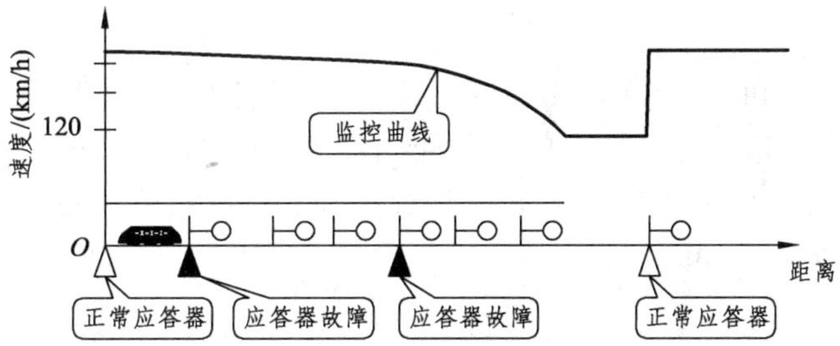

图 3-36　应答器信息缺失时的部分监控模式曲线

4. 目视行车模式（OS）

要越过停止信号时，可在停车时按下“目视”键进入目视行车模式。本模式下，车载设备负责列车以 40 km/h 为顶棚速度运行并对列车走行距离和时间进行监控，司机需要对列车其他行车安全负责。列车每运行一定距离（300 m）或一定时间（60 s）司机需确认一次，如图 3-37 所示。

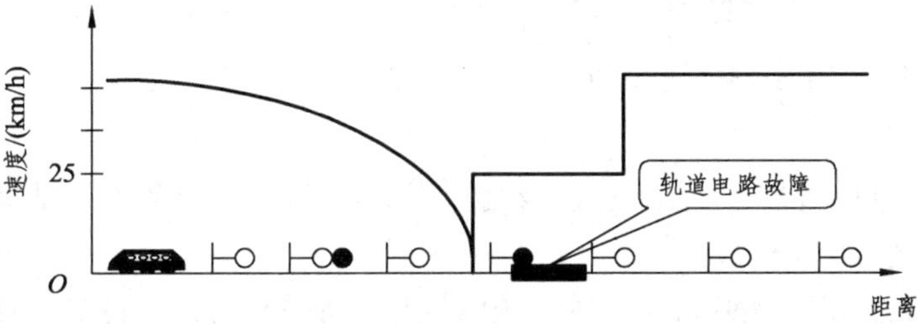

图 3-37　目视行车模式曲线

5. 引导模式（CO）

车站办理引导进路时，轨道电路发 HB 码，列控车载设备接收到 HB 码，在列车速度降至 40 km/h 且经司机确认后，进入引导模式。CO 模式下，列控车载设备监控列车以最高 40 km/h 的允许速度运行。

6. 调车模式（SH）

要进行调车作业时，停车后司机按下“调车”键，则列控车载设备进入调车模式。该模式下，车载设备监控列车以 45 km/h 顶棚速度运行，且在收到前进方向上的调车危险信息时输出紧急制动，如图 3-38 所示。

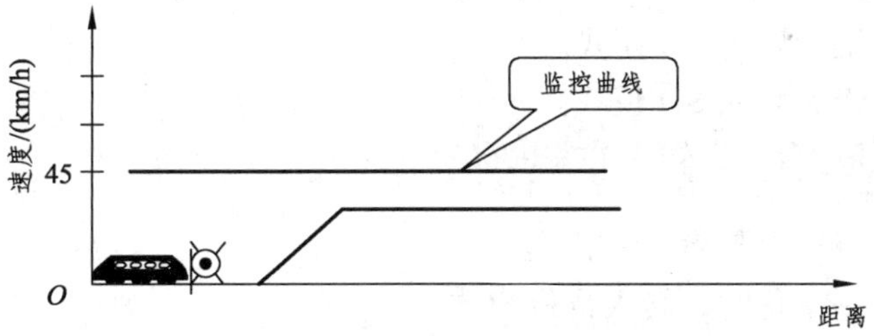

图 3-38　调车模式曲线

7. 隔离模式（IS）

当列控车载设备停用时，需在停车情况下，经操作隔离列控车载设备的制动功能。隔离开关转入“隔离”位，制动输出被隔离后，列控车载设备转入 IS 模式。在该模式下，车载设备不具备安全监控功能，司机控制列车运行并对运行安全负完全责任。列控车载设备应能够监测隔离开关状态，如图 3-39 所示。

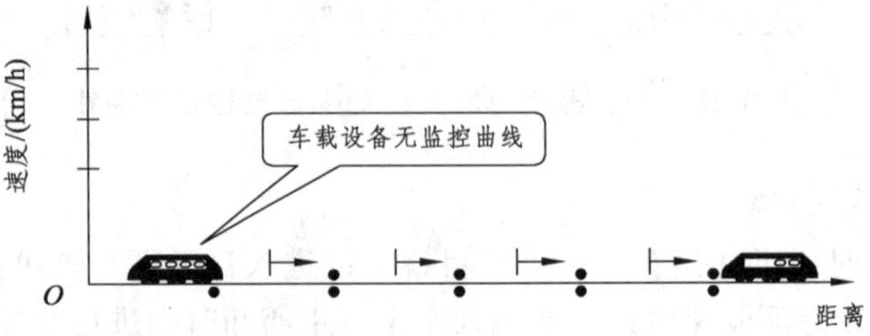

图 3-39　隔离模式曲线

三、列控车载设备的工作模式转换

1. 完全监控模式（FS）转换条件

（1）模式转入条件。

PS 模式下，经过应答器组确定位置，线路数据满足 FS 监控条件且地面为允许信号（HB 除外）或 HU 码，转入 FS 模式。

CO 模式下，经过应答器组确定位置，线路数据满足 FS 监控条件且地面为允许信号（HB 除外），转入 FS 模式。

OS 模式下，经过应答器组确定位置，线路数据满足 FS 监控条件且地面为允许信号（HB 除外），转入 FS 模式。

（2）模式转出条件。

收到绝对停车信息，紧急制动停车后按压“缓解”键转入 SB 模式。

驾驶台关闭，转入 SB 模式。

线路数据不足时，转入 PS 模式。

列车位置转为不确定，转入 PS 模式。

收到 HB 码，SBI 速度小于或等于 45 km/h，列车速度小于或等于 40 km/h，司机确认后，转入 CO 模式。

地面 HU、H、无码，停车后按“目视”键，转入 OS 模式。

停车按“机信”键，转入 CS 模式。

停车按“调车”键，转入 SH 模式。

隔离开关打到“隔离位”，转入 IS 模式。

2. 待机模式（SB）转换条件

（1）具备下列任一条件时，转入待机模式。

在车体主电源接通的情况下，列控车载设备上电后（默认 CTCS 等级设置为 CTCS-2 级时）；

退出调车模式时；退出隔离模式时。

（2）模式转出条件。

停车时按压“启动”键，转入 PS 模式；地面为停止信号（HU、H 或无码），停车按“目视”键，转入 OS 模式；停车时按“调车”键，转入 SH 模式；隔离开关打到“隔离”位，转入 IS 位。

3. 部分监控模式（PS）转换条件

（1）无线路数据时的部分监控模式（PS）。

具备如下条件之一即可转入此模式：在待机模式下，司机按下启动按钮后，转入此模式；在完全监控模式下，侧线接车进入股道后，如果接收到股道的轨道电路信息为 UU 或 UUS，则在 NBP 为 50 km/h 或 85 km/h 后转为此模式。停车状态下，若股道的轨道电路信息由 HU 变为 UU 或 UUS，转换为此模式；在 FS 模式中，如果线路数据不足，转为此模式；当车站办理侧线接车进路时，如果进站端应答器信息接收失败或进站有源应答器发送默认报文，则列控车载设备转入此模式。

（2）引导接车时的部分监控模式。

列控车载设备工作在 FS 等模式下，当接收到轨道电路 HB 码时，生成以本闭塞分区末端为目标点且目标点 SBP 为 25 km/h 的模式曲线；当列车超过 HB 码区段末端，列控车载设备的工作模式转为部分监控模式。在 IS、SH 模式下接收到 HB 码后，忽略 HB 码。接收轨道电路的允许行车信息后，列控车载设备自动转入无线路数据时的部分监控模式。在此模式下，司机可通过操作转入 SH、IS、OS 等模式。

（3）应答器信息缺失时的部分监控模式。

以 FS 模式运行时，如果从应答器获得的线路数据描述的范围小于通过轨道电路信息推算的停车点，检测到应答器信息丢失，且列车速度已经降到 125 km/h 以下后，从 FS 模式转换到部分监控模式。在此模式下，当接收到应答器信息获得线路数据后，列控车载设备自动转入 FS 模式。通过司机的操作，也可以转到其他模式。

4. 目视行车模式（OS）转换条件

（1）模式转入条件。

当列控车载设备工作在除 SB、IS、SH 等模式以外的其他模式下，且以下条件全部成立时进入 OS 模式。

从轨道电路收到的信息为 HU、H、无信号、25.7 Hz、27.9 Hz 中任意一个；列车处于停车状态；以上条件同时满足并持续 120 s 后，按下目视行车按键。

当轨道电路信息不是 HU、H、HB 和无信号（包含 25.7 Hz、27.9 Hz）中的任意一个时，列控车载设备应能自动转出该模式。如果能确定列车位置，则转入 FS 模式。

（2）模式转出条件。

收到绝对停车信息，紧急制动停车后按压“缓解”键转入 SB 模式。驾驶台关闭，转入 SB 模式；收到允许信号（HB 除外），线路数据不足或列车位置不确定，转入 PS 模式；收到允许信号（HB 除外），列车位置确定且线路数据满足 FS 监控条件，转入 FS 模式；收到 HB 码，列车速度小于或等于 40 km/h，转入 CO 模式；停车后按“调车”键，转入 SH 模式；隔离开关打到“隔离”位，转入 IS 模式。

5. 调车监控模式转换条件

（1）模式转入条件。

除 IS 模式、机车信号状态以外，列车在停车状态时，司机按下调车键，列控车载设备进入 SH 工作模式。

在 SH 模式下，列车在停车状态时，司机再次按下调车键退出调车模式，列控车载设备转入 SB 模式。

（2）模式转出条件。

收到绝对停车信息，紧急制动停车后按压“缓解”键，转入 SB 模式；驾驶台关闭，转入 SB 模式；收到调车危险信息，紧急制动停车后按压“缓解”键，转入 SB 模式；隔离开关打到“隔离”位，转入 IS 模式。

6. 隔离模式转换条件

将隔离开关扳到隔离位置，列控车载设备无条件进入 IS 模式。如果要从该模式转换为到其他模式，司机需把隔离开关扳到正常位置，列控车载设备转入 SB 模式。需要注意的是，必须在停车情况下才能操作隔离开关。

模式转出条件，IS 模式下，将隔离开关打到“正常”位，车载设备上电自检通过后自动进入 SB 模式。

7. 引导模式转换条件

（1）模式转入条件。

FS 模式下，收到 HB 码，SBI 速度小于或等于 45 km/h，列车速度小于或等于 40 km/h，司机确认后，转入 CO 模式。

PS 或 OS 模式下，收到 HB 码，列车速度小于或等于 40 km/h，转入 CO 模式。

（2）模式转出条件。

收到绝对停车信息，紧急制动停车后按压“缓解”键进入 SB 模式；驾驶台关闭，转入 SB 模式；停车按“调车”键，转入 SH 模式；收到允许信号（HB 除外），线路数据不足或列车位置不确定，转入 PS 模式；收到允许信号（HB 除外），列车位置确定且线路数据满足 FS 监控条件，转入 FS 模式；隔离开关打到“隔离”位，转入 IS 模式。

CTCS-2 级各工作模式之间的切换如表 3-5 所示。

表 3-5　CTCS-2 级各工作模式之间的切换

		A	B	C	D	E	F
		待机 SB	完全监控 FS	部分监控 PS	目视行车 OS	调车 SH	隔离 IS
1	待机 SB		—	启动键	—	调车键∩停车	隔离→隔离
2	完全监控 FS	—		侧线发车时∪应答器信息丢失∪引导接车	目视键∩停车 2 min∩停车信息	调车键∩停车	隔离→隔离
3	部分监控 PS	—	通过应答器时确定位置		目视键∩停车 2 min∩停车信息	调车键∩停车	隔离→隔离
4	目视行车 OS	—	允许行车信息∩未确定位置	允许行车信息∩未确定位置		调车键∩停车	隔离→隔离
5	调车 SH	（调车键∪接收 132 包∩缓解键）∩停车	—	—	—		隔离→隔离
6	隔离 IS	隔离　正常	—	—	—	—	

任务六　CTCS-2 列控系统操作训练

CTCS-2 列控系统操作训练实训项目工作活页见表 3-6。

表 3-6　CTCS-2 列控系统操作训练实训项目工作活页

<table>
<tr><td>实训项目</td><td colspan="3">CTCS-2 列控系统操作训练</td></tr>
<tr><td>学　　时</td><td></td><td>实训对象</td><td></td></tr>
<tr><td>指导教师</td><td></td><td>教学时间</td><td></td></tr>
<tr><td>实训场所</td><td colspan="3">铁道机车行车安全装备实训室</td></tr>
<tr><td>工具设备</td><td colspan="3">CTCS-2 列控系统仿真模型、机车驾驶实训台、多媒体设备、多媒体课件资源</td></tr>
<tr><td rowspan="3">教学目标</td><td>专业能力</td><td colspan="2">（1）熟悉 CTCS-2 级列控系统的技术原则；
（2）掌握 CTCS-2 级列控系统地面设备结构组成及工作原理；
（3）掌握 CTCS-2 级列控系统车载设备结构组成及工作原理；
（4）掌握 CTCS-2 级车载列控系统的控制方式；
（5）能够熟练运用 CTCS-2 列控系统</td></tr>
<tr><td>方法能力</td><td colspan="2">（1）能综合运用专业知识，通过利用专业书籍、多媒体课件和图片资料获得帮助信息；
（2）能根据实训项目学习任务确定实训方案，从中学会表达及展示活动过程和成果</td></tr>
<tr><td>素质能力</td><td colspan="2">（1）能在实习训练活动中保持积极向上的学习态度和社会能力；
（2）能与小组成员和教师就学习中的问题进行交流和沟通；
（3）能与他人共享学习资源，具有较好的合作能力和团队协作精神</td></tr>
<tr><td>教学活动</td><td colspan="3">以 5～7 人小组为单位开展实训活动</td></tr>
<tr><td rowspan="2">教学评价</td><td>学生评价</td><td colspan="2">（1）根据本组同学在实训过程中的能力表现及结果进行自评和组内互评；
（2）根据其他小组同学在成果展示活动中的表现及结果进行互评</td></tr>
<tr><td>教师评价</td><td colspan="2">（1）教师组织学生开展评价活动和总结；
（2）对学生本实训项目单元成绩做出综合评价</td></tr>
</table>

项目三 CTCS-2 级列控系统习题

一、填空题

1. 列控车载设备可以向动车组输出紧急制动、三个等级的______制动和______等指令。

2. 实施紧急制动后，列控车载设备必须保证不能进行________，直到列车完全_____才可以缓解。

3. 测速方式分为两类，一类是利用___________的测速方法，另一类是利用______方式。

4. 轮轴测速方式包括______式速度传感器和______式速度传感器。

5. 无线测速方式包括______测速方式和__________________方式。

6. 列控车载设备与 LKJ 之间设有数据交换接口、______________接口、___________切换口。

7. 应答器（组）编号由大区编号+分区编号、______编号+__________编号共同构成。

8. 区间每________千米，一般应间隔 2～3 个闭塞分区在闭塞分区边界上设置无源应答器，宜______设置。

9. 区间无源应答器报文包括应答器链接信息、线路坡度信息、线路速度信息、等级切换信息、______区段信息和______区段信息。

10. 在出站端闭塞分区边界附近，设置__个有源应答器、________________无源应答器，组成出站应答器组。

11. 在进站信号机所在闭塞分区的边界附近设置____个有源应答器、______________无源应答器，组成进站应答器组。

12. 动态速度监控包括对_________（CSM）的速度监控和对_______________（TSM）的速度监控。

13. 起模点是指______速度监视区和______速度监视区的交界点。

14. 完全监控模式分为______完全监控模式和______完全监控模式。

15. 在机车信号状态下，STM 和 BTM 的____________功能、____________功能有效。

16. 制动模式曲线的计算基于__________________参数、____________数据、LMA 的位置和限速信息。

17. 制动减速度参数至少包含______制动减速度参数和____________制动减速度参数。

18. 制动模式曲线包括______区和______区。

19. 列控车载设备显示界面 DMI 主要显示速度及______信息、______信息、车载设备状态、日期时间等内容。

20. DMI 输入的数据主要包括_________和_________。

21. DMI 允许查询的数据包括：_________、_________以及各种文本信息等。

22. DMI 屏幕右侧键盘为______键，屏幕下方为______键。

23. 司机可以进行列控车载设备的如下操作：______操作、____________操作、应急情况隔离开关操作。

24. 拨码开关用来设定______、____________和司机制动优先/设备制动优先。

25. 车站列控中心根据调度命令、进路状态、线路参数等产生______及____________等相关控车信息，通过有源应答器传送给列车。

26. ATP 的核心是铁路信号速度化，要求信号信息具备明确的____含义，并根据这些信息对列车运行速度实时________。

27. ATP 按地面信息的传输方式分为点式、____式、____式三种。

28. 客运专线列控中心将________纳入控制，并取消了站内______。

29. 根据应答器所传输报文是否可变，应答器分为固定信息应答器（____应答器）和可变信息应答器（______应答器）。

30. 特殊用途的应答器包括用于____________和__________的应答器（组）。

31. ____向装备 CTCS-3 级车载设备的列车，______向装备 CTCS-2 级车载设备的列车分别发送分相区信息，实现自动过分相。

32. 列车控制模式曲线设置两条，一条为_________模式曲线，另一条为_________模式曲线。

33. 车地信息传输方式主要包括轨道电路、轨道环线、泄漏电缆、______、________等。

34. 列控车载设备隔离开关的操作应在列车____或列控车载设备________时进行。

35. 轨道电路可以反映线路和道岔区段是否________，以及钢轨是否____。

36. LEU 周期接收来自车站_________的报文，并将其连续不断地向__________发送。

37. 当输入通道故障或内部有故障时，LEU 向应答器发送_____________的______报文。

38. 特殊区段信息包主要实时反映列车运行前方的一些特殊情况，如______、______、无电区等信息。

39. 轨道区段信息包主要描述了轨道区段的______、______及信号机类型。

二、判断题

1. 应答器用于区分运行方向时，应成对设置。(　　)

2. 出站无源应答器报文不包括等级切换信息。(　　)

3. 正向发车时，出站有源应答器报文包括临时限速信息。(　　)

4. 反向接车时，出站有源应答器报文包括反方向运行信息。(　　)

5. 进站无源应答器主要用于反向运行。(　　)

6. 进站有源应答器不包括反向运行信息。(　　)

7. 200H 型列控车载设备待机模式下接收轨道电路信息、应答器信息等功能有效，并进行速度比较等控制。(　　)

8. 200H 型列控车载设备处于待机模式时，能自动启动防溜逸控制功能。(　　)

9. 当列控车载设备运行在 PS 模式，缺失应答器的线路数据时，从已知线路数据的始端开始，列控车载设备工作在部分监控模式。(　　)

10. 因应答器数据缺失造成的部分监控模式，列控车载设备无法详细确定自己的位置，但可以识别轨道电路信息的变化获得相对距离。(　　)

11. LKJ 控车时，列控车载设备工作在机车信号状态，向 LKJ 提供机车信号，同时输出制动。(　　)

12. 目视行车模式下，当轨道电路收到的信息不是 HU、H、无信号（包括 25.7 Hz、27.9 Hz）中任意一个，列控车载设备应能自动转出该模式。(　　)

13. CSM 区根据列车制动性能进行计算。(　　)

14. TSM 区根据目标速度和顶棚速度确定。(　　)

15. 在 OS 模式下，临时限速控制无效。(　　)

16. 在 OS 模式下，只采用司机制动优先。(　　)

17. 在调车监控模式下，列控车载设备不考虑轨道电路的信息。(　　)

18. 引导接车时的部分监控模式下，临时限速控制有效。(　　)

19. 引导接车时的部分监控模式下，只采用设备制动优先。(　　)

20. 在 SH 模式下，只采用司机制动优先。(　　)

21. 级间切换预告点、执行点应答器均丢失时，列控车载设备不能进行自动切换，保持原工作等级继续运行。(　　)

22. 侧线接车时，如果进站有源应答器信息丢失，列控车载设备转入 PS 模式，输出紧急制动命令。(　　)

23. 行车许可界限的缩写字母是 LMA。(　　)

24. 最限制速度曲线的缩写字母是 MRSP。(　　)

25. CTCS-1 级以上设备具备超速防护功能。(　　)

26. LKJ 向列控车载设备提供轨道电路感应信号、机车信号等。(　　)

27. 当有车载天线经过有源应答器上方时，LEU 转换新的报文。(　　)

28. 有源应答器与 LEU 通信故障时，可以自动切换到无源应答器工作模式。(　　)

29. 应答器链接信息包主要作用是用于列车位置的修正。(　　)

30. 当应答器容量不能满足要求时应增加组内应答器数量。(　　)

三、选择题

1. 在 CTCS-2 级区段，L4 码的含义是准许列车按规定速度运行，表示运行前方（　　）个闭塞分区空闲。

A. 4　　B. 5　　C. 6　　D. 7

2. 在 CTCS-2 级区段，L5 码的含义是准许列车按规定速度运行，表示运行前方（　　）个闭塞分区空闲。

A. 5　　B. 6　　C. 7　　D. 8

3. 记录列控车载设备的主要状态，其记录容量达到（　　）天以上。

A. 10　　B. 15　　C. 20　　D. 30

4. 四显示自动闭塞区段通过信号机有四种显示，能预告列车前方（　　）闭塞分区状态。

A. 两个　　B. 三个　　C. 四个　　D. 五个

5. 一台 LEU 可以同时向（　　）台有源应答器发送不同信息内容的报文。

A. 1　　B. 2　　C. 3　　D. 4

6. 发送线路参数的应答器组应至少包含（　　）个应答器。

A. 两　　B. 三　　C. 四　　D. 五

7. 发送等级转换信息的应答器组应至少包含（　　）个应答器。

A. 两　　B. 三　　C. 四　　D. 五

8. 用于识别列车运行方向的应答器组应至少包含（　　）个应答器。

A. 两　　B. 三　　C. 四　　D. 五

9. 位于发车进路始端的应答器组应至少包含（　　）个应答器。

A. 两　　B. 三　　C. 四　　D. 五

10. 仅用于定位的应答器组为（　　）个应答器。

A. 两　　B. 三　　C. 四　　D. 单

11. 应答器组内相邻应答器间的距离应为（　　）±0.5 m。

A. 4 m　　B. 5 m　　C. 6 m　　D. 7 m

12. 在 CTCS-2 级客运专线，可间隔（　　）个闭塞分区设置区间无源应答器组。

A. 一　　B. 两　　C. 三　　D. 四

13. 进站信号机（含反向）外方设置由（　　）个有源应答器和一个及以上无源应答器构成的应答器组。

A. 一　　B. 两　　C. 三　　D. 四

14. 进站信号机（含反向）外方设置由一个有源应答器和（　　）个及以上无源应答器构成的应答器组。

A. 一　　B. 两　　C. 三　　D. 四

15. 在车站到发线和有图定转线作业的正线出站信号机设置由一个有源应答器和（　　）个无源应答器构成的应答器组。

A. 一　　B. 两　　C. 三　　D. 四

16. 在车站到发线和有图定转线作业的正线出站信号机设置由（　　）个有源应答器和一个无源应答器构成的应答器组。

A. 一　　B. 两　　C. 三　　D. 四

17. 进路信号机外方设置由（　　）个有源应答器和一个无源应答器构成的应答器组。

A. 一　　B. 两　　C. 三　　D. 四

18. 进路信号机外方设置由一个有源应答器和（　　）个无源应答器构成的应答器组。

A. 一　　B. 两　　C. 三　　D. 四

19. 对于有调车作业并有可能危及正线列车运行安全的调车信号机外方设置由（　　）个有源应答器和一个无源应答器构成的应答器组。

A. 一　　B. 两　　C. 三　　D. 四

20. 对于有调车作业并有可能危及正线列车运行安全的调车信号机外方设置由一个有源应答器和（　　）个无源应答器构成的应答器组。

A. 一　　B. 两　　C. 三　　D. 四

21. 车站进站信号机（含反向）外方设置由（　　）个应答器构成的应答器组，用于列车定位。

A. 两　　B. 三　　C. 四　　D. 单

22. 仅开行动车组的客运专线车站各股道中间设置由（　　）个应答器构成的应答器组，

用于列车停车定位。

A. 两　B. 三　C. 四　D. 单

23. 在上下行线路靠近区间中继站的位置，均应单独设置两组各由（　　）个有源应答器和一个无源应答器构成的应答器组。

A. 一　B. 两　C. 三　D. 四

24. 在上下行线路靠近区间中继站的位置，均应单独设置两组各由一个有源应答器和（　　）个无源应答器构成的应答器组。

A. 一　B. 两　C. 三　D. 四

25. 在 C0/C2 等级转换点两侧设置 C0-C2 或 C2-C0 的等级转换预告应答器组，该应答器组由（　　）个无源应答器构成。

A. 一　B. 两　C. 三　D. 四

26. 等级转换预告应答器距转换点的距离应大于列车按等级转换点处线路最高允许速度运行（　　）s 的走行距离。

A. 3　B. 4　C. 5　D. 10

27. 等级转换点处线路最高允许速度不得大于（　　）km/h。

A. 120　B. 140　C. 160　D. 180

28. C0 车站出站口（含反向）设置（　　）组有源应答器和无源应答器构成的应答器组，给列车发送线路数据和临时限速信息。

A. 一　B. 两　C. 三　D. 四

29. 反向运行，按列车反向运行最高允许速度运行（　　）s 的运行距离外方最近的区间应答器组应发送反向过分相预告信息。

A. 12　B. 14　C. 16　D. 17

30. 过分相定位应答器组由（　　）个无源应答器构成。

A. 一　B. 两　C. 三　D. 四

四、简答题

1. 简述待机模式的转换条件。
2. 简述目视行车模式的转换条件。
3. 简述机车信号工作状态的转换条件。
4. 车站列控中心的主要功能是什么？
5. CTCS-2 级列控车载设备有哪些功能？
6. 什么是列车超速防护系统（ATP）？
7. 列车运行速度的测量有哪些方法？
8. 简述 CTCS-2 级级间切换的定义。
9. 列控车载设备和动车组的接口有哪些输入信息及输出指令？
10. 简述应答器的工作原理。
11. CTCS 列控车载设备的人机界面功能包括哪些方面？
12. 进站口应答器的报文内容包括哪些？

项目四　LKJ 设备技术结构

项目描述

LKJ-2000 型列车运行监控记录装置是国内新一代列车超速防护设备，能准确记录列车运行状况、信号设备状况及机车乘务员操纵状况，并采用双机热备冗余工作方式，工作性能更加可靠；装置的屏幕显示器以图形、曲线、文字等方式来显示前方线路状况、运行情况等信息，并在列车超速、冒进信号等危险情况时自动采取紧急制动，保障铁路运输安全。

LKJ-2000 型列车运行监控记录装置的基本组成单元是一个主机箱和两个显示器。它的速度信息来自光电式速度传感器，机车信号信息来自通用式机车信号，压力监测除了检测列车管压力外，还检测机车制动缸压力及均衡风缸压力，压力传感器可采用 TQG14 型机车压力变送器，指针式速度指示可采用 ZL 型或 EGZ3/8 型双针速度表。

当机车运行时，显示器窗口的机车图标静止不动，各信号机、站标、道岔及限速曲线等逐渐向机车图标方向运行，并伴随界面及相应窗口显示变化。

本项目任务：

任务一　LKJ 组成

任务二　LKJ 设备

任务三　LKJ 软件

任务四　LKJ 数据技术

任务五　LKJ 设备结构和功能操作训练

任务一　LKJ 组成

知识目标

（1）LKJ 系统设备。

（2）LKJ 常用装车设备。

（3）动车组 LKJ 系统的组成。

技能目标

（1）掌握司机待班具体操作流程和注意事项。

（2）掌握司机出乘具体操作流程和注意事项。

任务一/任务二课程思政教学案例

素质目标

（1）培养学生具备良好的职业道德，加强个人品德修养。
（2）培养学生认真、细心、严谨的工作作风。
（3）培养学生爱岗敬业、认真负责、精益求精的踏实态度。
（4）培养学生的铁路安全意识，让学生意识到铁路安全无小事。

知识点学习

一、LKJ 系统

LKJ 系统由 LKJ 设备与 LKJ 相关设备组成。

LKJ 设备由监控主机、人机交互单元（又称屏幕显示器）、LKJ 功能扩展盒、GPS 信息接收装置、压力传感器、速度传感器、鸣笛转换器、本/补切换装置、事故状态记录器、调车灯显接口盒、专用连接电缆等组成。LKJ 相关设备由装设于机车、动车组上的机车安全信息综合监测装置（TAX）、机车语音记录装置、地面信息接收处理单元、列车运行状态信息系统车载设备（LAIS 车载设备）、铁路车号自动识别系统（ATIS）、机车车号识别设备等组成。为了便于维护或扩充接口，具体安装时可能会增加相应的接线盒。

机车与动车组的 LKJ 系统组成有所不同，机车 LKJ 系统组成示意图如图 4-1 所示，动车组 LKJ 系统组成示意图如图 4-2 所示。

二、LKJ 配套与辅助设备

LKJ 正常运用需要 LKJ 配套设备的支持。LKJ 配套设备包括 LKJ 转储器、LKJ 专用 IC 卡（简称 IC 卡）、LKJ 专用 IC 卡读卡器（简称读卡器）、EPROM 芯片擦除器、编程器等。

LKJ 辅助设备指对 LKJ 系统设备进行维护、检修、检测用的工具及设备。

三、LKJ 常用装车设备

双端司机室机车、单端司机室机车和动车组的 LKJ 常用装车设备在配置上有所不同。

双端司机室安装方式，每台车需 1 套设备，常用装车设备列表见表 4-1。

单端司机室（含双节机车）安装方式，每台（节）车每端需 1 套设备，双节机车共需 2 套，常用装车设备列表见表 4-2。

动车组安装方式，每列车两端各需 1 套设备，共 2 套，常用装车设备列表见表 4-3。

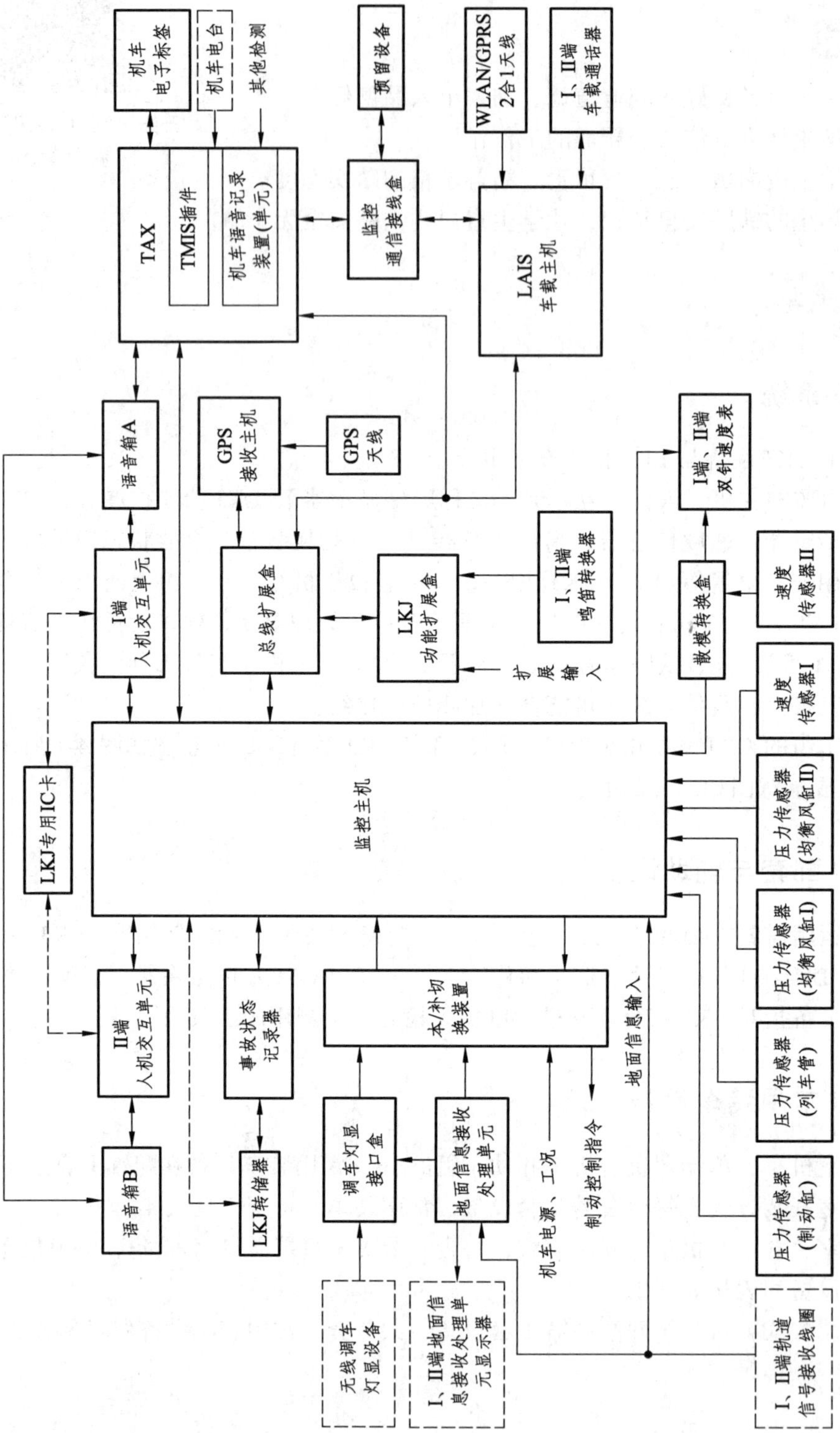

图 4-1 机车 LKJ 系统组成示意图

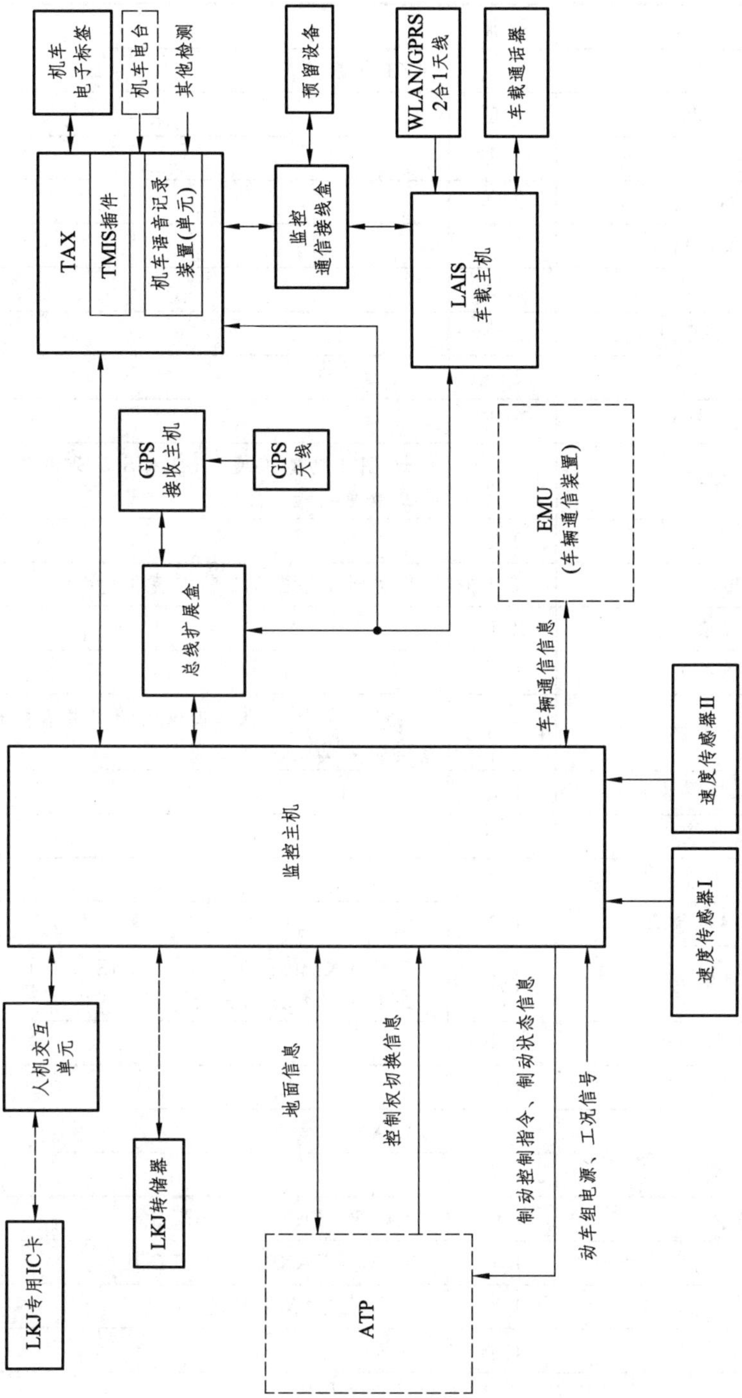

图 4-2　动车组 LKJ 系统组成示意图

表 4-1　双端司机室机车每台车常用装车设备列表

序号	名　称	数量	备　　注
一	LKJ 设备		
1	监控主机	1 套	
1.1	电源插件	2 块	
1.2	数字量输入插件	2 块	
1.3	数字量输入输出插件	2 块	
1.6	模拟量输入输出插件	2 块	
1.7	地面信息处理插件	2 块	
1.8	通信插件	2 块	
2	监控记录插件	2 块	
2.1	扩展通信插件	2 块	与 LKJ 功能扩展盒、LAIS 车载设备、GPS 信息接收装置等通信
2.2	人机交互单元	2 台	
3	压力传感器	3 或 4 个	电力机车根据装车需求装 3 或 4 个，内燃机车装 4 个
4	速度传感器	2 个	
5	LKJ 功能扩展盒	1 个	
6	鸣笛转换器	4 或 6 个	与Ⅰ、Ⅱ端司机室内的鸣笛风管管路连接，数量根据实际安装情况可做调整
7	GPS 信息接收装置	1 套	
7.1	GPS 接收主机	1 个	
7.2	GPS 天线	1 个	
8	事故状态记录器	1 个	可选
9	总线扩展盒	1 个	安装 LKJ 功能扩展盒、LAIS 车载设备、GPS 信息接收装置等设备时扩展 CAN 总线用
10	本/补切换装置	1 个	
11	调车灯显接口盒	1 个	
二	TAX		
1	主机	1 套	
1.1	电源插件	1 块	TAX3、TAX07 可选配 2 块
1.2	通信记录插件（或主控插件）	1 块	TAX3、TAX07 可选配 2 块
2	机车语音记录装置（单元）	1 块	安装在 TAX 主机箱内
3	监控通信接线盒	1 个	
三	LAIS 车载设备		
1	车载主机	1 套	
2	车载 WLAN/GPRS 二合一天线	1 套	
3	车载通话器	2 个	

续表

序号	名 称	数量	备 注
四	机车车号识别设备		
1	机车车号识别设备	1 套	
1.1	机车电子标签	1 个	
1.2	车载编程器（TMIS 插件）	1 块	安装在 TAX 主机箱内
1.3	标签电缆	1 套	
五	其他配套工作设备		
1	数模转换盒	1 个	
2	双针速度表	2 套	
3	语音箱	1 套	
3.1	语音箱 A	1 个	
3.2	语音箱 B	1 个	
3.3	常用制动接线盒	1 个	可选
4	各种自带电缆	1 套	

表 4-2　单端司机室机车每台（双节）车常用装车设备列表

序号	名称	数量	备 注
一	LKJ 设备		
1	监控主机	2 套	
1.1	电源插件	4 块	
1.2	数字量输入插件	4 块	
1.3	数字量输入输出插件	4 块	
1.4	模拟量输入输出插件	4 块	
1.5	地面信息处理插件	4 块	
1.6	通信插件	4 块	
1.7	监控记录插件	4 块	
1.8	扩展通信插件	4 块	与 LKJ 功能扩展盒、LAIS 车载设备、GPS 信息接收装置等通信
2	人机交互单元	2 台	
3	压力传感器	6 或 8 个	电力机车根据装车需求装 6 或 8 个，内燃机车装 8 个
4	速度传感器	4 个	
5	LKJ 功能扩展盒	2 个	
6	鸣笛转换器	4 或 6 个	与Ⅰ、Ⅱ端司机室内的鸣笛风管管路连接，数量根据实际安装情况可做调整
7	GPS 信息接收装置	2 套	
7.1	GPS 接收主机	2 个	

续表

序号	名称	数量	备　注
一	LKJ 设备		
7.2	GPS 天线	2 个	
8	事故状态记录器	2 个	可选
9	总线扩展盒	2 个	安装 LKJ 功能扩展盒、LAIS 车载设备、GPS 信息接收装置等设备时扩展 CAN 总线用
10	本/补切换装置	2 个	
11	调车灯显接口盒	2 个	
二	TAX		
1	主机	2 套	
1.1	电源插件	2 块	TAX3、TAX07 可选配 4 块
1.2	通信记录插件（或主控插件）	2 块	TAX3、TAX07 可选配 4 块
2	机车语音记录装置（单元）	2 块	安装在 TAX 主机箱内
3	监控通信接线盒	2 个	
三	LAIS 车载设备		
1	车载主机	2 套	
2	车载 WLAN/GPRS 二合一天线	2 套	
3	车载通话器	2 个	
四	机车车号识别设备		
1	机车车号识别设备	2 套	
1.1	机车电子标签	2 个	
1.2	车载编程器（TMIS 插件）	2 块	安装在 TAX 主机箱内
1.3	标签电缆	2 套	
五	其他配套工作设备		
1	数模转换盒	2 个	
2	双针速度表	2 套	
3	语音箱 A	2 个	
4	常用制动接线盒	2 个	可选
六	各种自带电缆	2 套	

表 4-3　动车组每列车常用装车设备列表

序号	名 称	数量	备　注
一	LKJ 设备		
1	监控主机	2 套	
1.1	电源插件	4 块	
1.2	数字量输入插件	4 块	

续表

序号	名 称	数量	备 注
一	LKJ 设备		
1.3	数字量输入输出插件	4 块	
1.4	模拟量输入输出插件	4 块	
1.5	地面信息处理插件	4 块	
1.6	通信插件	4 块	
1.7	监控记录插件	4 块	
1.8	扩展通信插件	4 块	与 LAIS 车载设备、GPS 信息接收装置等通信
2	人机交互单元	2 台	
3	速度传感器	4 个	
4	GPS 信息接收装置	2 套	
4.1	GPS 接收主机	2 个	
4.2	GPS 天线	2 个	
5	总线扩展盒	2 个	安装 LAIS 车载设备、GPS 信息接收装置等设备时扩展 CAN 总线用
二	TAX		
1	主机	2 套	
1.1	电源插件	2 块	TAX3、TAX07 可选配 4 块
1.2	通信记录插件（或主控插件）	2 块	TAX3、TAX07 可选配 4 块
2	机车语音记录装置（单元）	2 块	安装在 TAX 主机箱内
3	监控通信接线盒	2 个	
三	LAIS 车载设备		
1	车载主机	2 套	
2	车载 WLAN/PRS 二合一天线	2 套	
3	车载通话器	2 个	
四	机车车号识别设备		
1	机车车号识别设备	2 套	
1.1	机车电子标签	2 个	
1.2	车载编程器（TMIS 插件）	2 块	安装在 TAX 主机箱内
1.3	标签电缆	2 套	
五	各种自带电缆	2 套	

任务二　LKJ 设备

知识目标

（1）熟悉 LKJ 设备的监控主机构成。
（2）学习 LKJ 设备人机交互界面。
（3）熟悉 LKJ 设备扩展盒的作用。
（4）熟悉 LKJ 设备 GPS 信息接收装置的功能。
（5）熟悉 LKJ 设备传感器及其他器件的类型和功能。

技能目标

（1）掌握监控主机的功能、构成、技术参数以及安装尺寸。
（2）掌握人机交互的功能、构成、技术参数以及安装尺寸。
（3）掌握 GPS 的功能、构成、技术参数以及安装尺寸。
（4）掌握 LKJ 设备传感器及其他器件的功能、构成、技术参数以及安装尺寸。

素质目标

（1）加强品德修养，爱岗敬业，养成良好的学习习惯和行为习惯。
（2）培养学生的科学精神、科学方法和科学态度。
（3）培养学生努力奋斗、刻苦学习和实践创新的精神。
（4）培养学生的铁路安全意识，让学生意识到铁路安全无小事。

知识点学习

一、监控主机

监控主机是 LKJ 系统的控制中心，采用标准的 6U 插件单元式结构，插件尺寸为 6U（高度）×160 mm（深度）。主机采用双套热备冗余工作方式，由 A、B 两组完全独立的控制单元组成。左侧 8 个插件为 A 组，右侧 8 个插件为 B 组，各插件位置以机箱垂直中心线为基准向左、右对称排列，依次为监控记录插件、地面信息处理插件、通信插件、模拟量输入输出插件、扩展通信插件、数字量输入插件、数字量输入输出插件、电源插件。各插件之间通过母板采用 CAN 总线和 VME 总线连接，机箱内侧安装有过压抑制板。标准型 LKJ-2000 监控主机如图 4-3 所示，插件布置示意图如图 4-4 所示。

LKJ 具有运行数据实时记录功能，能够记录日期、时间、里程坐标、机车条件变化、运动状态、按键、检修人员/司机输入、司机鸣笛操作、电力机车主断操作、系统自检、运行揭示控制、点式信息等内容。

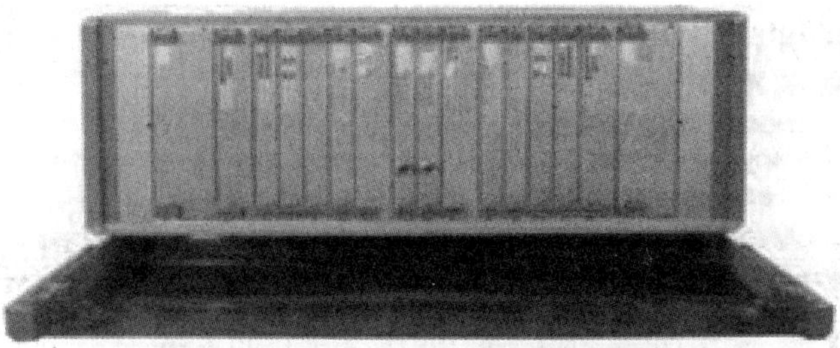

图 4-3　标准型 LKJ-2000 监控主机

电源插件	数字量输入输出插件	数字量输入插件	扩展通信插件	模拟量输入输出插件	通信插件	地面信息处理插件	监控记录插件	监控记录插件	地面信息处理插件	通信插件	模拟量输入输出插件	扩展通信插件	数字量输入插件	数字量输入输出插件	电源插件
A	A	A	A	A	A	A	A	B	B	B	B	B	B	B	B

图 4-4　监控主机插件布置示意图

（一）主要技术参数

供电电源：DC 110×（1+25%/−30%）V；
50 V 输入通道：16 路；
110 V 输入通道：8 路；
制动控制输出通道：7 路；
模拟信号输入通道：7 路；
模拟信号输出通道：3 路；
频率信号输入通道：4 路；
监控主机功耗：<200 W；
监控主机箱质量：25 kg。

（二）外形及安装尺寸

1．标准型 LKJ-2000 监控主机

标准型 LKJ-2000 监控主机的外形尺寸及安装尺寸如下：
外形尺寸：534 mm（宽）×348 mm（深）×365 mm（高）；
安装尺寸：474.5 mm（宽）×174 mm（深）。
4 个 M8 螺栓由底座伸出可与机车上固定底板相连，其外形及安装尺寸如图 4-5 所示。

2．B 型 LKJ-2000 监控主机

在安装空间较小，无法使用标准型 LKJ-2000 监控主机时，可以采用 B 型监控主机，其外形尺寸及安装尺寸如下：

外形尺寸：448.7 mm（宽）×343 mm（深）×306 mm（高）；

安装尺寸：357 mm（宽）×170 mm（深）。

B 型监控主机外形及安装尺寸如图 4-6 所示。

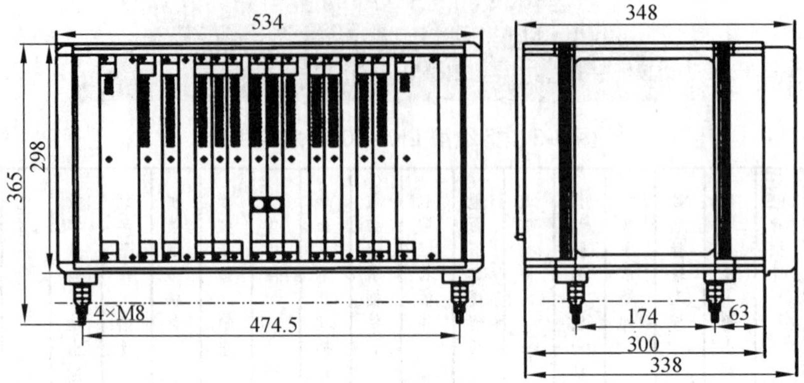

图 4-5　标准型监控主机外形及安装尺寸

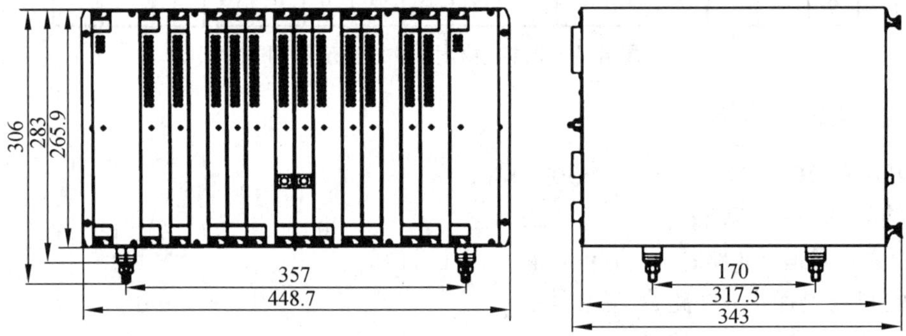

图 4-6　B 型监控主机外形及安装尺寸

3．C 型 LKJ-2000 监控主机

C 型监控主机的对外引出线从监控主机顶部引出，其外形尺寸及安装尺寸如下：

外形尺寸：534 mm（宽）×348 mm（深）×411 mm（高）；

安装尺寸：474.5 mm（宽）×174 mm（深）。

C 型监控主机外形及安装尺寸如图 4-7 所示。

4．D 型 LKJ-2000 监控主机

D 型监控主机的宽度与 B 型相同，对外引出线从监控主机顶部引出，其外形尺寸及安装尺寸如下：

外形尺寸：448.7 mm（宽）×343 mm（深）×316.5 mm（高）；

安装尺寸：357 mm（宽）×170 mm（深）。

D 型监控主机外形及安装尺寸如图 4-8 所示。

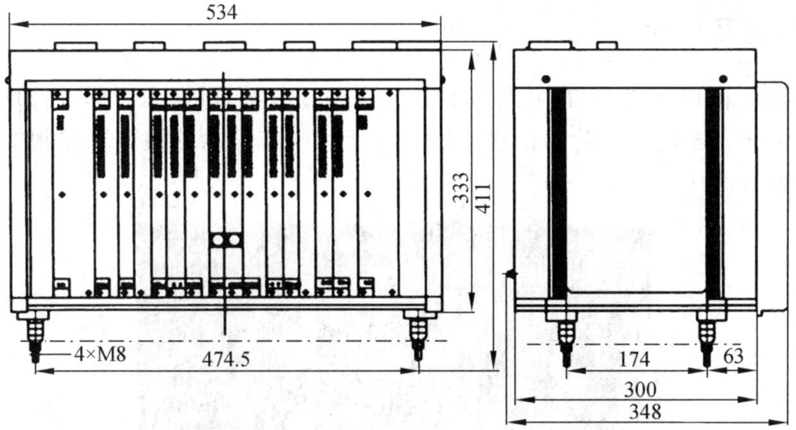

图 4-7　C 型监控主机外形及安装尺寸

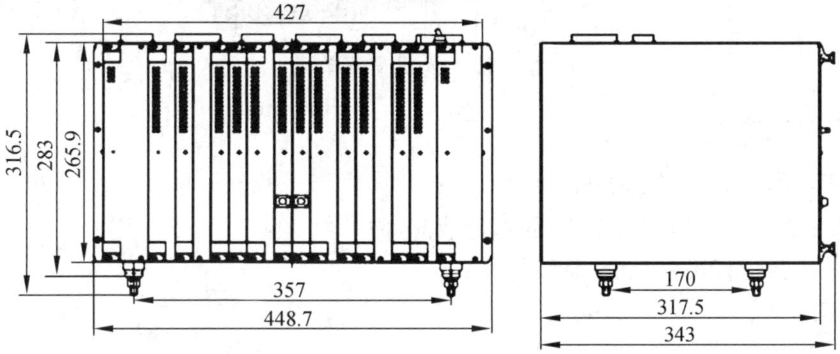

图 4-8　D 型监控主机外形及安装尺寸

5．H 型 LKJ-2000 监控主机

动车组 LKJ-2000 监控主机采用 H 型主机，其外形尺寸及安装尺寸如下：

外形尺寸：534 mm（宽）×348 mm（深）×420 mm（高）;

安装尺寸：474.5 mm（宽）×174 mm（深）。

H 型监控主机外形及安装尺寸如图 4-9 所示。

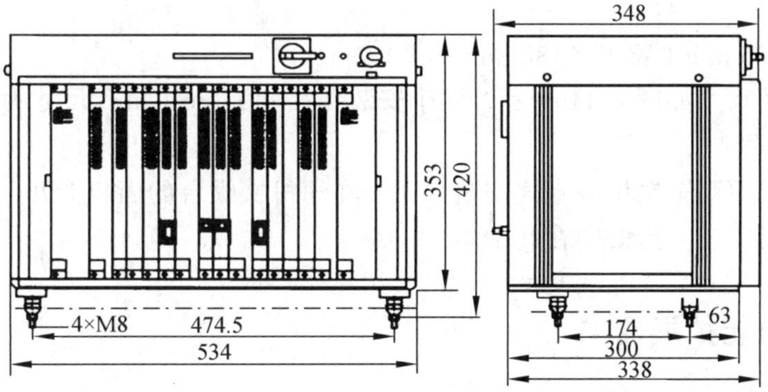

图 4-9　H 型监控主机外形及安装尺寸

二、人机交互单元

人机交互单元采用 10 英寸 TFT 高亮度彩色液晶显示器，以动态图形方式预示前方线路的曲线、坡道、桥梁、隧道、道岔等信息，随列车运行动态显示监控装置控制模式限速曲线。人机交互单元如图 4-10 所示。

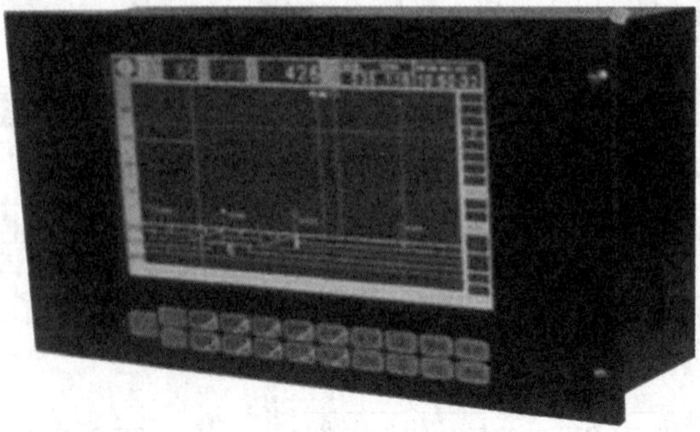

图 4-10　人机交互单元

（一）主要技术参数

供电电源：DC 110×（1+25%/−30%）V；

显示屏（LCD）：采用 TFT 高亮度彩色液晶屏；

与监控主机通信标准：CAN 总线标准；

功率：≤50 W；

质量：≤7.5 kg。

（二）外形及安装尺寸

1．外形尺寸

总外形尺寸：340 mm（宽）×143 mm（深）×250 mm（高）；

箱体：308 mm（宽）×120 mm（深）×238 mm（高）；

前面板：340 mm（宽）×9 mm（深）×250 mm（高）。

2．安装尺寸

安装尺寸：325 mm（宽）×180 mm（高）。

其外形及安装尺寸如图 4-11 所示，四个安装孔尺寸为ϕ6（沉孔尺寸为ϕ10），安装 4 个 M5 螺栓。

人机交互单元原则上采用嵌入式安装方式，在司机操纵台的面板上开一个如图 4-12 所示的方孔，以便人机交互单元安装在孔中。

三、LKJ 功能扩展盒

LKJ 功能扩展盒通过扩展开关量输入输出通道，规范 LKJ 新增功能的统一接口，方便以后在运用中扩展其他功能。实物如图 4-13 所示。

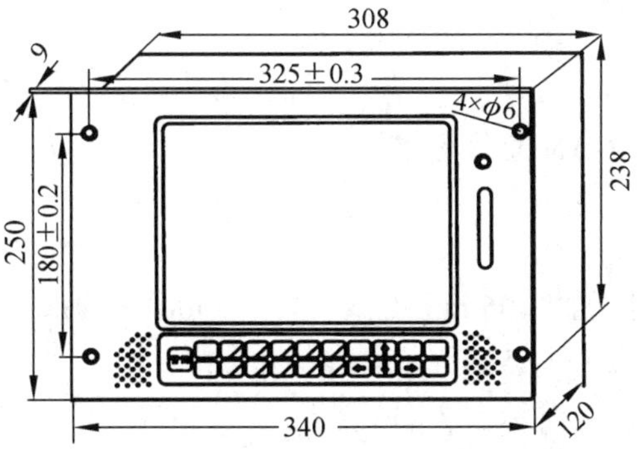

图 4-11　人机交互单元外形及安装尺寸

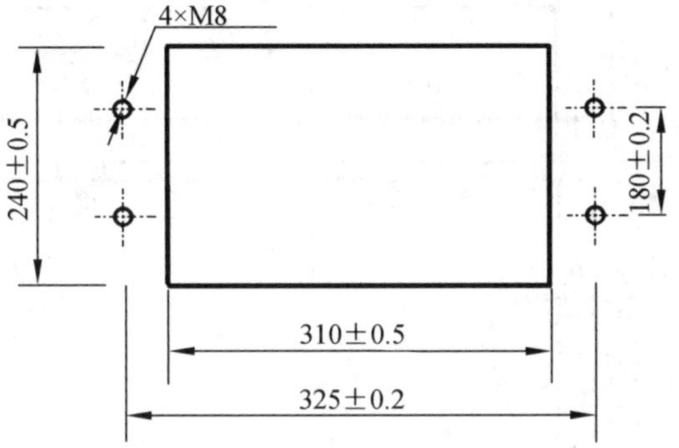

图 4-12　人机交互单元安装面板开孔尺寸

图 4-13　LKJ 功能扩展盒

（一）主要功能

扩展 LKJ 监控主机的开关量输入通道，将机车Ⅰ、Ⅱ端的鸣笛信号、过分相主断信号或其他扩展输入信号处理后传送至监控主机；预留开关量输出通道，便于扩展其他控制功能。

（二）工作原理

LKJ 功能扩展盒采集输入通道信号，进行滤波、缓存，通过 CAN 总线将数据发送至 LKJ 监控主机。

（三）主要技术参数

供电电源：DC 110×（1+25%/−30%）V；

输入通道：8 路；
输出通道：4 路；
与监控主机通信标准：CAN 总线标准。

（四）外形及安装尺寸

外形尺寸：340 mm（长）×195 mm（宽）×72 mm（高）；
安装尺寸：320 mm（长）×75 mm（宽）。
外形及安装尺寸如图 4-14 所示。

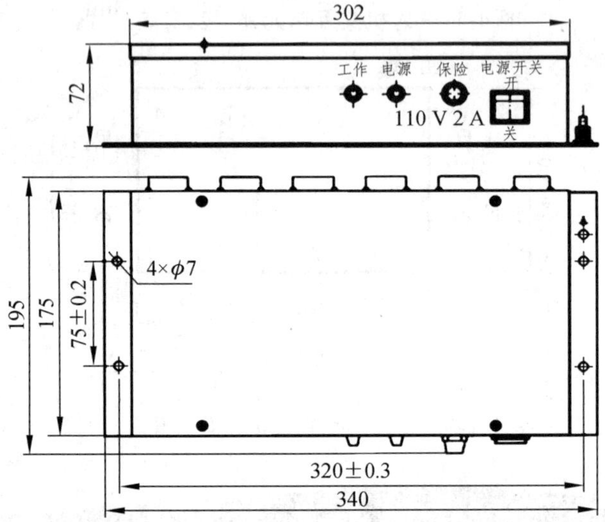

图 4-14　LKJ 功能扩展盒外形及安装尺寸

四、GPS 信息接收装置

（一）主要功能

GPS 信息接收装置对采集的 GPS 信号进行解析处理，并将处理结果传送至 LKJ 监控主机。

（二）系统构成

GPS 信息接收装置由两部分组成：GPS 天线和 GPS 接收主机。
GPS 天线如图 4-15 所示。GPS 接收主机如图 4-16 所示。

图 4-15　GPS 天线

图 4-16　GPS 接收主机

（三）工作原理

GPS 天线接收卫星信号后传递给 GPS 接收主机内部的 GPS 接收模块，经解析、处理后将时间、经纬度等信息传送给装置内部的 CPU，CPU 对收到的信息进行处理，然后将处理结果发送到监控主机。

（四）主要技术参数

供电电源：DC 110×（1+25%/−30%）V；

对外通信接口：2 路 CAN 通信接口，1 路 RS485 通信接口；

功率：≤15 W；

GPS 接收主机质量：≤2.5 kg。

（五）外形及安装尺寸

1．GPS 天线外形及安装尺寸

天线外形尺寸为 ϕ136 mm×52 mm，GPS 天线自带 3 个 M8×40 螺钉和螺母，如图 4-17、图 4-18 所示。

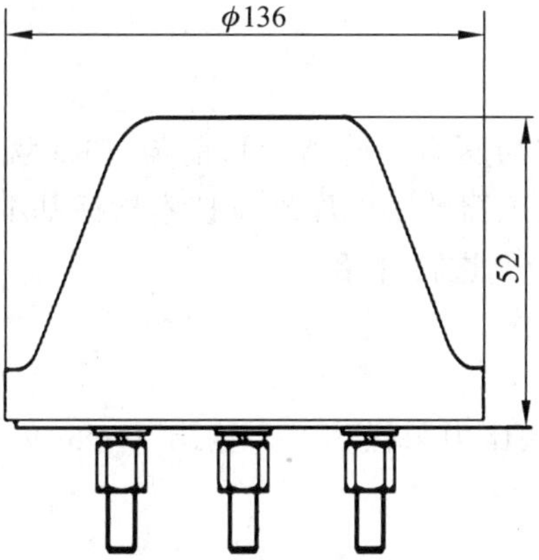

图 4-17　GPS 天线外形尺寸

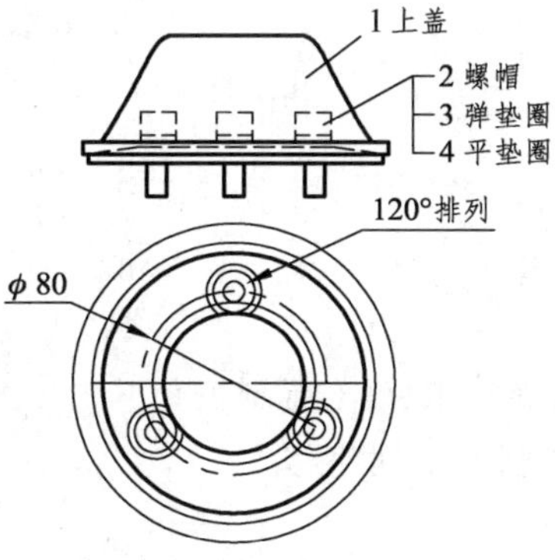

图 4-18　GPS 天线安装示意

2．GPS 接收主机外形及安装尺寸

外形尺寸：240 mm（长）×170.5 mm（宽）×66 mm（高）；

安装尺寸：225 mm（长）×76 mm（宽）；4 个 ϕ7 安装孔。

GPS 接收主机外形及安装尺寸如图 4-19 所示。

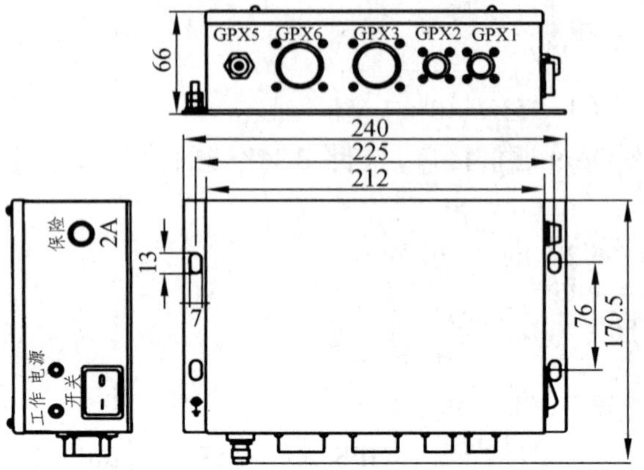

图 4-19　GPS 接收主机外形和安装尺寸

五、压力传感器

LKJ 采用压力变送器作为压力传感器，目前与 LKJ 配套的压力传感器有 TQG14A 和 TQG14E1 两种类型。两种传感器的工作原理及技术指标基本相同，外形尺寸及管路接口有差异，本书仅以 TQG14E1 型为例进行介绍。

（一）主要功能

压力传感器向 LKJ 提供压力采样信号，输出 0 ~ 5 V 直流信号，对应于空气压力 0 ~ 1 000 kPa。

（二）主要技术参数

测量范围：0 ~ 1 000 kPa；

输出电压：0 ~ 5 V；

准确度：±0.5%VFS；

过载能力：3 000 kPa/min；

供电电源：DC 15×（1±10%）V；

电流消耗：不大于 15 mA；

管路接口：连接螺纹为锥螺纹 R1/2（英制）；

电气接口：XS12J5A/K5P 型航空插座/头。

（三）外形及安装尺寸

TQG14E1 压力变送器外形尺寸如图 4-20 所示。

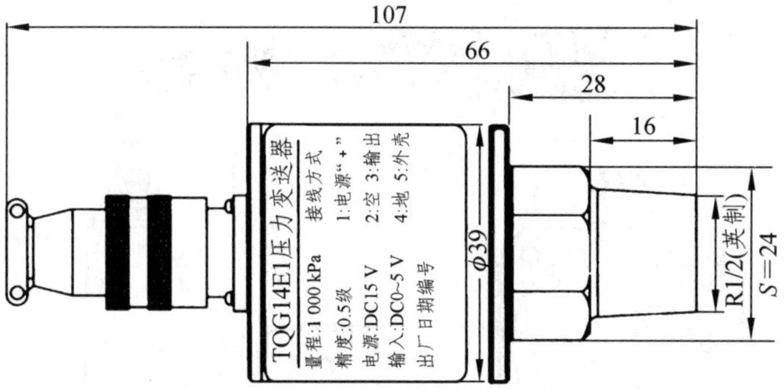

图 4-20 TQG14E1 压力变送器外形尺寸

六、速度传感器

当前 LKJ 采用机车轴端光电转速传感器或磁电式速度传感器作为速度传感器，本书仅对光电转速传感器进行介绍。

（一）主要功能

机车轴端光电转速传感器是铁路机车车辆检测车轮转速的转速传感器，向机车车辆电气控制系统提供与车轮转数成比例的电脉冲信号。

（二）主要技术参数

电源电压（DC）：每个通道独立供电，供电电源电压为 15×（1+15%）V 或者 24×（1+15%）V；

工作电流（每路脉冲）：<50 mA；

输出脉冲幅值（负载电阻 3 kΩ）：高电平≥DC 9 V，低电平≤DC 2 V；

相位差：1—2，3—4，5—6 通道相位差为 90°±45°；

转速测量范围：0 ~ 2 500 r/min；

每转脉冲数：200；

输出方波波形占空比：50%±20%；

质量：<3.5 kg。

（三）外形及安装尺寸

转速传感器结构尺寸如图 4-21 所示。

七、鸣笛转换器

为实现机车鸣笛记录功能，使用鸣笛转换器检测机车喇叭鸣笛时的气压信号。

（一）主要功能

检测机车喇叭鸣笛时的气压，将鸣笛时的气压信号转换成电信号。

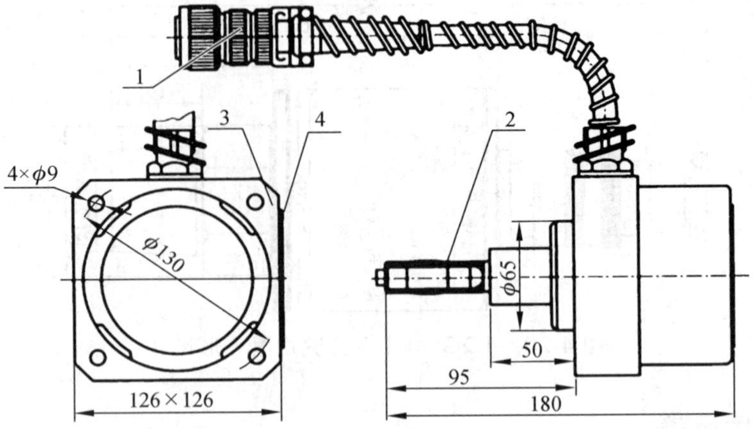

1—JL5 型机车电连接器；2—带弹性方榫万向轴；3—机座；4—铭牌。

图 4-21　机车轴端光电转速传感器结构尺寸

（二）主要技术参数

供电电源：DC 110×（1+25%/−30%）V；

鸣笛转换器触点为常开，动作压力为 200×（1±2.5%）kPa；

耐受压力：1.2 MPa；

功率：<1 W；

质量：<1 kg。

（三）外形及安装尺寸

鸣笛转换器如图 4-22 所示。

鸣笛转换器需安装在喇叭风路上，一般情况下，每端司机室外均有三个喇叭，分别是 2 个高音喇叭并联在一起，还有单独的一个低音喇叭，如图 4-23 所示。鸣笛转换器安装尺寸如图 4-24 所示。

图 4-22　鸣笛转换器

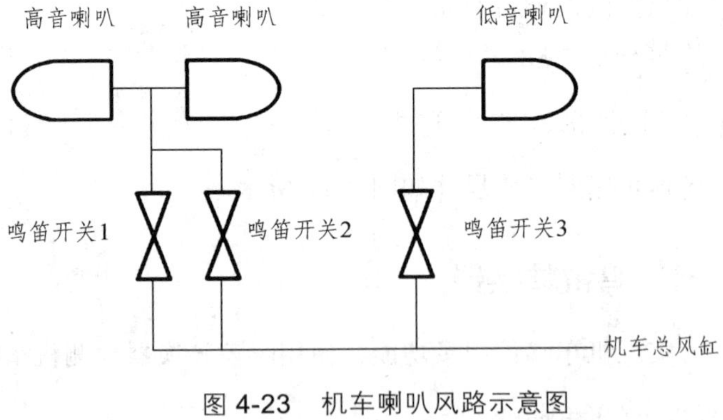

图 4-23　机车喇叭风路示意图

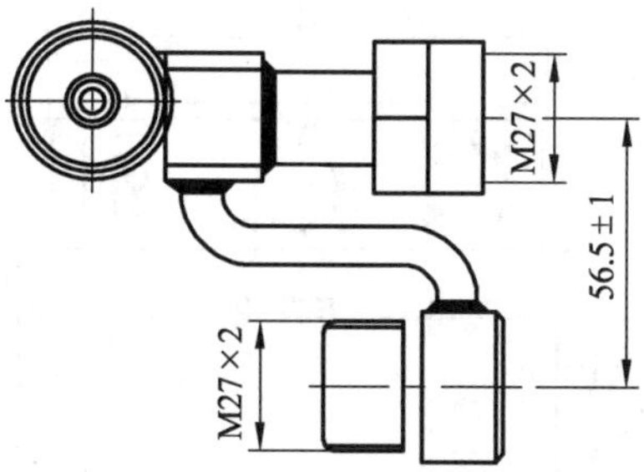

图 4-24 鸣笛转换器安装尺寸

八、本/补切换装置

机车在实际运用过程中存在本务和非本务（即补机）两种运行状态，其中非本务运行状态下，LKJ 不具备监控和制动输出功能。本/补切换装置采用硬件切换方案，使 LKJ 运行状态可靠切换，有效防止误操作。

（一）主要功能

本/补切换装置主要实现硬件切除制动输出，以及 LKJ 本务和非本务两种运行状态的切换功能。本/补切换装置如图 4-25 所示。

图 4-25 本/补切换装置

（二）工作原理

通过操作制动控制开关，本/补切换装置可实现本务与非本务两种运行状态的转换。

制动控制开关置于补机位置时，LKJ 监控主机不能进行制动控制输出；同时，装置将一路 DC 50 V 信号送入监控主机，LKJ 基本控制软件根据信号状态判断硬件转为非本务状态。

当制动控制开关置于本务位置时，制动控制信号线全部直通连接，切断 DC 50 V 信号，LKJ 基本控制软件判断硬件转为本务状态。

（三）外形及安装尺寸

外形尺寸：340 mm（长）×200 mm（宽）×89.5 mm（高）；

安装尺寸：320 mm（长）×135 mm（宽）。

本/补切换装置外形及安装尺寸如图 4-26 所示。

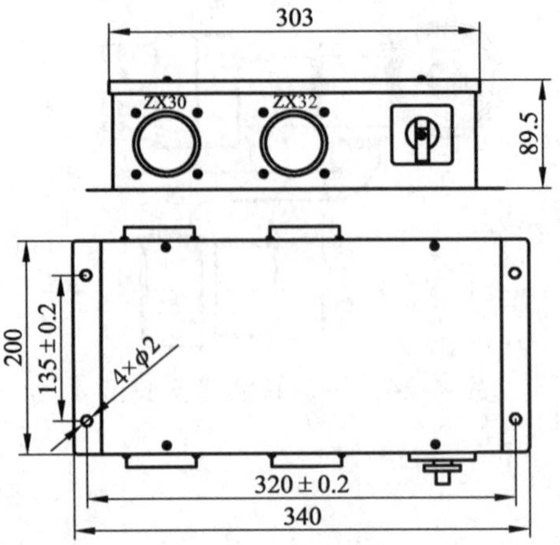

图 4-26 本/补切换装置外形及安装尺寸

九、事故状态记录器

事故状态记录器记录列车的运行状态，为运行事故的事后分析提供可靠的数据。事故状态记录器如图 4-27 所示。

图 4-27 事故状态记录器

（一）主要技术参数

记录数据：保存 LKJ 停止工作前约 30 min 的数据；
记录数据间隔：列车运行每 5 m 左右保存 1 条需记录的数据；
质量：≤3 kg；
功率：≤10 W。

（二）外形及安装尺寸

外形尺寸：170 mm（长）×165 mm（宽）×45 mm（高）;
安装尺寸：120 mm（宽）×145 mm（长）；4 个 $\phi 6$ 安装孔。
事故状态记录器外形及安装尺寸如图 4-28 所示。

十、调车灯显接口盒

调车灯显接口盒提供了无线调车灯显设备与 LKJ 之间的接口，使 LKJ 能够接收无线调车灯显信息。调车灯显接口盒如图 4-29 所示。

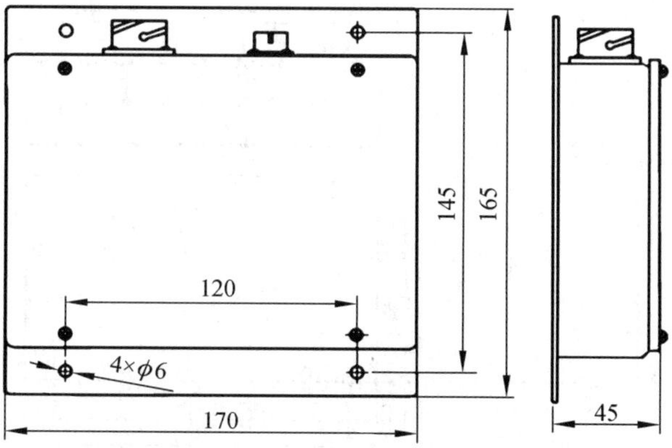

图 4-28　事故状态记录器外形及安装尺寸

图 4-29　调车灯显接口盒

（一）工作原理

无线调车灯显系统输出的 TTL 电平信号送入调车灯显接口盒的信号转换电路，来自地面信息接收处理单元的点灯条件信息也送入信号转换电路，通过对信号转换电路进行控制，实现调车时输出调车灯显信号、非调车时输出地面信息接收处理单元点灯条件信息的功能。

（二）主要技术参数

供电电源：DC 110×（1+25%/−30%）V；
50V 信号电压输入：6 路；
5V 信号电压输入：6 路；
50V 信号电压输出：6 路；
功率：≤25 W；
质量：≤3 kg。

（三）外形及安装尺寸

外形尺寸：250 mm（长）×140 mm（宽）×92 mm（高）;
安装尺寸：230 mm（长）×100 mm（宽）；4 个 $\phi 7$ 安装孔。
调车灯显接口盒外形及安装尺寸如图 4-30 所示。

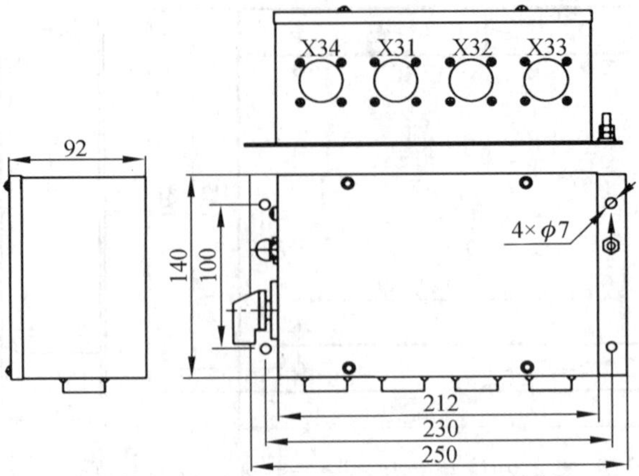

图 4-30　调车灯显接口盒外形及安装尺寸

任务三　LKJ 软件

知识目标

（1）熟悉 LKJ 软件组成部分。
（2）熟悉 LKJ 软件的功能。
（3）熟悉 LKJ 屏幕显示器软件的构成和功能。
（4）熟悉 LKJ 通信插件软件的构成和功能。
（5）熟悉 LKJ 扩展通信插件软件的构成和功能。
（6）熟悉 LKJ 地面信息插件软件的构成和功能。
（7）熟悉 LKJ 基础数据编制软件的构成和功能。
（8）熟悉 IC 卡数据文件编制软件的构成和功能。
（9）熟悉 LKJ 运用区段控制参数编制软件的构成和功能。
（10）熟悉 LKJ 运行记录格式化处理软件的构成和功能。

技能目标

（1）掌握 LKJ 软件的主要功能和软件运行的规则。
（2）掌握 LKJ 各种软件的主要功能。
（3）掌握 LKJ 各种软件的架构。
（4）掌握 LKJ 各种软件的组成。

任务三课程思政教学案例

素质目标

（1）加强品德修养，爱岗敬业，养成良好的学习习惯和行为习惯。
（2）培养学生的科学精神、科学方法和科学态度。
（3）培养学生努力奋斗、刻苦学习和实践创新的精神。
（4）培养学生的铁路安全意识，让学生意识到铁路安全无小事。

知识点学习

一、LKJ 软件构成

LKJ 软件由 LKJ 设备软件及其地面软件、LKJ 相关设备软件及其地面软件组成，见表 4-4。

表 4-4 LKJ 软件构成

序号	设备及软件分类		软件名称
1	LKJ 设备	设备软件	LKJ 基本控制软件
2			LKJ 屏幕显示器软件
3			LKJ 通信插件软件
4			LKJ 扩展通信插件软件
5			LKJ 地面信息插件软件
6			LKJ 功能扩展盒软件
7			GPS 信息接收主机软件
8			事故状态记录器软件
9		地面软件	LKJ 机车数据编制软件
10			IC 卡数据文件编制软件
11			LKJ 运用区段控制参数编制软件
12			LKJ 运行记录格式处理软件
13	LKJ 相关设备	设备软件	LAIS 车载主机软件
14			TAX 通信记录（主控）插件软件
15			机车语音记录装置软件
16		地面软件	LAIS 数据交换软件
17			LAIS 数据处理软件
18			LAIS 查询终端软件
19			机车语音记录装置语音回放软件

LKJ 软件中与安全相关的软件均基于故障导向安全原则进行设计。LKJ 基本控制软件、LKJ 屏幕显示器软件、LKJ 通信插件软件、LKJ 扩展通信插件软件、LKJ 地面信息插件软件、LKJ 基础数据编制软件、IC 卡数据文件编制软件、LKJ 运行记录格式处理软件和 LKJ 运用区段控制参数编制软件为 LKJ 的主要软件，下面仅对上述 9 个软件进行介绍。

二、LKJ 基本控制软件

LKJ 基本控制软件为 LKJ 的核心软件，采用 C++语言进行设计，软件设计时采用故障导向安全的原则，主要完成防止列车越过关闭的信号机、防止列车超过规定的速度、防止列车溜逸和列车运行状态的记录等功能。

（一）主要功能

1．信息采集

（1）模拟信号采集。

LKJ 有 8 路模拟信号采集通道，主要用于采集列车管压力、制动缸压力、均衡风缸压力等信号，模拟信号经过滤波、放大等处理后送往 A/D 转换电路。软件通过轮询方式对 8 路模拟信号进行采集，并将输入的模拟信号转化为数字信号。模拟信号采集过程中，当某个通道的 A/D 转换超时或异常时，软件设置相应的通道故障标志，表示该通道的信号不可信，并对相关信息进行故障导向安全处理。采集的模拟信号通过软件仲裁的方式进行双机冗余处理，当主机侧的模拟信号通道故障而备机侧对应的模拟信号通道正常时，主机可取用备机侧对应通道所采集的模拟信号。

（2）开关信号采集。

开关信号是指以高电平和低电平作为度量的信号。LKJ 有 24 个开关信号采集通道，包括 16 路 50 V 信号和 8 路 110 V 信号。50 V 信号通道主要用于采集色灯、速度等级、轨道电路制式、轨道电路绝缘节等信号；当与无线调车灯显设备连接使用时，50 V 信号通道主要用于采集平面调车信号；110 V 信号通道主要用于采集机车工况（零位、向前、向后、牵引、制动）、警惕应答等信号。开关信号通过限流、稳压、光电隔离和电平转换后发送到数据总线上，软件通过读取数据总线上的数字量信号来判断开关信号的状态。软件定期对各个开关信号输入通道进行检测，当检测到某个通道故障时，软件设置相应的通道故障标志，表示该通道的信号不可信，并对相关信息采用故障导向安全原则进行处理。采集的开关信号通过软件仲裁的方式进行双机冗余处理，当主机侧的开关信号通道故障而备机侧对应的开关信号通道正常时，主机可取用备机侧对应通道所采集的开关信号。

（3）频率信号采集。

LKJ 有 5 路频率信号采集通道，主要用于采集速度、柴油机转速等信号。根据预先设置的通道参数和采集的脉冲信号，进行软件滤波后计算出相应的频率值。LKJ 能同时采集三路速度信号，三路速度信号分别接入微控制器的 TPU0、TPU1 和 TPU2 三个采集通道，其中接入 TPU1 和 TPU2 的信号在实际运用中应取自同一速度传感器，这两个通道的相位信息用于相位防溜控制功能启动的判断条件。该三路 TPU 通道对速度传感器的脉冲进行捕捉计数计时，计算相应的频率，根据设置的速度传感器每转脉冲数和机车车轮直径，计算出当前的速度值和两次采集间隔时间内运行的距离。软件采用安全原则对三路速度信号的速度值进行仲裁，并进行空转、轮滑判断和双机冗余处理，得出列车运行速度和两次采集间隔时间内列车运行的距离。

2．车载数据调用

LKJ 调用车载数据获取 LKJ 基础数据、LKJ 固定控制参数等基本信息，根据这些信息确定列车最高允许运行速度和定位列车位置，结合其他采集信息实现 LKJ 的各种控制功能。监控主机接收到 LKJ 临时控制参数信息（包括车站号、监控交路号、车次客货状态等）后，通过查找 LKJ 车载控制文件及 LKJ 车载基础数据确定列车在车站的位置，通过开车对标操作确定列车的初始位置，顺序读取列车运行前方的基础数据，并对读取的数据进行组织后用于控制。列车运行中 LKJ 根据采集的列车运行速度及轨道电路信息，使当前调用的基础数据与列车实际运行线路位置保持一致。

3．控制功能

LKJ 具有多种控制功能，下面主要对防止列车越过关闭的信号机、防止列车超过规定的速度、防止列车溜逸、运行揭示控制和语音提示等进行介绍。

（1）防止列车越过关闭的信号机。

当 LKJ 接收的轨道电路信息表示为停车信号或减速信号时，LKJ 依据铁路管理部门发布的相关标准，结合车载数据确定的列车运行前方目标停车点位置并根据列车种别、列车当前位置、距目标停车点的距离、坡道等信息，按照制动计算公式计算产生平滑的控制曲线，监控列车运行。当列车运行速度超过 LKJ 计算产生的限速时，LKJ 输出相应的控制指令。

（2）防止列车超过规定的速度。

LKJ 提取线路允许速度值、接触网限制速度、机车最高运行速度、车辆最高运行速度、动车组最高运行速度和特定限速值等的最低值作为固定模式限速值，参照固定模式限速值产生四条控制曲线，分别为语音控制曲线、解除牵引力控制曲线、常用制动控制曲线、紧急制动控制曲线。当列车运行超过对应控制曲线限速时，LKJ 输出相应的控制指令。

（3）防止列车溜逸。

防止列车溜逸的功能包括管压防溜、手柄防溜和相位防溜。

① 管压防溜：列车停车后 LKJ 判断列车管减压量小于规定值时，LKJ 输出相应提示，司机没有应答且没有追加减压，超过规定时间后输出紧急制动指令。

② 手柄防溜：司机未移动手柄，机车由停车变为移动，速度或移动距离达到规定值，LKJ 输出相应提示，司机没有应答且没有改变手柄使机车加载，超过规定时间后输出紧急制动指令。

③ 相位防溜：机车由停车变为移动，LKJ 判断速度传感器相位方向与机车运行方向相反，速度或移动距离达到规定值，LKJ 输出相应提示，司机没有应答，超过规定时间后输出紧急制动指令。

（4）运行揭示控制。

列车运行中 LKJ 基本控制软件不断搜索前方一定距离内是否存在运行揭示，一旦搜索到满足起控条件的运行揭示，在距运行揭示起点位置一定距离内，按照制动计算公式计算产生平滑的控制曲线，监控列车以不超过运行揭示规定的速度通过限速区段。

（5）语音提示。

根据运用需求，LKJ 语音提示包括机车条件提示类语音（用于提示机车条件信息的变化）、操作提示类语音（用于提示司机进行相关操作）、系统报警提示类语音和工作状态提示类语音（用于提示 LKJ 的工作状态），每一类语音提示中包括多条语音信息，根据语音信息的重要程度定义不同的优先级。

满足语音提示条件时，人机交互单元接收到监控主机发送的语音指令后进行相应的语音提示。在同一语音提示周期内，当有多条不同优先级的语音时，软件按照预先定义的优先级进行排列，优先发送优先级高的语音指令，当有相同优先级的不同语音，软件按照语音产生时机的顺序进行排列，优先发送产生时机早的语音指令。对已经排列的语音，监控主机按照一定时间间隔依次发送至人机交互单元；在语音未发送至人机交互单元前，该语音已不满足发音条件时，软件撤除该语音指令。

4．记录功能

LKJ 具有运行数据实时记录的功能。记录采用事件触发方式，能够记录日期、时间、里程坐标、运行状态、按键、检修人员输入、司机输入、系统自检、运行揭示等内容。

LKJ 采用文件的方式存储记录的数据，当有记录事件发生时，将记录内容顺序写入当前运行记录数据文件中。在司机号、车次等信息发生变化时，可建立新的运行记录数据文件，新文件建立后，后续记录事件将写入该文件中。双机运行记录数据通过同步的方式达到一致。

5．双机冗余

监控主机采用双机热备冗余工作方式，由 A、B 两组完全独立的控制单元组成，分别称为 A 机和 B 机。A、B 机电源完全隔离，通过 CAN 总线和同步串行总线交换信息，实现了两组控制单元的系统级冗余和部分插件的模块级冗余。

6．控制输出

控制输出包括语音控制、解除牵引力控制、常用制动控制和紧急制动控制等指令的输出。软件根据当前列车运行情况与车载数据计算产生语音控制曲线、解除牵引力控制曲线、常用制动控制曲线和紧急制动控制曲线，当列车运行速度超过对应控制曲线的限速时，输出对应的控制指令。

输出解除牵引力、常用制动或紧急制动控制指令后，数字量输入输出插件相应继电器动作，输出控制信号至机车（或动车组）的制动装置。

（二）软件架构

1．软件对外接口

LKJ 基本控制软件与外部信息交换采用的总线接口有 CAN 总线、VME 总线、SPI 总线、RS232 总线。CAN 总线用于监控记录插件、人机交互单元、事故状态记录器及监控主机内的其他相关插件之间的交换信息；VME 总线用于监控记录插件、数字量输入插件、数字量输入输出插件、模拟量输入输出插件和通信插件之间的交换信息；SPI 总线用于双机监控记录插件之间的信息同步；RS232 总线用于 LKJ 转储器转储运行记录数据文件。软件对外接口示意图如图 4-31 所示。

2．软件逻辑架构

LKJ 基本控制软件逻辑架构分为四层：底层、数据层、模式层和公共层，各层的主要功能及所包含的主要内容如下：

底层主要完成硬件资源管理，提供与硬件交换的接口，包括模拟信号采集、开关信号采集/输出、频率信号采集、日历时钟信息采集、车载数据读取、信息接收与发送、运行记录数据管理等。

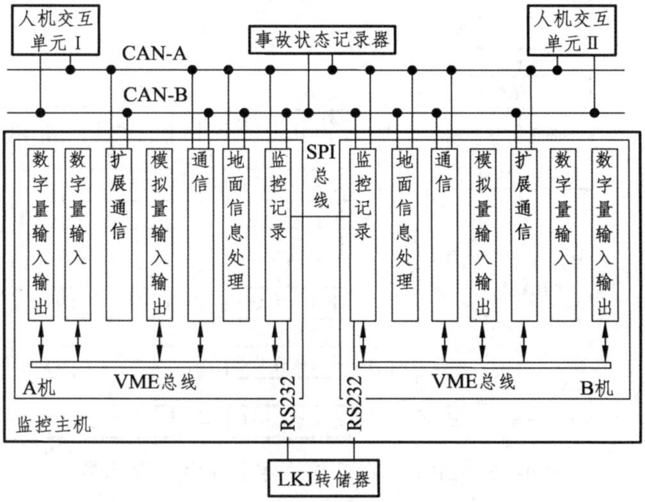

图 4-31 LKJ 基本控制软件对外接口示意

数据层主要完成采集数据的计算和组织，包括采集信息处理、通信信息处理、运行记录数据组织和车载基础数据处理等。

模式层主要完成各种控制功能，包括控制模式及工作状态转换、防止列车越过关闭的信号机、防止列车超过规定的速度、防止列车溜逸、运行揭示控制、语音提示等。

公共层主要完成公共信息的维护，提供公共函数。

软件逻辑架构示意图如图 4-32 所示。

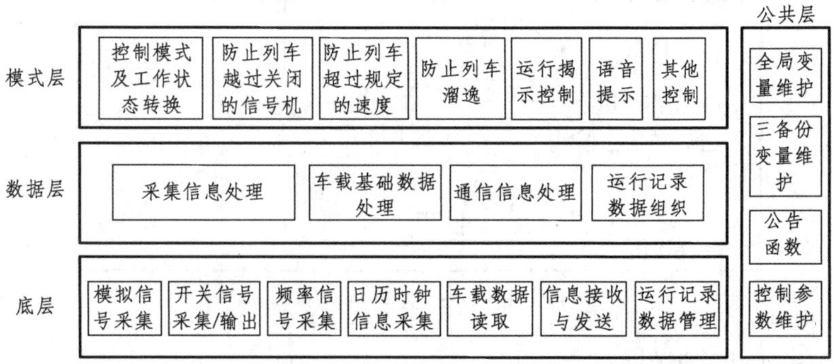

图 4-32 LKJ 基本控制软件逻辑架构示意

3．软件主要流程

（1）软件主程序流程。

系统上电后，LKJ 基本控制软件首先对相应寄存器进行配置，对程序和数据存储器、日历时钟和外部 RAM 进行相应检测，然后进入主循环，周而复始运行。主循环主要包括信息采集处理、基础数据处理、控制功能处理、运行记录数据处理、制动输出、CAN 通信处理、同步通信处理、转储处理等。软件主程流程示意图如图 4-33 所示。

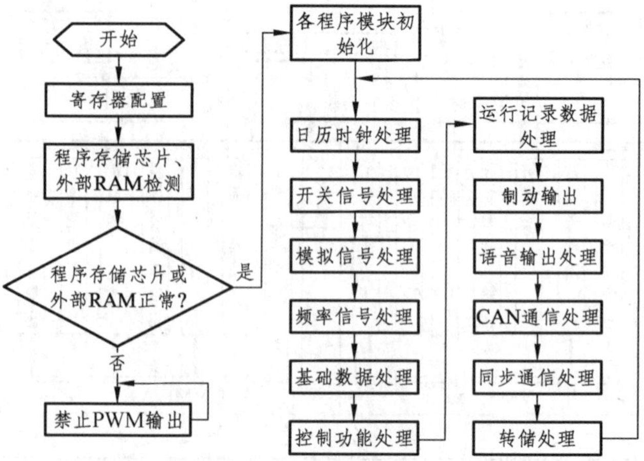

图 4-33　LKJ 基本控制软件主程序流程示意

（2）信息采集流程。

LKJ 信息采集包括日历时钟采集、模拟信号采集、频率信号采集和开关信号采集，各种信息采集过程均包括信息读取、判断、双机仲裁和输出。下面以 50 V 开关信号为例进行描述，软件读取数字量输入插件的 50 V 开关信号，采用滤波、双机仲裁等处理得到有效信号。50 V 开关信号信息流示意图如图 4-34 所示。

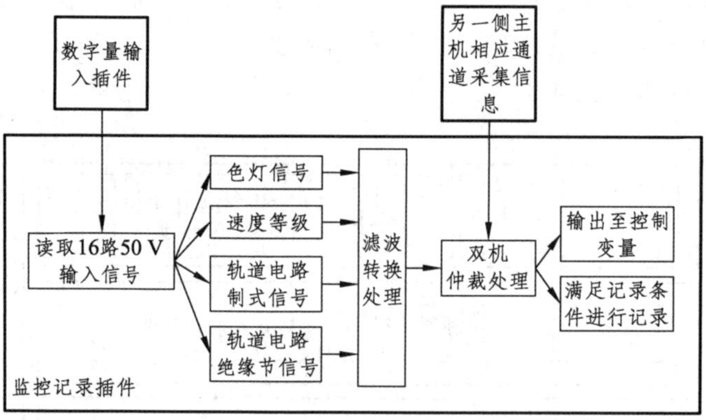

图 4-34　50 V 开关信号信息流示意

（3）防止列车越过关闭信号机。

LKJ 以列车运行前方关闭的信号机为目标点，结合车载基础数据计算列车当前位置距目标点的距离，按照制动计算公式计算产生平滑的控制曲线，监控列车运行。列车运行速度超过 LKJ 计算产生的限速时，LKJ 输出相应的控制指令，列车运行速度低于规定限速时可对制动输出指令进行缓解。防止列车越过关闭的信号机流程示意图如图 4-35 所示。

（4）防止列车超过规定的速度。

LKJ 提取线路允许速度值、接触网限制速度、机车最高运行速度、车辆最高运行速度、动车组最高运行速度和特定限速值等的最低值作为固定模式限速值，列车运行速度超过规定限速时，LKJ 输出相应的控制指令。防止列车超过规定的速度流程示意图如图 4-36 所示。

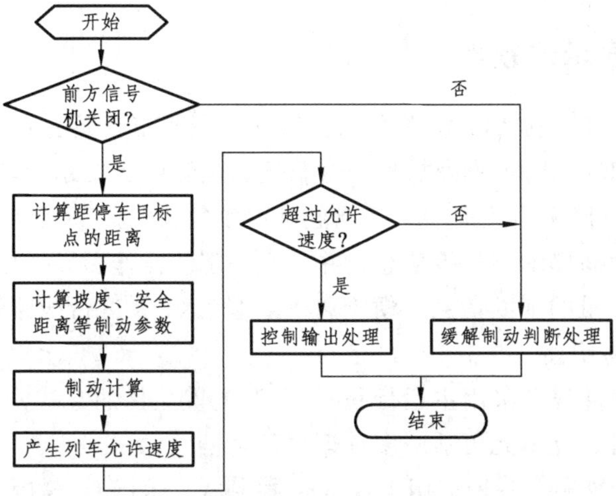

图 4-35　防止列车越过关闭的信号机控制流程示意

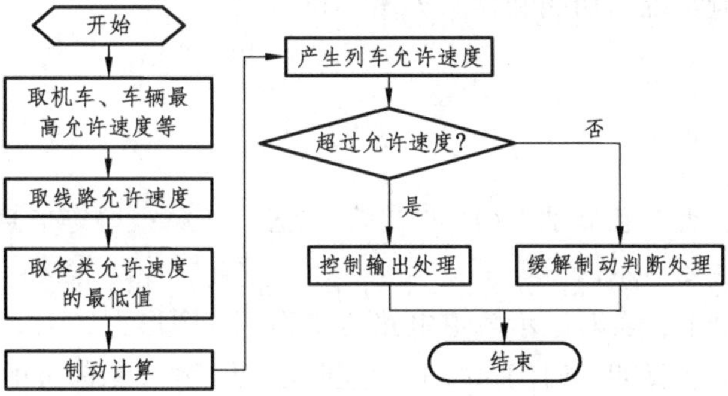

图 4-36　防止列车超过规定的速度控制流程示意

（5）控制输出。

控制输出包括语音、解除牵引力、常用制动和紧急制动等指令的输出。语音输出通过监控主机向人机交互单元发送语音指令来完成；解除牵引力、常用和紧急制动通过监控记录插件发送指令使数字量输入输出插件上的相应继电器动作，输出控制信号至机车（或动车组）的制动装置。制动输出流程示意如图 4-37 所示。

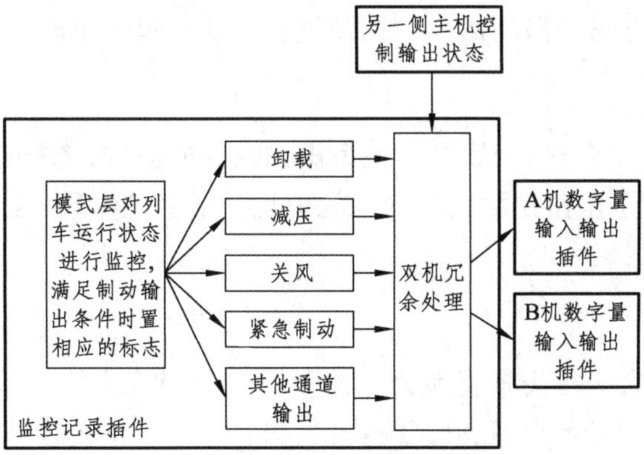

图 4-37　制动输出流程示意

三、LKJ 屏幕显示器软件

人机交互单元软件（又称 LKJ 屏幕显示器软件）主要完成显示 LKJ 的信息及状态，输入 LKJ 临时控制参数、LKJ 临时数据及操作指令，播放语音鸣音提示等功能。

LKJ 屏幕显示器软件突出关键信息、规范显示颜色和位置，充分利用液晶屏丰富的图文显示资源，显示各种动态提示和告警信息，并进行一定的操作引导，尽可能降低误操作概率；运行过程中动态提供大量的辅助信息，便于司机掌握 LKJ 及运行线路的相关信息，利于行车安全，提高了 LKJ 的易用性。

LKJ 屏幕显示器软件设计采用主运行程序+资源配置文件的方式，通过配置项的设置及资源文件的更换，使人机交互单元可适应多种运用环境。

人机交互单元分为两种：一种采用工业 X86 控制板，运行 DOS 操作系统（以下简称 DOS 屏）；另一种采用 ARM 控制板，运行嵌入式 LINUX 操作系统（以下简称 ARM 屏）。这两种屏使用不同的软件，但实现的功能和显示界面一致。

（一）主要功能

1．显示功能

根据接收的监控主机信息显示 LKJ 的控制、状态、故障报警等信息；根据 LKJ 车载基础数据显示导航信息，主要显示内容如下：

（1）控制信息的显示：实时显示轨道电路信息码（以图形方式）、运行速度、限速、距前方目标距离、里程坐标、日期、时间、临时性控制信息，并预示前方的控制信息。

（2）工作状态的显示：实时显示监控主机工作状态、制动状态、操作状态。

（3）导航信息的显示：实时显示线路曲线、坡道、道口、桥梁、隧道、车站、信号机、电气化铁路接触网分相标、道岔位置等信息。

（4）报警、操作提示的显示：显示防溜报警、警惕报警等信息；显示支线提示、LAIS 检测等操作提示类信息。

2．声音播放功能

根据接收的语音、电鸣音播放命令，控制语音播放及鸣音电路，播放声音。

3．输入功能

实时扫描键盘操作，结合运行场景转换为操作指令或数据，发送至监控主机。读取 IC 卡中的 LKJ 临时数据，发送至监控主机。输入的信息包括系统参数、LKJ 临时控制参数、操作指令、检测指令等。

4．查询功能

扫描键盘操作，结合运行场景转换为查询命令，调用相应的显示界面，显示接收和处理的信息。可查询 LKJ 临时控制参数、LKJ 临时数据、LKJ 设备状态、检修参数、列车信息等。

（二）软件架构

1．软件对外接口

LKJ 屏幕显示器软件与其他软件交换信息的总线接口有 CAN 总线、SPI 总线、RS485 总线（接 TAX）、PCI04 总线（连接通信子板或 MVB 网卡）。LKJ 屏幕显示器软件通过 CAN 总线与 LKJ 基本控制软件及其他总线节点的软件交换信息；通过 SPI 总线存取 IC 卡中的信息；通过 RS485 总线接收 TAX 发送的各插件信息，提供查询、报警功能；通过通信子板或 MVB 网卡连接机车的列车总线，实现机车状态信息告警和查询功能。LKJ 屏幕显示器软件对外总线接口示意图如图 4-38 所示。

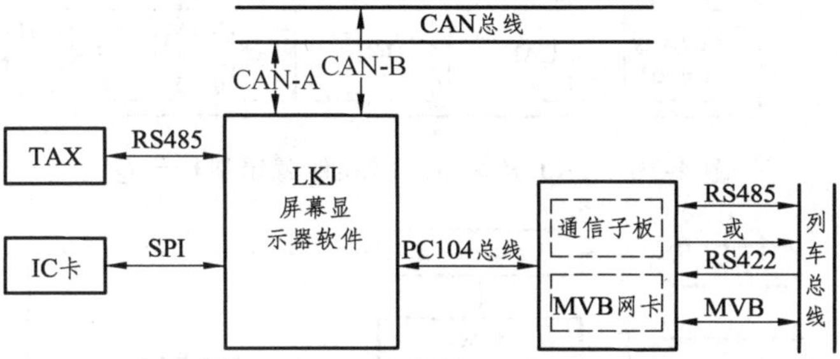

图 4-38　LKJ 屏幕显示器软件对外总线接口示意

2．软件逻辑架构

LKJ 屏幕显示器软件逻辑架构分为三层，分别是接口层、逻辑处理层及用户界面层。各层的主要功能及所包含的主要内容如下：

接口层负责控制硬件资源及访问系统资源，隔离逻辑处理层无须关心的细节，当硬件及系统升级、改造时，仅需变更接口层设计，对软件上层影响可降至最低限度。接口层主要包括语音和电鸣音、CAN、IC 卡、键盘等驱动模块。

逻辑处理层负责各总线通信数据的解析与封装、数据转换处理、文件操作等，是本软件的核心层，大量的数值计算和逻辑判断都集中在此层实现。逻辑处理层封装了人机交互单元的主要业务逻辑，可实现当用户界面显示风格（或构件）发生变化或运行的系统环境改变时，软件核心基本不变。逻辑处理层主要包括语音/电鸣音处理、CAN 数据处理、车载基础数据文件操作、牵引计算、线路数据处理、限速曲线处理等。

用户界面层负责各种信息、操作交互界面的显示，主要包括显示基本信息、显示状态指示信息、动态提示及报警、显示限速曲线及线路信息、设定参数、转储、查询信息、系统维护等模块。软件逻辑架构分层及详细信息如图 4-39 所示。

3．软件主要流程

（1）软件主程序流程。

初始化阶段首先对各硬件资源进行初始化，申请系统资源，然后执行逻辑处理层初始化，打开资源文件，最后执行用户界面层初始化。初始化完成后，进入主循环，周而复始运行。主循环周期更新各种显示信息，控制声音播放，执行按键处理。根据按键操作，调用各个交互界面，退出交互界面后，仍返回主循环。LKJ 屏幕显示器软件主程序流程示意图如图 4-40 所示。

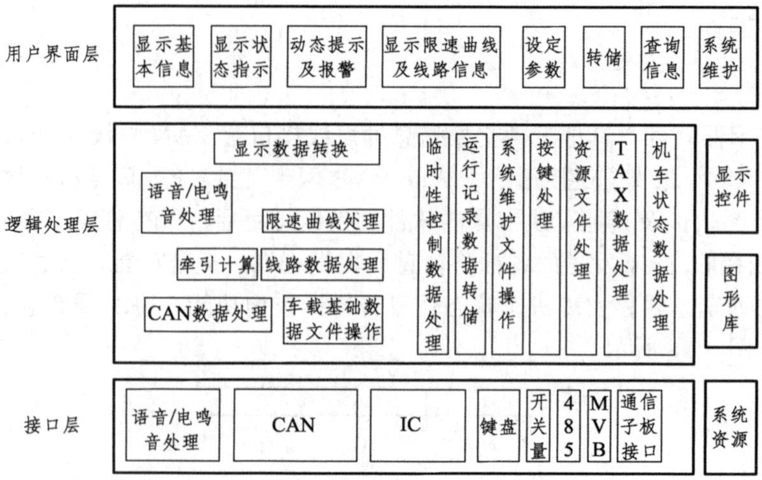

图 4-39　LKJ 屏幕显示器软件逻辑架构示意

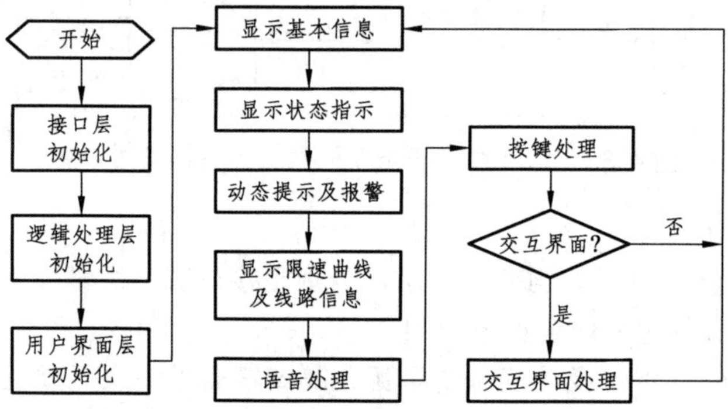

图 4-40　LKJ 屏幕显示器软件主程序流程示意

（2）CAN 通信数据信息。

CAN 通信数据是 LKJ 屏幕显示器软件显示信息的主要来源。接收的 CAN 数据在逻辑处理层分类处理存放后，被各模块调用，最后显示在屏幕上。人机交互单元发送给监控主机的数据也通过 CAN 总线。LKJ 屏幕显示器软件内部 CAN 数据流示意图如图 4-41 所示。

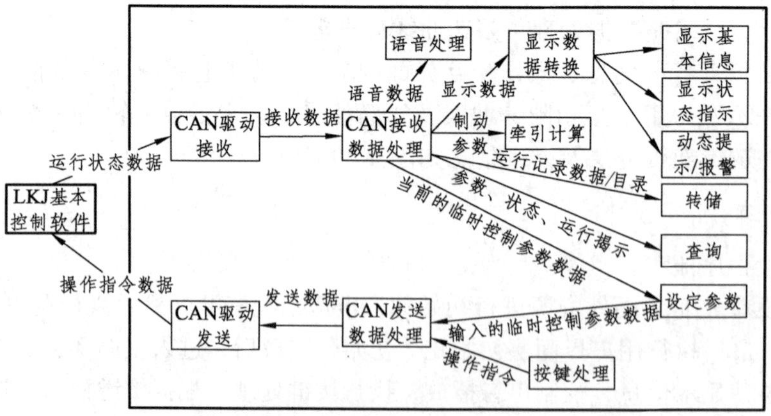

图 4-41　CAN 通信数据流示意

（3）IC 卡数据信息。

人机交互单元读取 IC 卡中的 LKJ 临时控制参数、LKJ 临时数据等信息，经 CAN 总线发送至监控主机；由 CAN 总线获取监控主机的 LKJ 运行记录数据文件，写入 IC 卡。LKJ 屏幕显示器软件文件通过 IC 卡进行更新。IC 卡数据流示意图如图 4-42 所示。

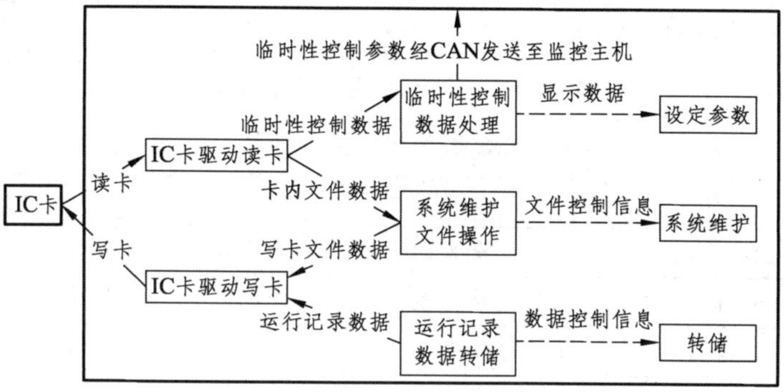

图 4-42　IC 卡数据流示意

（三）软件组成

DOS 屏、ARM 屏软件文件的主要组成部分相似，可分为三类：执行程序类、资源配置类、车载基础数据类。执行程序类文件是在运行平台上可执行的文件，完成运行平台软硬件资源管理，实现人机交互单元的功能。资源配置类文件为执行程序提供图标、字库及可适应用户不同需求的配置选项。车载基础数据类文件提供车载基础数据、车站名称对照表、线路名称对照表。

1．DOS 屏主要文件

DOS 屏主要文件见表 4-5。

表 4-5　DOS 屏主要文件

序号	类　别	文　件	用　途	备　注
1	执行程序类	lcd2000.exe	实现人机交互单元软件功能，管理所需要的软硬件资源	
2	资源配置类	lamp.dat	存放轨道电路信息码显示图标	
3		hzk16	汉字库	16×16 点阵
4		szzk	专用数字字体文件	包含 16×34、12×24 两种数字字体
5		asc16	ASCII 码字库	8×16 点阵
6		small.fon	ASCII 码字库	6×10 点阵
7		voice.dat	语音代码及起始地址表	
8		配置项文件	设置配置项的值，适应实际运用环境的不同需求	存在两种组成形式，见表 4-6

续表

序号	类别	文件	用途	备注
9	车载基础数据类型	2kdata.bin	用于显示导航信息	
10		2kdata.zmb	用于显示车站名称	
11		2kdata.xlb	用于显示线路名称	

注：DOS 屏配置项文件有两种组成形式，详细情况见表 4-6。

表 4-6　DOS 屏配置项文件的两种形式

形式	文件	用途
形式一	lcd2000.cfg	提供可设置的选项，以适应现场不同的需求，并提供车次种类表
	typename.txt	机车型号名表及车型相关的配置（如操纵端数、压力通道配置）
	ylxs	压力通道名称
形式二	sysset.cfg	音色配置文件
	syssetl.cfg	提供可设置的选项，以适应现场不同的需求
	type.txt	机车型号名表
	trainhzk.cfg	车次种类配置文件

2．ARM 屏主要文件

ARM 屏主要文件见表 4-7。

表 4-7　ARM 屏主要文件

序号	类别	文件	用途	备注
1	执行程序类	主运行程序	实现人机交互单元软件功能，管理所需要的软硬件资源	存在两种形式，见表 4-8
2	资源配置类	lamp.dat	存放轨道电路信息码显示图标	
3		汉字库文件	汉字库	16×16 点阵，存在两种形式，见表 4-8
4		szzk	专用数字字体文件	包含 16×34、12×24 两种数字字体
5		ASCII 码字库文件	ASCII 码字库	8×16 点阵，存在两种形式，见表 4-8
6		voice.dat	语音代码及起始地址表	
7		配置项文件	设置配置项的值，适应实际运用环境的不同需求	存在两种形式，与 DOS 屏配置项文件相同，见表 4-6
8	车载基础数据类	2kdata.bin	用于显示导航信息	
9		2kdata.zmb	用于显示车站名称	
10		2kdata.xlb	用于显示线路名称	

注：ARM 屏部分主要文件存在两种组成形式，详细情况见表 4-8。

表 4-8 ARM 屏执行程序及字库文件的两种形式

形式	文件类别	文件	用途
形式一	执行程序类	lki2000.arm	主运行程序，实现人机交互单元软件功能，管理所需要的软硬件资源
		libgarm.so	图形库
		libsarm.so	通信库
		can.o	CAN 通信驱动程序
	资源配置类	font.cfg	系统字库配置文件
形式二	执行程序类	armprog1	主运行程序，实现人机交互单元软件功能，管理所需要的软硬件资源
	资源配置类	hzkl6	汉字库
		ascl6	ASCII 码字库
		small.fon	ASCII 码字库

四、LKJ 通信插件软件

LKJ 通信插件软件采用 C++语言进行设计，软件设计时采用故障导向安全的原则，主要完成监控主机与其他设备之间的通信，并按照通信协议完成不同数据类型和不同数据格式之间的转换。

（一）主要功能

1．与监控记录插件进行信息交换

通过 CAN 总线、VME 总线与监控记录插件进行信息交换，从 CAN 总线上接收 LKJ 信息转发给其他设备，从其他设备接收的信息转发至 CAN 总线，供监控记录插件和人机交互单元使用；从 ATP 和 EMU 接收的信息写入双口 RAM，监控记录插件通过 VME 总线进行读取。

2．与 ATP 进行信息交换

通过 RS422 总线与 ATP 进行信息交换，接收 ATP 信息并进行校验，校验通过后写入双口 RAM，同时发送至 CAN 总线上供监控记录插件使用；从 CAN 总线上接收 LKJ 信息（时间、车次、司机号、LKJ 制动状态等）发送至 RS422 总线供 ATP 使用。

3．与 EMU 进行信息交换

通过 RS485 总线或电流环方式与 EMU 进行通信，接收 EMU 信息并进行校验，校验通过后写入双口 RAM 供监控记录插件使用。

4．与 TAX 进行信息交换

通过 RS485 总线与 TAX 进行信息交换，从 CAN 总线接收 LKJ 信息，发送至 RS485 总线供 TAX 使用；同时通过 RS485 总线接收 TAX 信息并发送到人机交互单元。

5．与特殊车挡和列车尾部安全防护装置进行信息交换

通过 RS485 总线与特殊车挡、列车尾部安全防护装置进行通信。接收特殊车挡信息后转发至 CAN 总线供监控记录插件使用，将从 CAN 总线接收的 LKJ 信息发送至 RS485 总线，供列车尾部安全防护装置使用。

（二）软件架构

1．软件对外接口

通信插件通过 CAN 总线、RS422 总线、RS485 总线、VME 总线与其他插件或设备进行通信。LKJ 通信插件软件通过 CAN 总线与监控记录插件、人机交互单元交换信息；通过 RS422 总线与 ATP 交换信息；通过 RS485 总线与 TAX、EMU、特殊车挡、列车尾部安全防护装置交换信息；另外通过 VME 总线与监控记录插件进行 ATP 和 EMU 信息的交换。软件对外接口示意图如图 4-43 所示。

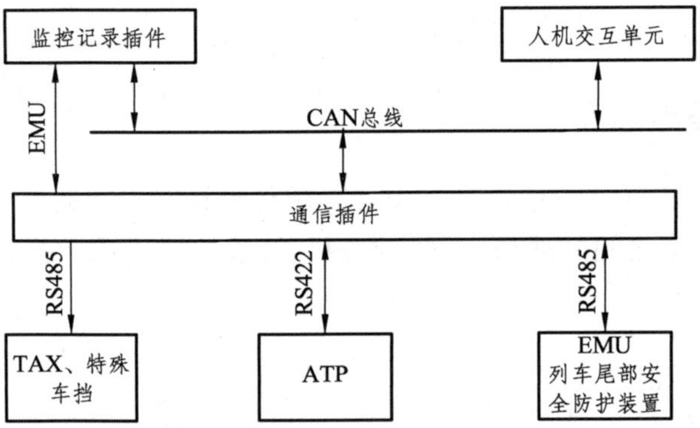

图 4-43　LKJ 通信插件软件对外接口示意

2．软件逻辑架构

LKJ 通信插件软件逻辑架构分为四层，分别为底层、中间层、应用层及公共层，各层的主要功能及所包含的主要内容如下：

底层负责硬件资源的驱动，主要包括 CPU、看门狗、CAN、各外围接口等硬件的初始化，各外围硬件的自检及各中断的底层处理。中间层负责各总线通信数据的解析与封装、数据协议转换处理等，该层为 LKJ 通信插件软件的核心层，主要包括组织并向外发送 TAX、特殊车挡、ATP、EMU 等信息。应用层负责各接口的通信管理，主要包括 RS485 通信管理、CAN 通信管理、扩展串口（RS422、RS485 或电流环）通信管理等。公共层负责 LED 显示、主备确认及管理。软件逻辑架构示意图如图 4-44 所示。

3．软件主要流程

（1）软件主程序流程。

LKJ 通信插件软件启动后，首先对各硬件资源进行自检和初始化，然后进入主循环，周而复始运行。主循环主要包括 RS485 通信管理、CAN 通信管理，扩展串口（RS422、RS485 或电流环）通信管理、定时管理等。软件主程序流程示意图如图 4-45 所示。

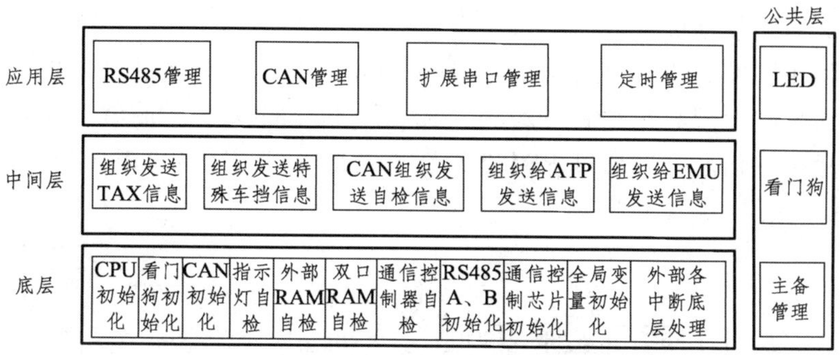

图 4-44 LKJ 通信插件软件逻辑架构示意

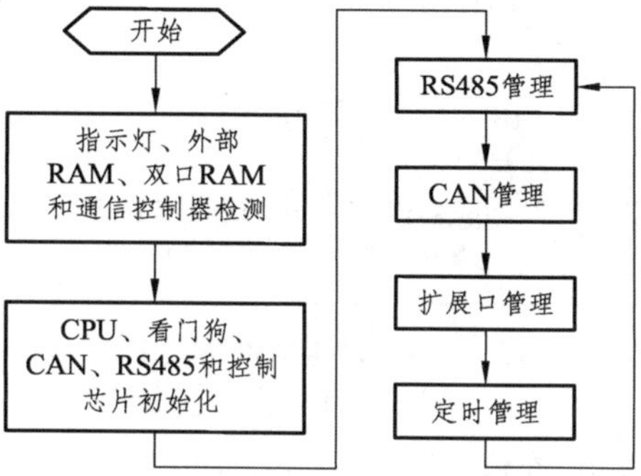

图 4-45 LKJ 通信插件软件主程序流程示意

（2）CAN 通信数据信息。

CAN 通信主要完成 LKJ 通信插件与监控记录插件间的实时信息传递。LKJ 通信插件软件接收到监控记录插件的信息后，先进行过滤处理，然后写入对应的缓冲区，向外发送时，按发送目标设备的要求组织相应的数据；接收到外部信息后，先写入对应缓冲区，然后按协议要求组织并发送到 CAN 总线。CAN 通信数据信息流程示意图如图 4-46 所示。

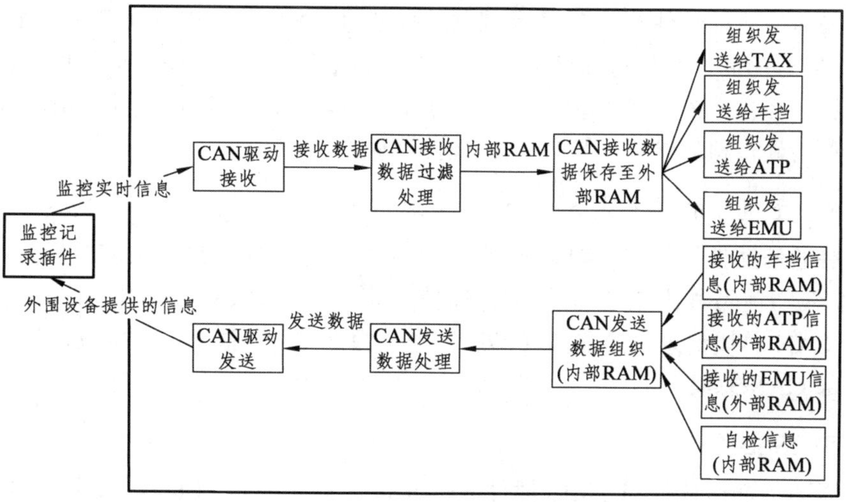

图 4-46 CAN 通信数据信息流示意

（3）RS422 通信数据信息。

RS422 通信主要完成 LKJ 通信插件与 ATP 间的信息传递。通过 RS422 总线接收 ATP 信息，并进行合法校验，校验正确后写入双口 RAM，供 LKJ 基本控制软件读取；通过 CAN 总线接收监控记录插件信息，并通过 RS422 总线发送给 ATP。RS422 通信数据信息流程示意图如图 4-47 所示。

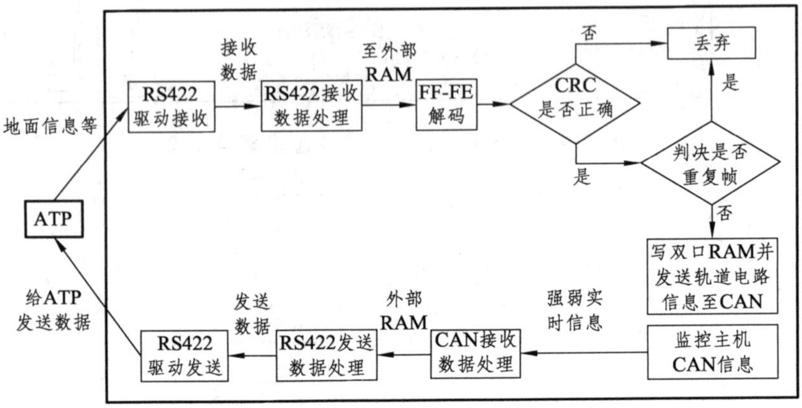

图 4-47　RS422 通信数据信息流示意

五、LKJ 扩展通信插件软件

LKJ 扩展通信插件软件采用 C++语言进行设计，软件设计时采用故障导向安全的原则，主要完成监控主机与 LKJ 功能扩展盒、GPS 信息接收装置、LAIS 车载主机、车载编程器（TMIS 插件）等设备的通信。

（一）主要功能

1．与监控记录插件进行 CAN 通信

LKJ 扩展通信插件软件与 LKJ 基本控制软件通过 CAN 总线进行通信（简称内部 CAN 总线）。LKJ 扩展通信插件软件从内部 CAN 总线上接收监控记录插件发送的信息，隔离转换后进行发送；将监控主机外的其他设备发送信息经隔离转换后发送至内部 CAN 总线；将 LKJ 扩展通信插件的硬件检测结果、软件版本发送至内部 CAN 总线。

2．与监控主机外的其他设备进行 CAN 通信

LKJ 扩展通信插件软件与 LKJ 功能扩展盒、GPS 信息接收装置、LAIS 车载主机等通过与内部 CAN 总线物理隔离的 CAN 总线进行通信（简称外部 CAN 总线）。LKJ 扩展通信插件软件接收外部 CAN 总线信息，经隔离转换后发送至内部 CAN 总线；将接收监控记录插件的信息转发至外部 CAN 总线。

3．与 TMIS 插件通信

LKJ 扩展通信插件软件与 TMIS 插件通过 RS485 进行通信。LKJ 扩展通信插件接收 TMIS 插件发送的信息，并转发至内部 CAN 总线；将接收到的监控记录插件信息转发至 TMIS 插件。

（二）软件架构

1．软件对外接口

扩展通信插件通过 CAN 总线、RS485 总线与其他插件或设备进行通信。LKJ 扩展通信插件软件通过内部 CAN 总线与监控主机内其他插件、人机交互单元交换信息；通过外部 CAN 总线与 LKJ 功能扩展盒、GPS 信息接收装置、LAIS 车载主机等设备交换信息；通过 RS485 总线与 TMIS 插件交换信息。软件对外接口示意图如图 4-48 所示。

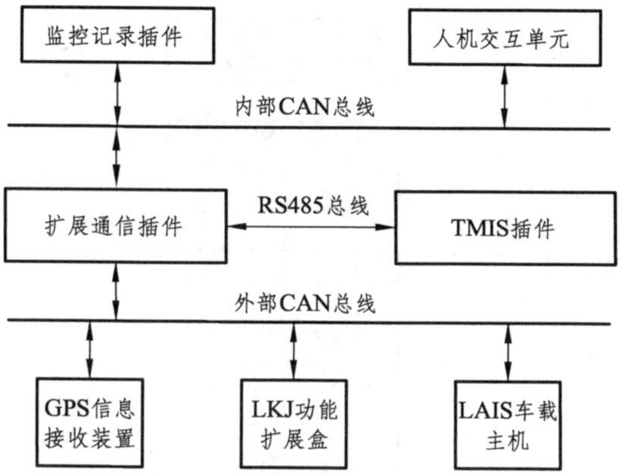

图 4-48 对外接口示意

2．软件逻辑架构

扩展通信插件软件逻辑架构分为四层，分别为底层、中间层、应用层及公共层，各层的主要功能及所包含的主要内容如下：

底层负责硬件资源的驱动，主要包括 CPU、看门狗、定时器、UART、中断、RAM 和 CAN 控制芯片等硬件的初始化，各外围硬件的自检及各中断的处理。

中间层负责各总线通信数据的解析与封装、数据协议转换处理等，该层为 LKJ 扩展通信插件软件的核心层，主要包括 CAN 数据接收和转发、TMIS 插件数据接收和发送等。

应用层负责各接口的通信管理，主要包括 CAN 通信管理、RS485 通信管理等。

公共层负责 LED、主备确认及管理。

软件逻辑架构示意图如图 4-49 所示。

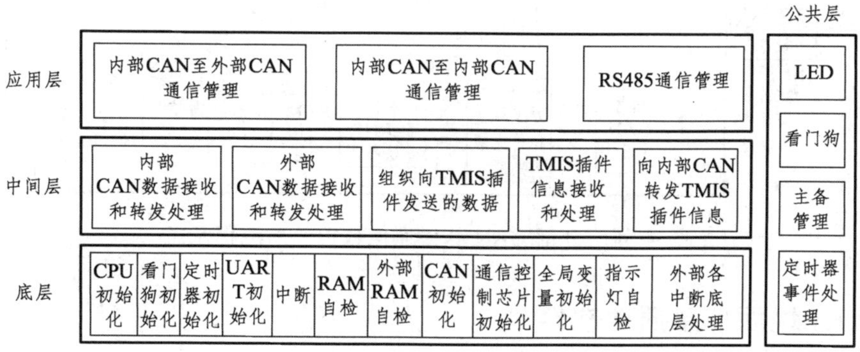

图 4-49 软件逻辑架构示意

3．软件主要流程

（1）软件主程序流程。

LKJ 扩展通信插件软件启动后，首先对各硬件资源进行自检和初始化，然后进入主循环，周而复始运行。主循环主要包括 RS485 通信管理、内部 CAN 至外部 CAN 通信管理、外部 CAN 至内部 CAN 通信管理、定时管理等。软件主程序流程示意图如图 4-50 所示。

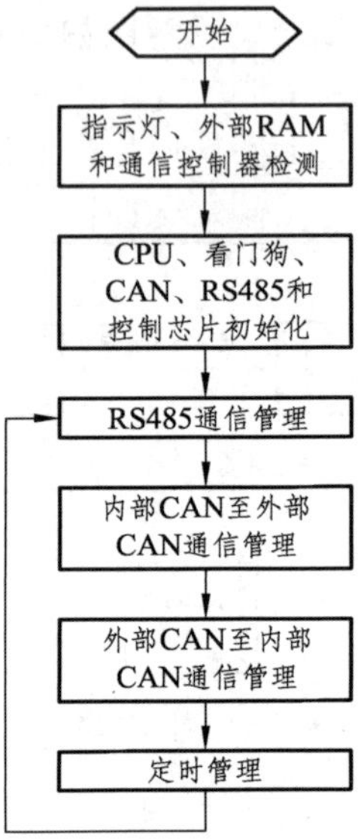

图 4-50　软件主程序流程示意

（2）与外部 CAN 总线通信数据信息。

LKJ 扩展通信插件软件接收到外部 CAN 总线信息后，进行过滤和校验处理，校验正确后转发至内部 CAN 总线；接收到内部 CAN 总线信息后，进行过滤和校验处理，校验正确后转发至外部 CAN 总线。外部 CAN 总线通信数据信息流程示意图如图 4-51 所示。

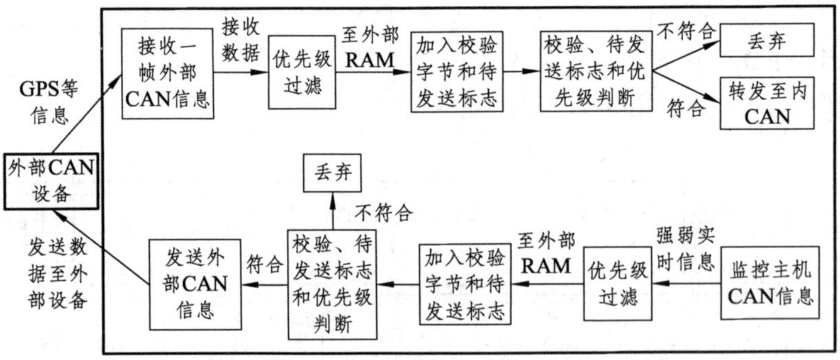

图 4-51　外部 CAN 总线通信数据信息流程示意

六、LKJ 地面信息插件软件

LKJ 地面信息插件软件采用 C++语言进行设计，软件设计时采用故障导向安全的原则，主要功能为实时对接收的地面轨道信息进行判断，检测是否过轨道电路绝缘节，一旦检测到过轨道电路绝缘节，立即向监控记录插件发送绝缘节信号，供 LKJ 基本控制软件进行 LKJ 距离修正。

（一）主要功能

1．与监控记录插件进行 CAN 信息交换

LKJ 地面信息插件软件与 LKJ 基本控制软件间通过 CAN 总线进行通信。LKJ 地面信息插件软件从 CAN 总线上接收轨道电路制式、轨道电路闭塞方式等信息，并将自身的硬件检测结果、软件版本、过轨道电路绝缘节信号发送至 CAN 总线，其中过轨道电路绝缘节信号用于 LKJ 基本控制软件进行 LKJ 距离修正。

2．过轨道电路绝缘节判断

根据轨道电路制式和闭塞方式，参照对应轨道电路制式的特殊属性，对接收到的轨道电路信息进行隔离放大、A/D 转换、数字滤波后，判断机车是否过轨道电路绝缘节位置，若判断机车过轨道电路绝缘节点，将该信息传递给监控记录插件。

3．轨道电路绝缘节信号的传递

轨道电路绝缘节信号的传递有两种：一种为通过硬件发出一个脉冲信号，另外一种是通过 CAN 总线发出相应的标志。两种传递方式中，前者实时性好，是 LKJ 基本控制软件比较常用的方式；后者存在一定的延迟，一般在 I/O 端口异常时使用。

（二）软件架构

1．软件对外接口

地面信息插件通过 CAN 总线、I/O 口与监控记录插件进行信息交换。LKJ 地面信息插件软件通过双路冗余的 CAN 总线接收监控记录插件发送的轨道电路制式、轨道电路闭塞方式等信息，并将自身硬件的自检结果、软件版本和过轨道电路绝缘节信息发送至 CAN 总线；当检测到过轨道电路绝缘节时，通过 CAN 总线和 I/O 口将过轨道电路绝缘节信息发送给监控记录插件。软件对外接口示意图如图 4-52 所示。

2．软件逻辑架构

LKJ 地面信息插件软件逻辑架构分为四层，分别为底层、中间层、应用层和公共层，各层的主要功能及所包含的主要内容如下：

底层负责硬件资源的驱动，主要包括 CAN 和 ADC 的初始化、LED 自检、过轨道电路绝缘节信号的发送等。

中间层负责对各种轨道电路制式下过轨道电路绝缘节时机的判断，主要包括 UM71、移频、极频和交流计数等模块。

应用层负责 CAN 信息管理，主要包括 CAN 管理和定时管理。

公共层负责 LED、看门狗处理。

软件逻辑架构示意图如图 4-53 所示。

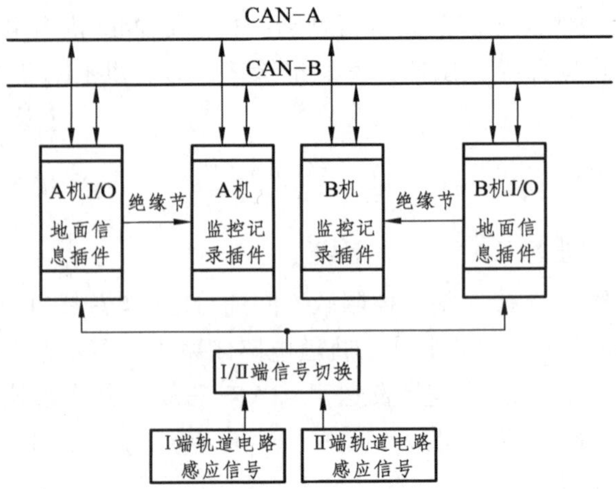

图 4-52　LKJ 地面信息插件软件对外接口示意

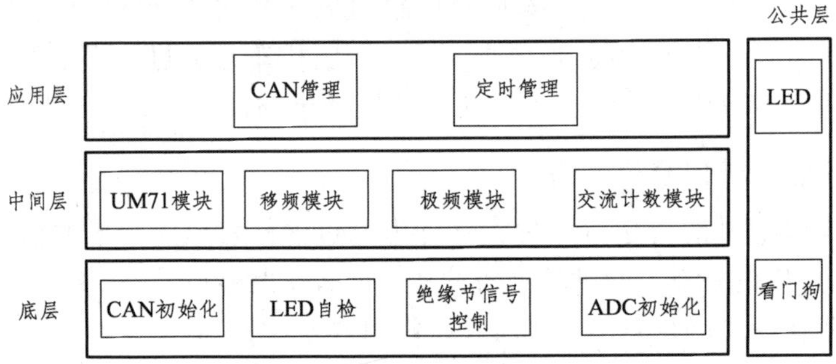

图 4-53　逻辑架构示意

3．软件主程序流程

LKJ 地面信息插件软件启动后，首先对变量和定时器等进行初始化，然后进入主循环，周而复始运行。主循环主要包括从 CAN 总线接收轨道电路制式信息、设置相应的滤波系数，并对 ADC 接收的数据进行处理，识别绝缘节信号。

软件主程序流程示意图如图 4-54 所示。

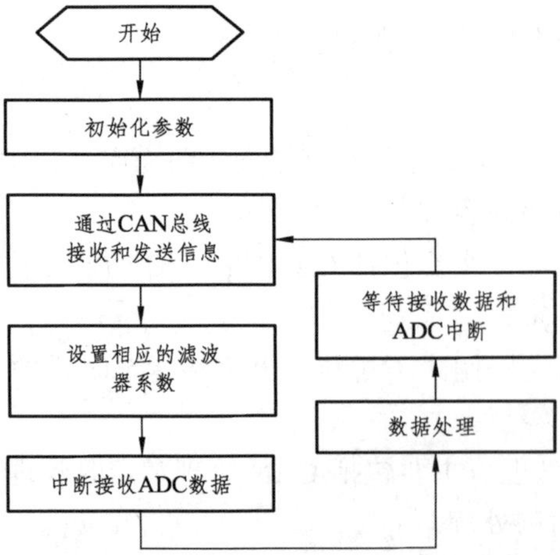

图 4-54　主程序流程示意

七、LKJ 基础数据编制软件

LKJ 基础数据编制软件是编制、编译 LKJ 基础数据源文件的软件。根据 LKJ 基础数据（LKJ 基础运行组织数据和 LKJ 基础线路数据）编制 LKJ 基础数据源文件，对 LKJ 基础数据源文件进行编译，形成 LKJ 车载基础数据主机文件、LKJ 车载基础数据显示器文件。

（一）主要功能

LKJ 基础数据编制软件主要有文件操作功能、编辑功能、编译功能、打印功能、数据接口功能。

软件主要功能结构示意图如图 4-55 所示。

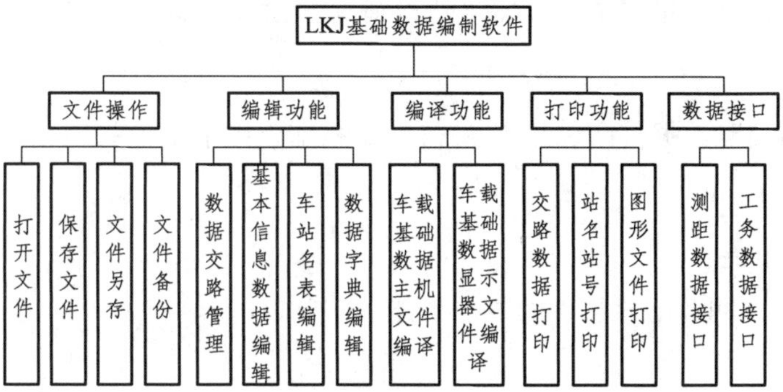

图 4-55　主要功能结构示意

1．文件操作功能

文件操作功能包含打开文件、保存文件、文件另存、文件备份。

2．编辑功能

编辑功能包含数据交路管理、基本信息数据编辑、车站名表编辑、数据字典编辑。

（1）数据交路管理。

为了便于数据组织，将与运行交路有关的基本信息数据子集合称为数据交路。每个数据交路包含多条基本信息数据。软件具有增加、删除数据交路的功能，具有从其他 LKJ 基础数据源文件导入数据交路的功能。

（2）基本信息数据编辑。

基本信息数据指信号机、侧线股道、车站信息、公里标突变、区段限速、曲线、桥梁、道口、隧道、电分相、坡道、特殊语音、点式信息、GPS 数据、支线转移、交路转移、标号、注释行、数据结束等。除数据结束外，每种基本信息数据由一个或多个项点组成，各项点均有相应的含义。软件具有对基本信息数据的插入、删除、修改功能，具有对数据进行复制、剪切、粘贴的功能，具有对信号机、侧线股道、车站信息、区段限速等数据的批量修改功能，具有对基本信息数据的查找定位功能，具有对基本信息数据的项点组合显示功能。

（3）车站名表编辑。

车站名表描述车站代号和车站名的对应关系，人机交互单元根据车站代号显示对应的车站名。站名信息包含车站代号、车站名称、线路代号、TMIS 站号等项点。软件具有对站名信息的插入、删除、修改功能，具有对车站名表的复制、粘贴功能，具有批量删除、增加功能，具有从特定格式文件导入功能，具有导出特定格式文件功能，具有与基本信息数据关联定位、相互更新功能。

（4）数据字典编辑。

数据字典指 LKJ 基础数据编制软件使用的通用字典表，包括线路线编号字典、TMIS 字典。

3．编译功能

软件对 LKJ 基础数据源文件中的全部数据交路进行逻辑错误检查，然后输出编译文件。逻辑错误分严重错误和警告错误两种，存在严重错误时不能输出编译文件。

软件具有对多种严重错误情况和警告错误情况的检查功能。

4．打印功能

打印功能包括交路数据打印、站名/站号数据打印、图形文件打印。

5．数据接口功能

（1）测距数据接口。

软件提供对 LKJ 测距记录文件的导入功能。

（2）工务数据接口。

软件提供自动导入坡道、桥梁、道口、隧道、区段限速等工务数据的功能，可将特定格式的工务数据导入数据交路中。

（二）软件架构

1．软件分层

LKJ 基础数据编制软件逻辑架构分为应用层、中间层和底层。

2．主要流程

软件对 LKJ 基础数据源文件进行解析生成数据交路，对数据交路编译查错，不存在严重错误时输出 LKJ 车载基础数据主机文件、LKJ 车载基础数据显示器文件；编辑后的交路数据保存为 LKJ 基础数据源文件。

（1）LKJ 基础数据源文件解析流程。

LKJ 基础数据源文件解析是将 LKJ 基础数据源文件解析为数据交路的过程。首先对 LKJ 基础数据源文件进行文件合法性检查，文件检查通过后根据文件版本对数据进行相应的解析，形成数据交路。

（2）编译输出 LKJ 车载基础数据文件流程。

LKJ 车载基础数据文件编译是通过对全部数据交路进行错误检查、编译，然后输出 LKJ 车载基础数据文件的过程。错误检查不存在严重错误时输出 LKJ 车载基础数据文件。

八、IC 卡数据文件编制软件

IC 卡数据文件编制软件是对运行揭示和 LKJ 临时数据(IC 卡数据)集中管理的信息系统，主要完成运行揭示和 LKJ 临时数据的编辑、审核，各运用区段使用的运行揭示和 LKJ 临时数据的分发，生成各运用区段交付运行揭示和 LKJ 临时数据，并通过网络下发到各写卡工作站，完成交付运行揭示打印和出乘写卡的功能。

(一) 主要功能

IC 卡数据文件编制软件主要分为运行揭示和 LKJ 临时数据管理模块、司机出乘功能模块、其他功能模块，各模块又分为若干小的功能模块。软件功能结构如图 4-56 所示。

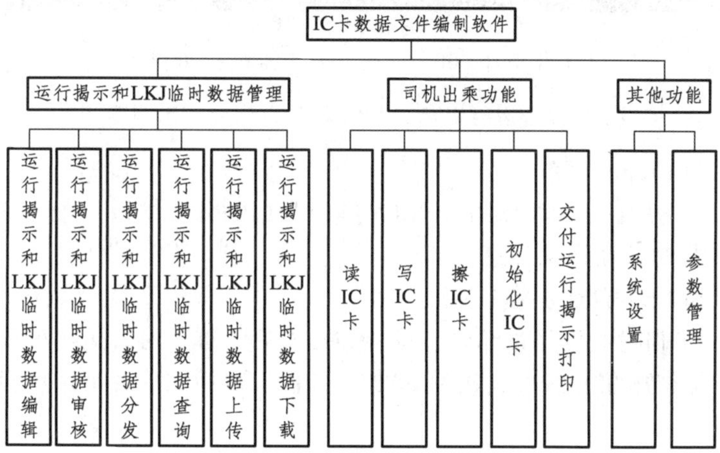

图 4-56 软件功能结构示意

1．运行揭示和 LKJ 临时数据管理模块

(1) 运行揭示和 LKJ 临时数据编辑。

依据运行揭示调度命令进行运行揭示和 LKJ 临时数据的编辑，运行揭示调度命令过期后执行运行揭示和 LKJ 临时数据的撤除操作。

(2) 运行揭示和 LKJ 临时数据审核。

主要用于审核已经录入的运行揭示和 LKJ 临时数据，如果发现运行揭示和 LKJ 临时数据存在错误，可以将运行揭示和 LKJ 临时数据返回重新进行编辑；审核无误，标记此运行揭示和 LKJ 临时数据为审核通过。

(3) 运行揭示和 LKJ 临时数据分发。

将通过审核后的运行揭示和 LKJ 临时数据根据相关参数分发到相应运用区段。

具体的分发逻辑可以用一个例子来描述：在运用区段工务线路对照信息中存在表 4-9 所示的配置信息。

表 4-9 运用区段工务线路对照表

运用区段	工务线路	里程范围
运用区段 1	甲线	×××～×××
	乙线	10.000～10.000

图 4-57 中 *A* 点和 *B* 点是运用区段 1 走行在乙线的起始和终止里程，编号 1 ~ 9 为需要分发运行揭示和 LKJ 临时数据的起止里程，分发结果是 2 ~ 8 的运行揭示和 LKJ 临时数据会被分发到运用区段 1（图中灰色所示线条），1 和 9 不会分发到运用区段 1（图中白色所示线条）。

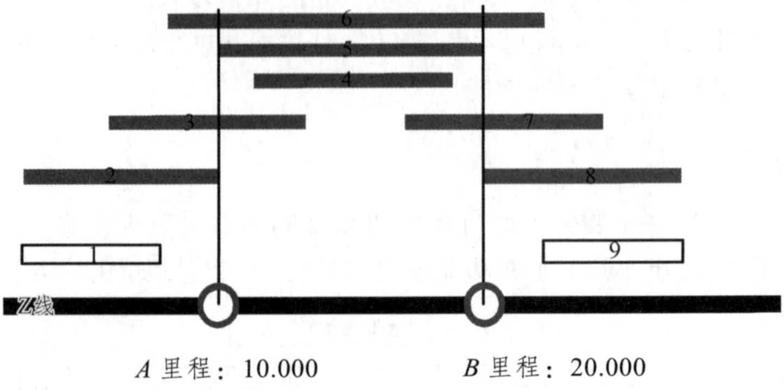

图 4-57　运行揭示和 LKJ 临时数据分发示例图

（4）运行揭示和 LKJ 临时数据查询。

主要用于查询各运用区段运行揭示和 LKJ 临时数据的分发结果，查询各个运用区段使用的运行揭示和 LKJ 临时数据详细信息。

（5）运行揭示和 LKJ 临时数据上传。

运行揭示和 LKJ 临时数据经过编辑、审核和分发后，首先对各运用区段交付运行揭示和 LKJ 临时数据进行加密压缩，然后发送到 FTP 服务器，从而完成各运用区段交付运行揭示和 LKJ 临时数据发布。

（6）运行揭示和 LKJ 临时数据下载。

运行揭示和 LKJ 临时数据经过编辑、审核、分发和发布后，写卡工作站可以使用该功能从 FTP 服务器下载加密后的各运用区段交付运行揭示和 LKJ 临时数据,然后解密到相应目录，完成本地交付运行揭示和 LKJ 临时数据的更新操作。

2．司机出乘功能模块

（1）读 IC 卡。

通过读卡器统一读写接口，从 IC 卡读取司机号等相关信息。

（2）写 IC 卡。

通过读卡器统一读写接口，向 IC 卡写入出乘信息，以及此次司机要担当的运用区段所对应的 LKJ 临时数据。写 IC 卡完成后，将从 IC 卡中重新读取出乘信息和 LKJ 临时数据，供用户进行确认。

（3）擦除 IC 卡。

通过读卡器统一读写接口，擦除 IC 卡中的 LKJ 临时数据文件和 LKJ 运行记录数据文件。

（4）初始化 IC 卡。

将 IC 卡恢复为出厂时的默认状态。

（5）交付运行揭示打印。

打印交付司机携带的运行揭示，交付运行揭示会按照列车运行方向由近至远顺序排列。

3．其他功能

（1）系统设置。

主要完成软件参数配置，包括工作站类型设置、数据库连接设置、FTP 服务器设置、读卡器类型设置等一些系统参数的配置。

（2）参数管理。

主要对运行揭示相关参数进行管理，运行揭示相关参数主要包括运用区段信息、运用区段工务线路对照信息和运用区段站名序列信息，是运行揭示和 LKJ 临时数据编辑、分发的依据。

（二）软件构架

1．逻辑架构

软件逻辑架构分为三层：底层、中间层和应用层。底层包含各种读卡器驱动，负责与各型号读卡器进行通信；中间层主要把各种读卡器驱动封装成统一读写接口，供应用层调用；应用层主要完成运行揭示和 LKJ 临时数据管理，如司机出乘读 IC 卡、写 IC 卡，系统设置和参数管理等功能。

2．主要流程

接收到运行揭示调度命令后，开始运行揭示和 LKJ 临时数据编辑，经审核无误后，分发到各个运用区段，然后将各运用区段交付运行揭示和 LKJ 临时数据加密发送到 FTP 服务器，各派班室从 FTP 服务器下载最新的各运用区段交付运行揭示和 LKJ 临时数据，完成司机出乘写卡和交付运行揭示打印操作。IC 卡数据文件编制软件处理流程示意如图 4-58 所示。

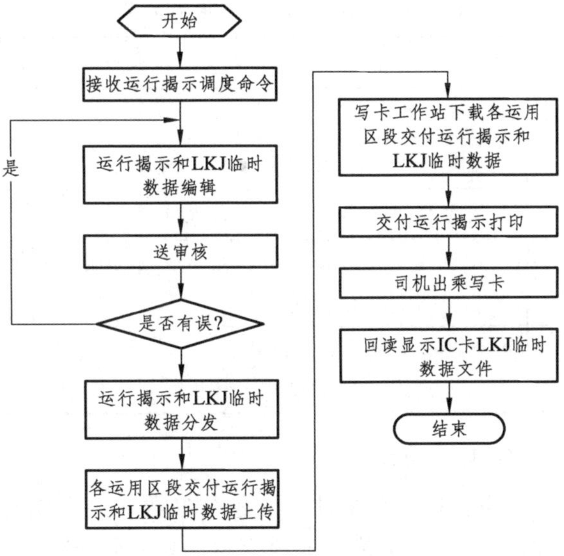

图 4-58　处理流程示意

九、LKJ 运用区段控制参数编制软件

LKJ 运用区段控制参数编制软件是对 LKJ 基本控制软件固定控制参数设定的软件，对 LKJ

固定控制参数进行编辑、保存，并和 LKJ 基本控制软件合并、 编译生成 LKJ 车载控制文件，以满足不同条件下的 LKJ 监控功能。

软件使用分层架构设计，将功能性质相同的模块设计为同一层，各层间采用规定接口进行通信，使用可视化编程语言进行开发，每一项 LKJ 固定控制参数都在人机交互界面上有对应的编辑接口，提高了软件的可操作性。

（一）主要功能

本软件主要功能包括 LKJ 控制参数源文件的编辑、两个版本 LKJ 控制参数源文件的比对、LKJ 基本控制软件与 LKJ 控制参数源文件的编译和系统管理，功能结构示意图如图 4-59 所示。

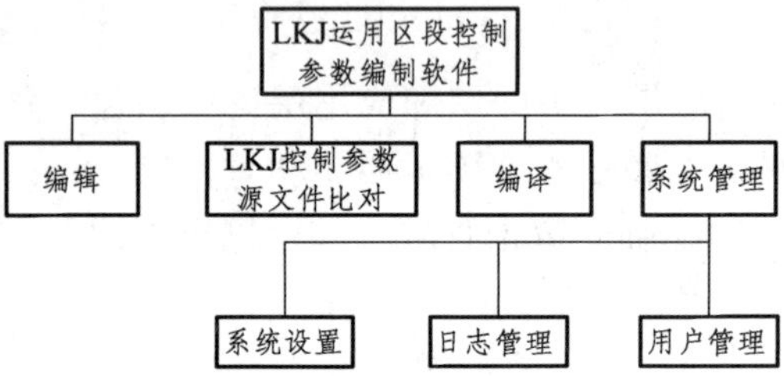

图 4-59　功能结构示意

1．编辑功能

软件提供对 LKJ 固定控制参数的编辑、保存功能，编辑完成后将 LKJ 固定控制参数保存成 LKJ 控制参数源文件。LKJ 固定控制参数分类见表 4-10。

表 4-10　LKJ 固定控制参数分类表

序号	参数分类	参数子类
1	配属检测	
2	设备类参数	通道信息、控制信息、机车属性、记录信息
3	数据限速	交路信息、数据信息、最大限速
4	运用区段控制模式	过机校正、防溜控制、空转轮滑控制、高坡道空转、单机车次限速、重载货车、其他控制
5	铁路运输企业自定功能	非本务、调车、平面调车、出入段、欠压迟缓、白灯控制、模式转换、西门子点式、米轨控制、警惕功能、GPS 功能、无线调车、其他控制

2．LKJ 控制参数源文件比对功能

软件将指定的两个 LKJ 控制参数源文件中的各个参数值一一比对，将参数值不一致的参数项过滤出来，添加到比对结果表中，最终形成完整的比对结果。

3．编译功能

本功能将指定的 LKJ 基本控制软件和 LKJ 控制参数源文件按照特定格式合并在一起，生成 LKJ 车载控制文件。

4．系统管理功能

系统管理功能包含系统设置、日志管理和用户管理。系统设置功能提供本系统参数的配置接口；用户管理功能可设定使用本软件的用户及其权限，以提高系统的安全性。

（二）软件架构

1．逻辑架构

软件的逻辑架构分为底层、中间层和业务层。底层包括对文件的读取、写入等功能；中间层包括对各种文件的解析、合并等功能；业务层包括用户操作的所有功能。

2．主要流程

（1）编译流程。

编译时，在选定 LKJ 控制参数源文件和 LKJ 基本控制软件后，根据两个文件的长度计算 LKJ 车载控制文件的合并偏移地址，然后按特定的文件格式合并成 LKJ 车载控制文件，流程示意图如图 4-60 所示。

（2）LKJ 控制参数源文件比对流程。

选定两个 LKJ 控制参数源文件后，软件将参数文件解析到对应的参数项中，然后对两个文件相同参数项的值一一比对，将参数值不同的项添加到比对结果表中，流程示意图如图 4-61 所示。

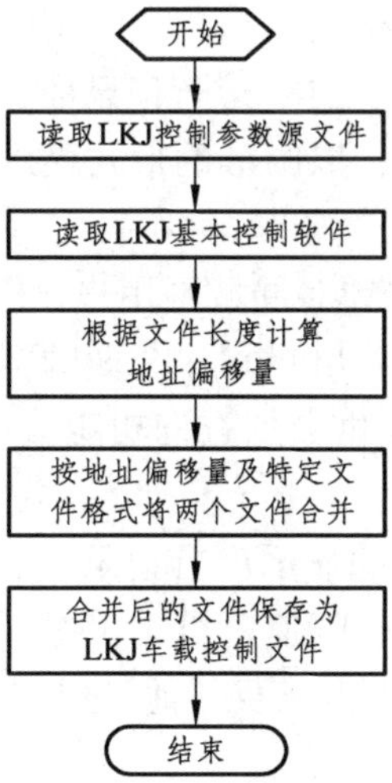

图 4-60　编译流程示意

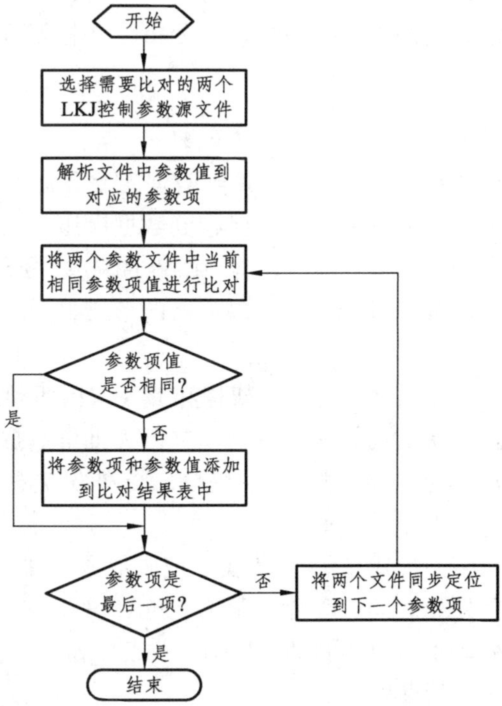

图 4-61　参数文件比对流程示意

十、LKJ 运行记录格式处理软件

LKJ 运行记录格式处理软件是解析和翻译 LKJ 运行记录数据文件的软件。软件具有列车运行全程记录显示、列车运行曲线回放、检索项目分析统计、分析意见签署、统计报表打印等功能。其中，全程记录是列车行车安全事故分析的重要依据。

软件采用 C/S 和 B/S 组合搭配的系统架构，同时满足局域网用户和广域网用户分析工作的需要。在局域网内，C/S 客户端直接访问数据库服务器和文件服务器。广域网用户使用浏览器通过安全防火墙后可以访问数据库服务器和文件服务器。

（一）主要功能

1．LKJ 运行记录数据文件处理功能

（1）系统管理。

系统管理包括系统设置、数据库维护和用户管理。

系统设置功能主要是对处理过程中的一些判断条件、参数进行设置，使处理结果满足不同用户的需求，并对系统用户进行管理。

数据库维护功能可在设定时间自动对过期数据进行删除。

用户管理功能实现系统用户的添加、删除、修改，以及系统用户的权限分配。

（2）自动处理。

根据配置的处理参数和设置项，软件先将运行记录数据文件转换成专用格式文件，然后对专用格式文件进行各项统计、分析，并将处理结果保存在数据库中，本功能是系统的核心功能。

2．LKJ 运行记录数据分析功能

客户端软件通过网络连接到数据库服务器上，读取数据库中的 LKJ 运行记录数据文件的处理结果，并将分析的结果保存到数据库服务器中，对特定数据统计、汇总成常用的报表，可随时查询、打印。同时，客户端软件从文件服务器中读取指定的 LKJ 运行记录数据专用格式文件，对其解析、翻译，以表格的形式显示列车运行全程记录，以图形的形式显示列车运行曲线。

分析工作站软件有 C/S 架构和 B/S 架构两种。C/S 架构客户端针对局域网用户，利用局域网传输速度快的优势，与数据库进行大批量数据交互，为用户汇总出丰富、全面的报表；而 B/S 架构客户端则针对广域网用户，受网络带宽限制，只对用户提供数据查询功能。

（1）全程记录显示。

以表格的形式显示 LKJ 运行记录数据文件的详细信息，表格的显示项有记录号、事件名称、事件发生时间、里程、距离、色灯信号、信号机编号、速度、限速、机车工况、柴油机转速、列车管压力、制动缸压力、均衡风缸 1 压力、均衡风缸 2 压力以及其他扩展信息。

（2）运行曲线回放。

以图形的形式回放列车运行情况。列车运行曲线显示界面包括限速曲线、速度曲线、柴油机转速曲线、时间曲线、机车工况曲线、列车管压力曲线、制动缸压力曲线、车站中心、

信号机、定标位置、电分相位置、开车对标等信息。

列车运行曲线回放功能包括列车运行曲线图形手工拖动、前进或后退回放、特定位置查询定位、曲线显示比例缩放或拉伸、曲线选择打印等。

（3）分析意见签署。

软件提供了分析意见签署、查询功能，分析意见被保存在数据库中，有权限的用户可随时查询。

（4）处理结果查询。

处理结果信息可以根据开车日期、退勤日期、司机、副司机、机车类型、机车号、车次、分析人、始发车站、终到车站、分析意见等条件进行查询，并可根据安全因素分析项的时间在全程记录或列车运行曲线中直接定位。

（5）统计报表。

统计出的报表数据保存在数据库中，根据报表类型从数据库中汇总出所需数据，并以特定的格式显示、打印。

（二）软件架构

1．系统架构图

系统采用C/S和B/S相结合的架构。服务器端包括自动处理服务器、文件服务器、数据库服务器和WEB服务器，在实际应用中可将这几个服务器子系统安装在同一台计算机中。分析客户端包括退勤分析客户端、日勤分析客户端和WEB查询客户端。分析客户端和服务器间通过网络进行数据交互，整个系统的架构如图4-62所示。

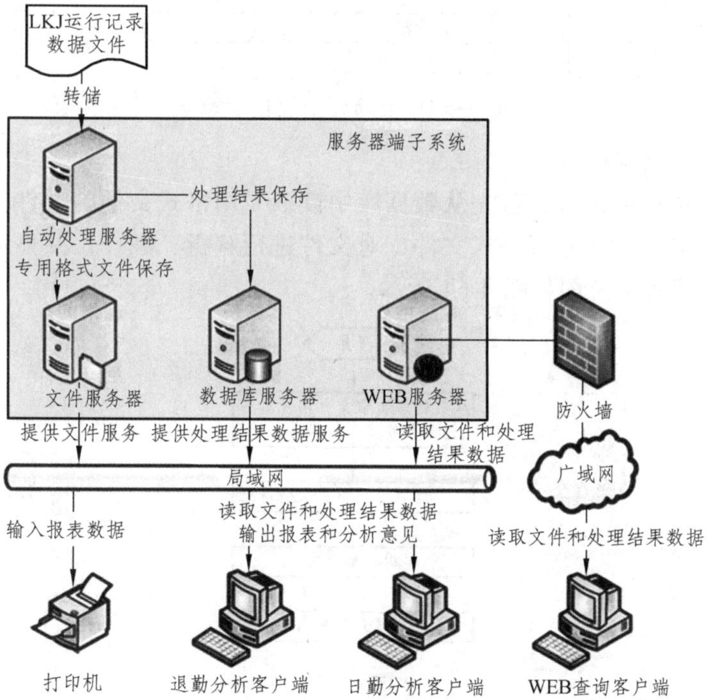

图4-62 系统架构示意

2．主要流程

（1）自动处理流程。

自动处理模块定时扫描待处理目录，有 LKJ 运行记录数据文件时，将 LKJ 运行记录数据文件进行备份、格式转换，转换后的数据保存为专用格式文件，对文件进行分析、处理，处理结果保存在数据库中。自动处理流程示意图如图 4-63 所示。

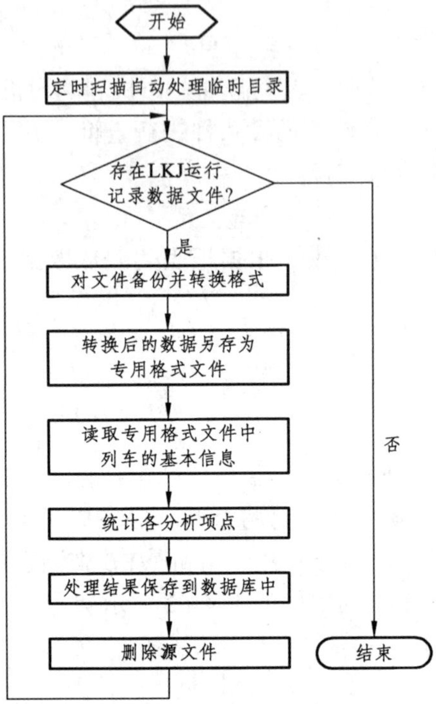

图 4-63　自动处理流程示意

（2）全程记录显示流程。

显示列车运行全程记录时，首先从数据库中读取专用格式文件的文件名及其在文件服务器上的保存目录，然后读取专用格式文件，对文件进行解析、翻译，并显示在全程记录表格中。全程记录显示流程示意图如图 4-64 所示。

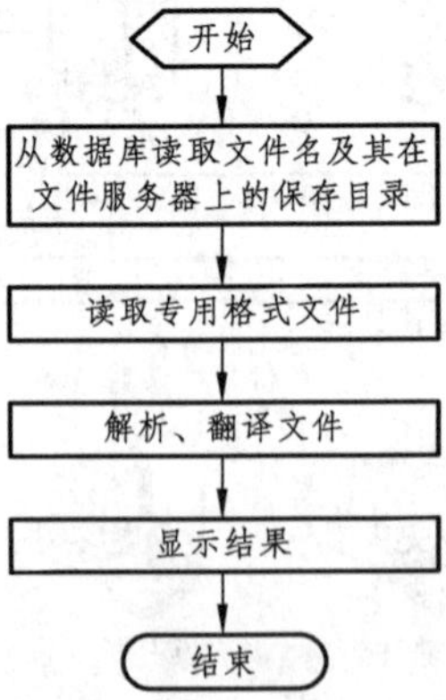

图 4-64　全程记录显示流程示意

任务四　LKJ 数据技术

知识目标

（1）了解 LKJ 数据的发展历程。
（2）熟悉 LKJ 数据的主要内容。

技能目标

（1）掌握 LKJ 数据的产生和发展历史。
（2）掌握 LKJ 基础数据的功能和作用。
（3）掌握 LKJ 临时数据的主要内容。
（4）熟悉 LKJ 记录时间的名称和含义。

任务四课程思政教学案例

素质目标

（1）加强品德修养，爱岗敬业，养成良好的学习习惯和行为习惯。
（2）培养学生的科学精神、科学方法和科学态度。
（3）培养学生努力奋斗、刻苦学习和实践创新的精神。
（4）培养学生的铁路安全意识，让学生意识到铁路安全无小事。

知识点学习

LKJ 的正常运用和维护涉及大量的数据，主要包括 LKJ 基础数据、LKJ 临时数据、LKJ 固定控制参数、LKJ 临时控制参数（司机输入数据）、LKJ 运行记录数据。在这些数据中，以 LKJ 基础数据、LKJ 临时数据和 LKJ 运行记录数据为依托形成的 LKJ 数据技术是 LKJ 的核心技术之一，它的发展和成熟为 LKJ 的发展和铁路行车安全打下了坚实的基础。

一、LKJ 数据的发展历程

（一）没有 LKJ 数据的阶段

自动停车装置（ZTL）作为中国最早大量应用的列控产品，其主要功能为在列车运行中监测机车信号，在机车信号为停车信号时发出不间断警报声，提醒司机确认地面信号并及时按压警惕按钮。ZTL 的推广开启了中国列控装置发展的进程，但由于当时的技术局限，ZTL 未使用计算机技术，装置内没有任何数据，其功能有很大的局限性，主要表现在：

（1）对司机操作影响大。由于不知道距前方信号机的距离，接收到停车信号后立即报警，实际此时列车距离信号机还很远，过早报警干扰了司机的正常操作；而且持续的报警容易使司机产生条件反射，错误按压警惕按钮可能导致列车越过关闭的信号机。

（2）监控功能较弱。只能对停车信号进行监控，不能对线路上各种限速进行监控，后期的 ZTL 虽也具有一定防超速功能，但仅能对一个最高限速进行监控。

（3）难以跟踪设备运行情况。ZTL 没有运行记录数据，出现设备制动后无法正确分析原因，既不利于加强对司机操作的管理，也不利于提高设备质量。

（二）LKJ 数据的产生和发展

20 世纪 90 年代初，计算机技术开始引入列控系统，出现了具有预存线路数据和记录列车运行状态的列控装置，其中得到大量推广的有 JK-2H、LKJ-93 和 LKJ-2000 型，这些装置具有一脉相承的 LKJ 数据技术，LKJ 基础数据、LKJ 临时数据和 LKJ 运行记录数据也伴随着 LKJ 的发展逐步完善。从 ZTL 的应用中人们认识到线路数据对列车控制的重要性，JK-1 最先将线路数据引入列控车载设备，这也是今天 LKJ 基础数据的前身。最早线路数据的使用采用汇编语言手工编辑，不仅编制工作量大，而且人工校验困难，容易出现错误。直到 1993 年，JK-2H 在推广中首先开始使用专用数据编制软件来进行线路数据编制，此软件具有良好的人机交互界面，使工作效率大幅度提高，数据准确性也得到有效保证，这也是 JK-2H 得到顺利推广的重要原因之一。

早期的 LKJ 基础数据内容较为简单，信息量也很少，随着 LKJ 系列监控装置的推广和控制模式的不断完善，LKJ 基础数据的内容也得到大幅度提升，不仅在数据容量、交路组织方面大幅度扩充，在信息内容、控制精度、信息可靠性方面也有了长足的发展；伴随着 LKJ-2000 型监控装置中使用大尺寸液晶显示器的人机交互单元推广，LKJ 基础数据又在指导司机操纵方面进行了完善。现在的 LKJ 基础数据不仅能适应列车监控的要求，而且能给司机良好的操纵指导。与通过点式应答器存储线路数据相比，LKJ 基础数据具有投资少、维护简单、存储信息量大、易于扩充、无传输干扰等优点。通过 LKJ 基础数据，中国铁路还建立起一个庞大、准确且与运输变化配套的铁路车载里程数据体系，建立了中国铁路 LKJ 站场编码数据体系和中国铁路列车 LKJ 交路数据体系，铁路各专业众多车载设备和地面系统直接或间接地从 LKJ 获得这些信息，为中国铁路运输管理系统的发展打下坚实的基础。由于 LKJ 基础数据固化在 LKJ 车载设备中，因线路施工等原因形成部分区段临时限速，这些限速信息如果不能及时输入 LKJ 车载设备，会导致在这些区段 LKJ 无法实现准确的监控功能。为了解决这个问题，经过多种方式的探索，最终确定了使用 LKJ 专用 IC 卡载入 LKJ 临时数据方案。通过 IC 卡将临时限速的限速时间、限速地点、限速值等关键信息载入 LKJ 车载设备，在限速地点前，LKJ 根据相关信息实现正确的速度监控，较好地解决了临时限速的问题。

2005 年开始，LKJ 临时数据又扩充了停用基本闭塞法改用电话闭塞法行车（停基改电）、绿色许可证、特定引导、股道限速、防汛提示等多种数据类型，这些数据的扩充，有效地解决了铁路运输中遇到的实际问题，在保障列车安全、提高运输效率方面发挥了重要作用。2008 年，为了更精确地实现临时限速的控制，按照相关部门发布的线路里程管理办法，对 LKJ 基础数据中的里程体系进行了完善，将 LKJ 临时数据中原来使用的“数据交路号+里程”方式改为“工务线路号+里程”方式。新的数据方式更好地适应了长交路要求，大大减少了 LKJ 临时数据编制和校核的工作量。

与国内外其他列控设备主要使用运行记录数据进行事故分析和设备质量检查不同，LKJ 很早就确立了使用 LKJ 运行记录数据服务运用安全管理的理念。LKJ 在运行中除了对基本的列车运行信息进行记录，还对司机的主要操作进行了详细记录。为了更好地对这些记录进行分析处理，LKJ 系统配套有功能完善的运行记录数据分析系统，从最早只能查看全程记录，逐步增加运行曲线查看、安全因素分析、平稳操纵分析、各种报表统计等，运行记录数据分析系统的功能逐步完善。伴随着计算机技术的发展，运行记录数据分析系统也从最早的单机版发展到现在的适应全段甚至整个铁路运输企业的网络版本。对 LKJ 运行记录数据进行日常分析已成为铁路运输企业的一项工作制度，通过对这些记录进行整理、检索，实现了对司机日常作业的科学考核和对主要设备质量状态的客观跟踪，促进了司机作业的规范化和操纵水平的提高，彻底改变了 LKJ 推广之前铁路运输企业对司机出乘信息无法掌握的状态。

二、LKJ 数据的主要内容

（一）LKJ 基础数据

LKJ 基础数据是一系列数据及其文件的总称。从数据类型上分，LKJ 基础数据由 LKJ 基础运行组织数据和 LKJ 基础线路数据组成，通过 LKJ 基础数据编制软件，将这些数据有机地组织在一起，形成 LKJ 基础数据源文件。LKJ 基础数据编制软件具有良好的数据编辑界面，也能对数据中的逻辑错误进行检查，在确认 LKJ 基础数据源文件无误后，可以通过软件的编译功能形成 LKJ 车载基础数据文件。

LKJ 基础运行组织数据和 LKJ 基础线路数据的来源是铁路工务、电务、机务、供电、运输等多部门提供的数据表格。

在 LKJ 基础数据源文件中，各部门提供的数据被填写到规定的各种组成要素中，这些组成要素的内容见表 4-11。

表 4-11　LKJ 基础数据源文件组成要素表

序号	数据类别	数据记录名称	说　明
1	信号机与车站信息数据	信号机数据	表示地面信号机的有关信息
		侧线股道信息数据	表示车站内某一股道的有关信息
		车站信息数据	表示车站的有关信息
2	线路信息数据	区段限速数据	表示线路上的长期慢行信息
		坡道数据	表示线路的坡道信息
		特殊坡道数据	表示坡度超过 31‰的坡道信息
3	线路设施数据	曲线数据	表示线路上的曲线信息，用于人机交互单元提示
		桥梁数据	表示线路上的主要桥梁信息，用于人机交互单元提示
		道口数据	表示线路上的道口信息，用于人机交互单元提示
		隧道数据	表示线路上的主要隧道信息，用于人机交互单元提示
		分相数据	表示线路上的接触网分相信息
4	特殊信息数据	公里标突变数据	表示由于工务线路改变或长短链等造成的里程不连续信息
		特殊语音数据	用于在特定地点进行语音提示或实现某些特定控制功能
		点式信息数据	用于描述地面点式信号的属性
		GPS 数据	用于描述特定地点的 GPS 信息

续表

序号	数据类别	数据记录名称	说　明
5	运行组织数据	支线转移数据	表示支线转移的信息
		交路转移数据	表示数据转移的信息
		标号定义数据	表示支线转移或数据转移的目标点
		数据结束数据	表示运行数据的终止

受到监控主机存储容量及监控主机与人机交互单元之间通信带宽的限制，LKJ-2000 型在监控主机和人机交互单元中都存储了一份 LKJ 车载基础数据文件。由于人机交互单元和监控主机对数据表现形式有不同的要求，因此 LKJ 车载基础数据文件也分监控主机用和人机交互单元用两种，两种数据文件的格式不同，内容基本相同。监控主机中存储的 LKJ 基础数据用于监控列车运行，以二进制格式存储在数据芯片中；人机交互单元中存储的 LKJ 基础数据主要用于指导司机操作，以计算机文件形式存储在人机交互单元的系统盘中。

（二）LKJ 临时数据

LKJ 临时数据中存储的是运行揭示可控信息，包括临时限速数据、停用基本闭塞法改用电话闭塞法（简称停基改电）行车数据、绿色许可证数据、特定引导数据、侧线股道限速数据、防汛提示数据等。各种数据的主要内容见表 4-12。

表 4-12　LKJ 临时数据主要内容

LKJ 临时数据	临时限速	停基改电	绿色许可证	特定引导	股道限速	防汛提示
调度命令号	√	√	√	√	√	√
起始时间	√	√	√	√	√	√
终止时间	√	√	√	√	√	√
工务线路信息	√	√	√	√	√	√
起始里程	√					√
终止里程	√					√
车站编号		√	√	√	√	
股道编号					√	
客车限速	√				√	
货车限速	√				√	

（三）LKJ 运行记录数据

经过几代 LKJ 监控装置的发展，LKJ 运行记录数据已日臻完善，按记录的事件类型可以分为系统自检信息、软件版本信息、检修人员/司机输入信息、运行揭示可控信息、点式信息、速度相关信息、按键信息、运行状态信息、制动试验信息、数据调用信息、机车条件变化信息、动车组（EMU）信息、其他 ATP 信息、GPS 信息 14 类信息。通过这些记录，LKJ 不仅准确地记录了自身工作情况和列车运行信息，还记录了大量的司机操作信息；LKJ 的运行记录数据按文件存储，当条件满足时，司机号变化或车次变化建立新文件，每个文件分为文件头和数据记录区两部分，文件头包括各种文件标志、列车编组信息、软件和数据版本信息等；数据记录区每条记录事件内容按条存储，每条记录事件包括记录头、记录内容和记录校验三部分。表 4-13 ~ 表 4-26 给出了 LKJ-2000 型监控装置记录事件的名称、含义和记录时机。

表 4-13 系统自检信息

序号	记录事件名称	记录事件含义及记录时机
1	轮径超上界	当计算轮径值大于控制模式设定参数中设置的最大轮径时
2	轮径超下界	当计算轮径值小于控制模式设定参数中设置的最小轮径时
3	A 监控板检测	当 A 机监控记录插件由自检正常状态变为自检故障状态时
4	B 监控板检测	当 B 机监控记录插件由自检正常状态变为自检故障状态时
5	A 模拟入检测	当 A 机模拟量输入输出插件上模拟量输入通道由自检正常状态变为自检故障状态时
6	B 模拟入检测	当 B 机模拟量输入输出插件上模拟量输入通道由自检正常状态变为自检故障状态时
7	A 数字入检测	当 A 机数字量输入插件由自检正常状态变为自检故障状态时
8	B 数字入检测	当 B 机数字量输入插件由自检正常状态变为自检故障状态时
9	A 工况入检测	当 A 机数字量输入输出插件上数字量输入通道由自检正常状态变为自检故障状态时
10	B 工况入检测	当 B 机数字量输入输出插件上数字量输入通道由自检正常状态变为自检故障状态时
11	A 数字出检测	当 A 机数字量输入输出插件上数字量输出通道反馈状态与输出状态由一致变为不一致时
12	B 数字出检测	当 B 机数字量输入输出插件上数字量输出通道反馈状态与输出状态由一致变为不一致时
13	A 模块检测	当 A 机除监控记录插件外带 CPU 插件由自检正常状态变为自检故障状态时
14	B 模块检测	当 B 机除监控记录插件外带 CPU 插件由自检正常状态变为自检故障状态时
15	A 监控板恢复	当 A 机监控记录插件由自检故障状态变为自检正常状态时
16	B 监控板恢复	当 B 机监控记录插件由自检故障状态变为自检正常状态时
17	A 模拟入恢复	当 A 机模拟量输入输出插件上模拟量输入通道由自检故障状态变为自检正常状态时
18	B 模拟入恢复	当 B 机模拟量输入输出插件上模拟量输入通道由自检故障状态变为自检正常状态时
19	A 数字入恢复	当 A 机数字输入插件由自检故障状态变为自检正常状态时
20	B 数字入恢复	当 B 机数字输入插件由自检故障状态变为自检正常状态时
21	A 工况入恢复	当 A 机数字量输入输出插件上数字量输入通道由自检故障状态变为自检正常状态时
22	B 工况入恢复	当 B 机数字量输入输出插件上数字量输入通道由自检故障状态变为自检正常状态时

续表

序号	记录事件名称	记录事件含义及记录时机
23	A 数字出恢复	当 A 机数字量输入输出插件上数字量输出通道反馈状态与输出状态由不一致变为一致时
24	B 数字出恢复	当 B 机数字量输入输出插件上数字量输出通道反馈状态与输出状态由不一致变为一致时
25	A 模块恢复	当 A 机除监控记录插件外带 CPU 插件由自检故障状态变为自检正常状态时
26	B 模块恢复	当 B 机除监控记录插件外带 CPU 插件由自检故障状态变为自检正常状态时
27	硬件复位	当 LKJ 发生瞬间失电时
28	关机	当 LKJ 断电后重新通电时记录断电时信息
29	开机	当 LKJ 断电后重新通电时记录通电时信息

表 4-14　软件版本信息

序号	记录事件名称	记录事件含义及记录时机
1	Ⅰ端显示器版本	当Ⅰ端显示器版本号发生变化时
2	Ⅱ端显示器版本	当Ⅱ端显示器版本号发生变化时
3	A 机监控版本	当 A 机监控版本号发生变化时
4	B 机监控版本	当 B 机监控版本号发生变化时
5	A 机数据版本	当 A 机数据版本号发生变化时
6	B 机数据版本	当 B 机数据版本号发生变化时
7	通信 A 版本	当 A 机通信插件版本号发生变化时
8	通信 B 版本	当 B 机通信插件版本号发生变化时
9	扩展通信 A 版本	当 A 机扩展通信插件版本号发生变化时
10	扩展通信 B 版本	当 B 机扩展通信插件版本号发生变化时
11	地面信息 A 版本	当 A 机地面信息插件版本号发生变化时
12	地面信息 B 版本	当 B 机地面信息插件版本号发生变化时
13	A 机监控生成版本	当 A 机监控生成版本号发生变化时
14	B 机监控生成版本	当 B 机监控生成版本号发生变化时
15	GPS 接收主机版本	当 GPS 接收主机版本发生变化时
16	LKJ 功能扩展盒	当 LKJ 功能扩展盒版本号发生变化时

表 4-15　检修人员/司机输入信息

序号	记录事件名称	记录事件含义及记录时机
1	日期修改	当人工修改日期成功时
2	时间修改	当人工修改时间成功时
3	轮径修改	当人工修改速度传感器所在轴的轮径值成功时
4	备用轮径修改	当人工修改冗余速度传感器所在轴的轮径值成功时
5	机车号修改	当人工修改机车号成功时

续表

序号	记录事件名称	记录事件含义及记录时机
6	装置号修改	当人工修改 LKJ 监控主机编号成功时
7	机车型号修改	当人工修改机车型号成功时
8	默认辆数修改	当人工修改 LKJ 默认辆数成功时
9	默认总重修改	当人工修改 LKJ 默认总重成功时
10	默认计长修改	当人工修改 LKJ 默认计长成功时
11	柴油机脉冲数修改	当人工修改柴油机脉冲数成功时
12	速度表量程修改	当人工修改双针速度表量程成功时
13	机车 AB 节修改	当人工输入双节机车 A/B 节信息成功时
14	司机号	当人工输入司机号变化时
15	副司机号	当人工输入副司机号变化时
16	车次	当人工输入车次变化时
17	本补客货	当人工输入车次的本补客货信息发生变化时
18	监控交路号	当人工输入监控交路号有效且变化时
19	数据交路号	当输入的监控交路号对应 LKJ 车载基础数据文件中的数据交路号变化时
20	车站号	当人工输入车站号有效且变化时
21	总重	当人工输入编组信息中的总重量变化时
22	辆数	当人工输入编组信息中的辆数变化时
23	计长	当人工输入编组信息中的计长变化时
24	参数确认	当人工进行设定输入，选择确认按钮退出时

表 4-16 运行揭示可控信息

序号	记录事件名称	记录事件含义及记录时机
1	运行揭示输入	当 IC 卡内的运行揭示可控信息向 LKJ 传送成功时
2	临时限速开始	当 LKJ 运行数据接近临时限速起点达到控制模式设定参数设置距离时
3	临时限速结束	当 LKJ 运行数据的列车尾部越过临时限速终点时
4	临时限速起点	当 LKJ 运行数据运行到临时限速起始地点时
5	解除揭示控制	当人工解除揭示控制时

表 4-17 点式信息

序号	记录事件名称	记录事件含义及记录时机
1	点式信息接收	当 LKJ 收到点式查询器送入的点式信息时
2	点式校正	当 LKJ 正确地收到点式信息并按点式信息内容进行距离校正时
3	点式定位	当 LKJ 正确地收到点式信息并按点式信息内容进行数据定位时
4	点式查询器正常	当点式查询器向 LKJ 发送的自检报告由故障恢复正常时
5	点式通信超时	当 LKJ 长时间未收到点式查询器信息时
6	点式报文非法	当 LKJ 收到点式信息的报文与实际不一致时

表 4-18　速度事件

序号	记录事件名称	记录事件含义及记录时机
1	速度突降	当速度信号由高于控制模式设定参数设置值的速度突降为 0 时
2	速度通道切换	当 LKJ 自动使双速度传感器的信号切换时
3	人工速度通道切换	当人工使双速度传感器的信号切换时
4	轮对空转	当 LKJ 判断速度信号加速度超过控制模式设定参数设置值时
5	空转结束	当 LKJ 判断轮对空转结束时
6	空转报警开始	当 LKJ 轮对空转报警开始时
7	空转报警结束	当 LKJ 轮对空转报警结束时
8	轮对滑行	当 LKJ 判断速度信号减速度超过控制模式设定参数设置值时
9	滑行结束	当 LKJ 判断轮对滑行结束时
10	各通道速度	记录各速度通道实际速度值

表 4-19　按键事件

序号	记录事件名称	记录事件含义及记录时机
1	解锁键	当按压[解锁]键时
2	确认键	当按压解锁操作的[确认]键或解锁按钮时
3	警惕键	当按压[警惕]键时
4	缓解键	当按压[缓解]键时
5	定标键	当按压[定标]键时
6	前端巡检 1	当进行机械间巡视前，在操纵端按压[巡检]键时
7	后端巡检	当巡视到非操纵端，按压[巡检]键时
8	前端巡检 2	当巡视回到操纵端，按压[巡检]键时
9	IC 卡插入	当 IC 卡插入人机交互单元 IC 卡座时
10	IC 卡拔出	当 IC 卡从人机交互单元 IC 卡座拔出时
11	键盘检测成功	当人工进行人机交互单元按键检测成功时
12	键盘检测失败	当人工进行人机交互单元按键检测失败时

表 4-20　运行状态

序号	记录事件名称	记录事件含义及记录时机
1	A 机单机	当 LKJ 主备状态转为 A 机单机工作时
2	B 机单机	当 LKJ 主备状态转为 B 机单机工作时
3	A 主 B 备	当 LKJ 主备状态转为 A 机主机 B 机备机工作时
4	A 备 B 主	当 LKJ 主备状态转为 A 机备机 B 机主机工作时
5	降级运行	当 LKJ 由其他工作状态进入降级工作状态时
6	进入调车	当 LKJ 进入调车工作状态时
7	退出调车	当 LKJ 退出调车工作状态时

续表

序号	记录事件名称	记录事件含义及记录时机
8	出段	当人工按压[出入库]键进入出入段工作状态的出段状态时
9	入段	当人工按压[出入库]键进入出入段工作状态的入段状态时
10	退出出段	当人工按压[出入库]键由出入段工作状态的出段状态退出时
11	退出入段	当人工按压[出入库]键由出入段工作状态的入段状态退出时
12	引导解锁	当手信号引导行车解锁成功时
13	靠标解锁	当靠标解锁成功时
14	特定引导解锁	当特定手信号引导行车解锁成功时
15	调车点式解锁	当接收到调车点式信息解锁成功时
16	路票解锁	当停用基本闭塞法改用电话闭塞法解锁成功时
17	绿证解锁	当绿色许可证解锁成功时
18	股道无码确认	当车站股道无电码化确认地面信号开放成功时
19	临时命令号输入	当允许输入临时调度命令，人工输入相应的调度命令号时
20	凭证号输入	当人工输入行车凭证号时
21	绿/绿黄确认	当出站信号机前机车信号为侧向信号，人工进行确认地面信号为绿灯/绿黄灯时
22	转入 20 km/h 限速	当 LKJ 由非 20 km/h 限速工作状态转入 20 km/h 限速工作状态时
23	转出 20 km/h 限速	当 LKJ 由 20 km/h 限速工作状态转出时
24	自动进入补机	当 LKJ 通过硬件切换由其他工作状态转为非本务工作状态时
25	自动退出补机	当 LKJ 通过硬件切换由非本务工作状态转为其他工作状态时
26	报警开始	当 LKJ 报警开始时
27	报警结束	当 LKJ 报警结束时
28	防溜报警开始	当 LKJ 防溜报警开始时
29	防溜报警结束	当 LKJ 防溜报警结束时
30	区间停车	当 LKJ 工作在通常工作状态且运行数据位于区间时，采集的机车速度从非 0 变为 0 时
31	区间开车	当 LKJ 工作在通常工作状态且运行数据位于区间时，采集的机车速度从 0 变为非 0 时
32	机外停车	当 LKJ 工作在通常工作状态且运行数据位于进站信号机外方时，采集的机车速度从非 0 变为 0 时
33	机外开车	当 LKJ 工作在通常工作状态且运行数据位于进站信号机外方时，采集的机车速度从 0 变为非 0 时
34	站内停车	当 LKJ 工作在通常工作状态且运行数据位于站内时，采集的机车速度从非 0 变为 0 时
35	站内开车	当 LKJ 工作在通常工作状态且运行数据位于站内时，采集的机车速度从 0 变为非 0 时

续表

序号	记录事件名称	记录事件含义及记录时机
36	降级停车	当 LKJ 工作在降级工作状态时，采集的机车速度从非 0 变为 0 时
37	降级开车	当 LKJ 工作存降级工作状态时，采集的机车速度从 0 变为非 0 时
38	调车停车	当 LKJ 工作在调车工作状态时，采集的机车速度从非 0 变为 0 时
39	调车开车	当 LKJ 工作在调车工作状态时，采集的机车速度从 0 变为非 0 时
40	紧急制动	当 LKJ 发出紧急制动指令时
41	常用制动	当 LKJ 发出常用制动指令时
42	卸载动作	当 LKJ 发出解除机车牵引力指令时
43	允许缓解	当常用制动或卸载动作后，速度下降达到允许人工缓解条件时
44	缓解成功	当常用制动或卸载动作后，按压[缓解]键缓解成功时
45	日期变化	当日期发生变化时
46	GPS 校时	当 LKJ 通过 GPS 设备校正时间成功时
47	进入特殊前行	当 LKJ 由非特殊前行模式转入特殊前行模式时
48	退出特殊前行	当 LKJ 由特殊前行模式转出时

表 4-21　制动试验

序号	记录事件名称	记录事件含义及记录时机
1	常用制动试验开始	当停车状态下通过人机交互单元操作进行常用制动试验时
2	紧急制动试验开始	当停车状态下通过人机交互单元操作进行紧急制动试验时
3	常用制动试验结束	当常用制动试验结束时
4	紧急制动试验结束	当紧急制动试验结束时
5	常用试验减压结束	当常用制动试验减压结束时

表 4-22　数据调用

序号	记录事件名称	记录事件含义及记录时机
1	开车对标	当 LKJ 临时控制参数设定有效后，按压[开车]键进入通常工作状态时
2	车位向前	当按压[向前]键进行距离调整有效时
3	车位向后	当按压[向后]键进行距离调整有效时
4	车位对中	当按压[自动校正]键进行距离调整有效时
5	支线选择	当允许输入支线，输入有效支线号时
6	侧线选择	当允许输入侧线，输入有效侧线号时
7	公里标突变	当 LKJ 运行数据通过公里标突变点时
8	坐标增	当 LKJ 运行数据公里标变化趋势由减变为增时
9	坐标减	当 LKJ 运行数据公里标变化趋势由增变为减时
10	过机不校	当 LKJ 收到过绝缘节信号，不进行距离修正时
11	过机校正	当 LKJ 收到过绝缘节信号，进行距离修正时

续表

序号	记录事件名称	记录事件含义及记录时机
12	轮径修正	当过机校正自动修改轮径时
13	过站中心	当 LKJ 运行数据通过车站中心时
14	进站道岔	当 LKJ 运行数据通过进站道岔时
15	出站道岔	当 LKJ 运行数据通过出站道岔时
16	过信号机	当 LKJ 运行数据通过信号机时
17	正线终止	当 LKJ 运行数据结束走行时
18	过分相	当 LKJ 运行数据通过 LKJ 车载基础数据文件中所做分相点时
19	调用反向数据	当 LKJ 由正向运行数据进入反方向运行数据时
20	退出反向数据	当 LKJ 由反方向运行数据进入正向运行数据时

表 4-23 机车条件变化

序号	记录事件名称	记录事件含义及记录时机
1	机车信号变化	当 LKJ 接收的色灯信息或速度等级信息发生变化时
2	制式电平变化	当 LKJ 接收的制式信息或过绝缘节信息发生变化时
3	机车工况变化	当 LKJ 采集的机车工况发生变化时
4	信号突变	当机车信号从进行状态变为关闭状态并符合 LKJ 控制模式设定规范要求时
5	调车灯显变化	当 LKJ 接收的无线调车灯显设备信号发生变化时
6	速度变化	当 LKJ 采集的机车速度变化达到 2 km/h 时
7	转速变化	当 LKJ 采集的内燃机车柴油机转速变化达到 40 r/min 时
8	电流变化	当 LKJ 采集的电力机车原边电流或电机电流变化达到记录界限（待定）时（可选记录项目）
9	电压变化	当 LKJ 采集的电力机车原边电压变化达到记录界限（待定）时（可选记录项目）
10	电功率变化	当 LKJ 采集的电力机车原边功率变化达到记录界限（待定）时（可选记录项目）
11	限速变化	当 LKJ 计算的限制速度变化达到 2 km/h 时
12	管压变化	当 LKJ 采集的列车管压力变化达到 20 kPa（运行状态）或 40 kPa（停车状态）时
13	闸缸压力变化	当 LKJ 采集的制动缸压力变化达到 20 kPa（运行状态）或 40 kPa（停车状态）时
14	均衡风缸压力变化	当 LKJ 采集的均衡风缸压力变化达到 20 kPa（运行状态）或 40 kPa（停车状态）时
15	定量记录	在一些特定情况下（比如建立新文件时）记录所有 LKJ 采集的机车条件状态
16	自动过分相	当 LKJ 采集到自动过分相装置动作时

续表

序号	记录事件名称	记录事件含义及记录时机
17	Ⅰ端鸣笛开始	当 LKJ 采集到按压Ⅰ端鸣笛装置按钮开始时
18	Ⅱ端鸣笛开始	当 LKJ 采集到按压Ⅱ端鸣笛装置按钮开始时
19	Ⅰ端电喇叭鸣笛开始	当 LKJ 采集到按压Ⅰ端电喇叭鸣笛装置按钮开始时
20	Ⅱ端电喇叭鸣笛开始	当 LKJ 采集到按压Ⅱ端电喇叭鸣笛装置按钮开始时
21	Ⅰ端鸣笛结束	当 LKJ 采集到按压Ⅰ端鸣笛装置按钮结束时
22	Ⅱ端鸣笛结束	当 LKJ 采集到按压Ⅱ端鸣笛装置按钮结束时
23	Ⅰ端电喇叭鸣笛结束	当 LKJ 采集到按压Ⅰ端电喇叭鸣笛装置按钮结束时
24	Ⅱ端电喇叭鸣笛结束	当 LKJ 采集到按压Ⅱ端电喇叭鸣笛装置按钮结束时
25	主断分/主断合	当 LKJ 采集到主断状态发生变化时
26	手动主断分/手动主断合	当 LKJ 采集到手动主断状态发生变化时
27	自动分相预断结束/开始	当 LKJ 采集到自动过分相预断信号状态发生变化时
28	自动分相强断结束/开始	当 LKJ 采集到自动过分相强断信号状态发生变化时

表 4-24　动车组（EMU）信息

序号	记录事件名称	记录事件含义及记录时机
1	EMU 闸压	当 LKJ 采集到动车组制动缸压力信息变化达到 10 kPa 时
2	EMU 管压	当 LKJ 采集到动车组列车管压力信息变化达到 20 kPa 时
3	EMU 电空制动力	当 LKJ 采集到动车组电空制动力信息变化达到 2 kN 时
4	EMU 电阻制动力	当 LKJ 采集到动车组电阻制动力信息变化达到 200 kN 时
5	EMU 发电机电流	当 LKJ 采集到动车组发电机电流信息变化达到 50 A 时
6	EMU 转向架号	当 LKJ 采集到动车组转向架号变化时
7	EMU 原边电流	当 LKJ 采集到动车组原边电流信息变化达到 50 A 时
8	EMU 原边电压	当 LKJ 采集到动车组原边电压信息变化达到 0.5 kV 时
9	EMU 变压器号	当 LKJ 采集到动车组变压器号发生变化时
10	EMU 时效电压	当 LKJ 采集到动车组 2 号车实效电压信息变化达到 40 V 时
11	EMUMM 电流	当 LKJ 采集到动车组 2 号车 MM 电流信息变化达到 100 A 时
12	EMU 再生制动	当 LKJ 采集到动车组再生制动信息变化达到 0.4 t 时
13	EMU BC 压力	当 LKJ 采集到动车组 2 号车 BC 压力信息变化达到 0.5 g/cm²时
14	与 EMU 通信故障	当 LKJ 与动车组通信中断超过 5 s 时
15	与 EMU 通信恢复	当 LKJ 与动车组通信故障恢复时
16	EMU 常用试验	当动车组上 LKJ 常用制动试验时
17	EMU 常用试验结束	当动车组上 LKJ 常用制动试验结束时

表 4-25　其他 ATP 信息

序号	记录事件名称	记录事件含义及记录时机
1	与 ATP 通信故障	当 LKJ 与其他 ATP 通信中断超过 5 s 时
2	与 ATP 通信恢复	当 LKJ 与其他 ATP 通信故障后恢复时
3	ATP 速度变化	当 LKJ 采集到其他 ATP 速度变化超过 2 km/h 时
4	ATP 限速变化	当 LKJ 采集到其他 ATP 限速变化超过 2 km/h 时
5	ATP 目标限速变化	当 LKJ 采集到其他 ATP 目标限速变化超过 2 km/h 时
6	ATP 控制等级	当 LKJ 采集到其他 ATP 控制等级发生变化时
7	ATP 控制模式	当 LKJ 采集到其他 ATP 控制模式发生变化时
8	ATP 控制结束	当其他 ATP 将列车控制权交给 LKJ 时
9	ATP 控制开始	当其他 ATP 将列车控制权夺走时
10	监控隔离位	当与其他 ATP 结合工作，LKJ 隔离开关由“正常”位切换到“隔离”位时
11	监控正常位	当与其他 ATP 结合工作，LKJ 隔离开关由“隔离”位切换到“正常”位时
12	ATP 传输状态	当 LKJ 收到其他 ATP 传送的状态发生变化时
13	ATP 应答器信息	当 LKJ 收到其他 ATP 传送的地面应答器信息时
14	ATP 轨道会路编号	当 LKJ 收到其他 ATP 传送的轨道回路编号发生变化时
15	设备鉴别器编码	当 LKJ 收到其他 ATP 传送的设备鉴别器编码发生变化时
16	ATP 操作变化	当 LKJ 收到其他 ATP 传送的司机操作信息发生变化时
17	已过应答器	当 LKJ 收到其他 ATP 传送的已越过应答器信息时
18	ATP 紧急变化	当 LKJ 收到其他 ATP 传送的紧急制动状态发生变化时
19	ATP 常用变化	当 LKJ 收到其他 ATP 传送的常用制动状态发生变化时
20	ATP 卸载变化	当 LKJ 收到其他 ATP 传送的牵引状态发生变化时
21	ATP 报警状态	当 LKJ 收到其他 ATP 传送的报警状态或报警类型发生变化时
22	ATP 目标距离	当 LKJ 收到其他 ATP 传送的目标距离发生变化时
23	ATP 设定警报情报	当 LKJ 收到其他 ATP 传送的设定警报信息发生变化时
24	ATP 空转轮滑	当 LKJ 收到其他 ATP 传送的空转滑行信息发生变化时
25	ATP 车载故障信息	当 LKJ 收到其他 ATP 传送的故障信息发生变化时
26	ATP 地面故障信息	当 LKJ 收到其他 ATP 传送的地面设备故障信息发生变化时
27	ATP 机车信号	当 LKJ 收到其他 ATP 传送的机车信号发生变化时

表 4-26　GPS 信息

序号	记录事件名称	记录事件含义及记录时机
1	GPS 有效	当 LKJ 检测到 GPS 信息接收装置的信息由无效状态变为有效状态时
2	GPS 无效	当 LKJ 检测到 GPS 信息接收装置的信息由有效状态变为无效状态时
3	GPS 故障	当 LKJ 监控主机与 GPS 接收主机通信中断超过 5 s 时

续表

序号	记录事件名称	记录事件含义及记录时机
4	GPS 校正	当 LKJ 利用 GPS 信息接收装置的信息校正运行数据时
5	GPS 校时	当 LKJ 利用 GPS 信息接收装置的信息校正时间信息时
6	GPS 故障恢复	当 LKJ 监控主机与 GPS 接收主机通信恢复时

（四）LKJ 基础数据和临时数据的使用

在没有点式应答器等外部定位设备的情况下，LKJ 需要通过 LKJ 临时控制参数信息（主要包括车站号、监控交路号、车次等）完成初始定位。司机输入 LKJ 临时控制参数信息后，人机交互单元将相关信息发送到监控主机，监控主机将监控交路号转换为调用 LKJ 基础数据的数据交路号，通过数据交路号、车站号和车次信息查找出 LKJ 基础数据的初始位置，为 LKJ 基础数据的调用提供基本参考点。确定 LKJ 基础数据参考点示意图如图 4-65 所示。

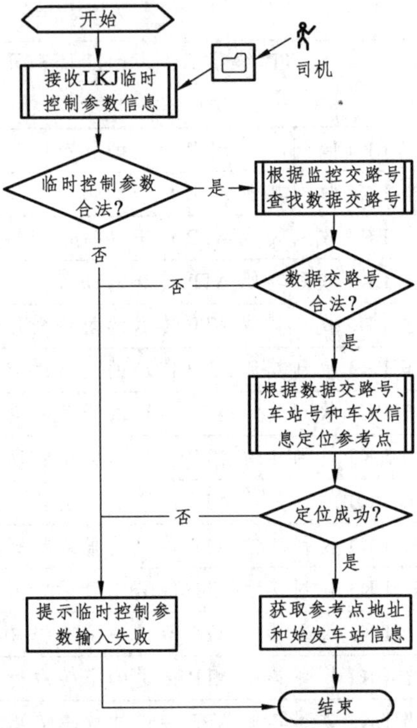

图 4-65　确定 LKJ 基础数据参考点示意

确定调用 LKJ 基础数据的基本参考点后，通过司机人工开车对标操作确定列车初始位置，之后 LKJ 开始顺序读取列车运行前方的基础数据；LKJ 根据采集的速度和相应的位置校正信息，维护 LKJ 基础数据的走行，保证当前调用的基础数据与实际列车运行的线路信息一致；通过调用侧线股道信息数据、支线转移和交路转移数据实现列车不同运行径路的选择；根据调取的 LKJ 基础数据（距离、坡道和限速等），采用速度连续计算的方式，计算产生平滑的控制曲线，防止列车越过关闭的信号机或超过相应目标点的限制速度。

LKJ 监控主机将列车当前位置信息通过 CAN 总线进行广播，人机交互单元根据这些信息定位当前列车对应车载基础数据中的位置，定位信息包括监控交路号、数据交路号、车站号、车次号、信号机编号、支线号等。通过上述定位信息可先定位至当前车站的数据位置，再进一步搜索至当前信号机分区的数据起始位置；定位至当前信号机分区数据起始位置后，根据导航的需要，读取前方一定数量的基础数据信息。导航信息读入人机交互单元的内存后，根据主机发送的距前方信号机的距离，确定列车头部准确位置，以此为基准对读入的数据按显示要求进行转换，转换后的基础数据信息按规定的显示方式显示在屏幕上。

LKJ 监控主机每次读取前方基础数据时，都会对 LKJ 临时数据进行一次完整搜索，逐条判断 LKJ 临时数据，在前方规定距离内时按该条 LKJ 临时数据内容监控列车运行。

任务五　LKJ 设备结构和功能操作训练

LKJ 设备结构和功能操作训练实训项目工作活页见表 4-27。

表 4-27　LKJ 设备结构和功能操作训练实训项目工作活页

<table>
<tr><td>实训项目</td><td colspan="3">LKJ-2000 设备结构和功能操作训练</td></tr>
<tr><td>学　　时</td><td colspan="2"></td><td>实训对象</td><td></td></tr>
<tr><td>指导教师</td><td colspan="2"></td><td>教学时间</td><td></td></tr>
<tr><td>实训场所</td><td colspan="4">铁道机车行车安全装备实训室</td></tr>
<tr><td>工具设备</td><td colspan="4">LKJ-2000 型监控装置设备、多媒体设备、多媒体课件资源</td></tr>
<tr><td rowspan="3">教学目标</td><td>专业能力</td><td colspan="3">（1）掌握 LKJ 型监控装置的构成部分及基本功能；
（2）掌握 LKJ 软件的构成；
（3）掌握 LKJ 基本控制软件的功能；
（4）掌握 LKJ 基本控制软件的软件架构；
（5）掌握 LKJ 基本控制软件的工作流程</td></tr>
<tr><td>方法能力</td><td colspan="3">（1）能综合运用专业知识，通过利用专业书籍、多媒体课件和图片资料获得帮助信息；
（2）能根据实训项目学习任务确定实训方案，从中学会表达及展示活动过程和成果</td></tr>
<tr><td>素质能力</td><td colspan="3">（1）能在实习训练活动中保持积极向上的学习态度和社会能力；
（2）能与小组成员和教师就学习中的问题进行交流和沟通；
（3）能与他人共享学习资源，具有较好的合作能力和团队协作精神</td></tr>
<tr><td>教学活动</td><td colspan="4">以 5～7 人小组为单位开展实训活动</td></tr>
<tr><td rowspan="2">教学评价</td><td>学生评价</td><td colspan="3">（1）根据本组同学在实训过程中的能力表现及结果进行自评和组内互评；
（2）根据其他小组同学在成果展示活动中的表现及结果进行互评</td></tr>
<tr><td>教师评价</td><td colspan="3">（1）教师组织学生开展评价活动和总结；
（2）对学生本实训项目单元成绩做出综合评价</td></tr>
</table>

项目四 LKJ 设备技术结构习题

一、填空题

1. LKJ 比 JK-2H、LKJ-93 型列车运行监控记录装置工作性能更加可靠，是因为 LKJ-2000 采用________________工作方式。

2. 走停走控制功能，列车运行中 LKJ 接收到机车信号为停车信号，且车载数据表示列车前方为自动闭塞区间通过信号机时，LKJ 监控列车在该信号机前停车，停车时间必须超过 2 min，监控列车以不超过________的速度运行至次一架信号机。

3. 机车标签安装位置距轨面高度不小于_________cm，以安装板水平面为基准。

4. 平面调车时，LKJ 接收平面调车灯显信号，并对各种灯显信号进行____________。

5. 机车信号及机车工况信息由中央处理器 MC68332 通过数字量输入插件、数字量输入/输出插件的_________采集。

6. 机车工况信息输入主机后，先经过过压抑制板处理或抗干扰处理，然后输入_________。

7. LKJ 系统设备维护实行________________相结合的体制，坚持专业化集中修理的原则。

8. 兆欧表又叫摇表，是用来测量电气线路_________的直读式仪表。

9. 为使主机和备机记录数据一致，LKJ-2000 采用_________技术，其最大速率为 1 Mb/s。

10. 车位误差在不超过_________m 时，无论车位超前还是滞后，司机均应使用【自动校正】键进行车位校正。

11. 语音录音装置的记录方式根据无线电台输出的________________启动/停止录音。

12. LKJ 监控主机与屏幕显示器的通信采用________________。

13. LKJ 的控制指令输出类型中，输出到屏幕显示器上的指令是_________。

14. 过压抑制板主要是为了避免机车上大的_________启停时给机车的电器系统造成严重污染，使得机车电压不会有瞬间较大幅度的变化。

15. TAX2 机车安全信息综合监测装置以电源单元和________________作为基本配置单元。

16. 固定模式限速值取________________、接触网限制速度、机车最高运行速度、车辆最高运行速度、动车组最高允许速度和特定限速等的最低值。

17. 机车信号为灭灯、多灯时，LKJ 按_______________监控列车运行。

18. LKJ 在减速区实施常用制动控制时的减压量，国产机车牵引的旅客列车取______kPa。

19. LKJ 的控制指令输出包括语音提示、_________、常用制动和紧急制动四种。

20. KJ 与平面调车灯显设备配合使用进行调车作业时，在运行中接收到"三车"信号以后，列车走行 20 m 后，限速变为_________km/h。

21. 牵引行包列车时，车次种类输 X，列车种类输为_________。

22. 列车在站内停车，机车信号为一个白色灯光，司机按压______________键，LKJ 解除停车控制。

23. LKJ 初始上电或断电时间超过_________后再开机，将进入降级工作状态。

24. LKJ 与平面调车灯显设备配合使用进行调车作业时，在运行中接收到"启动"信号以后，限速变为________km/h。

25. LKJ 监控装置的出库良好率必须达到________。

26. LKJ 在调车作业时实施常用制动控制的减压量取________kPa。

27. 参数输入包括 LKJ______________和 LKJ 临时数据两部分。

28. TAX2 装置的主要功能有______________、记录功能、数据转储功能和数据分析处理功能。

29. LKJ 防止冒进信号的控制模式制动距离计算由空走距离、______________与安全距离之和构成。

30. 当机车发生空转时，监控装置启动空转模式，在此时间内按照______________显示与记录。

31. LKJ 的基本工作方式是将运行全程线路的参数事先存储于主机中，作为监控工作的依据，并能够与地面信息交换，采用车载或______________相结合的控制模式。

32. LKJ 采用先进的 32 位微处理______________作为系统主 CPU，其内部数据处理能力达 32 位，具有 16M 字节的寻址空间。

33. LKJ 采用控制器局域网作为系统内部通信方式进行数据交换、CAN 总线器件本身带______校验功能，具有高强的检错与容错能力，使传输可靠性进一步提高。

34. LKJ 监控功能的制动模式曲线采用________计算，并考虑客/货车、制动机种类、线路坡度等因素对制动距离的影响，使制动距离尽量接近于实际。

35. LKJ 中通信插件的 CPU 时钟基准为______________。

36. LKJ 的地面信息处理插件主要是完成地面轨道电路绝缘节点的识别，为监控记录插件提供用以校正前方信号机距离的绝缘节信号，并留有接收并处理地面____________的接口。

37. LKJ 的通信插件主要完成____________________，以使不同通信格式、不同通信接口和速率的设备可以和监控主机交换数据。

38. 过压抑制板由______________、电源滤波电路、延时继电器三部分组成。

39. LKJ 屏幕显示器底板的主要功能是为主板提供总线接口和____________接口电路。

40. LKJ 屏幕显示器内部电路由电源板、______________、底板、高压板、通信子板、PC104 总线 CPU486 主板共 6 块电路板组成。

二、判断题

1. 根据《列车运行监控装置（LKJ）技术规范（V1.0）》规定，LKJ 监控主机功耗大于 200 W。（　）

2. LKJ 的主要功能包括监控功能、记录功能、显示及语音提示功能。（　）

3. LKJ 的监控记录插件在正常工作状态下，面板指示灯定义为 1B 灯亮表示主机，灭表示备机，闪表示单机。（　）

4. LKJ 的监控记录插件正常工作状态下，3B 灯闪亮，双机同步通信自检正常。（　）

5. LKJ 目前使用的监控记录插件采用外部存储器方式，容量不小于 1 MB。（　）

6. LKJ 的电源插件的所有输出回路彼此相互隔离，所有输出回路与输入回路隔离，隔离电压不小于 AC 1 000 V。（　）

7. LKJ 的通信插件与监控记录插件之间采用 RS485 方式进行数据交换。（　）

8. LKJ 的地面信息处理插件将译码后的过“绝缘节信号”以电平方式输出至监控记录插件。（ ）

9. LKJ 的数字量输入插件是处理 DC 50 V 机车信号的插件，通道数为 8。（ ）

10. LKJ 的数字量输入/输出插件是处理 DC 110 V 机车工况、制动输出的插件，输出通道数为 6。（ ）

11. LKJ 的模拟量输入/输出插件处理速度、压力、转速等信号，不驱动双针速度表。（ ）

12. LKJ 屏幕显示器与监控主机之间采用 CAN 总线标准。（ ）

13. LKJ 的电源插件前面板指示灯 4B 灯亮表示给压力传感器的+15 V 供电电源正常。（ ）

14. LKJ 的地面信息处理插件前面板指示灯 8B 灯亮表示绝缘节提示。（ ）

15. LKJ 的数字量输入插件前面板指示灯 5 A 等亮表示当前为速度等级 2（SD2）。（ ）

16. LKJ 的数字量输入/输出插件前面板指示灯 2B 亮，表示司机手柄在制动位。（ ）

17. 运行记录数据中，当 LKJ 屏幕显示器瞬间失电时（失电时间<0.4 s），记录为“硬件复位”。（ ）

18. 运行记录数据中，当机车信号从进行状态变为关闭状态并符合 LKJ 控制模式设定规范要求时，记录“机车信号变化”。（ ）

19. 在 LKJ 的 2 块监控记录插件都发生故障无法运行时，LKJ 装置将转入故障报警状态，必须在 1 min 内切除 LKJ 电源，否则 LKJ 实施紧急制动指令。（ ）

20. LKJ 的监控记录插件中基础数据存储器采用 M27C801-12F6 存储，其中 6 表示该温度范围在 0 ~ 70 °C。（ ）

21. TQG14 系列型号的压力传感器的输出电压为 0 ~ 10 V，消耗电流不大于 15 mA。（ ）

22. LKJ 屏幕显示器仅由机车 110 V 电源供电即可。（ ）

23. LKJ-2000 主机电源由主机箱接口插头 X30 引入，110 V“+”引脚为 X30:16（J140），110 V“地”引脚为 X30:17（J149）。（ ）

24. LKJ 的监控记录插件工作状态下，7 A 灯亮表示复位标志。（ ）

25. LKJ 的监控记录插件工作状态下，2 A 灯亮实时时钟工作正常。（ ）

26. LKJ 主机紧急制动能直接驱动电力机车主断路器动作。（ ）

27. LKJ 主机 A、B 机数字量输入/输出插件中常用制动控制输出采用常开触点并联、常闭触点串联的连接方式。（ ）

28. LKJ 的监控记录插件 CPU 采用 MC68332，MC68332 的系统复位分为外部复位和内部复位。外部复位包括上电复位及外部强制复位；内部复位包括 CPU 执行 RESET 指令以及内部监视器、定时器出现异常情况后引起的复位。（ ）

29. LKJ 系统采用 CAN 总线标准技术，在 CANA 与 CANB 之间接有 100 Ω 的终端电阻，以消除高速传输信号反射。（ ）

30. LKJ 的监控记录插件上 U3、U4 为监控程序芯片，U5、U6 为监控数据芯片。（ ）

三、选择题

1. LKJ 紧急制动时，列车管压力应在（ ）s 内降至 0 kPa。

A. 1　　B. 2　　C. 3　　D. 4

2. 在 CAN 总线 CANH 与 CANL 之间接有（　　）终端电阻。
   A. 30 Ω　　B. 60 Ω　　C. 100 Ω　　D. 120 Ω
3. LKJ 的监控记录插件的主 CPU 采用（　　）位微处理器。
   A. 8　　B. 16　　C. 32　　D. 64
4. 下列叙述正确的是（　　）。
   A. 数字量输入插件完成对机车工况等 110 V 信号的采集
   B. 数字量输入插件完成对机车信号的采集
   C. 数字量输入/输出插件完成对机车工况等 110 V 信号的采集，并送出双针速度表的驱动信号
   D. 数字量输入/输出插件完成对机车信号的采集，并送出双针速度表的驱动信号
5. LKJ 发生系统故障时，由（　　）送出 110 V 电压的故障信号至过压抑制板。
   A. 模拟量输入/输出插件　　B. 数字量输入插件
   C. 数字量输入/输出插件　　D. 监控记录插件
6. 压力传感器的信号如下列（　　）中的描述。
   A. 满充值为 5 A 的电流　　B. 满充值为 50 A 的电流值
   C. 满充值为 50 V 的电压　　D. 满充值为 5 V 的电压值
7. LKJ 输出紧急制动指令时，数字量输入/输出板（　　）。
   A. RL8、RL9 继电器释放
   B. RL8 继电器释放，RL9 继电器吸合
   C. RL8 继电器吸合，RL9 继电器释放
   D. RL8、RL9 继电器吸合
8. 图 4-66 说明的 LKJ 控制模式特指（　　）。
   A. 走停走　　B. 绿/绿黄灯确认
   C. 转入 20 km/h 模式　　D. 股道无码发车

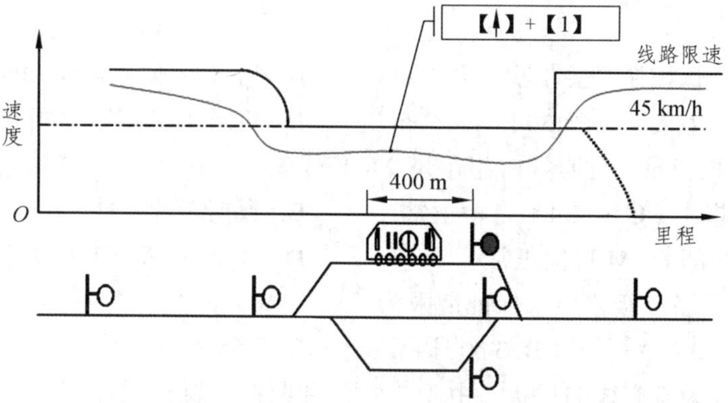

图 4-66　题 8 图

9. 列车在运行中，以下哪个部件故障，会导致 LKJ 报警？（　　）
   A. 显示器　　B. A、B 机主机板插件同时故障
   C. 绝缘节插件　　D. 速度传感器

10. LKJ 形成新文件的条件是（　　）。

A. 变更司机号　　B. 修改车次、车站号

C. 在停车状态下起车　　D. 在停车状态下副司机号或变更司机后起车

11. LKJ 的光电速度传感器的配线，下列说法正确的是（　　）。

A. A 表示电源负端、B 表示输入正电源、C 表示输出脉冲

B. A 表示输入正电源、B 表示输出脉冲、C 表示电源负端

C. B 表示输入正电源、A 表示输出脉冲、C 表示电源负端

D. C 表示输入正电源、B 表示输出脉冲、A 表示电源负端

12. 机车安全装备的电源取自机车直流控制系统 110 V，电压波动范围是（　　）。

A. −20% ~ +5%　　B. ±5%

C. −10% ~ +5%　　D. −20% ~ +10%

13. 下列对 LKJ 监控功能的描述，错误的是（　　）。

A. LKJ 根据机车信号信息进行限速控制，以防止列车越过关闭的信号机

B. LKJ 根据机车信号信息、车载线路数据以及输入的列车运行参数实时计算出速度-距离制动模式曲线

C. LKJ 按揭示命令要求控制列车在规定的施工区段速度不超过临时限速行车

D. LKJ 启动制动设备实施列车制动后，对于常用制动方式，必须停车后才可缓解

14. 某一支色环电阻的色环标记依次为蓝、灰、黑、红、金，其阻值为（　　），误差为（　　）。

A. 680 kΩ　　B. 68 kΩ　　C. ±5%　　D. ±10%

15. 电器线圈上反并联的二极管的作用是（　　）。

A. 对线圈电压进行箝位　　B. 控制线圈的通断

C. 当继电器断电时，提供线圈能量释放回路　　D. 以上都不对

16. LKJ 启动周期警惕功能后，开始计时。计时过程中，检测到下列哪一信息时不重新开始计时：（　　）。

A. 按压警惕按钮开关 1 次　　B. 列车管压减压 50 kPa 及以上

C. 闸缸压力大于等于 50 kPa　　D. 机车工况（零位/非零位）状态变化

17. LKJ 的监控记录插件自检时指示灯 2A 亮代表（　　）。

A. 程序芯片（U3、U4）自检正常　　B. 数据芯片（U5、U6）自检正常

C. CPU 内部 RAM 自检正常　　D. 外部 RAM（U13）自检正常

18. LKJ 系统设备Ⅱ级修质量保证期限为（　　）。

A. 1 个月　　B. 3 个月　　C. 6 个月　　D. 12 个月

19. CTCS-0 级为既有线的现状，由（　　）和监控装置构成。

A. JT-C 系列机车信号　　B. 通用式机车信号

C. ATP 车载设备　　D. 移频机车信号

20.（　　）将解调的信息传递给安全计算机，为安全计算机生成制动模式曲线提供依据。

A. BTM　　B. CTM　　C. DMI　　D. STM

21. 就无源应答器存放的数据内容而言，下列不正确的是（　　）。

A. 线路坡度　　B. 列控等级切换　　C. 轨道电路参数　　D. 临时限速信息

22. 进行局间 LKJ 数据换装协作应在铁路局（　　）协调下由电务段间签订工作协议，明确协作范围、数据交接和数据换装作业要求。

A. 电务处　　B. 机务处　　C. 总工室　　D. 车辆处

23. LKJ 的时钟日期日时分秒不正确会影响（　　）。

A. 列车运行速度不准　　B. 列车运行距离不准

C. IC 卡临时限速误控　　D. 列车固定限速不控

24. LKJ 需要更换控制程序芯片时是指更换（　　）芯片。

A. U1、U2　　B. U2、U3　　C. U3、U4　　D. U5、U6

25. 在一个周期内只通过半个周期交流电，这样的整流方式为（　　）。

A. 半波整流　　B. 全波整流　　C. 全控整流　　D. 桥式整流

26. 制动空走时间与机车牵引的车辆数、（　　）以及制动初期列车所处线路纵断面等情况有关。

A. 制动方式　　B. 制动管减压速率　　C. 制动管定压　　D. 列车运行速度

27.（　　）插件故障是 LKJ 不能正常接收机车信号的主要原因之一。

A. 数字量输入　　B. 模拟量输入/输出　　C. 地面信息处理　　D. 扩展通信

28. LKJ 的地面信息处理插件是通过什么方式与监控记录插件完成数据通信的？（　　）

A. 同步串行口通信　　B. 双口 RAM 通信

C. CAN 总线通信　　D. 异步串行口通信

29. TAX2 型机车安全信息综合监测装置内通信记录单元能通过（　　）通信方式从 LKJ-2000 型 LKJ 获取时间、速度、公里标等信息。

A. RS-485　　B. RS-422　　C. CAN　　D. RS-232

30. 在减速模式或停车模式区，人工减压（　　）后，允许机车牵引列车的 LKJ 自动关闭常用制动控制功能。自动关闭常用制动控制功能后，紧急固定模式限速值按常用固定模式限速值取值。

A. ≤30 kPa　　B. ≤50 kPa　　C. ≥50 kPa　　D. ≥100 kPa

31. 列车运行到已通过 IC 卡载入 LKJ 的停用基本闭塞法改用电话闭塞法的车站出站（或发车进路）信号机前，速度低于（　　），司机按规定方法操作后，LKJ 解除对列车所在车站的出站（或发车进路）信号机以及至下一站间所有通过信号机的停车控制。

A. 60 km/h　　B. 45 km/h　　C. 80 km/h　　D. 20 km/h

32. 机车上安装的 LKJ 系统Ⅱ级修应按设备装车使用时间结合机车中修计划进行，原则上设备运用时限不得超过（　　）个月。

A. 6　　B. 12　　C. 18　　D. 24

33. 我国规定（　　）以下为安全电压。

A. <12 V　　B. <36 V　　C. <24 V　　D. <48 V

34. LY05 型机车语音记录装置采用（　　）处理器技术。

A. RAM32　　B. ARM　　C. MC68332　　D. 8051

35. LKJ 在通常工作状态下，紧急制动时，客货车制动区间预留安全距离为（　　）。

A. 30 m　　B. 50 m　　C. 70 m　　D. 150 m

36. LKJ 的监控主机与显示器的通信采用（　　）。

A. RS232 方式　　B. RS-485 方式

C. RS-422 方式　　D. CAN 总线通信方式

37. 对于线路曲线半径为 400 m 及以下的地段，按线路允许速度值下浮（　　）确定固定模式限速值。

A. 1 km/h　　B. 2 km/h　　C. 3 km/h　　D. 4 km/h

38. 运行中列车管压力小于定压超过（　　）且速度≥5 km/h，4 min 后，LKJ 输出语音提示指令“欠压运行”，司机按压【警惕】键，撤除语音提示指令。

A. 40 kPa　　B. 50 kPa　　C. 80 kPa　　D. 100 kPa

39. 具备常用制动功能的机车在恒速区运行时，LKJ 屏幕显示器限速窗口显示值和限速曲线为（　　）。

A. 固定模式限速值　　B. 常用固定模式限速值

C. 常用计算模式限速值　　D. 紧急固定模式限速值

40. 机车型号为 142，代表的是以下哪种机车？（　　）

A. DF_{4B}　　B. DF_{4D}　　C. DF_{8B}　　D. DF_{7G}

41. LKJ 在以下哪种状态下运行时，一定无常用制动功能？（　　）

A. 在减速区运行　　B. 在站内停车控制时

C. 调车状态　　D. 在长期慢行区段运行

42. 下面哪一个数属于 LKJ 数据文件编制规范中规定的货运列车过渡支线号？（　　）

A. 1　　B. 8　　C. 20　　D. 35

43. 自动闭塞区段，LKJ 计算列车距前方信号机（　　）时，机车信号由 U 码突变为 HU 码、白色灯光，或由 UU 码突变为 HU 码、白色灯光，LKJ 自动解除对当前信号机的停车控制，并将计算的剩余距离消除。

A. ≤50 m　　B. ≤60 m　　C. ≤80 m　　D. ≤100 m

44. 在调车状态下，机车停车后，当制动缸压力达到（　　）kPa，就取消 LKJ 管压防溜控制。

A. 50　　B. 80　　C. 250　　D. 280

45. 机车型号为 80，代表的是以下哪种机车？（　　）

A. DF_{4B}　　B. DF_{4D}　　C. DF_{8B}　　D. DF_{7G}

46. LKJ 显示的列车管压力误差为（　　）。

A. ±20 kPa　　B. ±5 kPa　　C. ±10 kPa　　D. ±30 kPa

47. 在四显示自动闭塞区段，出站色灯信号机显示一个绿色灯光和一个黄色灯光，表示运行前方有（　　）个闭塞分区空闲。

A. 1　　B. 2　　C. 3　　D. 4

48. 通常情况下，LKJ 实际运用中下列哪个信息未记录？（　　）

A. 列车管压力　　B. 均衡风缸压力　　C. 闸缸压力　　D. 总风缸压力

49. 断电后会使存储器数据丢失的存储器是（　　）。

A. ROM　B. RAM　C. 磁盘　D. 光盘

50. 在通常工作状态下，司机修改以下哪项参数，不可能导致 LKJ 降级？（　　）

A. 车次　B. 区段号　C. 客/货　D. 计长

四、简答题

1. 简述 LKJ“监控功能”的含义。
2. LKJ 的通信插件有何功能？
3. 简述什么是速度连续控制方式。
4. 简述什么是速度分级控制方式。
5. 简述压力传感器的工作原理。
6. 简述光电速度传感器的工作原理。
7. 简述 LKJ 的监控记录插件的功能。
8. 简述 LKJ 进入降级工作状态的条件。
9. 简述 LKJ 防动轮迟缓提示的设置。
10. 简述 LKJ 参数输入类型。
11. 简述 LKJ 在恒速区运行时，LKJ 输出指令的时机。
12. 列车在停用基本闭塞法改用电话闭塞法行车的区间，LKJ 限速是如何规定的？
13. 简述 LKJ 在减速区运行时，LKJ 输出指令的时机。
14. 电务车载设备检测工区的主要职责是什么？
15. 简述 CAN 总线数据位的传输特性。
16. 简述 LKJ 数据换装作业准备工作和核对参数的具体作业内容及标准。
17. 什么情形下为 D21 事故？
18. 什么是 LKJ 系统故障关机率？
19. 四显示自动闭塞区段进站色灯信号机显示一个黄色闪光和一个黄色灯光的含义是什么？
20. LKJ 控制功能运行试验主要试验验证的内容是什么？

项目五　LKJ-2000 型监控装置标准化乘务作业操作

项目描述

LKJ-2000 型监控装置是机车运行的安全监控设备，它能协助司机有效地防止“二冒一超”等事故的发生。该装置采用的是车载控制模式，在列车运行时根据列车所处位置按顺序调用车载的线路数据，并按前方信号机的显示、距离、列车速度实时计算和显示模式控制曲线。当列车速度超过模式控制曲线时，对列车采取措施，如将机车动力卸载；实施常用制动、紧急制动等，使列车减速或停车，防止越过前方关闭的信号机。

LKJ-2000 型监控装置操作主要包括① 开机操作：打开主机电源开关后，装置进入自检状态，数秒后进入主界面的显示状态。② 时钟确认：乘务员必须确认显示屏日期、时间显示与实际日期时间相符。③ 参数设定操作：参数及揭示信息 IC 卡输入，乘务员手工输入参数操作，出库、入库操作，开车操作；发车后，当机车头部运行与正线出站信号机平行时，必须按压【开车】键，进行“开车对标”操作，按压【开车】键后，监控装置进入正常监控状态。若遇侧线开车时，机车头部已经超出正线信号机位置的个别站，按照各段规定的开车对标点开车对标。

本项目任务：

任务一　出勤

任务二　接车、库内作业

任务三　出段挂车

任务四　运行

任务五　到达退勤

任务六　显示屏限速曲线显示说明

任务七　平面调车灯显控制

任务八　机车防撞土挡

任务九　LKJ-2000 型监控装置操作训练

任务一　出勤

知识目标

（1）熟悉司机待班内容。

（2）熟悉司机出乘内容。

技能目标

（1）掌握司机待班具体操作流程和禁忌事项。

（2）掌握司机出乘具体操作流程和禁忌事项。

素质目标

（1）培养学生具备良好的职业道德，加强个人品德修养。

（2）培养学生认真、细心、严谨的工作作风。

（3）培养学生爱岗敬业、认真负责、精益求精的踏实态度。

（4）培养学生的铁路安全意识，让学生意识到铁路安全无小事。

任务一/任务二课程思政教学案例

知识点学习

一、待班

待班时应注意的事项：

（1）按交路计划准时到达规定的公寓或待班室。待班前严禁饮酒。

（2）到驻寓指导室或值班室登记本班的房间号并签字。

（3）进房间时严禁携带各类书籍、报纸，将手机关机确保良好的休息。夜间值乘班前卧床休息不少于 4 h。

（4）叫班后到车队（机车派班室）领取本班值乘的“所担当车次安全风险提示卡”。

二、出乘

出乘前及出乘时应注意的事项：

（1）出乘前严禁饮酒，充分休息。

（2）按规定时间出勤，出勤时按规定着装，携带相关资料和证件到出勤处报到，采集指纹，进行酒精测试，领取司机手账、手持电台、录音笔等，并打开录音笔，做好录音（如：2016 年 10 月 10 日司机×××随乘司机或学习司机×××值乘 T1 次，机车 HXD1D001）。

（3）认真阅读有关安全通报和“机车乘务员出勤传达指导簿”并签章。由（主）司机负责根据天、地、人、车、时开好小组会，将 IC 卡和司机手账交给出勤值班员审核签认，认真听取指示。

（4）出勤值班员写卡并打印运行揭示，交给出乘机班。值乘机班将 IC 卡插入公布揭示核对系统（触摸屏）或输入司机工号，选择所担当的值乘区段，一人核对，一人确认，逐条勾画值乘区段相关运行揭示，如图 5-1 和图 5-2 所示。选定区段后显示，逐条核对，相关触摸打“√”，无关触摸打“×”。

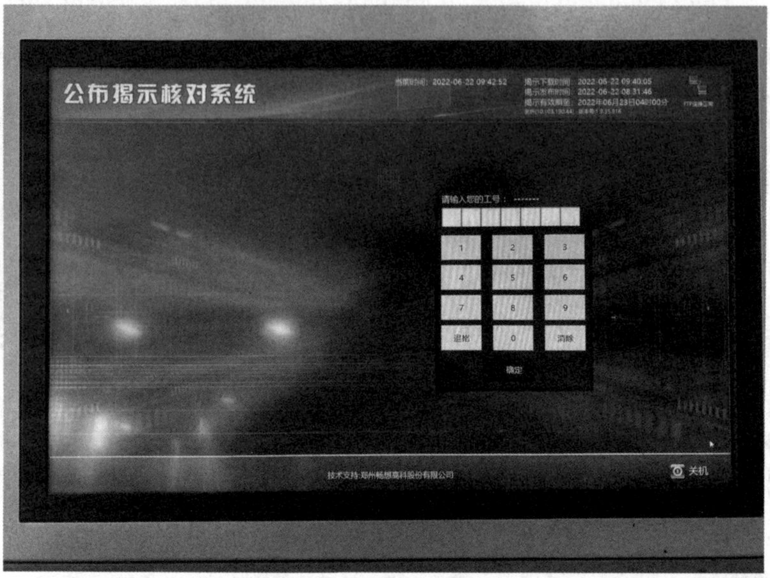

图 5-1　插入 IC 卡或在界面输入司机工号后界面显示

图 5-2　选定区段后显示

（5）将 IC 卡插入特殊行车揭示模拟装置，核对写入 IC 卡的数据文件条数和命令号，并与交付揭示勾画的运行揭示逐条核对。操作完毕，点击“下一步”，进行答题。如果卡内有特殊运行揭示（路票、绿色许可证、引导、特定引导），还应模拟操作；同时将运行揭示的重点内容在手账上用红笔进行标注。

特殊行车揭示模拟装置操作：插入 IC 卡，选定区段、列车类别后显示如图 5-3 所示。

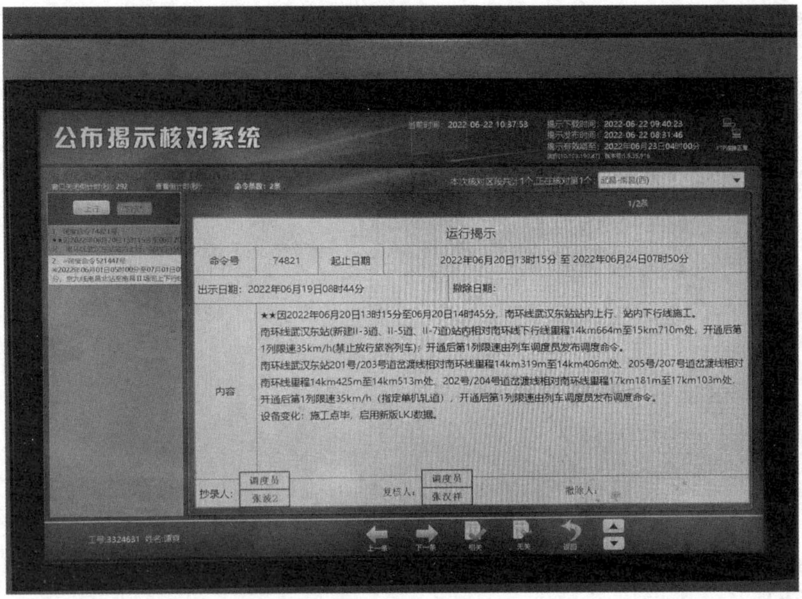

图 5-3　显示屏显示特殊行车揭示

（6）值乘机班核对、验卡模拟操作答题后到出勤值班员处核对此次出勤核对是否合格，合格后由出勤值班员签字盖章，如图 5-4 所示。

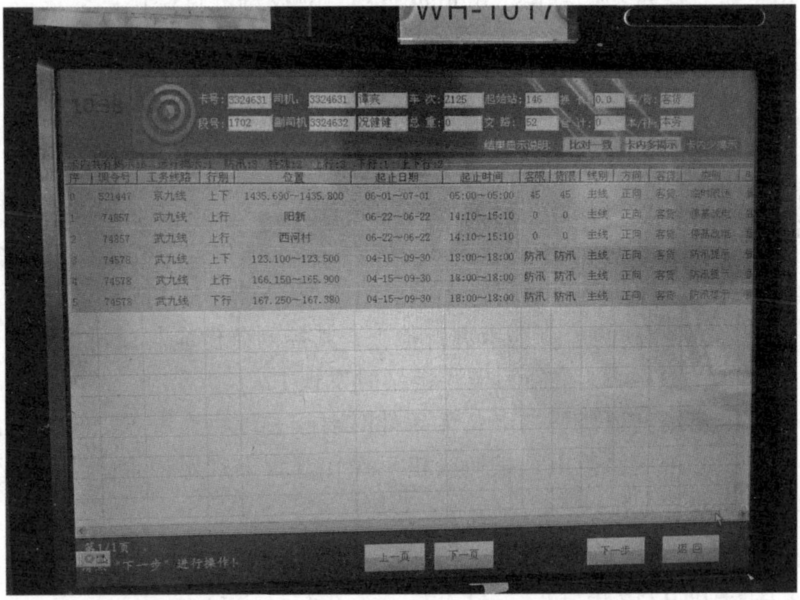

图 5-4　出勤核对

任务二　机车、库内作业

知识目标

（1）熟悉 LKJ 出库前的检查内容。
（2）熟悉开机的操作流程。
（3）熟悉显示器操作权的确认与转换流程。
（4）熟悉监控装置换室操作流程。
（5）熟悉参数的设定修改流程。

技能目标

（1）掌握 IC 卡信息输入操作流程。
（2）掌握参数输入操作流程。
（3）掌握参数的修改操作流程。
（4）掌握参数的输入/修改注意事项。

素质目标

（1）培养学生安全高于一切，服从统一指挥的职业素质。
（2）培养学生崇德向善、诚实守信、爱岗敬业、精益求精的工匠精神。
（3）培养学生自我学习、获取知识的方法能力，以及团结协作、善于沟通的社会能力。
（4）培养学生树立铁路安全意识，严格按照规章对设备进行操作。

知识点学习

机车和乘务员进行接车、库内作业时应该按规定办理机车交接，了解机车状态，轮乘制机车按照有关规定办理；确认机车行车安全设备、电台、机车信号出段合格证，试验列车无线调度通信设备、录音装置，检查机车防火视频装置是否良好；对监控装置进行紧急放风试验，核对运计日期、时间、机车（动车组）LKJ 数据版本号和运用范围有无误差；将 IC 卡数据载入机车监控装置，按规定两人共同对交付揭示与 IC 卡揭示进行逐条核对，根据交付揭示的标注对含有 IC 卡数据控制的运行揭示进行检查，其控制条件应与交付揭示一致，发现错误时及时向派班员提出，并要求其重新写卡；接站时发现 IC 卡错误时，及时反馈信息，有条件时进行重新写卡，或借用其他机班的卡；无条件时对相关地点在手账上重新标注，且严格按地面限速条件控速，必须双岗值乘；按照《机车操作规程》规定检查机车，进行机能及动态试验，做好出段前的准备工作。

一、LKJ 出库前的检查

（一）“LKJ 系统检测合格证”的检查

在本局设有电务车载设备检测工区处所时（含本段、折返段、作业所、动车运用所等统称库)，电务检测人员对本段归属的即将出库担当任务的机车（动车组）LKJ 系统设备进行检测，确认设备技术状态良好后出具“LKJ 系统检测合格证”。虽经检测 LKJ 系统技术状态良好，但检测后机车（动车组）库内停留超过 24 h 的，出库前须由机车调度员通知电务检测人员重新检测。

机车乘务员值乘机车（动车组）出库前，一是确认 LKJ 系统是否有“LKJ 系统检测合格证”，如图 5-5 所示；二是确认“LKJ 系统合格证”有效时段是否超过 24 h，如超过，通知机车调度员，由其通知电务检测人员重新检测。

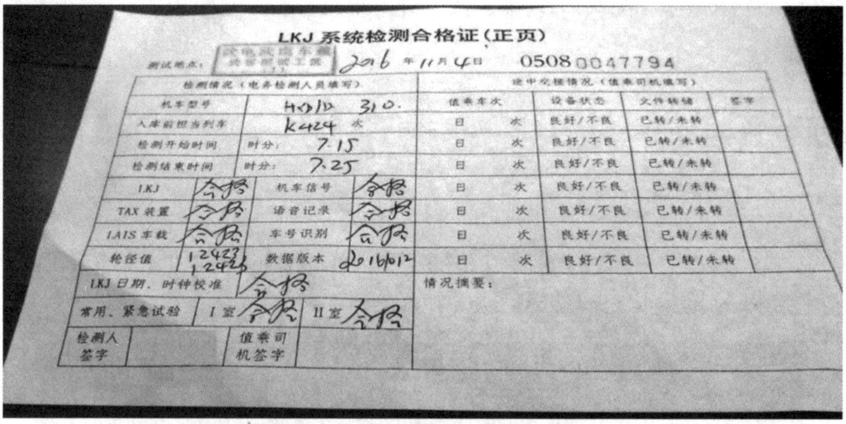

图 5-5　LKJ 系统检测合格证

但应注意：机车乘务员值乘在外段、外局出库本段配属机车时，LKJ 系统检测规定执行归属电务段与对口电务段协议要求；机车乘务员值乘外段、外局机车时，LKJ 系统检测规定执行机车归属电务段与对口电务段协议要求；沿途驻站调车机车、高铁热备机车 LKJ 系统检测每三个月不少于一次。

（二）合闸通电后设备状态检查

合闸通电后机车乘务员应对安全设备的状态进行检查，确认机车（动车组）LKJ 版本号和运用范围；按压【查询】键，分别选择“设备状态”按钮、“工况查询”按钮，检查各插件信道、芯片是否正常，工况接口是否正常；检查监控装置显示的列车管压力值与机车表压力值显示一致（误差不超过 20 kPa）；检查监控装置显示的时间、日期是否正常。

（三）运行速度窗口检查

机车在库内慢速移动的过程中，观察工况窗口速度通道显示是否正常。

（四）语音、机车信号的检查

在库内（有轨道电路环线）机车信号变化时，监控装置发出相应的语音提示：

红灯——红灯，停车；

黄灯——黄灯，减速；

双黄灯——双黄灯，测线运行；

白灯——白灯，无码；

绿灯——绿灯，通过；
绿黄灯——绿黄灯，注意运行；
黄 2 灯——黄 2 灯，注意运行；
红黄灯——红黄灯，停车。

（五）录音功能检查

检查出库前乘务员拿起电台话筒喊话“××机车×端录音测试”（对于双节重联机车也要对非操作端进行录音测试）。放下话筒后，按一下语音记录装置面板上的检查按钮，正常情况下应回放这句话。

二、开机、设定操作

（一）开机

打开主机电源开关后，主机执行自检功能，数秒后显示器启动，自检完毕后进入原始降级状态，进入主接口的显示状态，如图 5-6 所示。

图 5-6　LKJ-2000 状态显示

信号状态窗口：显示机车当前的机车信号；
速度窗口：显示机车当前的运行速度值；
限速窗口：显示机车当前的限速值；
日期和时间窗口：显示当前的系统日期及时间（与当前时钟相符）；
系统状态：【降级】亮、【A 机】亮或【B 机】亮。

注意：主机电源开关为钮子开关，普通型主机的电源开关在主机箱的后部，部分上出线的主机电源开关在主机箱的上部。显示器没有电源开关，它的开关状态受主机控制。

（二）显示器操作权的确认与转换

监控装置通电自检后，显示器进入主接口显示状态，在此状态下，两端操作均有效。哪端先进入“监控”或“调车”状态，则哪端有操作权。其标志为：显示器操作权显示窗口显示为“有权”；另一端显示器无操作权（指示灯点亮）。

在“有权”操作端显示器可进行正常按键操作，且有正常语音提示，而在非操作端（无权）只能进行一些“查询”功能的操作，无语音提示。

（三）监控装置换室操作

乘务员需要到另一端操纵机车时，必须转换监控装置显示器的操作权。在“有权”端显示器按【调车】键进入调车状态，在无权端显示器按【调车】键退出调车状态，完成操作权的转换。

装有两台监控主机的机车（如 SS_4、DF_{11G}、HXD_1 机车），换端时只需将一端监控主机电源关掉，另一端监控电源打开即可。

（四）设定数据输入/修改

由于监控装置采用地面参数内存储和顺序调用的工作方式，因此，机车乘务员担当具体值乘任务时，一是提供 IC 卡，将依据提前下达的运行揭示调度命令编制形成的 LKJ 临时数据文件等载入 LKJ 设备；二是通过 LKJ 人机界面单元将 LKJ 工作状态、牵引列车的车次号、车站号监控交路、列车类型、列车编组信息、司机号、车速等级、开车对标等信息在列车运行时，按照运行需要将选择的参数等输入 LKJ 设备。

1. IC 卡信息输入

机车速度为 0 km/h 时，将写有 LKJ 临时数据（参数）的 IC 卡正确插入显示器 IC 卡座内，显示器右边状态窗口的“IC 卡”指示灯点亮。按压【设定】键装置就会将卡内的揭示信息和设定参数读入，自动弹出“参数设定”对话框，其中的参数为 IC 卡中预先写入的参数，如图 5-7 所示。

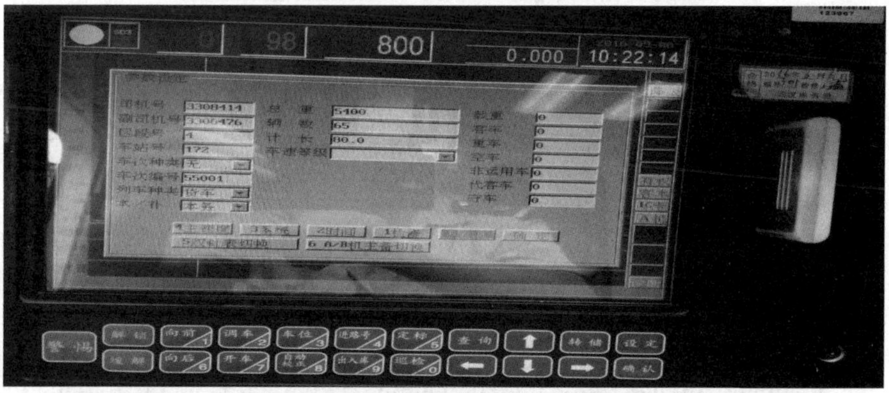

图 5-7　IC 卡信息输入

选择“车速等级”后，再直接按压【设定】键（或者在参数设定界面选择“车速等级”后将光标移到【确定】处按压【确认】键）将 IC 卡内的信息输入监控装置，如图 5-8 所示，输入完毕后，显示屏显示输入的揭示条数窗口，如图 5-9 所示。

图 5-8　揭示条数窗口

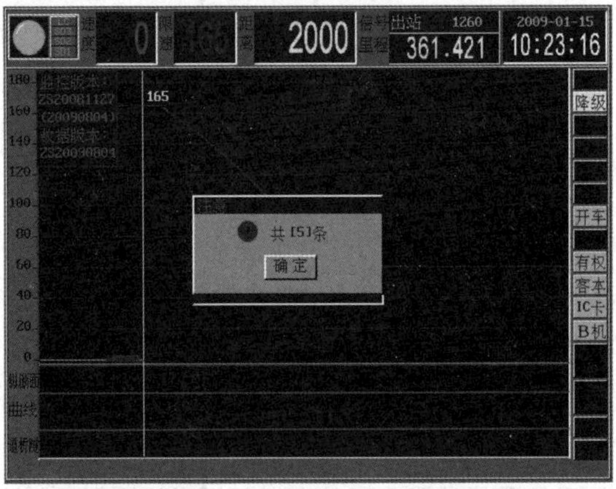

图 5-9　揭示发送完成

按压【确定】键，显示屏显示“请查询揭示”窗口，如图 5-10 所示。

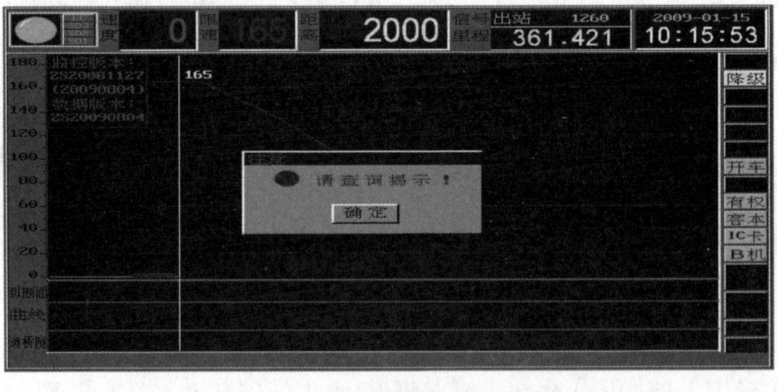

图 5-10　“请查询揭示”窗口

按压【确定】键进入全部揭示查询界面，显示“全部揭示信息查询”，如图 5-11 所示。

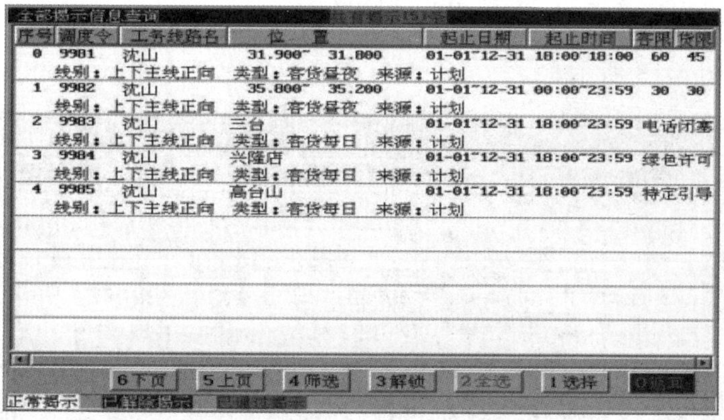

图 5-11 全部揭示信息查询

乘务员必须按要求与运行揭示核对，确认无误后，将光标移到“0 返回”位置处，按压【确认】键返回。如果没有揭示信息，屏幕将显示“没有揭示”窗口，按压任意键，退出窗口，拔出 IC 卡。若揭示发送失败，重新插卡发送。如果揭示仍不能正常发送，机车乘务员必须及时通知所在地监控检测人员处理，否则严禁机车出段；站接机车必须及时通知列车调度员，按列车调度员指示办理。

如需再次查询全部揭示，按压【查询】键，显示“查询选择”界面，将光标移到“3 全部揭示”位置处，按压【确认】键，显示“全部揭示信息查询”，查询完毕，将光标移到“0 返回”位置处，按压【确认】键返回。如果没有揭示信息，屏幕将显示“禁止查询”，按压任意键，退出窗口。

按压【查询】+6 键，进入“设定参数查询”界面，查看司机号、副司机号、区段号、车站号、车次种类、车次编号、列车种类、本/补类别、车速等级信息是否正确，如图 5-12 所示。

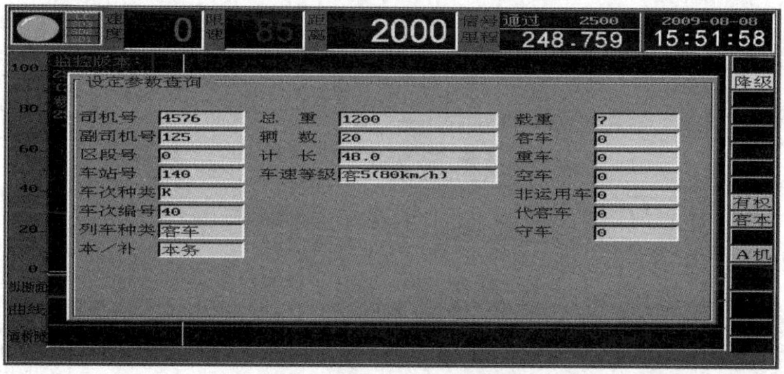

图 5-12 设定参数查询

2. “车速等级”操作

限速值确定：选择“车速等级”限速值后，按照监控装置控制模式设定参数设置的最高监控限速（或最高降级限速）、监控交路限速、机车（或动车组）构造速度以及选择“车速等级”限速值的低值确定最高限速；程序自动上浮 5 km/h 确定最高常用固定模式限速值。

停车状态下按【设定】键进入参数设定界面，输入司机号、副司机号、区段号、车站号、车次种类、车次编号、列车种类、本/补、编组信息，“车速等级”窗口中显示为空白。

若为动车组，“列车种类”中固定显示“动车组”，“车速等级”中固定显示动车组，且不允许进行修改，如图 5-13 所示。

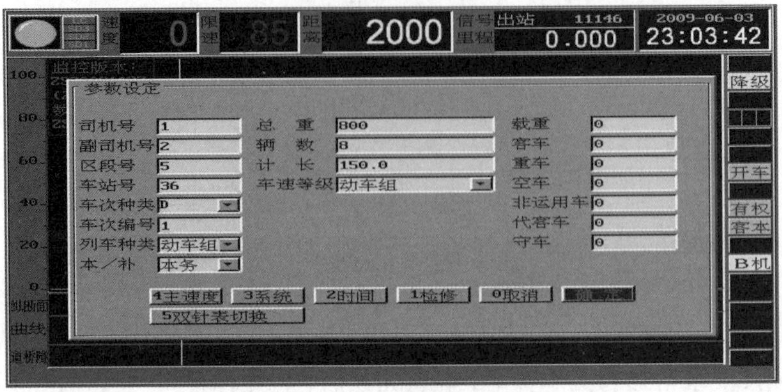

图 5-13　参数设定

若选择货车，当光标移到“车速等级”窗口中时，按【↓】键弹出车速等级选择窗口，如图 5-14 所示。

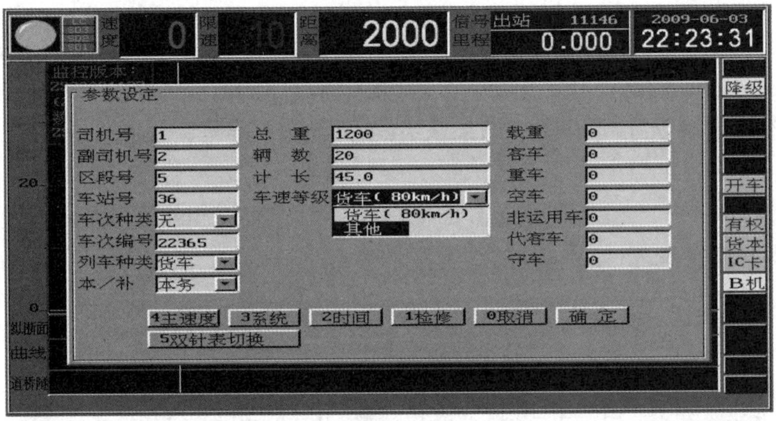

图 5-14　车速等级选择窗口

当选择“其他”时，弹出“请输入货车车速等级限速”窗口，在该窗口中输入货车车速等级限速值，如图 5-15 所示。

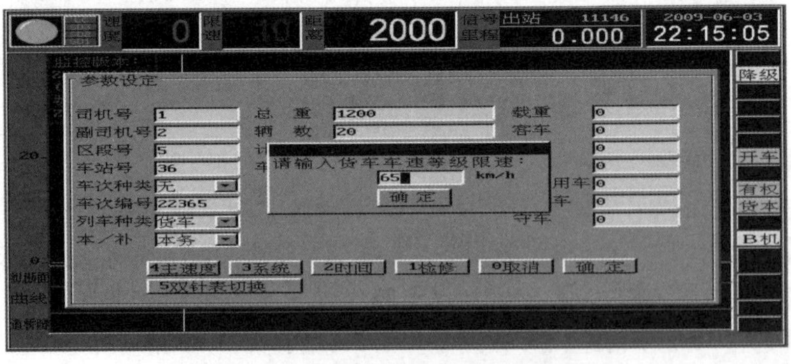

图 5-15　输入货车车速等级限速

点击【确定】后，如图 5-16 所示。

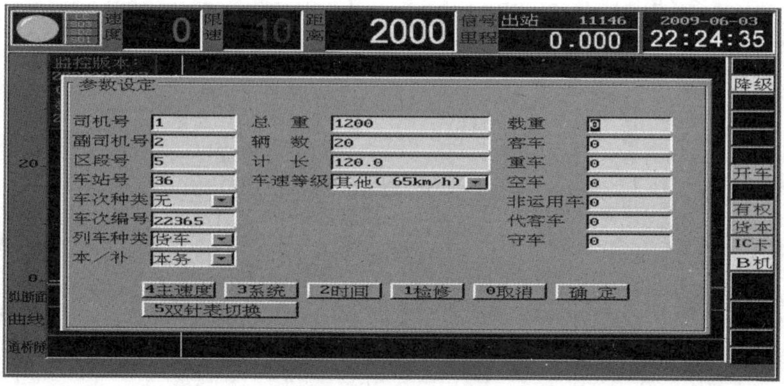

图 5-16　车速等级设定完成

货车车速等级限速窗口中输入的车速等级输入范围为 1 ~ 120 km/h，如果司机输入的值不在此范围内，显示屏显示如图 5-17 所示。

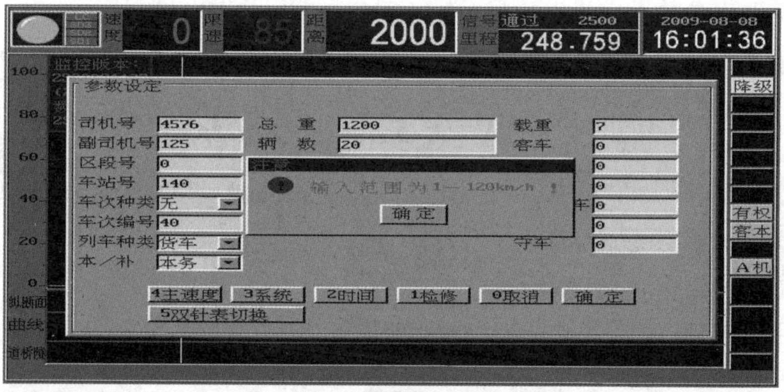

图 5-17　车速等级输入范围

司机按【确定】键，重新弹出“请输入货车车速等级限速”窗口，输入合法值。

对于快速货运班列（行包列车），选择对应区段号（监控交路号），除另有规定外，列车种类选择“货车”，车速等级选择“其他”，输入所担当行包列车的最高允许速度值。

若输入列车种类为客车，当光标移到“车速等级”窗口中时，显示界面如图 5-18 所示。

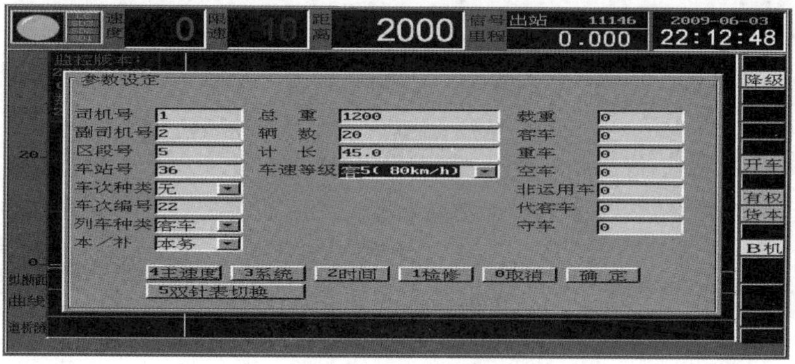

图 5-18　客车车速等级

按【↓】键弹出车速等级选择窗口，如图 5-19 所示。

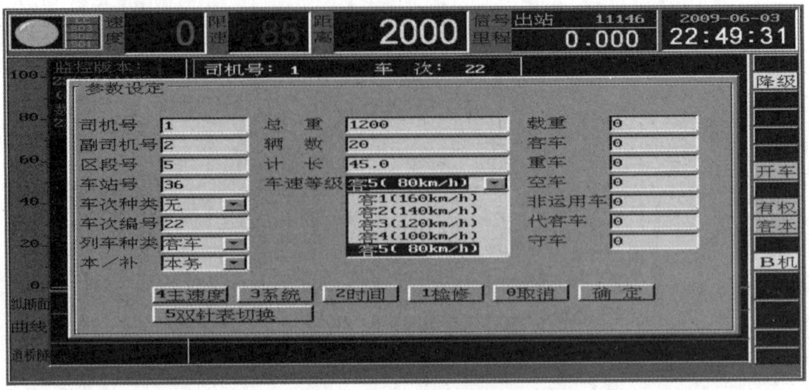

图 5-19　设定客车车速等级

利用【↑】/【↓】选择相应的车速等级，车速等级选定后按【确定】键。

在参数设定界面下，所有信息输入完成后将光标移到【确定】处按【确认】键，或直接按压【设定】键退出参数设定界面，显示输入设定信息，如图 5-20 所示。

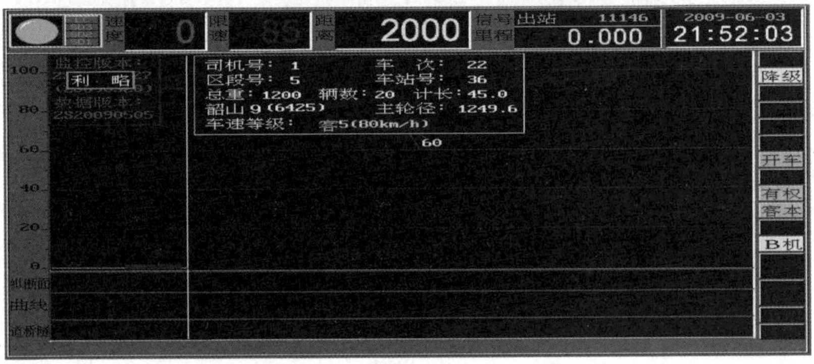

图 5-20　显示设定信息

若未选择“车速等级”（车速等级窗口中显示空白），按压【确认】或【设定】键时弹出如图 5-21 所示的“请选择车速等级”提示窗口，必须选择车速等级，否则不允许退出设定界面。

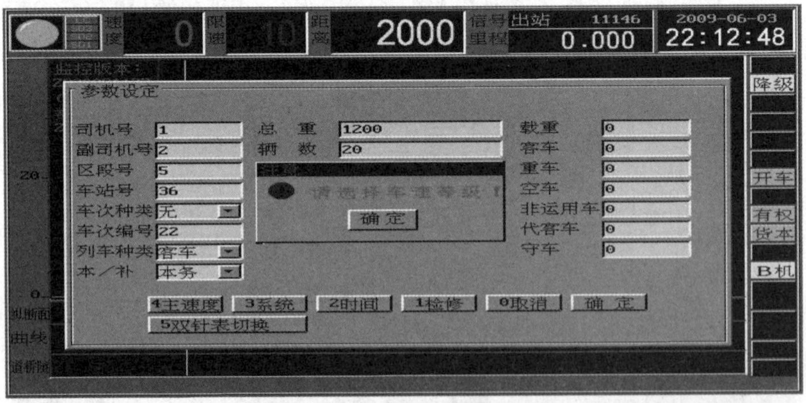

图 5-21　选择车速等级

3. 参数输入

在始发站或运行中，按照运行需要输入或选择的参数如下：

按压【设定】键，进入参数设定窗口，如图 5-22 所示。

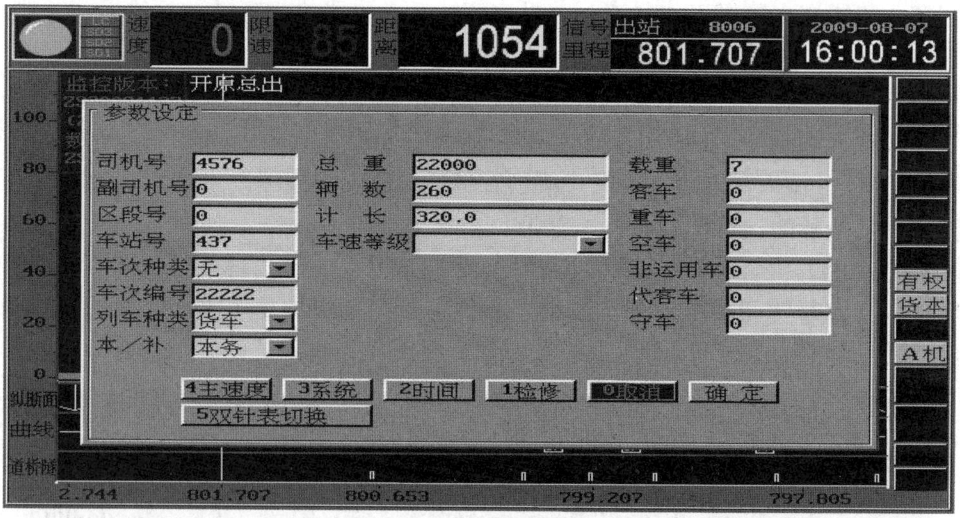

图 5-22　输入参数

在参数设定窗口，通过【←】、【→】、【↑】、【↓】键，移动光标到相应输入框，通过【0】~【9】键输入数据。如果输入错误，可用【←】键取消光标前一个字符，修改完任一项设置，要按压一次【确定】键，使光标移到下一项，也可用方向键移动光标。

输入车次种类：通过【↑】、【↓】键在下拉菜单项目中进行车次种类选择，光标移至正确车次种类时按【确定】键，当车次中无车次种类时，车次种类应选择“无”。

输入车次编号：输入 1 ~ 5 位正确车次后按【确定】键。

列车种类选择：通过【↑】、【↓】键在下拉菜单项目中进行列车种类选择，光标移至正确列车种类（客车、货车）时，按【确定】键。对于动车组，“列车种类”中固定显示“动车组”且不允许修改。

4. 参数输入/修改的条件

当监控装置无控制指令（常用、紧急）输出且不处于防溜报警状态，满足下列条件之一时允许进行参数输入。

（1）列车种类（客/货）、本/补类型之间转换、车速等级选择必须处于停车状态。

（2）区段号、车站号、车次种类、车次编号、总重、辆数、计长的输入时机：

① 机车信号为停车信号或按停车信号控制时，处于停车状态。

② 机车信号为红黄灯（或按停车信号处理的灭灯、多灯、单红灯、白灯），手信号引导、绿色许可证、路票、特定引导等解锁开口后，必须停车时。

机车信号为红黄闪，机械引导或容许信号机自动开口后，必须停车时。

机车信号为双黄灯时，速度<45 km/h。

机车信号为双黄灯以外的其他信号时，速度<60 km/h。

5. 参数输入/修改的注意事项

（1）若修改了客/货、本/补状态，装置进入降级工作状态。

（2）若修改了区段号、列车车次、种类、车站号，【开车】指示灯亮，显示器显示车站名和输入信息，装置进入降级工作状态；若设定完毕后，装置关机超过 30 s 再开机，则【开车】指示灯灭，需重新设定。

（3）LKJ 未设司机号、列车编组数据修改速度限制条件。

（4）计长输入的最后一位为小数点数字，如计长 46.5，应输入 465。

（5）使用 IC 卡输入数据后，装置将刷新存储的 LKJ 临时数据。因此，必须确认所使用的 LKJ 临时数据是最新的、有效的。

（6）不论使用手动输入，还是 IC 卡读入，设定成功后，在屏幕上方以蓝底白字显示始发站名、车次、交路号、司机号、列车编组、车型、车速等级信息（本次修改的参数为红底黄字），以供核对，如图 5-23 所示。

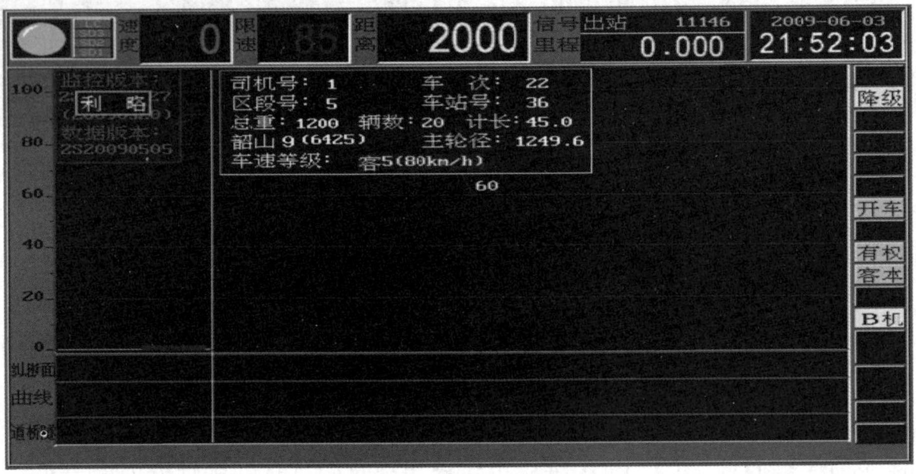

图 5-23　参数设定完成

说明：使用 IC 卡输入数据后，按压【设定】键时，IC 卡必须插在卡槽内。如果在按压【设定】键，弹出设定窗口后，设定过程中才插入 IC 卡，则设定完毕后，LKJ 不读入 IC 卡数据，更新将无效。

任务三　出段挂车

知识目标

（1）熟悉出段挂车时 LKJ-2000 型监控装置的操作流程。

（2）熟悉机车在非本务时 LKJ-2000 型监控装置的操作流程。

（3）熟悉机车在附挂时 LKJ-2000 型监控装置的操作流程。

技能目标

（1）掌握 LKJ-2000 型监控装置的操作流程。

（2）掌握并熟记 LKJ-2000 型监控装置在出段挂车操纵时的参数设定。

（3）掌握机车在非本务和附挂时 LKJ-2000 型监控装置参数的设定。

素质目标

（1）加强品德修养，爱岗敬业，养成良好的学习习惯和行为习惯。

（2）培养学生的科学精神、科学方法和科学态度。

（3）培养学生努力奋斗、刻苦学习和实践创新的精神。

（4）培养学生树立铁路安全意识，严格按照规章对设备进行操作。

任务三/任务四课程思政教学案例

知识点学习

机车乘务员在出段挂车操纵时应对 LKJ-2000 型监控装置进行一系列操作，以满足机车出段运行的需要。

在机车速度为 0 km/h 时，按压【出/入库】键进入出段或入段状态，同时调车指示灯、出段或入段灯亮，以不超过规定的出/入段限速运行至站段分界点（闸楼）。

注意：按压【出/入库】键转入段内走行模式，在段内走行限速变化时，语音提示“注意限速”（13 km/h 语音提示“减速、减速”；14 km/h 语音提示“卸载”；16 km/h 语音提示“常用制动”；19 km/h 语音提示“紧急制动”）。

站段分界点停车后按压【出/入库】键退出出段状态，进入调车状态。

机车与列车连挂后，按压【调车】键退出调车状态，进入开车前的降级状态。

当机车担当货物列车运输任务时，司机按照列车编组通知单，输入车次种类、车次编号、列车种类、本务、总重、辆数、计长、车速等级，同时查看机车乘务员工号、区段号、车站号等信息。通常状态下，货车车速等级选择“货车（80 km/h）”，货车其他车速等级值按接车的“车速等级”相关操作方法输入相应的限速值。输入完毕，确认正确后，将光标移至“确定”处，按压【确定】键退出，同时确认“开车灯”是否点亮。显示屏设定提示窗口中显示输入的司机号、车次、区段号、车站号、总重、辆数、计长以及当前的机车型号、机车号、主轮径、车速等级，如图 5-24 所示。

当机车担当客运列车固定径路运输时，司机按下述方法确定需要输入的区段号、车站号、车速等级：

（1）根据担当列车车次检查“LKJ 固定径路列车基本信息表”的制动类型、最高运行速度，确定该次列车的制动类型和“车速等级”。

（2）检查“监控交路明细表”中该车次对应固定径路的“数据径路”项目，确认与担当固定径路对应的“数据径路”应相符（注：一个“数据径路”中根据起始、终点站的不同可包含多个列车运行固定径路。在“数据径路”中乘务员根据担当运行区段的起始、终点站查找到对应的固定径路）。根据该次列车制动类型检查“监控交路明细表”中的“制动类型”项目，确定与该次列车制动类型对应的数据交路号和区段号范围。

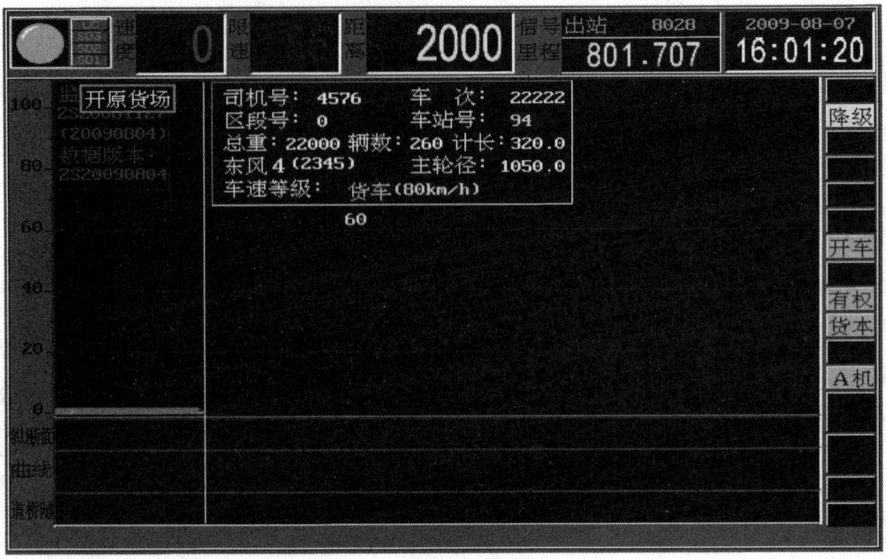

图 5-24　货车参数设定

（3）根据行别和开车对标车站名，检查已经确定的数据交路号范围对应的“数据交路示意图”，确定开车对标车站号和数据交路号，根据已经确定的数据交路号检查“监控交路明细表”中该数据交路号对应的“区段号”，确定开车对标区段号。

（4）根据所担当列车风险安全提示卡输入。

注：以上为通用方法，各段应根据本段担当车次形成“固定径路乘务基本信息表”便于乘务员操作。当临时增加或图定列车改变始发、终到、运行径路时，各机务段应按上述通用办法及时更新“固定径路乘务基本信息表”。

当机车担当行包列车运输任务时，“列车种类”输入货车，“区段号”按“监控交路明细表”行包监控交路号输入，车速等级最高选择输入“其他（120 km/h）”。低于 120 km/h，行包列车车速等级输入按有关规定执行。

当机车担当回送客车底任务时，监控装置输入：回送客车底列车，“列车种类”输入货车，“车次种类”选择“无”，“ 区段号”按“监控交路明细表”行包监控交路号输入。车速等级参照固定列车基本信息表中该车体所对应的原图，确定列车最高运行速度，即原图定列车最高运行速度≥120 km/h 时，车速等级选择 120 km/h，低于 120 km/h 而高于 100 km/h 时，选择 100 km/h，其他依此类推。

当机车担当开行客车单机任务时，车次输入：当乘务员收到客车单机 50001 ~ 50998 车次时，将前两位“50”在输入监控装置时改为“51”，即车次在监控装置中变更为 51001 ~ 51998。自动识别为货车单机。车速等级选择“80 km/h”。

当机车担当救援列车任务时，车速等级按调度命令要求执行；路用列车、试验列车“车速等级”的选择需根据相关车体限速要求和有关现场指挥人要求选择。

一、非本务运行

除另有规定外，机车担当非本务牵引或列车尾部担当补机任务时，应将监控设为非本务工作状态（补机模式）。

停车设定时，LKJ 处于降级状态下，“本/补”栏选择“补机”，车次、监控交路号、车站号等参数与本务机一致，始发时在规定地点按【开车】键，列车经支线运行时，在进入支线地点前，输入规定的支线号。

担当本务前，必须停车重新设定参数，“本/补”栏选择“本机”退出非本务工作状态。对于装有“本/补切换装置”的机车，本务/补机状态的进入和退出通过操作转换开关实现（将本/补切换装置切换到“补机”位，LKJ 进入“非本务运行”模式；切换到“本位”，LKJ 退出“非本务运行”模式。LKJ 退出非本务模式后自动转入降级模式）。

二、附挂

机车有动力附挂时，应开启 LKJ 电源，并设置为非本务工作状态（补机模式）。无动力或因 LKJ 设备故障等原因无法开机运行的机车附挂，关闭 LKJ 电源。

注意：进入、退出非本务工作状态，必须在停车时进行；进入调车工作状态时，装置自动退出非本务状态；在“调车工作状态”时，进入“非本务工作状态”无效；担当本务的机车，不得进入“非本务工作状态（担当特殊任务列车按相关规定执行）”；附挂机车随本务机车调车时（包括出/入库），机车换向手柄应与本务机保持一致，否则监控会出现“相位防溜”报警；监控装置在非本务（补机）运行模式下运行时，仅实现正常运行模式下的运行记录功能；附挂机车在中间站担当本务时，必须重新输入参数，退出“补机”模式，恢复监控模式；监控设备故障时，或其他原因无法开机运行的附挂机车，监控按关机处理；“补机”模式下进入调车模式时，装置自动退出“补机”模式。

非本务工作状态功能：有记录与显示功能、防止补机打钢轨功能。

记录与显示：监控装置在非本务工作状态下，不具备防止冒进信号、防止超速等监控功能，仅保留记录功能，显示屏显示“非本务运行”。

防止补机打钢轨：机车在非本务运行时，若列车管压力比定压下降 50 kPa 及以上，立即实施卸载控制，列车管恢复定压，解除卸载指令（双机重联牵引时，在本务实施制动时，防止补机加载磨伤钢轨或超速）。

对安装有“本务/补机”切换装置的操作：机车进入或退出非本务工作状态是通过操作“本务/补机”位置转换开关来实现的。

（一）本务/补机切换使用范围

机车在本务状态下运行时，LKJ 本补切换装置的转换开关固定在“本务位”，如图 5-25 所示。

机车担当非本务牵引或列车尾部担当补机任务时，LKJ 本补切换的转换开关置于“补机”位，如图 5-26 所示。

机车担当专（特）运等特殊任务时，需要解除 LKJ 系统制动控制功能时，应按要求将 LKJ 置于“补机”工作状态。

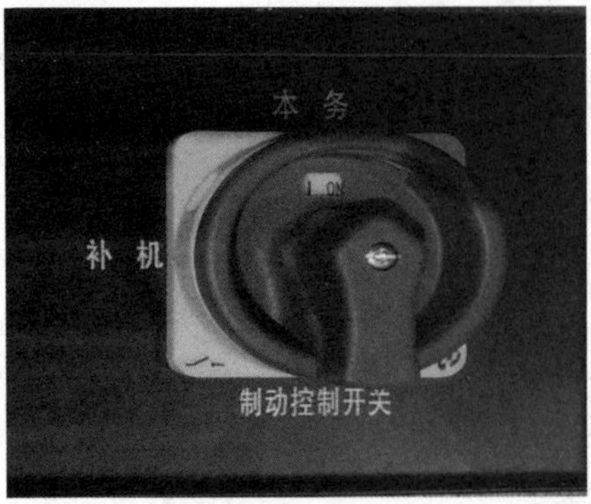

图 5-25　本务位

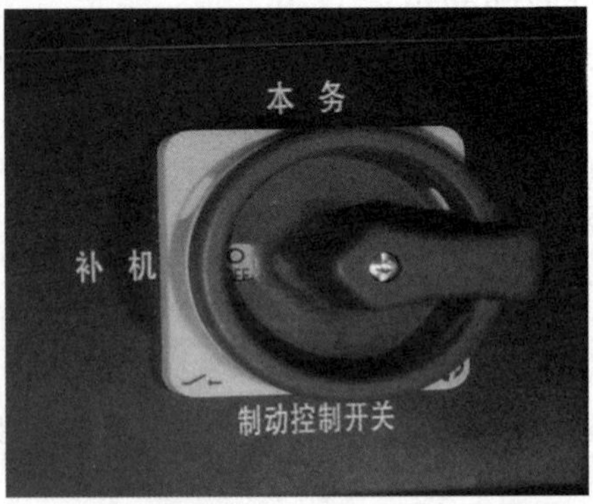

图 5-26　补机位

LKJ 制动功能故障，需维持运行至前方站时，经电务部门确认并办理相关手续后，方可将 LKJ 本补切换装置开关置于“补机”位。

（二）操作要求

1. 进入非本务状态

需要隔离 LKJ 制动指令时，由机车司机手工扳动 LKJ 本补切换装置的切换开关置于“补机”位，LKJ 监控装置显示如图 5-27 所示。非本务工作状态下，不允许进入调车工作状态。确认显示器左上方显示“非本务运行”和本补切换开关在“补机”位。操作 LKJ 显示屏上【查询】+4，确认双紧急制动状态和数字量输入/输出插件状态同时亮红灯，表示切换成功。

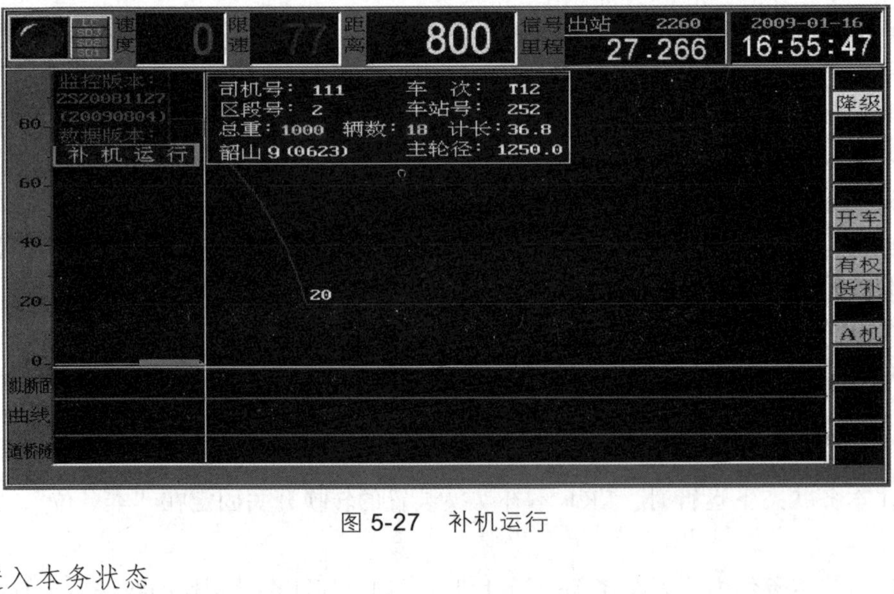

图 5-27　补机运行

2. 进入本务状态

担当专（特）运任务机车结束或重联机车恢复本务牵引时，由机车司机手动扳动 LKJ 本补切换开关置于“本务”位。操作 LKJ 显示屏上【查询】+4，确认双紧急制动状态和数字量输入/输出插件状态栏同时亮绿灯，表示切换成功。确认显示器上方“非本务运行”消失和本补切换开关在“本机”位。

3. 注意事项

接班时必须检查本补切换装置是否在正确位置，本务运行时，必须置本务位运行；操作本补切换装置的切换开关后，显示器对应显示有 20 ~ 30 s 的滞后。

任务四　运行

知识目标

（1）熟悉开车对标时列车操纵台的操作流程。
（2）熟悉司机警惕功能的内容和设备的操作。
（3）熟悉机车进出站运行时侧线号的输入流程。
（4）熟悉机车支线号的输入流程。
（5）熟悉机车解锁操作的具体流程。
（6）熟悉机车信号故障时监控装置的操作方法与流程。
（7）熟悉机车 LKJ-2000 型装置降级的原因和控制模式。
（8）熟悉途中机车 LKJ-2000 型装置故障的处理。
（9）熟悉机车在不同的路票情况下反方向运行的操作流程。
（10）熟悉机车 LKJ-2000 型装置防溜控制的操作流程。
（11）熟悉机车车位调整的操作流程。
（12）熟悉机车巡检功能的操作流程。
（13）熟悉机车警惕功能的操作流程。
（14）熟悉机车调车功能调整的操作流程。
（15）熟悉机车速度通道切换功能的操作流程。
（16）熟悉 LKJ-2000 型装置的基本控制功能。
（17）熟悉监控装置语音提示的内容和作用。
（18）熟悉 LKJ-2000 型装置的其他控制功能。
（19）熟悉客车固定路径的基本要求。
（20）熟悉 LKJ-2000 型装置其他功能的操作。

技能目标

（1）掌握机车警惕功能的启动时机和消除警惕报警的操作办法。
（2）掌握列车在货运支线和货物列车过渡支线下 LKJ-2000 型装置参数的设定流程。
（3）掌握列车在自动闭塞通过分区时的解锁功能。
（4）掌握列车在地面装有容许信号的通过信号机显示停车信号的解锁功能。
（5）掌握列车在线路所通过信号机时的解锁功能。
（6）掌握列车运行至进站分区时的解锁功能。
（7）掌握列车绿色许可证发车时的解锁功能。

（8）掌握列车停用基本闭塞法改用电话闭塞发车的操作流程。
（9）掌握列车解除临时限速的操作流程。
（10）掌握列车在信号突变情况下的控制操作流程。
（11）掌握列车在信号故障时的判断处理和操作流程。
（12）掌握列车产生自动降级的原因和控制模式。
（13）掌握列车途中 LKJ 故障的判断和处理。
（14）掌握列车在有计划使用路票反向运行时的操作流程。
（15）掌握列车在有临时使用路票反向运行时的操作流程。
（16）掌握列车在有不发给路票反向运行时的操作流程。
（17）掌握列车在三站两区间及以上反向运行时的操作流程。
（18）掌握 LKJ 在手柄防溜、相位防溜、管压防溜时的防护办法。
（19）掌握手动修正过机误差的操作方法。
（20）掌握巡检操作的操作流程。
（21）掌握速度通道手动切换和自动切换的操作方法。
（22）掌握 LKJ 监控装置的控制方式和通常工作状态。
（23）掌握监控装置语音提示的内容。
（24）掌握监控装置在担当救援任务和列车分部运行时的操作方法。
（25）掌握监控装置显示亮度、音量操作等其他的操作方法。

素质目标

（1）加强品德修养，爱岗敬业，养成良好的学习习惯和行为习惯。
（2）培养学生较强的学习能力、信息处理能力和应变能力。
（3）培养学生努力奋斗、刻苦学习和实践创新的精神。
（4）培养学生树立铁路安全意识，严格按照规章对设备进行操作。

知识点学习

一、开车对标

降级状态下，当机车头部与规定的对标点平齐时，按压【开车】键，装置调出前方的监控数据，完成“开车”操作，进入监控状态。使装置内存储的地面数据同地面基准点同步，此时显示器上方数据窗口显示实际速度、限制速度、距离、前方信号机种类、里程等相应数据，中央显示速度限速曲线和信号机位置，下方显示线路纵断面资料。开车对标后监控装置按侧线道岔最低限速值控制。

注：调车状态下“开车灯”不能点亮，开车对标无效。开车对标前必须退出调车状态，“开车灯”点亮后，按压【开车】键对标有效。有速度情况下先按压【调车】键，进入降级状态，选择原来所选的“车速等级”，否则“开车灯”不能点亮。

开车对标点通常为正线出站（发车进路）信号机平齐处，特殊对标位置按“交路特殊对标点”中所标明的处所进行开车对标。

二、司机警惕功能

（一）周期警惕

列车开车后，LKJ 在通常监控工作状态下，列车速度大于 5 km/h 时，装置启动周期警惕功能，并开始计时，计时达到 120 s 启动“警惕控制过程”，计时过程中，当检测到下列信息之一时重新开始计时：列车管减压 50 kPa 及以上终止计时，当列车管压力回升至距定压小于 50 kPa 时重新开始计时；制动缸压力大于等于 50 kPa 时终止计时，当制动缸压力小于 50 kPa 时重新开始计时；机车工况（零位/非零位）状态变化后重新开始计时；列车速度小于 3 km/h 时，终止“周期警惕功能”，速度大于 5 km/h 时，重新启动“周期警惕功能”。

（二）进站确认

监控装置在通常工作状态，当显示屏显示的前方信号机为进站、进出站信号机，且次一信号机为出站或进出站信号机时，LKJ 语音提示“请确认信号”两遍。在列车越过进站、进出站信号机前，司机应按压操作端 1 次“警惕按钮”开关，否则，列车越过信号机后，启动“警惕控制过程”。

（三）警惕控制过程

监控装置启动警惕控制后，显示屏弹出“警惕”提示窗口，并从 20 s 开始倒计时，如图 5-28 所示，倒计时到 10 s 时伴以“呜呜”的报警声，若倒计时到 0 时，则实施制动控制。具备常用制动功能时，发出解除牵引力和常用制动指令（减压量 80 kPa）；不具备常用制动功能时，发出解除牵引力和紧急制动指令。警惕控制过程启动时，监控装置检测到下列信息之一时，立即终止“警惕控制过程”，否则，实施制动控制。

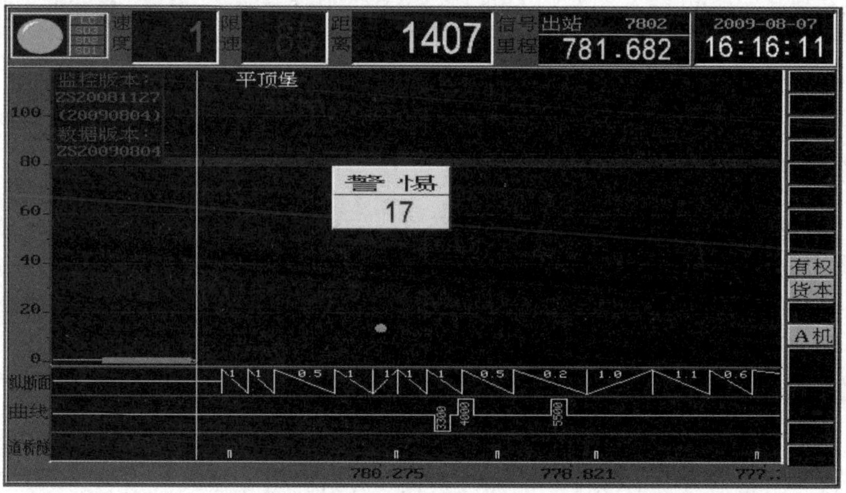

图 5-28 “警惕”提示窗口

监控装置检测到的信息包括：按压司机操纵端“警惕按钮”开关 1 次；列车管减压 50 kPa 及以上；制动缸压力大于等于 50 kPa；机车工况（零位/非零位）状态变化。

注：当警惕控制过程启动时，监控装置已检测到上述信息之一时，终止本次控制过程，不弹出“警惕”提示窗口。

（四）实施制动控制后的操作

发生紧急制动停车后自动解除；发生常用制动只有停车后方可按压【缓解】键解除。

（五）“警惕按钮”检测

在出入库、调车和降级状态情况下，按压【查询】键后进入“查询选择”界面，选择“4 设备状态”进入“系统信息查询”界面，在“警惕按钮”项目处有“Ⅰ”和“Ⅱ”状态显示，哪端的“警惕按钮”在按下状态，对应的标志显示绿色，如图 5-29 所示。为检查其功能是否正常，在出入库状态下，按压【警惕】按钮，除显示上述状态外，还会发出“呜呜”的报警声。

注：监控装置显示器【定标】键可替代“警惕按钮”。

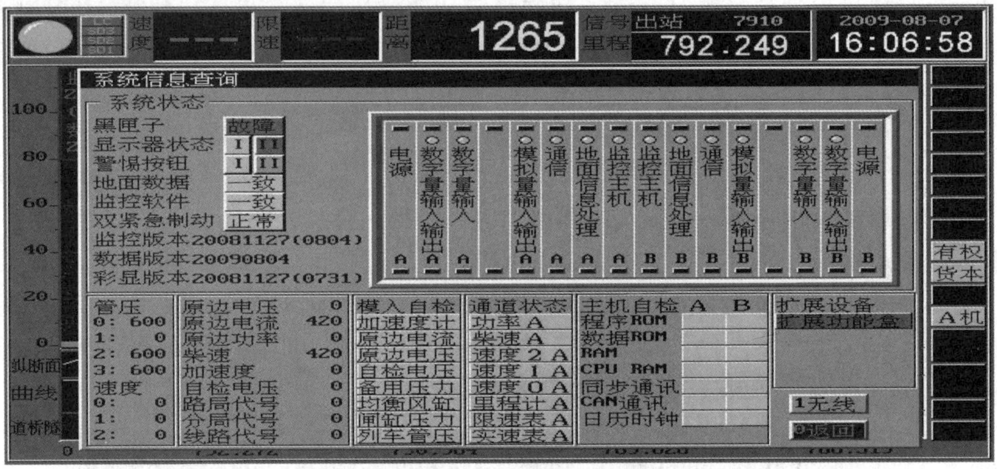

图 5-29　系统信息查询界面

三、进出站运行

列车在进站信号机前，机车信号显示双黄灯（双黄闪），显示器状态栏“侧线 127”指示灯亮，语音提示“请输入侧线股道号”并自动弹出“输入进路号”窗口，窗口弹出未进行任何操作，15 s 后窗口将自动关消失（当距前方信号机 500 m 时再次弹出），在“输入进路号”窗口通过数字键输入侧线股道号，然后按压【确认】键，此时，显示器状态栏“侧线”亮并显示输入的侧线股道号。监控装置监控列车以不超过道岔规定的速度通过道岔。遇车机联控不通等原因，进站前无法取得股道号时，不得进行股道号输入，应严格按照该站接车进路最低道岔限速和在出站信号机前能停车的速度进站，进站确认并输入股道号。司机手动按压【进路号】键输入正确的侧线股道号。

未输入股道号或输入无效股道号时，监控装置自动读取车载数据中该站默认的最低道岔限速值和最短股道距离控制列车，显示屏右侧“侧线指示灯”显示“127”，如图 5-30 所示。

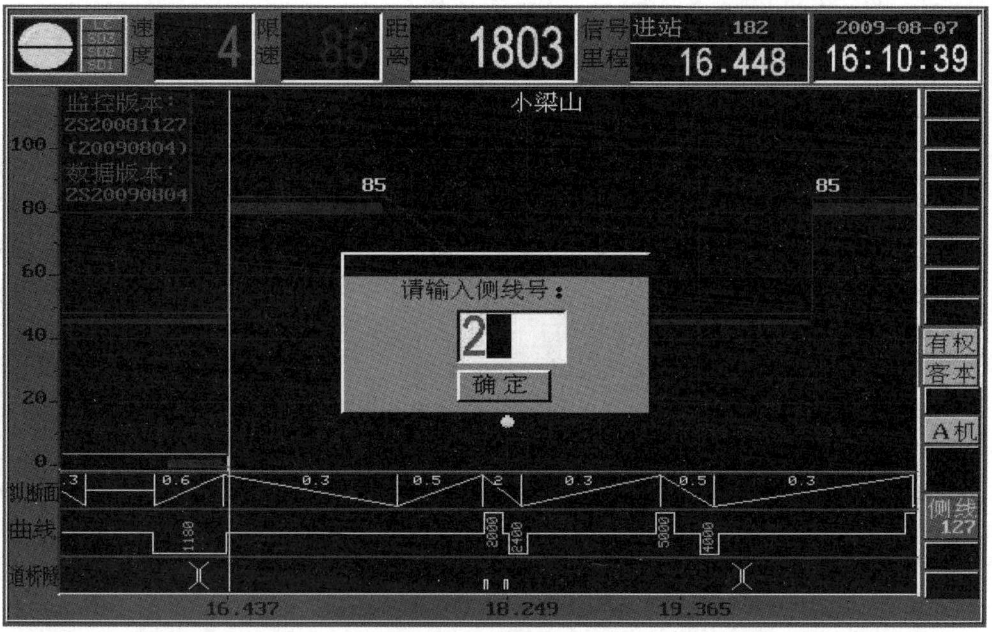

图 5-30　侧线股道号

列车在进站信号机前，机车信号显示双黄闪灯，如监控装置车载数据中已设置默认高速道岔（如车载数据中设置的 126 股道）限速时，监控装置自动读取车载数据中该站默认的高速道岔限速值和对应股道的距离控制列车，显示屏右侧“侧线指示灯”显示“126”。车载数据中未设置默认高速道岔限速，机车信号显示双黄闪灯按双黄灯控制，司机必须按要求输入相应的侧线股道号。

注意：侧线股道号输入后，窗口不再自动弹出，如果输入错误，可以再次按压【进路号】键，重新输入正确的侧线股道号；在一站多场的车站，连续两个站场存在多侧线数据时，在前一个站场，距前方进路信号机的距离小于 200 m 时，只能输入下一个站场的侧线股道号，否则只能修改本站侧线股道号；引导接车进站解锁后，对于存在多侧线数据的车站，LKJ 提供输入侧线股道号的条件，按压【进路号】键，输入侧线股道，否则 LKJ 按照正线数据进行监控；列车在接发车进路号机前发车，当前方车场有多个侧线数据时，在按【开车】键前，可输入侧线股道号；除机车信号为双黄灯时，自动弹出“输入进路号”窗口外，其他情况下均需通过按压【进路号】键调出。

四、支线号（单指货车，下同）的输入

在有多个进路方向的地点，LKJ 线路数据文件中设置有货车“支线”数据，货运机车需输入支线运行时，必须在机务段指定位置输入支线号。

（一）货运支线选择操作

列车接近支线分支地点，显示器状态栏“支线 00”指示灯亮，显示器下方显示支线号和支线方向，语音提示“请输入支线号”（字体为红色），如图 5-31 所示。

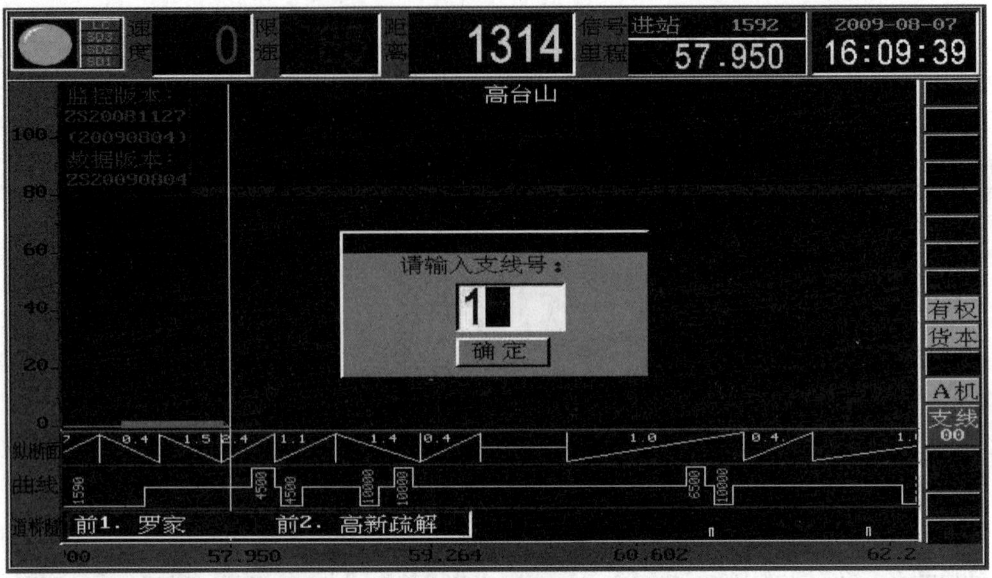

图 5-31　支线号

按【进路号】键，弹出“输入进路号”窗口。利用数字键输入支线号，正确无误后按压【确定】键，此时显示器状态栏“支线”灯亮并显示输入的支线号。如果输入错误，在本架信号机距离没有走完的情况下，可以再次按压【进路号】键，重新输入正确的支线号。

注意：一是“输入进路号”窗口不会自动弹出；二是在同一分区，同时存在多侧线和支线数据时，“支线 00”“侧线 127”指示灯同时点亮，按压【进路号】键后，装置弹出“支线号输入”和“侧线号输入”窗口，二者可一次性输入，也可分别输入，如只需输入其中一项时，用光标【↑】或【↓】键选择该项，按上述方法输入即可，分别输入支线号（股道号）时注意防止误改已输入的股道号（支线号）；三是若支线号输入错误，在越过支线数据所在信号机前修改正确的支线号，若列车已进入支线线路，必须立即停车，设定支线对应参数后重新对标开车，并在次一架信号机处人工校正距离误差；四是当特殊行车时的走行径路与装置中双黄灯自动转支线的走行数据不符时，在本架信号机距离没走完的情况下，可以按压【进路号】键，输入支线号 00，取消双黄灯自动转换支线。

在始发站开车时，对于前方有多条走行径路的，在按压【开车】键进入监控状态前，可输入支线号。

（二）货物列车“过渡支线”

货运列车遇线路运输基础设备、设施技术数据变化或行车组织变化引起 LKJ 基础数据调整时，为适应变化过程中 LKJ 基础数据应用，作为特定行车办法，允许将一个实际列车走行径路，按不同启用时间拆分为若干 LKJ 过渡数据径路，分别对应变化前、后的 LKJ 基础数据。LKJ 基础数据源文件和 LKJ 车载基础数据文件中，每条过渡数据径路以“过渡支线号”加以区分和标识。LKJ 数据文件编制规范中规定货运列车过渡支线号为 30 ~ 42，货运列车输入支线号为 30 ~ 42 时，LKJ 屏幕显示器左侧以红底黄字提示“过渡支线”，如图 5-32 所示。

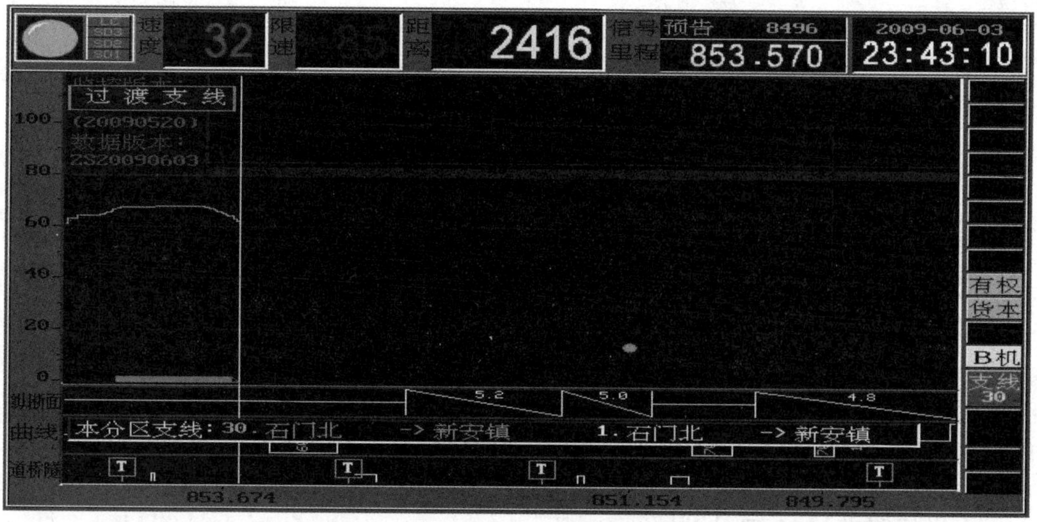

图 5-32　过渡支线

“过渡支线”原则上不使用，需要使用时按机务段实时公布的操作要求执行，具体操作办法与“支线号输入”相同。过渡支线数据使用完成后，电务部门按规定及时删除。

五、解锁操作

关于解锁键的使用，凡两个及以上键的组合操作均须在 5 s 内完成。路票、绿色许可证、站内无码解锁使用【解锁】+【确认】键；引导解锁使用【解锁】键；有计划特定引导解锁使用【开车】+【解锁】键；“一离去发码特殊信号机”或“场间无码特殊信号机”解锁使用【解锁】+【确认】键；“靠标停车困难特殊车站”解锁使用【解锁】键。

揭示解除键的使用，凡两个及以上键的组合操作均须在 5 s 内完成。运行中根据调度命令需要解除临时限速、有计划地停用基本闭塞法改用电话闭塞法行车、使用绿色许可证、有计划地特定引导，当显示屏右上方弹出前方控制揭示信息栏时，使用【转储】+相应“数字键”。

（一）列车运行至自动闭塞通过分区的解锁功能

列车运行至自动闭塞通过分区，地面信号显示绿灯、绿黄灯、黄灯，机车信号由绿灯、绿黄灯、黄 2 灯、黄 2 闪灯变为白灯，监控装置本分区内不按停车模式控制，下一分区机车信号仍为白灯按停车模式控制。列车进入下一通过分区按停车模式控制时，停车 2 min 后，监控装置自动解锁开口 21 km/h，监控列车以不超过 20 km/h 的速度运行至次一架信号机，按其显示控制列车运行；地面信号显示黄灯，机车信号由黄灯变为白灯，本分区内按停车模式控制，停车 2 min 后，监控装置自动解锁开口 21 km/h，监控列车以不超过 20 km/h 的速度运行至次一架信号机，按其显示控制列车运行；地面信号显示停车信号（包括显示不明或灯光熄灭）时，机车信号显示红黄灯、红黄灯后的单红灯、红黄灯后的白灯，本分区内按停车模式控制，防止列车冒进信号，列车在该信号机前停车 2 min 后，若该信号机仍未显示进行信号时，监控装置自动解锁开口 21 km/h，监控列车以不超过 20 km/h 的速度越过该信号机，运行至次一架信号机，按其显示要求控制列车运行，但机车乘务员必须严格按《铁路技术管理规程》（简称《技规》）316 条规定执行，如确认前方闭塞分区内有列车时，不得进入。

注：机车信号低频信息为 H 码，且机车信号为一个红色灯光（监控显示屏显示单红灯和 SD1）时，按红黄灯控制；机车信号为灭灯、多灯时，按停车信号控制。

（二）地面装有容许信号的通过信号机显示停车信号的解锁功能

地面装有容许信号的通过信号机显示停车信号时，机车信号显示红黄（红黄闪）灯、红黄（红黄闪）灯后的单红灯或按停车控制的白灯，货物列车监控装置自动解除防止列车冒进信号的控制功能，监控列车以不超过 20 km/h 的速度越过该信号机，自动解锁开口 21 km/h，越过该信号机后，继续监控列车以不超过 20 km/h 的速度运行至次一架信号机，按其显示要求控制列车运行，但机车乘务员必须严格按《技规》316 条和《铁路行车组织规则》（简称《行规》）（武汉局行规第 139 条）规定执行，如确认前方闭塞分区内有列车时，不得进入。

（三）线路所通过信号机的解锁功能

关于线路所通过信号机可以使用解锁功能的情况有：一是线路所地面通过信号机故障时，机车信号显示红黄灯、灭灯、多灯或白灯、单红灯，监控装置按停车控制时，机车乘务员必须严格按各局《行规》（武汉局第 93 条中关于线路所的通过信号机发生故障时的补充规定；《技规》第 313 条：线路所和区间内设有辅助所的行车闭塞办法，由铁路局规定；《技规》第 318 条：自动站间闭塞的行车办法，由铁路局规定；《技规》第 319 条：使用半自动闭塞法的行车凭证）规定执行。二是线路所地面通过信号机显示进行信号，机车信号显示红黄灯、灭灯、多灯或白灯、单红灯，监控装置按停车控制时，机车乘务员严格执行《技规》第 316 条、《技规》第 413 条和《行规》规定执行。

《技规》第 413 条：进站、出站、进路和通过信号机的灯光熄灭、显示不明或显示不正确时，均视为停车信号；进站预告信号机和接近信号机的灯光熄灭、显示不明或显示不正确时，均视为进站信号机为关闭状态；非自动闭塞区段通过信号机的预告信号机的灯光熄灭、显示不明或显示不正确时，视为通过信号机为关闭状态。

（四）列车运行至进站分区（含接车进路）的解锁功能

关于列车运行至进站分区（含接车进路）可以使用解锁功能的几种情况：一是地面信号显示绿灯、绿黄灯、黄灯，机车信号显示红黄灯、单红灯、白灯，监控装置按停车模式控制时，运行速度 20 km/h 以下，司机按压【解锁】键解锁，解锁至进站信号机处开口 21 km/h，解锁后本分区机车信号变化时，开口限速不变，监控列车以不超过 20 km/h 的速度越过进站信号机，进站后按次一架信号机显示要求控制。二是地面信号显示绿灯、绿黄灯、黄灯，机车信号由黄灯变为白灯，监控装置按停车模式控制。运行速度 20 km/h 以下，司机按压【解锁】键解锁，解锁至进站信号机处开口 21 km/h，解锁后本分区机车信号变化时，开口限速不变，监控列车以不超过 20 km/h 的速度越过进站信号机，进站后按次一架信号机显示要求控制。机车信号由绿灯、绿黄灯、黄 2 灯、黄 2 闪灯变为白灯，本分区内不按停车模式控制，下一分区机车信号仍为白灯，按停车模式控制。三是地面信号显示绿灯、绿黄灯、黄灯、双黄灯、黄闪黄，机车信号由黄灯（交流计数区段进侧线）、双黄灯、双黄闪灯变为红黄灯或由黄灯、双黄灯、双黄闪灯（车载数据中设置为 126 股道的除外）变为白灯、单红灯，按停车模式控制。运行速度 20 km/h 以下，司机按压【解锁】键解锁并输入相应的侧线股道号，解锁至进站信号机处开口 21 km/h，解锁后本分区机车信号变化时，开口限速不变，监控列车以不超过 20 km/h 的速度越过进站信号机，进站后按次一架信号机显示要求控制。监控装置车载数据中已设置默认高速道岔限速的双黄闪灯，机车信号由双黄闪灯变为白灯、单红灯，本分区内不按停车模式控制，下一分区机车信号仍为白灯按停车模式控制。注意上述操作均按信号故障处理，同时也符合《技规》第 335 条第 3 款规定：机车信号、列车无线调度通信设备、列车运行监控装置（轨道车运行控制设备）和列尾装置必须全程运转，严禁擅自关机。运行途中，遇列尾装置、机车信号、列车运行监控装置（轨道车运行控制设备）发生故障时，司机应立即使用列车无线调度通信设备报告车站值班员或列车调度员，并根据实际情况掌握速度运行；遇机车信号、列车运行监控装置（轨道车运行控制设备）发生故障时，司机应控制列车运行至前方站停车处理或请求更换机车；在自动闭塞区间，列车运行速度不超过 20 km/h，遇列车无线调度通信设备发生故障时，司机应在前方站停车报告。四是引导解锁。这种解锁又具体分为手引导接车、机械引导、特定引导三种。

关于手引导接车，《技规》第 440 条引导手信号：准许列车进入车场或车站，昼间——展开的黄色信号旗高举头上左右摇动；夜间——黄色灯光高举头上左右摇动，如图 5-33 所示。

图 5-33　机械引导、手信号引导信号

列车运行至接车站的进站（含接车进路）信号机前，机车信号显示白灯、半红半黄灯、半红半黄灯后的单红灯，监控装置按停车模式控制。机车乘务员全员确认引导手信号显示或 CTC 区段允许越过关闭的信号机的调度命令正确后，运行速度 20 km/h 以下，司机按压【解锁】键解除停车控制功能，解锁至进站信号机处限速 21 km/h（18 km/h 报警，19 km/h 卸载，21 km/h 常用制动，24 km/h 紧急制动），列车进站后按出站信号机（接车进路）的显示要求监控列车运行。如进侧线，须输入相应的侧线股道号。

机械引导：进入进站分区（含接车进路），机车信号显示半红半黄闪灯，监控装置接收到红黄闪信息后（显示器 SD1/SD3 亮）自动解锁至进站信号机处限速 21 km/h，监控列车以不超过 20 km/h 的速度进站后，按次一架信号机显示要求控制列车运行。如进侧线，须输入相应的侧线股道号。

关于特定引导，《技规》第 440 条特定引导手信号显示方式：昼间——展开的绿色信号旗高举头上左右摇动；夜间——绿色灯光高举头上左右摇动，如图 5-34 所示。

机车出段前司机将引导进站的调度命令内容及编号（TMIS 站号、调度命令号、有效时段等）用 IC 卡输入监控装置；运行途中机车接近特定引导的进站（接车进路）信号机时，显示器上方显示揭示窗口；列车运行至特定引导进站信号机前，并且运行速度低于 60 km/h，司机确认引导手信号正确，按压【开车】+【解锁】键，解除对该信号机的停车控制功能，监控装置监控列车以不超过 60 km/h 的速度越过该进站信号机，列车进站后按出站信号机的显示要求监控列车运行。

图 5-34　特定引导手信号

（五）绿色许可证发车的解锁功能

1. 有计划地使用绿色许可证

机车出段前司机接到某站改用绿色许可证发车的命令，司机将该站使用绿色许可证发出列车的调度命令内容（TMIS 站号、调度命令号、有效时段等）及编号通过 IC 卡输入监控装置。

（1）监控装置在通常工作状态。

列车接近使用绿色许可证的信号机，显示器右上方显示揭示窗口，如图 5-35 所示。

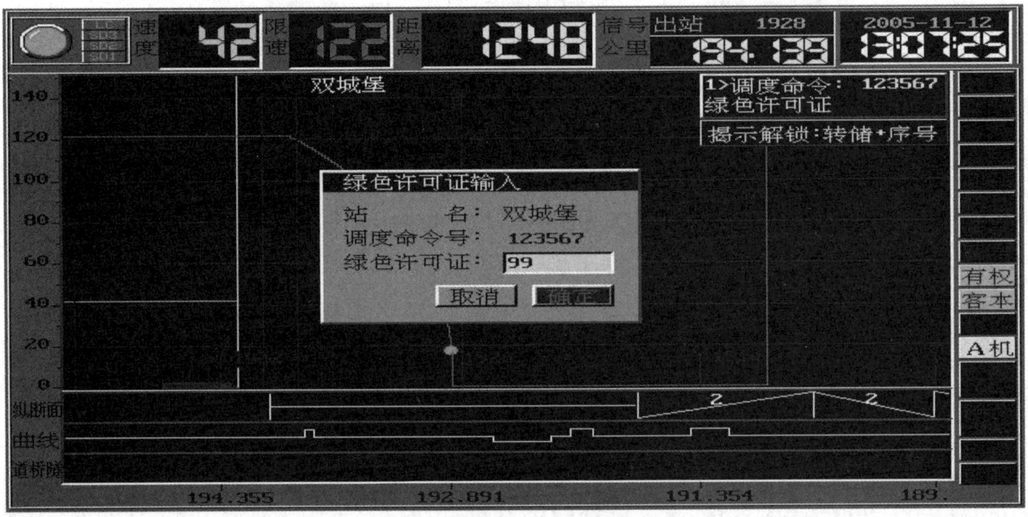

图 5-35　绿色许可证

在列车运行至使用绿色许可证的出站信号机或接发车进路信号机前，运行速度低于 45 km/h 时，显示屏自动弹出“绿色许可证输入”窗口，提示司机输入“绿色许可证号”；若司机未输入，提示窗口消失后，持续按压【↑】键 2 s，显示屏显示“非正常行车确认”窗口，司机将光标移动到“绿色许可证”选项处，按压【确认】键，全员确认行车凭证正确后，输入“绿色许可证号”（半自动闭塞区段，有计划使用《发车进路信号机故障通知书》时，按有计划绿色许可证办理，输入规定编号）并确认，如图 5-36 所示，再次按压【确认】键“绿色许可证输入”窗口消失。在出站信号机或发车进路信号机前，司机按压【解锁】+【确认】键，监控装置解除列车在该信号机前的停车控制，监控列车以不超过出站道岔的限速（最高不超过 45 km/h）越过出站信号机。

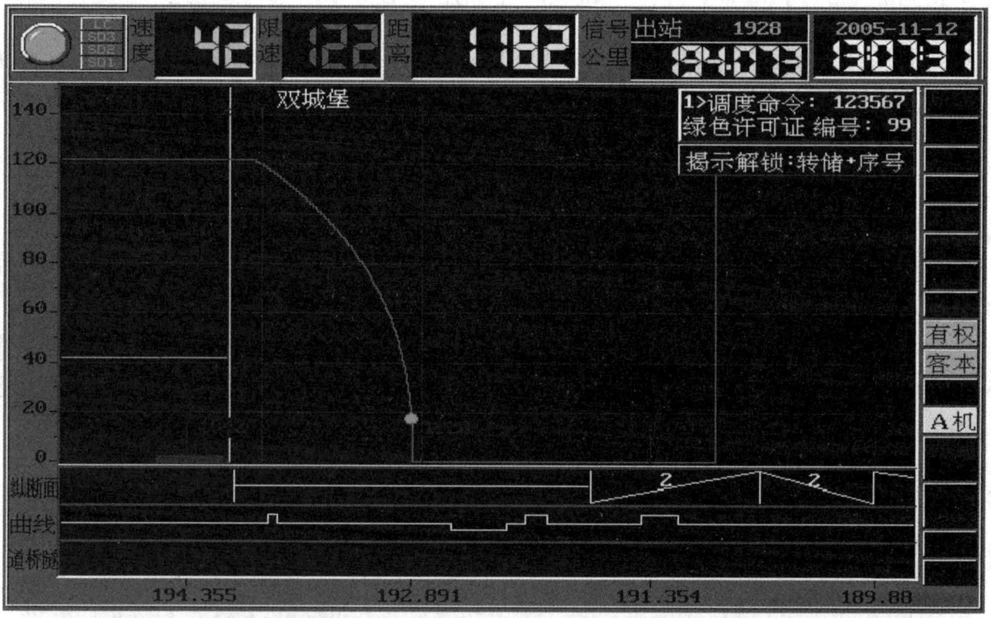

图 5-36　输入“绿色许可证号”后的界面

（2）监控装置在降级工作状态。

进行参数设定后，【开车】灯亮，若设定的车站即为有计划地使用绿色许可证的车站，显示器右上方窗口同时弹出“绿色许可证”输入窗口。确认开车条件具备后，正确输入绿色许可证号，在显示器的中间有“行车凭证确认方式”提示。按【解锁】+【确认】键，然后在规定地点按【开车】键进入通常工作状态。

注意事项：在使用绿色许可证的信号机前，不论机车信号是否是停车信号，监控装置均按停车信号控制；绿色许可证输入窗口弹出后，若速度高于 45 km/h，窗口自动关闭；绿色许可证窗口弹出后 15 s 内未做任何操作，窗口自动关闭；绿色许可证输入窗口弹出后，按数字键输入绿色许可证号，输入绿色许可证之前可按数字键进行其他操作（如输入支线号等），则应先按【←】或【→】键将光标移到【取消】处，然后按【确认】键关闭绿色许可证输入窗口；绿色许可证输入窗口光标后，按压【↑】键 2 s，弹出“非正常行车确认”窗口，然后选择【2 绿色许可证】仍可调出。出站时必须注意控制列车速度，防止列车侧向通过出站道岔超速；遇 CTC 区段车站出站（发车进路）信号机故障，如果以调度命令作为行车凭证（列车调度员办理列车进路）时，“绿色许可证号”栏输入调度命令号后 2 位。

2. 临时使用绿色许可证

（1）监控装置在通常工作状态。

列车在运行途中收到绿色许可证，在使用绿色许可证行车的信号机前停车。确认行车凭证正确，开车条件具备后，按显示器【↑】键 2 s，弹出“非正常行车确认”窗口，选择【2 绿色许可证】，弹出绿色许可证输入窗口，输入绿色许可证号。按【解锁】+【确认】键，监控装置自动解除该信号机的停车控制功能。

（2）监控装置在降级工作状态。

进行参数设定后，【开车】灯亮，若设定的车站使用绿色许可证行车，确认凭证正确，停车状态下按【↑】键 2 s，弹出“非正常行车确认”窗口，正确输入绿色许可证号后，在显示器的中间有“行车凭证确认方式”提示。确认开车条件具备后，按【解锁】+【确认】键，然后在约定地点按【开车】键进入工作状态。

注意事项：遇同一进路临时停用多架信号机时，需逐架停车输入绿色许可证号进行解锁操作；遇无调度命令时，“调度命令”栏输入“0”；临时操作办理成功后遇取消改正常运行时，须重新输入相关参数进入降级状态下转入正常监控模式；遇列车已越过出站信号机但需要输入临时绿色许可证时，转入降级模式办理绿色许可证后再重新开车对标。

机车乘务员确认发车信号正确或得到电台发车通知后，司机按压【解锁】+【确认】键解锁，监控装置解除列车在该信号机前的停车控制，监控列车以不超过出站道岔的限速（最高不超过 45 km/h）越过出站信号机，如图 5-37 所示。

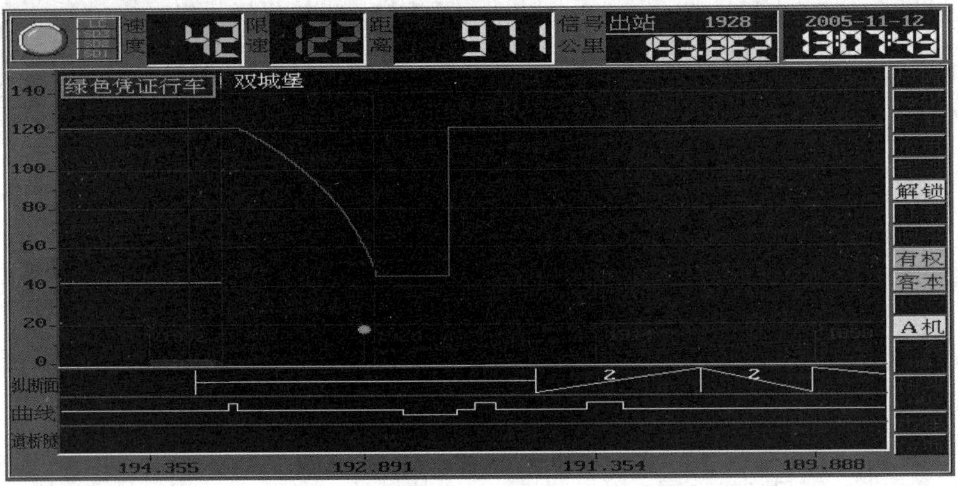

图 5-37　解除停车控制

（六）半自动区段车站发车进路信号机停用的解锁功能

当半自动闭塞区段车站发车进路信号机停用，使用半自动闭塞发车进路通知书发车时，比照“绿色许可证”方法进行操作。

（七）停用基本闭塞法改用电话闭塞法行车

1. 有计划地停用基本闭塞法使用电话闭塞法行车

机车出段前接到停基改电的调度命令，司机将停基改电行车的调度命令内容（含改用电话闭塞法的起、止车站 TMIS 号，有效时段，调度命令号等）通过 IC 卡输入监控装置。

（1）监控装置在通常监控状态。

列车运行至停基改电行车的起始站的出站信号机或发车进路信号机前，机车接近停基改电起始站，显示器右上方显示揭示窗口；列车运行速度高于 60 km/h 时，监控装置控制列车在该信号机前停车；列车运行速度低于 60 km/h 时，监控装置自动提示司机确认调度命令号，输入电话记录号，输入完成后，在出站信号机前，正确输入电话记录号后，确认开车条件具备，按【解锁】+【确认】键（5 s 内按压），装置进入“路票行车”状态，如图 5-38 和图 5-39 所示。

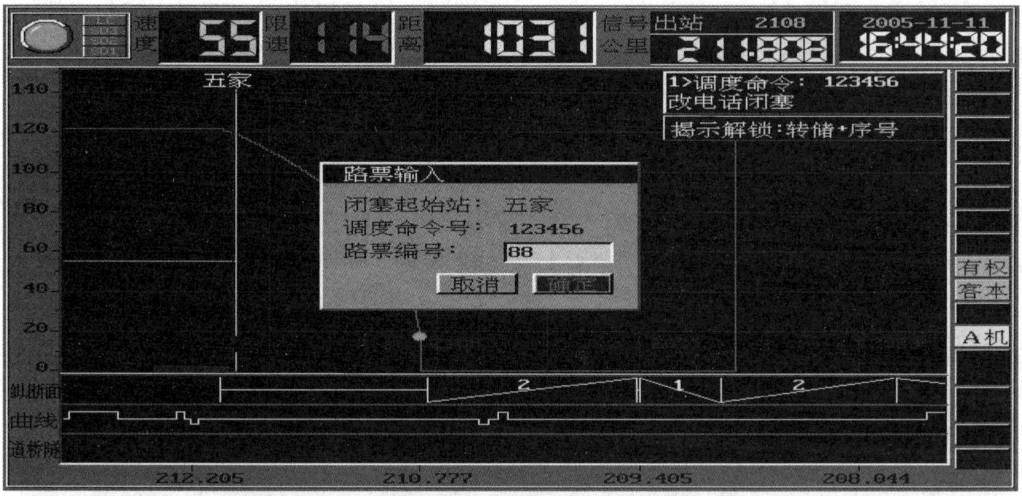

图 5-38　输入电话记录号的图形

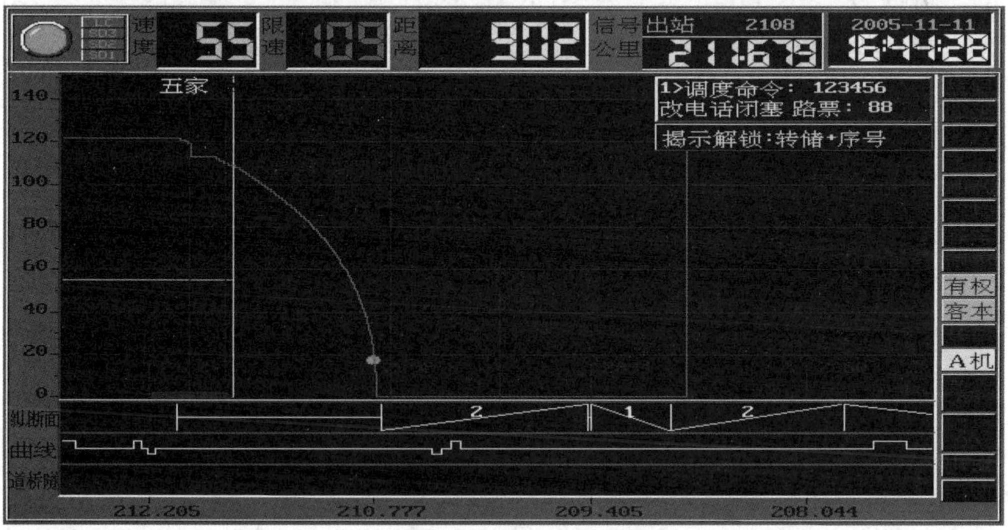

图 5-39　输入完成后的图形

解除本站出站信号机以及至下一站间所有区间通过信号机的停车信号控制，对于客车，按该次列车在对应区间最高允许速度的 80%，对于货车，按规定速度以及区段限速、临时限速等限速值的最低值监控列车。至下一站的进站前“路票行车状态”终止，按进站信号监控列车运行。

起始站出站信号机不论机车信号是否显示停车信号，监控装置均按停车信号控制。

注意事项：路票确认窗口弹出后，若速度高于 60 km/h，窗口自动关闭，若 15 s 内未做任何操作，窗口自动关闭；路票确认窗口弹出后，按数字键输入电话记录号，若要在输入电话记录号之前进行其他操作（如输入支线号、侧线股道号等），则应先按【←/→】键将光标移到【取消】处，然后按【确认】键关闭路票确认窗口；路票确认窗口关闭后，按【↑】键 2 s，弹出“非正常行车确认”窗口，选择【3 路票】仍可调出；出站时必须控制列车速度，防止列车侧向通过道岔超速；遇 CTC 区段车站出站（发车进路）信号机故障，如果以调度命令作为行车凭证（列车调度员办理列车进路）时，“电话记录号”栏输入调度命令号后 2 位。

（2）监控装置在降级状态。

进行参数设定后，【开车】灯亮时，若设定的车站即为有计划地停基改电起始站，显示器上方显示揭示窗口，同时弹出路票确认窗口。确认开车条件具备后，正确输入电话记录号，在显示器的中间有“行车凭证确认方式”提示。按【解锁】+【确认】键，然后在约定地点按【开车】键进入“路票行车状态”控制方式，与通常工作状态下的路票行车状态相同，如图 5-40 所示。

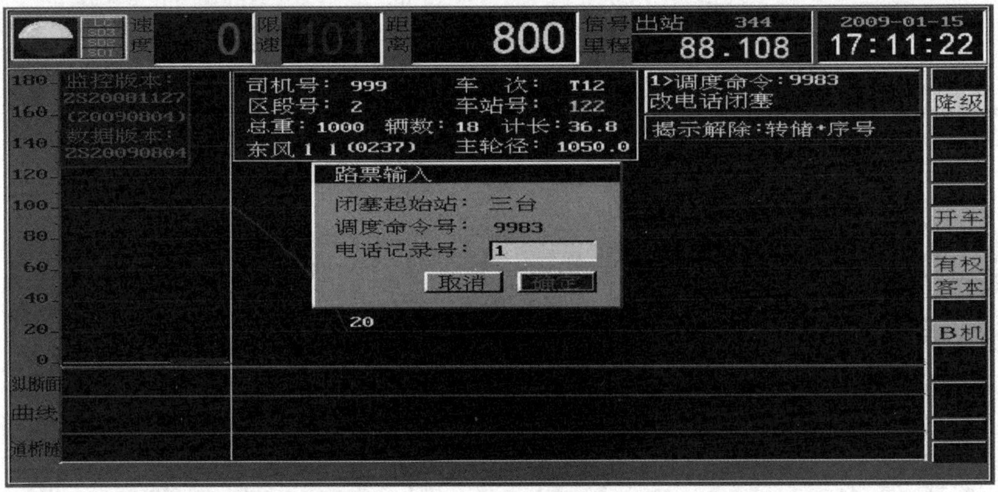

图 5-40　路票输入

注意事项：如果不按【解锁】+【确认】键，而是直接先按【开车】键，揭示信息将自动清除，监控装置不进入“路票行车状态”；路票上的电话记录号为 3 位数，数值范围为 0～255，否则无效。

2. 临时停用基本闭塞法使用电话闭塞法行车

改用电话闭塞法的调度命令没有通过 IC 卡输入监控装置，而是在列车运行中接到改用电话闭塞法行车的调度命令。

（1）监控装置在通常监控状态。

列车运行途中收到停基改电的调度命令，在停基改电起始站站内停车。确认调度命令、路票正确，开车条件具备后，按压显示器【↑】键 2 s，弹出“非正常行车确认”如图 5-41 所示。

窗口选择【3 路票】，弹出路票输入窗口，正确输入调度命令号、电话记录号，按压【确定】键，待开车条件具备后，按显示器【解锁】+【确认】键，监控装置进入“路票行车状态”控制方式，与通常工作状态下有计划地停基改电相同，如图 5-42 所示。

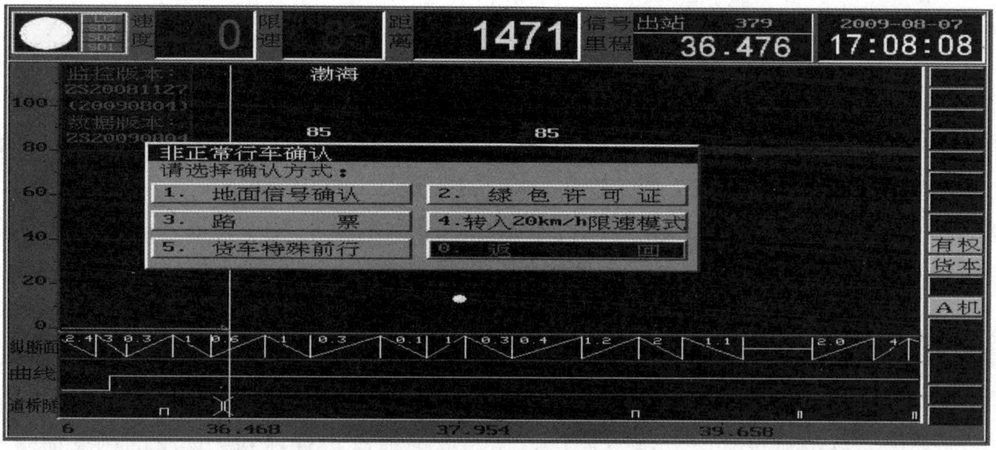

图 5-41　非正常行车确认

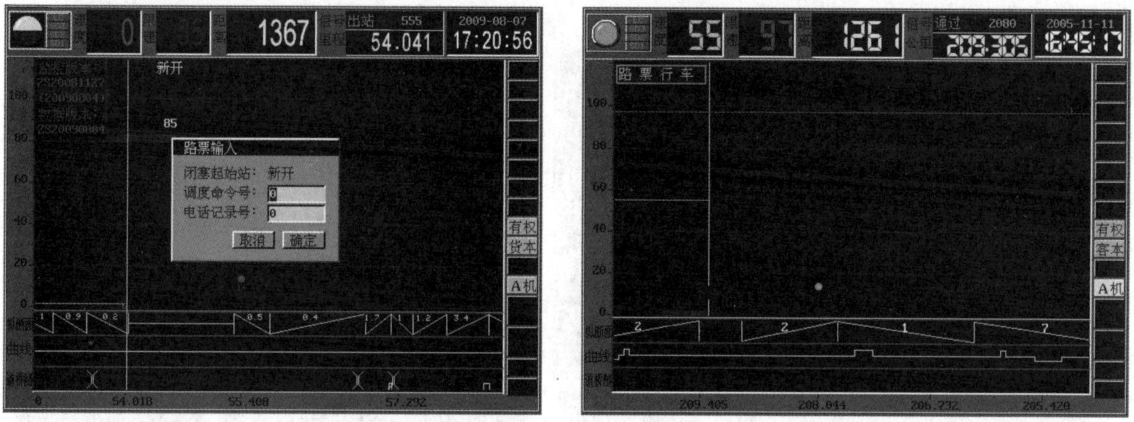

图 5-42　路票行车

（2）监控装置在降级状态。

若设定的始发站即为停基改电起始站，输入有效的设定参数，【开车】灯亮后确认方式提示。按【解锁】+【确认】键，然后在规定地点按【开车】键进入路票行车状态，控制方式与通常工作状态有计划地停基改电相同。

注意：临时操作办理成功后遇取消该正常运行时，需重新输入相关参数进入降级状态下转入正常监控模式。

（3）“线路所路票”行车的操作。

车载数据中将线路所通过信号机设定为“进出站”类别，改用电话闭塞行车时（乘务员必须全员确认绿色手信号正确），按有计划和临时停用基本闭塞法改用电话闭塞法行车操作规定方法输入电话记录号解锁。

注意：监控装置根据机车实际运行速度计算对有计划地停用基本闭塞法改用电话闭塞法行车、有计划地使用绿色许可证、有计划地特定引导限速曲线进行预显示，在距揭示开始时间 10 min 内，监控装置根据机车实际运行速度计算列车能够通过该控制区，显示屏不预显示限速曲线；反之，则预显示限速曲线。

（八）解除临时限速等的操作

解除临时限速、有计划地停用基本闭塞法改用电话闭塞法行车、有计划地使用绿色许可证、有计划地特定引导控制揭示的操作必须接到解除前发（有计划）临时限速、改用电话闭塞法、绿色许可证、特定引导的调度命令条件下方可进行下列操作。

运行中解除限速揭示的操作方法：机车乘务员接到取消前发（有计划）限速揭示调度命令时，距揭示地点 4 000 m 时，显示屏右上方自动弹出“前方控制揭示信息栏”，如图 5-43（a）所示，对于同一地点有多处限速，标明了前方各条控制揭示的信息，监控装置根据距离远近自动对各条揭示进行排序并编号；距揭示地点客运列车 3 000 m、货运列车 2 000 m 时，语音提示。在速度不为 0 km/h 时，司机按压【转储】+相应“数字键”（揭示信息栏显示对应的揭示编号），弹出“取消调度命令”输入窗口，输入取消前发（有计划）命令的调度命令号，如图 5-43（b）所示，解除指定的某一条揭示，解除成功后显示屏左上方显示“取消揭示成功”提示栏，如图 5-43（c）所示。

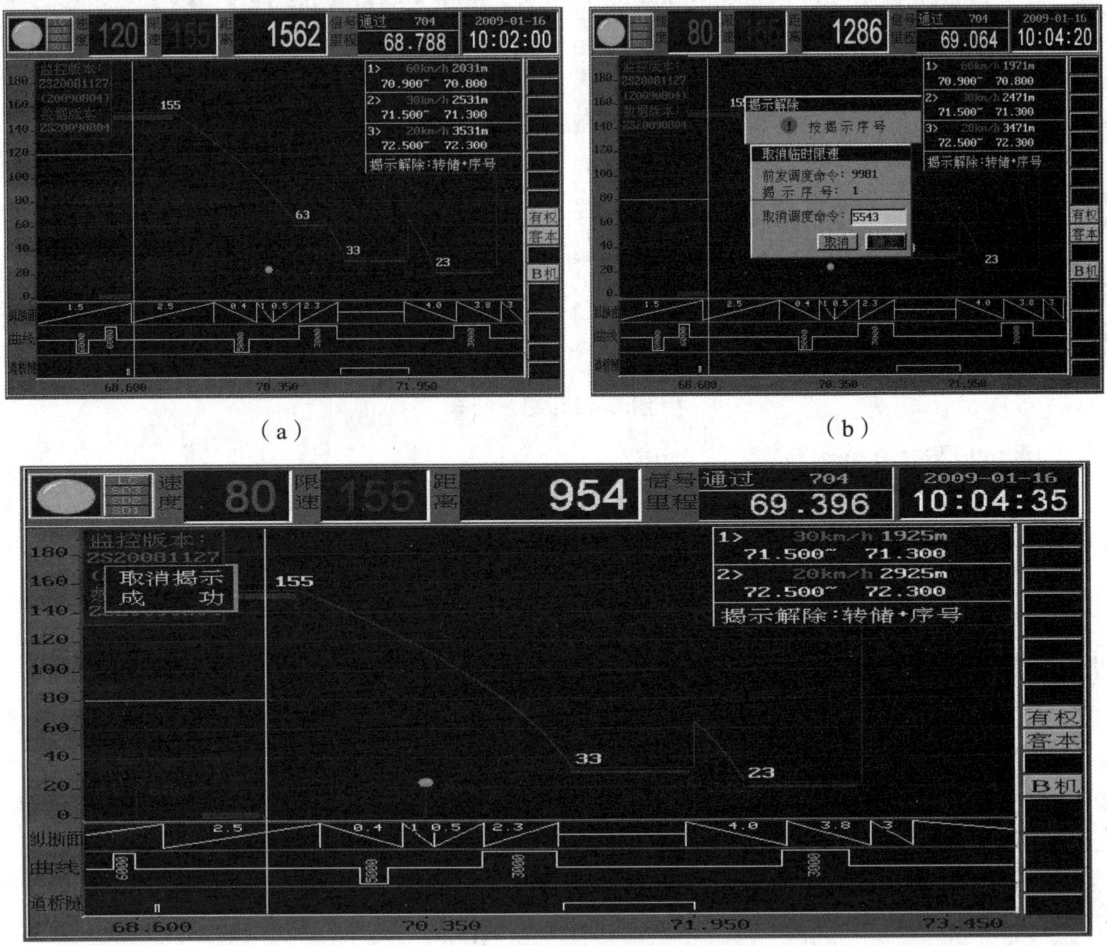

（a）　　（b）

（c）

图 5-43　运行中解除限速揭示的方法

运行中解除前发（有计划）改用电话闭塞法、绿色许可证、有计划地特定引导的操作方法：机车乘务员接到解除前发（有计划）改用电话闭塞法、绿色许可证、有计划地特定引导的调度命令时，当列车运行至进站信号机前，显示屏右上方自动弹出“前方控制揭示信息栏”，标明前方各条控制揭示的信息，司机按压【转储】+相应“数字键”（揭示信息栏显示对应的揭示编号），弹出“取消调度命令”输入窗口，输入调度命令号，解除监控装置对前发（有计划）改用电话闭塞法、绿色许可证、有计划地特定引导的控制。

某站存在有计划改用电话闭塞法行车、有计划使用绿色许可证发车，而列车不经由改用电话闭塞法行车、使用绿色许可证发车的信号机时，输入统一调度命令号“99”，解除监控装置对前发（有计划）改用电话闭塞法、绿色许可证的控制。

通过查询当前揭示或全部揭示解除揭示控制的操作方法：列车停车时，机车乘务员接到解除前发（有计划）改用电话闭塞法、绿色许可证、有计划地特定引导、限速揭示的调度命令时，司机按压【查询】键后进入“查询选择”界面，将光标移动到“当前揭示”或“全部揭示”选项处，按压【确认】键，进入“当前揭示信息查询”或“全部揭示信息查询”界面，将光标移动到“选择”项处，按压【确认】键，使用【↑】、【↓】方向键将光标移动到要取消的揭示条目上，按压【确认】键，光标自动转到“解锁”项处，同时选中的揭示变为蓝色（若要选择多条揭示时，重复上述选择过程；如要取消选择，将光标移动到“不选”项处按压【确认】键），按压【确认】键后显示屏弹出“取消调度命令”输入窗口，输入调度命令号后，按压【确认】键，光标移至“确定”项处，再次按压【确认】键，显示屏弹出“取消揭示成功”窗口，按压【确认】键，解除已选中的揭示，已解除的揭示变为红色（见图 5-44），将光标移动到“返回”项处，按压【确认】键，退出“全部揭示信息查询”界面。

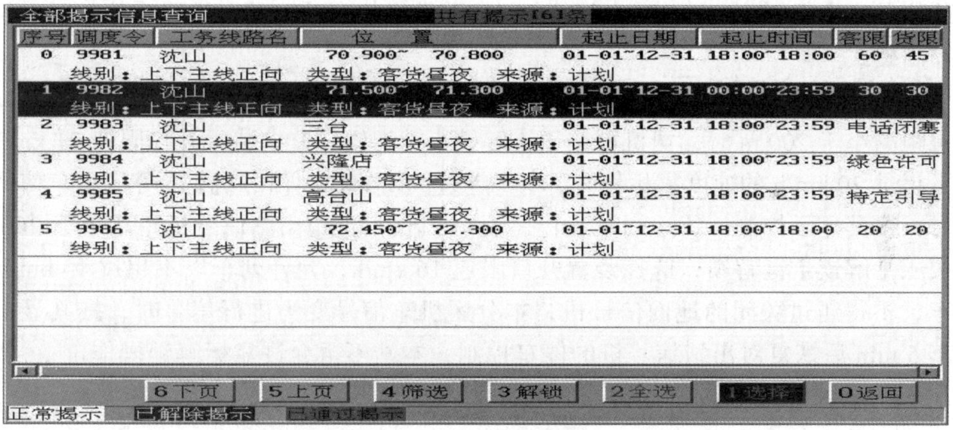

图 5-44　“全部揭示信息查询”界面

对于同方向同一个出站具有连续进站特定引导，需要解除（根据调度命令解除特定引导）时，监控装置一次性解除连续进站（接车进路）特定引导的揭示控制。

（九）车载数据预先设置为“一离去发码特殊信号机”或“场间无码特殊信号机”的解锁功能

当列车运行至车载数据中已预先设置为“一离去发码特殊信号机”或“场间无码特殊信

号机”的信号机前，机车信号显示为白灯，运行速度低于 45 km/h 时，显示屏自动弹出解锁方式提示栏（见图 5-45），司机确认地面信号为进行信号后，允许按压【解锁】+【确认】键进行解锁操作，解除监控装置停车控制，监控列车以不超过固定模式限速值越过该信号机。

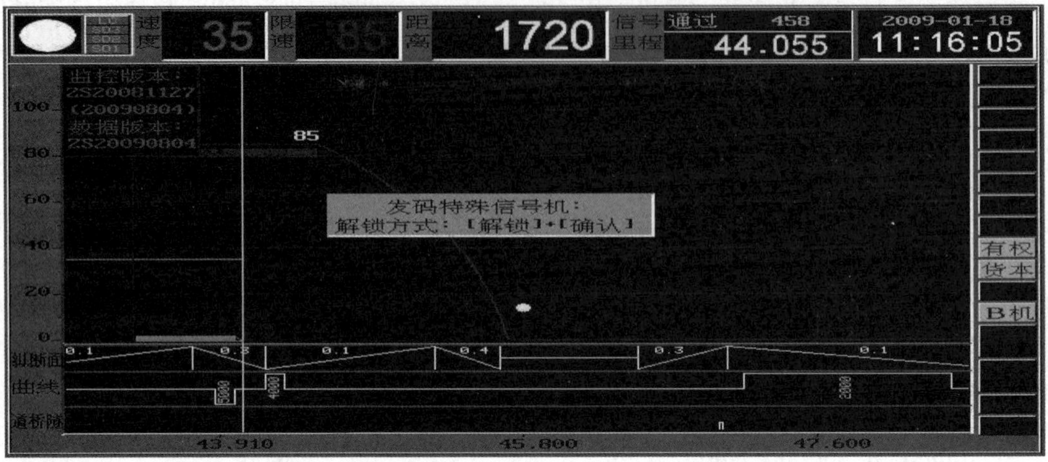

图 5-45　解锁方式提示栏

（十）车载数据预先设置为“特殊靠标停车站”的解锁功能

车载数据文件中已预先设置为“特殊靠标停车站”的车站，按“特殊靠标停车站”控制模式操作监控装置，未设置为“特殊靠标停车站”的货运列车，按货运列车站内靠标特殊前行控制模式（以下简称“特殊前行”）操作监控装置。特殊靠标车站是指机车停车标或停车位置距出站信号机小于 50 m 的车站，列车在“特殊靠标停车站”的车站股道停车时，仅采用紧急制动控制模式。

“靠标停车困难特殊车站”操作：机车牵引的旅客列车和动车组运行速度<20 km/h 且距出站信号机距离小于 200 m 时，司机可按压【解锁】键解锁，监控装置开口限速 21 km/h，允许列车以不超过 20 km/h 的速度靠标停车，不得越过关闭的地面信号机，本分区机车信号变为进行信号时，按其显示控制；货运列车运行速度<15 km/h 且距出站信号机距离小于 200 m 时，司机可按压【解锁】键解锁，监控装置开口限速 16 km/h，允许列车以不超过 15 km/h 的速度靠标停车，不得越过关闭的地面信号机，本分区机车信号变为进行信号时，按其显示控制；列车停车 5 min 后恢复对出站信号机的停车控制，本站不再允许靠标解锁操作。

（十一）信号突变的控制

在自动闭塞区段，列车运行中，当监控装置计算列车距前方信号机距离≤50 m 时，机车信号由黄灯突变为红黄灯或白灯，以及由双黄灯突变为红黄灯或白灯，监控装置自动解除对当前信号机的停车控制，不报“信号突变”，并将计算的剩余里程消除，按距次一架信号机的距离监控列车运行。消除剩余里程时语音提示“注意距离”。

在自动闭塞区段，大于 50 m 时按停车模式控制，如满足制动条件，将实施制动控制。

在半自动闭塞区段，当监控装置计算列车距前方信号机距离≤100 m 时，机车信号由黄灯突变为红黄灯或白灯，以及由双黄灯突变为红黄灯或白灯，监控装置持续发出“信号突变”

语音报警，司机确认地面信号机显示进行信号或由于距离误差引起，在 7 s 内按压【警惕】键后停止报警，并解除对当前信号机的停车控制，按次一架信号机的显示要求监控列车运行；如果 7 s 内未按压【警惕】键，监控装置将实施紧急制动。

在半自动闭塞区段，当监控装置计算列车距前方信号机距离>100 m 时，按停车模式控制，如满足制动条件，将实施制动控制。

注意：即使在距前方信号机 50 m（半自动 100 m）之内，如果机车信号由绿灯、绿黄灯突变为红黄灯，监控装置立即实施紧急制动控制；在距前方信号机大于 50 m（半自动 100 m）时，信号突变为停车信号，监控装置按防止冒进信号控制，达到计算的实施制动控制条件时，立即实施制动控制；由于距离误差的原因，监控装置实施制动，列车停车后距离尚未走完，确认是距离误差时，若为进站，按压【解锁】键，以不超过 15 km/h 的速度运行，此时要严格注意出站信号机的显示和监控交路，防止冒进；若为出站重新设定对标开车，并注意调整距离误差；机车信号变为灭灯、多灯，监控装置均不按信号突变控制，直接按停车模式控制；采用速度分级控制时，机车距前方信号机距离小于 600 m，机车信号由绿灯、绿黄灯、黄 2 灯、黄 2 闪灯或黄 2 灯突变为黄灯，监控装置以机车前方 1 000 m 处为虚拟的黄灯作为速度控制目标点。

六、机车信号故障时监控装置的操作方法

（一）机车信号故障判断及处理

1. 机车信号故障

下列情况影响监控装置正常使用，视为机车信号故障：机车信号灭灯、多个灯位或数个灯位乱跳显示；自动闭塞区段，连续两架区间通过信号机为进行信号，但机车信号显示白灯（单红灯）或红黄灯；发车进路、出站、线路所通过信号机为进行信号，但机车信号显示白灯、单红灯或红黄灯（固定无码固定除外）；进站、接车进路信号机为进行信号，机车信号为红黄灯或连续两架不接码（固定无码除外）；机车信号升级显示；机车信号其他异常现象，影响 LKJ 正常工作。

2. 机车信号故障检查处理

当出现以上现象时，立即停车（避开分相），报告车站值班员、列车调度员，并进行以下检查处理：确认“上下行”开关位置是否正确，并来回切换一次开关位置；机车信号主机设有“试验/运行”开关位置的机车，确认开关位置在“运行”位；确认操纵端机车信号机“操作端”指示灯是否亮；若列车停在站内，报告车站值班员、列车调度员，发车条件具备后，启动列车前行移动 8 ~ 10 m；经以上检查处理后故障现象仍未消除，进行一次机车信号关机、开机操作（关机后间隔 5 ~ 10 s 开机），经应急处置后故障消除，报告车站值班员、列车调度员，恢复运行。

3. 确认机车信号故障后的操作

经应急处置，故障无法消除，若列车停于站内，请求救援；停在区间，报告车站值班员、列车调度员。

（二）自动闭塞区间通过（预告）信号机前的机车信号故障操作

列车运行在自动闭塞区间通过（预告）信号机前，确认机车信号故障，机车乘务员应立即停车。停车后，机车乘务员要立即通知后续追踪列车司机和前、后方车站值班员或列车调度员。呼叫追踪列车司机联控用语：执行国铁集团被迫停车本务司机呼叫追踪列车用语。呼叫前、后方车站值班员（调度员）联控用语，列车司机：××站，××次因机车信号故障，停在××公里××米处，请转报调度员。车站值班员：××次，因机车信号故障，请转报调度员，××站明白。

车站值班员接到司机的报告后，应立即转报调度员，调度员应向该次列车和运行前方车站发布转入“20 km/h 限速模式”运行的调度命令，并对该次列车按重点列车掌握，司机应将调度命令号记录在手账上。

机车乘务员接到车站值班员或调度员的调度命令后，确认地面信号为进行信号时，监控装置在监控或降级状态下速度为 0 km/h，司机按压显示屏【↑】键 2 s，屏幕弹出“非正常行车确认”窗口，将光标移到“转入 20 km/h 限速模式”选项处，按压【确认】键或直接按压【4】键，进入“转入 20 km/h 限速模式确认”子菜单，如图 5-46（a）所示，将光标移动到“确定”选项处，再次按压【确认】键，屏幕出现“20 km/h 限速模式”标志，模式曲线显示为限速 0 km/h，如图 5-46（b）所示。

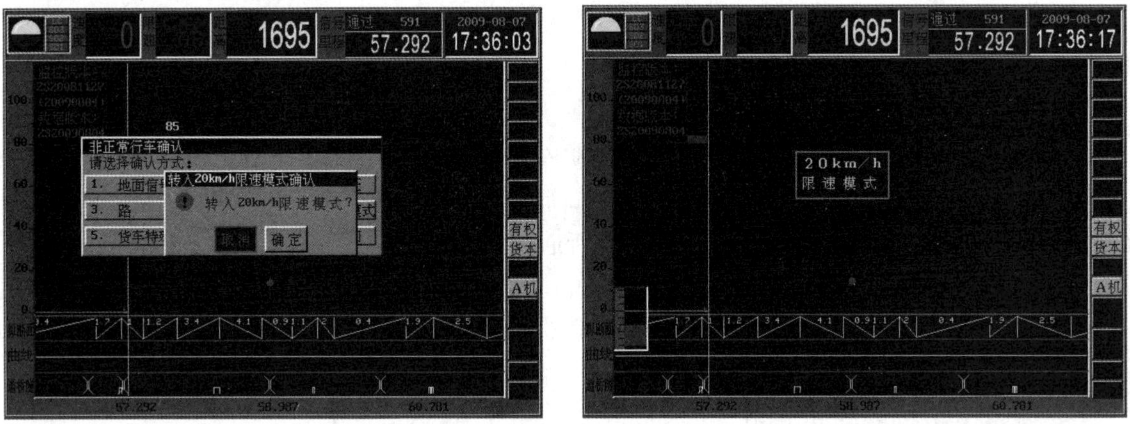

（a）　　　　（b）

图 5-46　20 km/h 限速模式

2 min 后，监控装置开口限速 20 km/h，如图 5-47（a）所示，语音提示“注意前方限速”，监控装置转入“20 km/h 限速模式”状态。允许司机以不超过 20 km/h 的速度控制列车按地面信号机显示要求维持运行至前方站（不含线路所）出站信号机或发车进路信号机前停车，更换机车（动车组请求救援）。

注意：自动闭塞区间通过（含预告）信号机前，有速度操作监控装置时不能转入“20 km/h 限速模式”，同时，屏幕提示“停车有效”，如图 5-47（b）所示。

在发车进路或出站信号机前，无论机车有无速度时，操作监控装置都不能转入“20 km/h 限速模式”，同时，屏幕提示“禁止操作”，如图 5-48 所示。

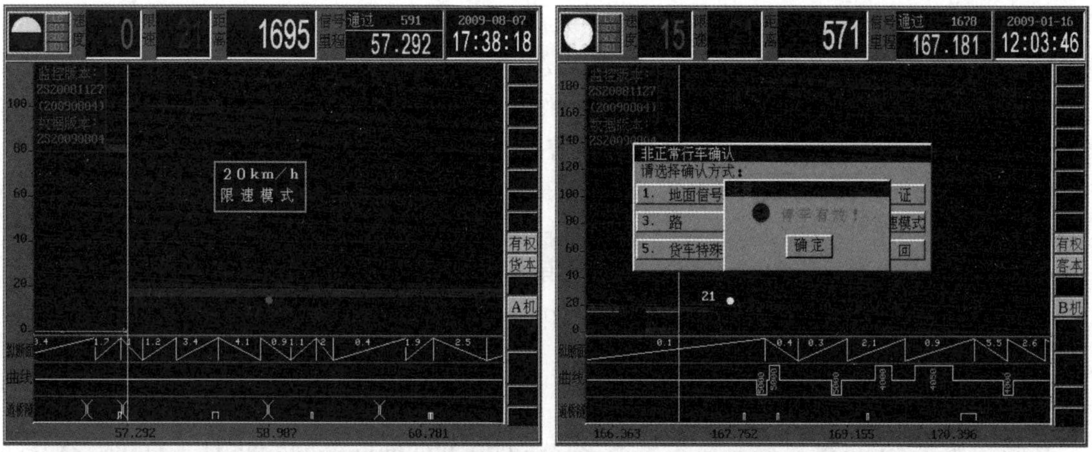

（a）　　　　　　　　　　　　（b）

图 5-47　限速 20 km/h 与停车有效界面

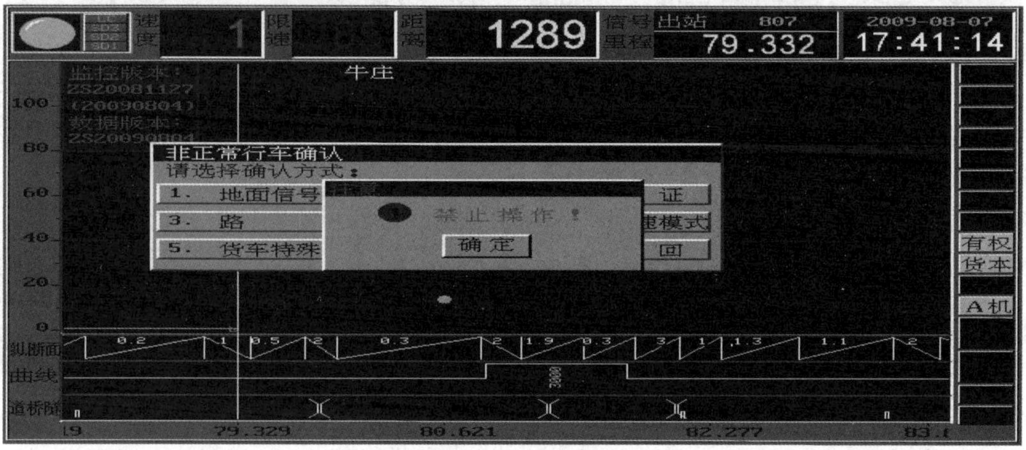

图 5-48　禁止操作

监控装置转入“20 km/h 限速模式”状态后，监控装置不按机车信号显示监控列车运行。机车乘务员（双班单司机值乘区段，必须执行双司机值乘）严格执行呼唤应答制度，及时进行车机联控。若列车停在进站信号机、接车进路信号机前，实施 LKJ 引导解锁操作。严格按照地面信号机的显示要求操纵列车，并以不超过 20 km/h 的速度进站。在半自动闭塞区间运行至进站信号机前停车，确认地面信号机开放后实施 LKJ 引导解锁操作，以不超过 20 km/h 的速度进站（半自动闭塞区段禁止进入“20 km/h 限速模式”）。

注意：在 LKJ 数据设置的进站、进出站信号机前，无法转入随时停车工作状态（20 km/h 限速工作状态）。

监控装置转入“20 km/h 限速模式”后的注意事项：运行中监控装置不能自动校正距离，要求司机注意人工校正距离，发车进路和出站信号机前（不含线路所）只能向后车位调整；不能输入侧线股道号；不能进入调车和降级控制状态；监控装置无各项解锁功能；无监控装置的路票、绿色许可证、特定引导、绿灯/绿黄灯确认功能；无临时限速、区段限速控制和显示；在区间至进站分区间运行，按固定模式限速控制；在发车进路或出站信号机前按停车模式控制；机车信号变化，无语音提示；在降级状态下转入“20 km/h 限速模式”后，机车信号显示停车信号，机车速度超过 5 km/h 时，无报警功能。

监控装置转出“20 km/h 限速模式”的操作和要求：转入“20 km/h 限速模式”后，机车乘务员确认机车信号恢复正常，通知车站值班员或列车调度员，列车必须运行至站内处于停车状态（在区间，无法退出 20 km/h 限速模式），按调度命令要求进行转出“20 km/h 限速模式”的操作；司机按压监控装置显示屏【↑】键 2 s，显示屏弹出“非正常行车确认”窗口，将光标移到“转出 20 km/h 限速模式”选项处，按压【确认】键，进入“转出 20 km/h 限速模式确认”窗口，将光标移动到“确定”选项处，如图 5-49 所示。再次按压【确认】键，监控装置转入上电启机的原始工作状态（降级控制状态），司机输入参数后，待运行到规定对标点处，按压【开车】键恢复监控状态运行。

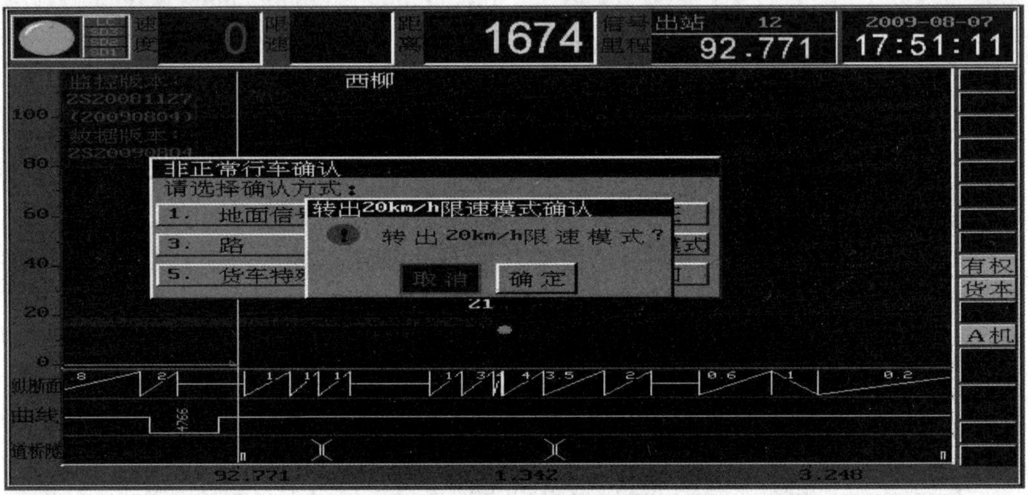

图 5-49　转出 20 km/h 限速模式

注意：有速度操作监控装置时不能转出“20 km/h 限速模式”，同时，显示屏提示“停车有效”。

列车运行在站内如确认机车信号故障，机车乘务员应立即停车，并报告车站值班员，由车站值班员转报列车调度员更换机车（动车组）请求救援。

七、降级

（一）产生自动降级的原因

当符合下列条件之一时，LKJ 自动进入降级工作状态。具体条件为监控主机初始上电或断电 30 s 后开机；通常监控状态下乘务员修改了监控交路号、车站号、车次、客货状态、本/补状态任一参数；LKJ 不能确定列车位置时，无法定位时；退出 20 km/h 限速工作状态时。

注意：断电 30 s 后开机进入的工作状态称为原始降级状态，当符合下列条件之一时，LKJ 可以人为进入降级工作状态。条件为机车信号为 L3、L2、L、LU、LU2、U、U2、UUS、U2S 灯时速度小于 60 km/h 允许转入降级状态；机车信号为 L3、L2、L、LU、LU2、U2、UUS、

U2S 转白灯时速度小于 60 km/h 允许转入降级状态；机车信号为 UU 灯速度小于 45 km/h 允许转入降级状态；机车信号为停车信号（含红黄闪）停车时允许转入降级状态；当监控装置处于报警状态停车时，允许转入降级状态。

（二）降级控制模式

监控装置进入原始降级工作状态或由通常工作状态转为降级工作状态时，固定模式限速值按机车最高运行速度、车辆最高运行速度、动车组最高运行速度的最低值或降级前的固定模式限速值确定；当机车信号为进行信号时，自进入降级工作状态列车运行 2 000 m 后，固定模式限速值降为 55 km/h；当机车信号为停车信号或降级后由进行的信号变为关闭信号时，自进入降级工作状态或信号变化后列车运行 800 m 后，固定模式限速值降为 15 km/h。机车按固定模式限速值+5 km/h 确定常用固定模式限速值，按固定模式限速值+8 km/h 确定紧急固定模式限速值；动车组按固定模式限速值+5 km/h 确定常用固定模式限速值，按固定模式限速值+10 km/h 确定紧急固定模式限速值。

降级运行时实际速度低于限速值 3 km/h 语音报警，低于限速值 2 km/h 卸载，等于常用限速值实施常用制动，等于紧急制动限速值实施紧急制动。

在降级工作状态下，机车信号为停车信号时，如果速度高于 5 km/h，LKJ 输出语音提示指令，监控装置实施周期（4 s）报警，提示司机注意确认地面信号，司机在 7 s 内周期按压【警惕】键应答，否则监控装置实施紧急制动。

原始降级工作状态下，机车信号为白灯，或机车信号由 LU2、U、U3、UU、UUS 变为白灯，LKJ 均按停车信号处理。

八、途中 LKJ 故障的处理

（一）途中 LKJ 故障判断

运行途中 LKJ 出现以下情况之一时，应选择合适位置停车，报告车站值班员、列车调度员。具体情况为：系统故障，持续发出“呜呜”的报警声；操纵端显示器无法进行输入、设定等操作或显示停滞、死机、黑屏、白屏；LKJ 显示器显示速度频繁跳动影响正常控制或无速度显示；其他故障导致不能正常监控，或影响列车运行。

注意：带有 LKJ 警惕控制功能的监控装置，迅速以不超过 10 s 周期性按压“警惕”键，再选择合适位置停车。

（二）途中 LKJ 故障处理

机车乘务员将 LKJ 故障报告车站值班员、列车调度员的同时，进行应急故障处理。

1. 监控装置显示器故障

（1）故障现象。

显示器出现死机、显示或语音混乱、黑屏、白屏、IC 卡座等故障现象（白屏是指显示器有电，但显示器呈白色且无任何显示；黑屏是指显示器无电；死机是指显示器显示的信息静止；显示混乱指显示器显示信息混乱或时有时无；IC 卡座故障指文件无法转储、临时慢行无法写入）。

（2）判断方法。

如果显示器【故障】标志灯亮并伴有报警声，为 LKJ 系统故障，否则到非操作端确认显示器显示是否正常，如正常，为操作端显示器故障。

（3）应急处理方法。

仅单端显示器故障时，瞬间断电 10 ~ 15 s 再开机（内燃机车开关主机电源，电力机车在电源控制柜“监控装置”自动开关）；若仍不能恢复，有条件时两端显示器互换，维持运行。

双端显示器都故障时，检查拧紧主机箱各插头，断电 30 s 以上后重新开机，此时 LKJ 进入降级状态。LKJ 恢复正常，输入就近车站号等参数，重新对标。

2. 监控主机故障

立即拨打电务“110”电话，开关机操作瞬间断电 10 ~ 15 s，LKJ 若恢复正常，则可继续运行。按上述处理后如还不能正常工作，在电务“110”指导下，进行 A/B 机主备切换操作，判断是否正常。如监控装置持续发出“呜呜”的报警声，110 应急指挥人员指挥司机在 3 min 内切断监控电源，关机 1 min 后再开机，如恢复正常，在前方站输入参数重新对标开车。

3. 速度信号异常（包括无速度、速度乱跳、比实际速度高或低）

运行中显示器报速度通道故障或速度显示不正常。人工切换速度通道，按压显示器【设定】键，再按压【4】键将光标移至“确定”处，按压【确认】键，人工切换速度通道。如恢复正常，为主备之一速度通道故障，维持运行。

主备速度均无信号输出（显示器 3 个速度通道均为 0）时，拨打“110”电话，将监控装置主机关机 30 s 后再开机，如恢复正常，维持运行。

经过应急处置，故障消除，报告车站值班员、列车调度员。若 LKJ 进入降级状态，恢复运行，运行时注意调整车位误差；若 LKJ 已进入降级状态，核对 LKJ 设定参数、LKJ 临时数据，开车对标，正确调整距离。

经过应急处置，故障无法消除，报告车站值班员、列车调度员。严格按地面信号机的显示操纵列车，在自动闭塞区段列车运行速度不超过 20 km/h；半自动闭塞区间运行至进站信号机前停车，确认地面信号开放后，速度不超过 20 km/h。运行至前方站内停车处理。

九、列车反方向运行

列车反方向运行时，机车乘务员应将机车信号载频（上下行转换）开关置于所运行线路规定的位置；恢复正方向运行时，及时将机车信号载频（上下行转换）开关置于所运行线路规定的位置。

监控装置车载数据中设有“反向数据”的，在车站输入反向数据后，显示屏左上方显示“反向运行”按规定“开车对标”。无反方向数据的车站按相关行车办法执行，列车进入反方向运行时，按 LKJ 监控列车运行。当需重新回到正方向运行时，又需重新设定正方向参数，LKJ 输入数据后处于降级状态，重新开车对标。

（一）有计划使用路票反方向运行

列车运行至有计划反方向行车起始车站的进站信号机、出站信号机或接发车进路信号机前，列车运行速度低于 60 km/h 时，显示屏自动弹出“路票输入”窗口，提示司机确认调度命令编号。机车乘务员全员确认行车凭证无误后，在路票输入窗口处输入路票的电话记录号并确认，在出站信号机或发车进路信号机前，按压【解锁】+【确认】键解锁，在停车状态下输入监控装置反方向运行区段号、车站号，进入降级状态，起动列车运行，运行至反向正线出站信号机处按压【开车】键进入监控状态。

（二）临时使用路票反方向运行

列车运行至临时反方向行车起始车站的出站信号机或发车进路信号机前停车后，车站应向机车乘务员递交行车凭证（路票），机车乘务员接到行车凭证（路票）并全员确认无误，司机持续按压【↑】键 2 s，显示屏显示“非正常行车确认”窗口，将光标移动到“路票”选项处，按压【确认】键后输入调度命令号，在路票输入窗口处输入路票的电话记录号并确认。机车乘务员确认发车信号正确或得到电台发车通知后，司机按压【解锁】+【确认】键解锁，输入监控装置反方向运行区段号、车站号，进入降级状态，起动列车运行，运行至反向正线出站信号机处按压【开车】键进入监控状态。

（三）不发给路票的反方向运行

反方向运行不发给路票时，列车运行至反方向运行起始站出站信号机或发车进路信号机前，机车乘务员确认地面信号为进行信号。当机车信号为进行信号速度低于 60 km/h（机车信号为双黄灯速度低于 45 km/h）时（建议速度低于 30 km/h，防止因开车对标按该站最低道岔限速控制，如速度过高，监控放风），司机输入反方向运行区段号、车站号降级，在反向正线出站信号机处按压【开车】键对标进入监控状态；当机车信号为停车信号（含白灯、单红灯）时，停车后输入反方向运行区段号、车站号降级，起车后在反向正线出站信号机处按压【开车】键对标进入监控状态。如地面信号为停车信号，必须在出站信号机前停车，待出站信号机或发车进路信号机显示进行信号后输入反方向运行区段号、车站号降级，起车后在反向正线出站信号机处按压【开车】键对标进入监控状态。

（四）三站两区间（或以上）反方向运行

三站两区间（或以上）反方向运行中，中间站交接路票后，不进行路票解锁操作，如出站信号机前机车信号为停车信号，按临时绿色许可证方式操作，输入规定绿色许可证号，机车乘务员确认发车信号正确或得到电台发车通知后解锁，起动列车运行。

（五）运行在反方向区间的列车，恢复正方向运行

运行在反方向区间的列车，恢复正方向运行时，在出站信号机前，地面信号为进行信号。当机车信号为进行信号速度低于 60 km/h（机车信号为双黄灯速度低于 45 km/h）时（建议速度低于 30 km/h，防止因开车对标按该站最低道岔限速控制，如速度过高，监控放风），司机输入监控装置正方向区段号、车站号进入降级状态，运行至正向规定的对标点处按压【开车】

键进入监控状态；机车信号为白灯或单红灯监控装置按停车模式控制时，需停车后输入正方向区段号、车站号进入降级状态，运行至正向规定的对标点处按压【开车】键进入监控状态。

十、防溜控制

LKJ在通常监控、降级监控、调车监控状态下具备相位防溜、管压防溜和手柄防溜功能。

（一）手柄防溜

根据停车时主手柄状态，手柄防溜可分为零位防溜、非零位防溜。

1. 零位防溜

动车时主手柄处于零位，当速度超过3 km/h或运行距离超过10 m时，将启动手柄防溜。

2. 非零位防溜

主手柄在非零位停车后，停车期间主手柄一直未发生变化，再次动车时，主手柄仍处于非零位，当速度超过3 km/h或运行距离超过10 m时，将启动防溜。

LKJ启动手柄防溜后，连续输出“注意手柄防溜”语音指令，司机按压【警惕】键应答或使机车加载，撤除语音指令和防溜控制。10 s内未采取措施，LKJ输出紧急制动指令并语音提示“手柄防溜动作”。

（二）相位防溜

机车或动车组由停车状态移动，LKJ通过对同一速度传感器两路速度信息相位判断的机车或动车组工况信息的方向不一致，机车或动车组速度达3 km/h及以上或移动距离达10 m及以上，启动相位防溜。相位防溜控制要求：满足启动条件后LKJ输出指令，10 s内司机按键应答信息暂时停止语音报警，4 s后重新语音提示，未采取措施，LKJ紧急制动并语音提示“相位防溜动作”。当机车速度大于10 km/h时，再次按压【警惕】键解除监控装置循环报警。

（三）管压防溜（动车组除外）

列车停车（单机除外）后列车管减压不足80 kPa，5 s后LKJ输出语音提示指令“注意管压防溜”，10 s内未得到司机按【警惕】键应答或追加减压至80 kPa及以上，LKJ输出紧急制动指令并语音提示“管压防溜动作”。

对于单机的管压防溜处置：停车后制动缸内压力不足80 kPa，5 s内LKJ输出语音指令，10 s内未得到司机按键应答或制动缸压力达80 kPa及以上信息，LKJ输出紧急制动指令。

注意：单机LKJ处于调车模式及段内走行模式时，管压防溜不判断列车管减压量，只对制动缸压力进行判断。

（四）列车缓解不开车防溜

列车（单机除外）停车状态下缓解，列车管减压量小于参数设置的“列车管减压量”40 kPa并达到设置“报警延时时间”90 s后启动防溜报警，10 s内司机按键应答或列车管减压量达

80 kPa 及以上信息撤除语音提示和防溜报警，否则输出紧急制动指令。

单机停车状态下缓解后，制动缸压力下降到参数设置的“制动缸压力 80 kPa”以下，并达到“报警延迟时间”90 s 后启动防溜报警，10 s 内得到司机按键应答或制动缸压力达 80 kPa 及以上的信息撤除语音指令和防溜控制，否则输出紧急制动指令。

注意：监控装置发生防溜动作紧急制动停车后，需缓解时，司机按压【警惕】键缓解。

十一、车位调整（手动修正过机误差）

信号机之间的距离是地面参数设置的重要数据，列车运行中，显示器距离显示区以不断递减的数据显示下一架信号机的距离，机车越过一架信号机的瞬间显示的距离与机车实际位置的误差为过机误差。

（一）过机误差

过机误差可以分为滞后误差和超前误差。

滞后误差：机车越过信号机时的距离显示仍有余值，经过一段距离后才显示 0，这种零显示出现在信号机位置之后的过机误差称为滞后误差。

超前误差：机车距离信号机还有一段距离，但距离显示值提前进入 0 显示，这种情况称为超前误差。

（二）手动修正过机误差的方法

手动修正过机误差操作方法有车位向前、车位向后及车位对中三种。

车位向前：出现滞后误差时，在接近信号机位置按【车位】键 1 次，在机车越过信号机再按【向前】键 1 次，装置清除剩余距离，调出当前分区距离。

车位向后：出现超前误差小于 300 m 时，在接近信号机位置按【车位】键 1 次，在机车越过信号机再按【向后】键 1 次，装置将重新调用当前分区的距离。

车位对中：当超前误差或滞后误差距离小于 300 m 时，在信号机位置，按压【自动校正】键，不论是滞后还是超前误差，装置自动进行校正。

（三）车位确认

日常的车位确认：按压开车键后，在第一离去须进行车位确认，运行途中在半自动闭塞区间进站及自动闭塞区间预告、进站信号机须进行“车位确认”。

非正常情况下的车位确认：当 LKJ 发生“空转”“滑行”“过机不校”时，须在运行前方第一架信号机处进行“车位确认”。

运行过程中发生重新设定或其他原因导致 LKJ 处于降级状态后，监控数据恢复通常工作状态后，须在运行前方第一架信号机处进行“车位确认”。

（四）有关说明

【车位】+【向前】/【向后】键两次按键操作在 3 s 内完成，装置启动停车控制模式后，校正距离误差操作无效。LKJ 系统对已越过信号机 300 m 距离误差手动向后调整无效，手动向前调整不受距离限制。正常情况下，当机车头部越过地面信号发码点后，监控装置信号机显示区会显示“校正”结果。正常情况下，在机车越过自闭区段通过信号机，半自动闭塞区段进站信号发码箱（预告信号机附近）2 ~ 4 s 双线区段反向运行机车信号上码点，装置自动进行距离误差校正，自动校正的最大误差距离为 300 m。机车轮径误差：轮对空转、轮对滑行，没按要求对标等都可能导致距离误差累积，应注意在机车越过信号机时修正过机误差。

说明：运行中，当过机误差小于 100 m 时，装置可自动校正。

十二、巡检操作

机车乘务员在操纵端按压【巡检】键→到非操纵端按压【巡检】键→回操纵端按压【巡检】键，每次有效按键，屏幕右边显示的状态窗口中“巡检灯”点亮 4 s，结束时监控装置语音提示“巡检完成”。

十三、【警惕】键操作

降级状态下监控装置周期报警，司机 7 s 内周期按压【警惕】键解除报警；防溜报警时，司机 10 s 内按压【警惕】键解除报警；监控装置发生防溜动作紧急制动停车后，需缓解时，司机按压【警惕】键缓解；半自动闭塞“信号突变”7 s 内按压【警惕】键解除报警。

十四、调车操作

当机车速度为 0 km/h 时，在有权端按压【调车】键进入调车状态，调车指示灯亮，进入调车状态后两端均有操作权。调车状态下限速窗口显示 41 km/h、38 km/h 报警，39 km/h 卸载，41 km/h 常用制动（未开通常用制动的为紧急制动限速值），44 km/h 紧急制动等信息。调车状态中走行距离自动计算。调车结束后，在操纵端按压【调车】键退出调车状态。

换端操作：机车速度为 0 km/h 时，在有操作权的一端按压【调车】键进入调车状态（已经在调车状态下不需要）。

十五、速度通道切换功能

对于 LKJ 配套安装两个速度传感器的机车，当其中一个速度传感器发生故障时，可切换使用另一个速度传感器。切换方式有自动和手动两种。

（一）自动切换

机车运行时，若 LKJ 当前使用的速度传感器速度信息故障，而另一个速度传感器速度信息正常时，LKJ 自动切换。

（二）手动切换

按【设定】键进入“参数设定”窗口，移动光标到“4 主速度”（或 4 备速度）处，按压

【确认】键（也可以直接按数字键【4】）进入“切换速度传感器”界面，使用【←】【→】光标键选择相应的备用通道 0、1、2，选定后按压【确认】键，如图 5-50 所示。

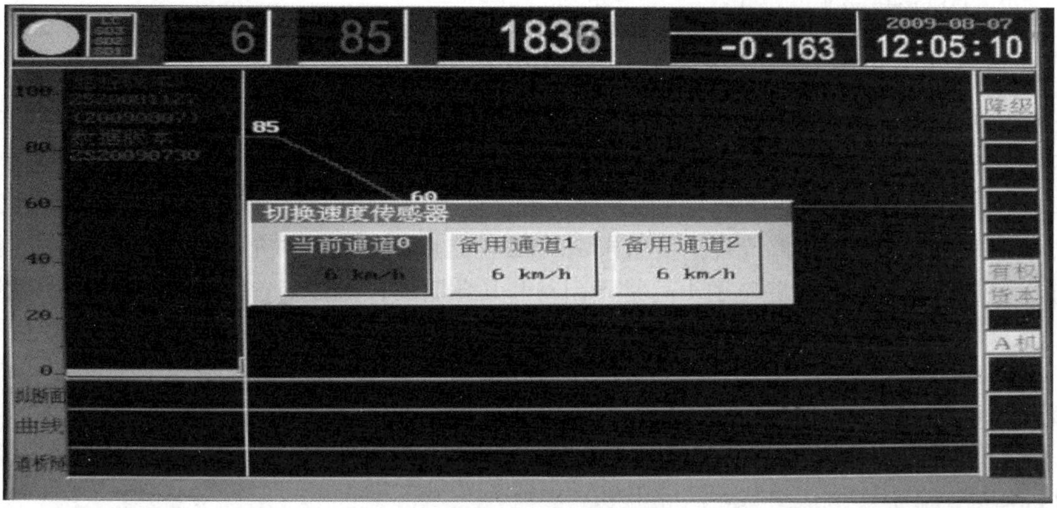

图 5-50　切换速度传感器

机车运行中显示屏速度窗口无速度显示时，使用【查询】+2 键进入工况显示界面，速度通道从左至右为 0、1、2 通道，其中速度显示为绿色的为当前使用的速度通道，如果当前速度通道显示为 0，而其他某一通道速度显示正常，须进行速度通道切换操作。进行人工速度通道切换操作后乘务员要进行引记。

注意：在“参数设定”窗口中，显示“4 主速度”表示当前使用的是主速度传感器，显示“4 备速度”表示当前使用的是备速度传感器；执行过手动切换后自动切换无效，只有在 LKJ 关机 30 s 以上再开机的情况下，才能恢复自动切换功能。

十六、LKJ 监控装置基本控制功能

通常情况下，显示器显示的限速值为常用固定模式限速值（常用制动动作值）。当装置发出常用制动指令或暂停常用制动控制时，显示紧急固定模式限速值（紧急制动动作值）。

（一）控制方式

1. 监控装置控制模式的安全计算距离公式及实施常用制动控制的减压量

监控装置控制模式的安全距离为

$$S_a=A+0.5v_0$$

式中　A——安全距离基本值；

v_0——列车速度。

LKJ 控制模式的安全距离基本值为区间：紧急制动取 70 m，常用制动取 100 m；站内：紧急制动取 20 m，常用制动取 50 m。

实施常用制动控制的减压量：在减速区，机车牵引的旅客列车常用制动减压量为 130 kPa，

货物列车常用制动减压量为 120 kPa，动车组取最大常用制动减压量；在恒速区，机车牵引的客、货物列车常用制动减压量均为 80 kPa，动车组取最大常用制动减压量；调车模式实施常用制动控制的减压量为 120 kPa。

2. 固定限速模式控制

监控装置按线路允许速度（包括线路、道岔、曲线、桥梁、隧道、长期慢行地段、临时慢行地段等各项允许速度和限制速度）、接触网限制速度、机车车辆最高运行速度、动车组最高运行速度、特定限速等各项允许和限制速度的最低者确定固定模式限速值。对于半径 400 m 及以下的曲线地段，按线路允许速度值减 2 km/h 确定该曲线地段的允许速度。LKJ 的控制指令输出包括语音提示、解除牵引力、常用制动和紧急制动，监控装置按报警、卸载、常用制动、紧急制动四个过程防止列车超速。

通过侧向道岔、临时慢行地段：当列车速度达到固定模式限速值时语音提示报警，当列车速度达到固定模式限速值+1 km/h 卸载，+3 km/h 常用制动，+5 km/h 实施紧急制动。

通过其他地段：速度达到固定模式限速值+2 km/h 报警，+3 km/h 卸载，+5 km/h 常用制动，+8 km/h 紧急制动。

控制指令的解除：卸载指令在速度低于常用制动限速值 3 km/h 后自动解除；常用制动指令的解除，速度下降到比固定限速模式值低于 5 km/h 时，语音提示“允许缓解”确认可以缓解列车后，按压【缓解】键，装置解除常用制动指令；紧急制动的解除，列车停车后，紧急制动指令自动解除，同时解除其他控制指令。

3. 减速控制模式

在减速模式下，装置以计算的常用制动和紧急制动限速，防止列车在限速地点超速。动作值为：实际速度值+5 km/h≥常用计算模式限速值时，语音提示；实际速度值+1 km/h≥常用计算模式限速值时，输出解除牵引力（卸载）指令。

实际速度值=常用计算模式限速值时，实施常用制动控制。

实际速度值=紧急计算模式限速值时，实施紧急制动控制。

若列车管减压 50 kPa 及以上，装置自动暂停常用制动的控制，只保留紧急制动控制，直至列车停车，或越过减速模式控制区后恢复常用制动控制。

当列车尾部越过限速地段后，限速恢复固定模式限速。

控制指令的解除：卸载指令在速度低于常用制动限速值 3 km/h 后自动解除。常用制动指令的解除：速度下降到目标限速以下，语音提示“允许缓解”确认列车可以缓解后，按压【缓解】键，装置解除常用制动指令。紧急制动指令的解除：列车停车后，紧急制动指令自动解除，同时解除其他控制指令。

4. 停车控制模式

当机车信号为停车信号时（红黄灯、黄灯、双黄灯转白灯、灭灯、多灯、红黄灯转红灯），装置以计算的常用制动和紧急制动限速控制列车停车（列车在站内停车控制时，只采用计算的紧急制动限速监控列车）。

动作值：实际速度值+5 km/h≥常用计算模式限速值时，语音提示；实际速度值+1 km/h≥

常用计算模式限速值时，输出解除牵引力（卸载）指令；实际速度值=常用计算模式限速值时，实施常用制动控制。

实际速度值=紧急计算模式限速值时，实施紧急制动控制。

若列车管减压 50 kPa 及以上，装置自动暂停常用制动的控制，只保留紧急制动控制，直至列车停车后恢复常用制动控制。

控制指令的解除：卸载指令在速度低于常用制动限速值 3 km/h 后自动解除。常用制动指令的解除：列车停车后，语音提示“允许缓解”确认列车可以缓解后，按压【缓解】键，装置解除常用制动指令。紧急制动指令的解除：列车停车后，紧急制动指令自动解除，同时解除其他控制指令。

注意：当机车工况处于电阻制动位时，禁止 LKJ 输出解除牵引力指令。

（二）通常工作状态

1. 控制模式值的确定

在通常工作状态下，LKJ 模式限速值按以下要求确定：按线路允许速度（包括线路、道岔、曲线、桥梁、隧道、长期慢行地段、临时慢行地段等各项允许速度和限制速度）、接触网限制速度、机车车辆最高运行速度、动车组最高运行速度、特定限速等各项允许和限制速度的最低者确定固定模式限速值；对于半径 400 m 及以下的曲线地段，按线路允许速度值减 2 确定固定模式限速值；机车牵引列车（动车组）按固定模式限速值+5 km/h 确定常用固定模式限速值，按固定模式限速值+8 km/h（动车组+10 km/h）确定紧急固定模式限速值；对于侧向道岔和临时施工慢行引起的列车限速，提示规定为：按固定模式限速值+3 km/h 确定常用固定模式限速值，按固定模式限速值+5 km/h 确定紧急固定模式限速值；对于动车组在 c2 区段运行时，遇 ATP 列控车载设备不能正常工作，当机车信号正常时，值乘司机汇报车站值班员转报列车调度员，根据下达的调令要求，可改 LKJ 控制行车，列车最高运行速度 165 km/h，速度控制模式常用制动按 170 km/h 设置。

2. 防止固定限速地点超速

列车运行中，在固定限速地段，装置以固定限速模式防止列车超速。

3. 防止曲线、桥梁、道岔等减速地点超速

列车运行前方为曲线、桥梁等限速地段，接近限速地段（客车 3 000 m、货车 2 000 m）装置语音提示“注意前方限速”，并以减速模式和固定限速模式防止列车通过限速地段超速。

列车运行前方侧向过岔，装置收到双黄灯、双黄闪灯调用车载基础数据文件中存储的对应道岔限速值，装置语音提示“注意道岔限速”，并以减速模式和固定限速模式防止列车侧线过岔超速。侧线出站道岔限速控制时，装置以出站信号机作为控制起始点，至列车尾部越过出站道岔为止。

4. LKJ 对机车信号信息的控制

当轨道电路为移频 UM71、ZPW2000 制式时，LKJ 机车信号接收到地面信息按表 5-1 输出相应的信号。

表 5-1 LKJ 对机车信号信息的控制

序号	1	2	3	4	5	6	7	8
输入信息名称	L3 码	L2 码	L 码	LU 码	LU2	U 码	U2S	U2 码
机车信号显示	L	L	L	LU	U	U	U2S	U2
SD1	1	1	0	0	1	0	1	0
SD2	1	0	0	0	0	1	0	0
SD3	0	1	1	1	1	0	1	1
序号	9	10	11	12	13	14	15	16
输入信息名称	U3 码	UUS 码	UU 码	HB 码	HU 码	H 码	—	—
机车信号显示	U	UUS	UU	HUS	HU	H	H	B
SD1	0	1	0	1	0	1	0	0
SD2	0	0	*0*	0	0	0	0	0
SD3	1	1	1	1	1	0	1	1

注：当列车从 HU 或 H 码区段进入无机车信号信息码区段时，机车信号显示一个红色灯光；
当列车从其他机车信号信息码区段进入无机车信号信息码区段时，机车信号显示一个白灯。

对于绿黄灯、黄灯、黄 2 灯、黄 2 闪灯等减速信号，LKJ 分两种控制方式：运行速度大于 140 km/h 的列车在自动闭塞区段以及部分行包交路采用“连续控制”；其他采用“分级控制”。

LKJ 采用速度连续控制方式时，机车信号为绿黄灯，如图 5-51（a）所示；黄灯，如图 5-51（b）所示。

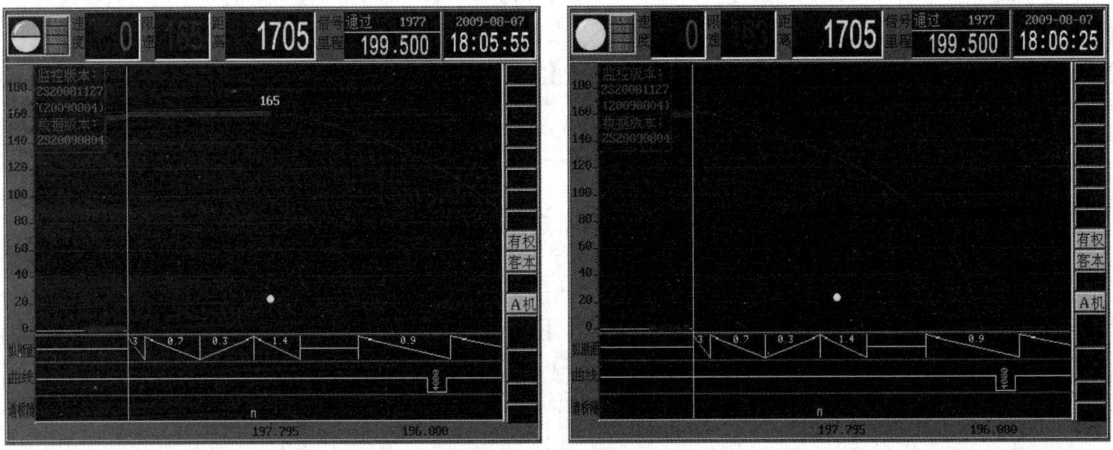

（a）　　　　（b）

图 5-51 机车信号

监控装置不设固定出口限速值，以停车模式监控列车在显示停车信号的信号机前停车；机车信号为黄 2 灯、黄 2 闪灯时（见图 5-52），以减速模式防止列车侧向过岔超速。

LKJ 速度分级控制方式：以减速模式监控列车越过信号机时的速度不超过设置的目标限速值。目标限速值的设置如表 5-2 所示。

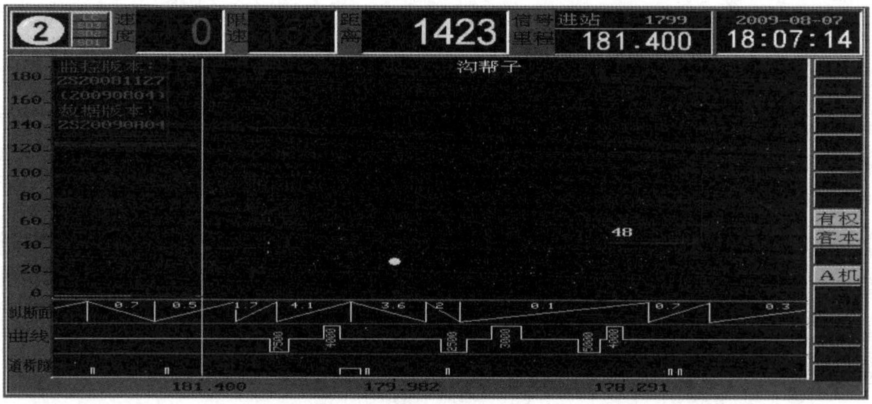

图 5-52　黄 2 灯

表 5-2　三显示自动闭塞区段列车通过信号机出口限速

列车种类	闭塞分区长度/m	黄色灯光限速/（km/h）	带“2”字的黄色闪光灯光限速/（km/h）
货车	1 200	70	—
	1 400	80	—
闸瓦制动客车	1 200	95	110
	1 400	105	—
盘形制动客车	1 200	100	120
	1 400	110	140

注：三显示自动闭塞区段，列车通过信号机出口显示各局取值不一样，武汉局按 1 200 m 闭塞分区长度取值。

注意：京广四显示特殊 UM71B 自动闭塞区段（列车制动到停车需 3 个闭塞分区），机车信号黄灯（LU2、U 码）、列车通过信号机出口限速，武汉局按 800 m 闭塞分区长度取值，如表 5-3 所示。其他四显示区段按 1 000 m 闭塞分区长度取值。货运机车单机运行最高限制速度为 80 km/h；客运机车单机运行最高限制速度为 100 km/h。

表 5-3　四显示自动闭塞区段列车通过信号机出口限速

列车种类	闭塞分区长度/m	黄色灯光、带 2 字的黄色灯光限速/（km/h）	半绿半黄色灯光、带“2”字的黄色闪光灯光限速/（km/h）
货车	800	55	75
	1 000	65	90
闸瓦制动客车	800	80	105
	1 000	90	120
盘形制动客车	800	80	110
	1 000	95	130
	1 200	105	145
	1 400	115	160

5. 临时限速控制

监控装置通过 IC 卡输入正确的临时限速运行揭示数据（时间、地点、限速值）后，在限速地段内，列车接近限速地点 4 000 m，显示器右上方弹出“揭示信息”窗口，客车距施工点 3 000 m、货车距施工点 2 000 m 时语音提示“注意临时限速”，并以减速模式防止列车通过临时限速地点超速。

当临时揭示限速解锁条件满足，需要解除当前临时限速控制时，按下列方法操作：列车接近施工地点，显示器右上角自动弹出“揭示信息”窗口，按压【转储】键，再根据“揭示信息”窗口内需解锁的临时限速序号按压对应的数字键，弹出调度命令号输入窗口，输入取消临时限速运行揭示的调度命令并按压【确认】键后，解除当前临时限速控制。

6. 防止冒进信号

当机车信号为停车信号（红黄灯、黄灯、双黄灯转白灯、灭灯、红黄灯转单红灯等）时，装置以前方信号机前附加安全距离为停车目标，以停车模式防止列车冒进信号。

7. 机车信号突变白灯的控制

机车信号由 L3、L2、L、LU、U2、U2S、UUS 码变为白灯，变灯分区不控制，允许列车按规定速度越过变灯时前方第一架信号机，列车通过该信号机后，机车信号仍为一个白灯，按前方信号机关闭监控列车运行。

机车信号由 LU2、U3、U、UU 码变为白灯，变灯分区起控，即按变灯时前方信号机关闭监控列车运行。

8. 机车信号突变的控制

自动闭塞区段 LKJ 计算列车距前方信号机距离≤50 m 时,机车信号由 U 码突变为 HU 码、白色灯光，或由 UU 码突变为 HU 码、白色灯光，LKJ 自动解除对当前信号机的控制，并将计算的剩余距离消除。

半自动闭塞区段，LKJ 计算列车距前方信号机距离≤100 m 时，机车信号由 U 码突变为 HU 码、白色灯光，或由 UU 码突变为 HU 码、白色灯光，LKJ 输出语音提示指令。司机进行【警惕】操作后，撤除语音提示指令，并解除对当前信号机的停车控制。

突变黄灯的控制：采用速度分级控制时，解除距前方信号机距离小于 600 m 时，机车信号由一个绿灯、一个绿黄灯、一个带“2”的黄色闪光灯光，或一个带“2”的黄色灯光（不含一个双半黄色灯光），LKJ 以机车前方 1 000 m 处为虚拟的黄色灯光作为速度控制目标点。

（三）发生卸载、常用制动后的处理

1. 监控装置卸载后恢复

当监控装置发生卸载动作（主手柄在零位、非零位均有卸载功能）后，实际速度低于常用制动限速值 3 km/h 时，监控装置自动退出卸载功能。防溜控制及警惕控制产生的卸载除外。

2. 常用制动后缓解

恒速模式下发生常用制动时，实际速度低于固定模式限速值 5 km/h，监控装置语音提示

“允许缓解”，司机手动按压【缓解】键缓解常用制动，监控装置语音提示“缓解成功”。

减速模式下发生常用制动时，实际速度低于目标限速值，监控装置语音提示“允许缓解”，司机可以手动按压【缓解】键缓解常用制动，监控装置语音提示“缓解成功”。

停车模式下发生常用制动，必须停车后，司机方可手动按压【缓解】键缓解常用制动。

注：发生常用制动后缓解操作时，列车处于恒速模式区，实际速度低于固定模式限速值 5 km/h；列车处于减速模式区，实际速度低于目标限速值；列车处于停车模式区，必须停车后，司机方可手动按压【缓解】键缓解常用制动。

3. 紧急制动停车后缓解

监控装置发生紧急制动停车后自动缓解紧急制动；如同时发生常用制动和紧急制动，停车后，自动缓解常用制动和紧急制动；如监控装置只发生常用制动（未同时发生紧急制动），停车后，需要司机手动按压【缓解】键缓解常用制动。

4. 防溜控制产生的卸载和紧急制动停车后缓解

防溜控制产生的卸载和紧急制动，停车后需缓解时，司机按压【警惕】键缓解；警惕控制产生的卸载和常用制动的解除，只有停车后方可按压【缓解】键解除。

十七、监控装置语音提示

电力机车电分相语音提示：对于电力机车，监控装置在通常工作状态下，客车距“电分相”点 1 500 m、500 m，货车距“电分相”点 1 000 m、500 m 各语音提示“禁止双弓”两遍。

调车作业动车语音提示：一有速度提示“请注意调车信号”。

速度故障提示：LKJ 判断速度通道故障时，语音提示“速度信号故障”。

空转、轮滑提示：根据设定的最大加速度，LKJ 判断轮对发生空转时，提示“空转、空转”，发生轮滑时提示“轮滑、轮滑”。

车机联控提示：LKJ 在通常工作状态下，自动闭塞区段列车前方为一接近信号机，半自动闭塞区段客车距预告信号机 2 000 m、货车 1 200 m 时，语音提示“车机联控”。若车载基础数据中设置了“车机联控”特殊语音数据，则按该设置提示。

限速提示：道岔限速提示，列车接近道岔限速地点时，LKJ 语音提示“注意道岔限速”；区段限速提示，列车接近桥梁、曲线等限速地点时，LKJ 语音提示“注意前方限速”；临时限速提示，列车接近临时施工限速地点时，客车提前 3 000 m，货车提前 2 000 m，LKJ 语音提示“注意临时限速”；停车提示，当限速曲线闭口（出口限速 0）时，LKJ 语音提示“注意停车”。

防洪地点提示：车载基础数据中设置防洪地点数据后，机车接近防洪危险地点 1 000 m 屏幕显示防洪地点标志，语音提示“注意运行”两遍。IC 卡数据载入防洪危险地点数据后，机车接近防洪危险地点（客车提前 3 000 m，货车提前 2 000 m）及起点处语音提示“注意运行”两遍，防洪地点前 500 m，屏幕显示“防洪地段”。

道口语音提示：车载基础数据中设置有道口数据的地点，机车接近道口地段 800 m 处，语音提示“前方道口，注意鸣笛”两遍。

轮对发生空转语音提示：当 LKJ 检测到机车加速度大于设定值，判断轮对空转，语音提示“空转、空转”。

列车管欠压提示：通常监控状态下，当列车速度大于 5 km/h 时，若列车管低于定压 100 kPa 以上且持续时间超过 4 min，装置语音提示“欠压运行、欠压运行”，提醒乘务员采取措施，应立即检查总风压力、列车管和均衡风缸压力，恢复定压停止报警。经检查各风压正常，按【警惕】键可停止语音提示。

防动轮弛缓：制动缸压力大于或等于 50 kPa 定义为机车抱闸，机车在监控调车、补机、降级状态下，防动轮弛缓功能都能起到报警作用。

抱闸动车时，机车处于牵引状态且速度大于等于 1 km/h 报警；监控状态下，列车运行过程中，对出现列车管压力下降不足 40 kPa 且机车闸缸压力超过 50 kPa 持续时间超过 2 min，则 LKJ 输出语音提示指令“弛缓、弛缓”，要求乘务员采取措施；报警时必须先进行缓解操作，确认机车是否抱闸，当闸缸压力小于 10 kPa，装置撤销语音指令，经检查闸缸压力正常，按【警惕】键可停止语音提示。

在减速区，限速每变化 20 km/h 时，提示“注意限速”；降级状态下，“开车灯”点亮时速度超过 10 km/h，语音提示“注意按开车键”；开机后有色灯语音提示；监控、降级状态下动车色灯语音提示；连续几架不校正距离或因操作不当造成距离误差，语音提示“请校正距离”；出口限速不为 0 km/h 时，语音提示“注意前方限速”；出口限速为 0 km/h 时，语音提示“注意停车”；自动闭塞距前方信号机距离≤50 m 时，机车信号由黄灯突变为红黄灯或白灯、由双黄灯突变为红黄灯或白灯，监控装置消除剩余里程时，语音提示“注意距离”；半自动闭塞距前方信号机距离≤100 m 时，机车信号由黄灯突变为红黄灯或白灯、由双黄灯突变为红黄灯或白灯，监控装置循环语音提示“信号突变”。

十八、监控装置其他情况操作

（一）担当救援任务

除另有规定外，机车担当救援时：在进入救援封锁区间前的站间区段，按规定操作，使用监控装置；除自动闭塞区段正向进入封锁区间应使 LKJ 处于通常工作状态，运行至规定地点停车后，将 LKJ 转为调车工作状态外，其他情况进入封锁区间及牵引列车返回车站，须将 LKJ 转入调车工作状态，被救援机车将 LKJ 转入非本务工作状态；返回车站后，根据调度命令明确的牵引区段，确定监控交路号和车站号，进行参数设定，“开车对标”操作，其中“列车种类”（客/货）、“车速等级”、列车编组数据按被救援的列车确定。

注意：重新设定时，“车速等级”根据机车以及被救援机车、车辆构造速度的最低值确定；安装有防撞土挡装置的机车，在调车工作进入电气化区间，为防止地面安装的电力机车过分相磁钢干扰，在越过磁钢时应切除防撞土挡按钮。

（二）列车分部运行

列车需分部运行时，司机根据调度命令输入分部运行车次，确定运行区段交路号、始发车站号等有关资料。

牵引列车前部列车开往接车站时，机车信号正常开机，按监控模式运行，自闭区段确认接车站进站信号开放后进站，半自动区段在进站信号机前停车通知车站，得到允许并确认接车站进站信号开放后进站。

须由本务机车进入封锁区间挂取遗留列车时，机车按单机救援办理进入封锁区间，按规定连挂妥当，正向牵引运行时，本务机车退出调车模式，转入正常监控模式，自闭区段确认接车站进站信号开放后进站，半自动区段在进站信号机前停车通知车站，得到允许再确认接车站进站信号开放后进站。

（三）开行路用列车（区间卸料）

1．正方向运行列车进入区间卸料，开往下一车站

按调度命令、凭发车信号开车，LKJ 按正常监控模式运行进入区间；根据施工指挥人的要求，LKJ 改调车模式进入指定地点，卸车完毕，凭发车信号开车，按监控模式开往接车站，开车后注意确认车位，及时校正距离误差。

2．正方向行车进入区间卸车，且返回发车站

按调度命令，凭发车信号 LKJ 按正常监控进入区间；根据施工领导人的要求，改调车模式进入指定地点，卸车完毕，凭发车信号开车，按调车模式推进返回发车站。

3．反方向进入区间卸料，开往下一车站

按调度命令，凭发车信号开车，卸车区间有反向 LKJ 数据，LKJ 按正常监控模式运行进入区间，卸车区间无反向 LKJ 数据，按调车模式进入卸车区间；根据施工领导人的要求，调车模式进入指定地点，卸车完毕，凭发车信号开车，监控按调车模式开往接车站。有反向数据的 LKJ 按正常监控模式开往接车站。

4．反方向进入区间卸料，返回发车站

接调度命令凭发车信号开车，卸车区间有反向数据，LKJ 按正常监控模式运行进入区间，无反向数据的，按调车模式进入；根据施工领导人的要求，按调车模式进入指定地点，卸车完毕凭发车信号开车，监控按调车模式推进运行返回发车站。

（四）列车退行

收到调度员（或车站值班员）准许列车退行的命令后，LKJ 按调车模式退行，并控制列车运行速度不超过 15 km/h 回到后方站，退出调车模式恢复列车监控模式。

核对机车显示器窗口“信号机距离”。如数据误差较大，应重新核对车站代码和距离，修改有关参数重新开车对标。

十九、客车固定径路

（一）基本要求

固定走行径路运行的列车的 LKJ 基础数据文件中，对应一个实际列车运行径路，只允许编制一套 LKJ 数据。LKJ 基础数据文件与实际列车运行径路的数据须相符，固定走行径路运

行列车，严禁使用支线号方式区分和标识一个实际列车运行径路不同启用时间的 LKJ 基础数据。

采用监控交路号与车速等级相结合的方式满足固定径路需求，依据司机选择的“车速等级”来区分不同的列车种类限速，使用监控交路号区分不同的制动类型和不同的固定走行径路。

（二）基础数据组织实现方式

LKJ 数据中可通过设置交路转移，实现旅客列车按固定走行径路，严禁使用支线转移功能（不含双黄灯自动转移）。

（三）运行径路实现方式

旅客列车固定走行径路后，严禁使用支线号方式区分和标识一个实际列车运行径路，一个实际列车运行径路需单独设置一个监控交路号，走行径路相同、列车速度等级不同的旅客列车，采用监控交路号和人工选择本次列车车速等级相结合，满足旅客列车固定走行径路的需求。依据司机选择的车速等级来区分不同的列车种类限速，使用监控交路号区分不同的制动类型和不同的固定走行径路。

（四）变更固定径路

旅客列车变更固定径路时，列车调度员必须在变更点前的车站停车向该次列车的机车乘务员及相关车站发布变更径路的调度命令，并由停车站转交机车乘务员（具备良好通信记录装置的条件下，可由车站值班员使用列车无线调度通信设备转达），机车乘务员接到临时变更固定径路的命令后，必须在停车状态下根据实际走行径路选择输入相对应的客车交路号及车站号。

遇变更径路上有慢行时，禁止由该线路变更运行径路，因特殊原因确需经该线路运行径路时，由列车调度员发布允许在数据不对应的区域将 LKJ 由通常工作状态人工转换为“20 km/h 限速工作状态”运行或“降级工作状态”运行的调度命令后，方可变更。

变更径路运行结束需恢复固定径路时，列车应于恢复固定交路前的车站停车，由机车乘务员自行切换 LKJ 回原径路数据。

按客车交路运行的行邮、回送客车车底以及使用客车车底开行的路用列车，临时改变固定径路比照旅客列车执行，单机、其他行包列车及路用列车运行径路按货车模式办理，不固定运行径路。

注意：发现在途列车 LKJ 资料与线路变化后启用资料不相符时，由机车乘务员报告列车调度员，列车调度员应发布允许在数据不对应的区段将 LKJ 由通常工作状态人工转换为随时停车工作状态或降级状态运行的调度命令；运行途中降级重新开车对标时，注意相应区段对应监控交路号、车站号，准确输入后开车对标；春运临客及回送客车车底固定径路执行路局相应要求。

二十、其他操作

（一）显示器亮度调整操作

在正常监控状态下，用【↑】【↓】方向键可以调整屏幕亮度，按压【↑】键增加亮度，按压【↓】键减少亮度。

（二）音量调节操作

在正常监控状态下，用【←】【→】方向键可以调整显示器的语音音量，按压【→】键增加音量，按压【←】键减小音量。

（三）查询操作

按压显示器【查询】键，显示器弹出“查询选择”窗口，将光标移到相应查询项目上按压【确认】键，或直接按压查询序号对应的数字键，显示相关信息数据，按压【确认】键可关闭查询窗口。

1. 当前揭示信息查询

操作目的：列车运行时查询前方 2 000 m 以内的揭示。

操作方法：在“查询选择”窗口，利用光标键移动光标到“当前揭示”按钮然后按【确认】键，或直接按压数字键【1】，进入揭示查询界面。

当没有揭示信息时，提示“禁止查询”。屏幕上的揭示显示：底色为白色的是正常揭示，绿色为已经越过的揭示，红色为已解除揭示。

如果要解除当前某条揭示，在“查询揭示”窗口，先将光标移到“选择揭示”，按压【确认】键后移到揭示项，然后用光标移到所要选择的揭示，按压【确认】键选择要解除的揭示，如果误选了某条揭示，可移到该揭示项并按压【确认】键，取消该揭示项的选择，然后将光标移到“解除揭示”按钮按压【确认】键解除选中的揭示。

2. 工况信息查询

目的：查询手柄位置、柴油机转速、列车管压力、制动缸压力、均衡风缸压力、机车 2 工况、速度传感器各通道速度、过机校正和当前公里标等数据。

操作方法：在“查询选择”窗口将光标移到“工况显示”按钮，按压【确认】键或直接按数字键【2】，此时将退出查询状态，同时在曲线显示区域的右上角出现机车工况显示，这个显示窗口将一直存在，直到再次按压【确认】键才消失。

3. 查询全部揭示

目的：停车时查询装置内的所有揭示信息。

方法：在“查询选择”窗口，利用光标移到“全部揭示”，然后按压【确认】键或数字【3】键，进入揭示查询界面，当没有揭示信息时，提示“查询失败（禁止查询）”屏幕上的揭示。底色白色的是正常揭示，绿色为已越过的揭示，红色为已解锁揭示。如揭示较多，用【↑】【↓】键翻页或用数字翻页。

4. 设备状态查询

目的：查看设备的工作状况。

方法：在“查询选择”窗口，将光标移到“设备状态”按钮，按压【确认】键或数字【4】键，弹出系统当前各模块工作状态和故障状态指示，再按【确认】键返回。

设备状态显示窗口的上半部分是系统模块状态和软件、数据的版本号；左侧从上到下分别为事故状态记录器（黑匣子），1 和 2 端显示器状态，地面数据和监控软件（两个主机内部的）是否一致，双紧急制动通道是否正常；下面是主机和显示器的软件版本号。

设备状态显示窗口右边显示的是主机箱中各插件的工作状态，与主机箱内插件的实际排列一致，可以直观地看到各插件的工作状态。如果插件板上的指示灯是绿色，说明该插件工作正常，红色为异常；如果是单机工作（A 机或 B 机），则非工作主机的各插件上的指示灯都是灰色（非正常状态）。设备状态显示窗口的下半部分是系统各模块和信道的自检状态及采集数据显示。

5. 检修参数查询

操作方法：在“查询选择”窗口利用光标移到“检修参数”按钮，然后按压【确认】键或数字【5】键，屏幕弹出系统当前检修参数，内容包括装置号、机车型号、柴油机脉冲、轮径、最大总重、最大辆数、最大计长、双针表量程等，查询结束后按压【确认】键返回。

6. 设定参数查询

将光标移到“设定参数”按钮，然后按压【确认】键或直接按数字【6】键，屏幕弹出系统当前设定参数，内容包括一位司机号、二位司机号、区段号、车站号、车次、总重、计长、辆数等信息。

7. 库内试验

机车出库/入库司机或地面人员执行此操作检查设备情况，包括对 A 机和 B 机常用制动和紧急制动试验。

操作方法：在速度为 0 km/h 时，按压一次【查询】键，进入“查询选择”显示界面，通过光标移到“库内试验”，然后按压【确认】键进行相应操作或直接按压数字【7】，界面弹出如图 5-53 所示的窗口，同时屏幕右上角自动打开工况信息显示窗口，以便监视压力变化。可通过光标键选择试验项目或直接按相应的数字键进行制动试验。

图 5-53　库内试验窗口

说明：LKJ 对制动试验操作，装置均一一记录。

双针表试验：进入“库内试验”界面，将光标直接移至“双针表试验”或直接按压数字【7】，进入相应界面，当光标移至“试验”位确定后，运行速度窗口和限制速度窗口速度由 0 往上升，光标移至“退出”处按压确定终止。

键盘检测，先进入库内试验界面，直接按压数字【6】进入相应界面，只有所有按键完成，最后按压【确认】键，键盘才完成一次检测记录。

机车鸣笛记录控制，机车鸣笛装置能使监控装置准确记录鸣笛次数、时间、地点。通过对监控记录数据的分析，能够准确反映乘务员是否按规定鸣笛。鸣笛转换器检测机车喇叭鸣笛时的气压，将鸣笛时的气压信号转换成电信号，并通过监控装置扩展盒输入给监控装置，作为鸣笛记录用。

状态检查：为保证鸣笛记录转换装置的正常使用，乘务员在运行中通过按压显示器上的【查询】键，选择系统信息查询。

查看右下角的扩展设备一栏中的“扩展功能盒”状态，如果亮绿灯，表示设备连接正常，如果亮红灯，表示设备连接异常。库内检查鸣笛功能是否正常：按压【查询】+7 键，进入库内试验界面，然后按压数字 9 或将光标移至 9 功能扩展上，按压【确定】键进入如图 5-54 所示的界面，当鸣笛时，对应鸣笛状态灯亮变为绿色。

图 5-54 扩展盒检测界面

任务五 到达退勤

知识目标

熟悉到达退勤时文件转储操作流程。

技能目标

掌握如何将 LKJ-2000 型监控装置内的文件转储到 IC 卡内。

素质目标

（1）加强品德修养，爱岗敬业，养成良好的学习习惯和行为习惯。

（2）培养学生的科学精神、科学方法和科学态度。

（3）培养学生努力奋斗、刻苦学习和实践创新的精神。

（4）培养学生树立铁路安全意识，严格按照规章对设备进行操作。

任务五/任务六课程思政教学案例

知识点学习

站交机班（机车到站后，只换司机，不换车）终到后，司机要将本次乘务中所形成的文件全部转储到 IC 卡中，方法如下：在速度为 0 km/h 时插入 IC 卡，IC 卡指示灯亮，按压【转储】键后，屏幕进入“文件转储”界面，选择文件，开始转储。

屏幕下边是功能选择按钮，将光标移到相应按钮上按压【确认】键，就可以执行相应的功能。屏幕上边为文件目录栏，绿色的文件是已经转储过的文件，蓝色是选中的文件。目录栏下方有一个滚动条，指示目前显示的位置。功能按钮分别如下：

“1 选择文件”：进行手动文件选择，此时文件目录栏内出现一个光标条，可以用 4 个方向键移动光标条到需转储的文件，按压【确认】键选中这个文件。选中后光标条移到下一个文件，同时选中文件变成蓝色。如果想取消已经选中的文件，只需将光标条移到所选文件，再次按压【确认】键即可取消这个文件的选择。

“2 选择未转”：选中全部尚未转储过的文件。

“3 全部选择”：选中全部文件。

“4 撤销选择”：撤销全部选择。

“6 开始转储”：开始转储选择的文件。

“7 无线转储”：（暂未使用）。

“8 卡上文件”：显示当前已经转储到“IC 卡”中的文件列表。

“0 返回”：退出转储窗口。

在转储过程中，会弹出一个指示转储情况的窗口，上面是当前正在转储的文件名，下面的三个进度条分别指示整个转储的进度、当前文件进度和 IC 卡空间使用情况。转储完毕会出现转储成功或失败的提示，按压【确认】键返回文件选择窗口，此时可以选择退出或继续进行下次转储。转储成功后，按压【确认】键返回“8 卡上文件”选项处，再次按压【确认】键，检查卡上文件，确认无误后按压【确认】键退出转储界面。

机班列车终到后，速度为 0 km/h 时，按压【调车】键进入调车状态，走行至入段闸楼处，按压【出入库】键进入入段状态。

全员到退勤调度员处转储 IC 卡中的文件、6A 视频文件、录音笔文件，办理手持电台交接，测酒退勤，待监控记录文件检索分析无异议，办理完退勤手续后，由退勤调度员将 IC 卡交机车乘务员。

任务六　显示屏限速曲线显示说明

知识目标

熟悉动车组和机车显示屏限速曲线的内容。

技能目标

掌握运行速度低于、等于、高于限制速度时的显示状态。

素质目标

（1）加强品德修养，爱岗敬业，养成良好的学习习惯和行为习惯。
（2）培养学生的科学精神、科学方法和科学态度。
（3）培养学生努力奋斗、刻苦学习和实践创新的精神。
（4）培养学生树立铁路安全意识，严格按照规章对设备进行操作。

知识点学习

一、动车组（CRH 系列）

限速曲线用单红线表示。在恒速区固定模式限速值与常用制动限速值之间用光带显示，颜色按如下规律变化：运行速度低于固定模式限速值时，光带用灰色显示；运行速度等于报警值，光带变为黄色，同时，在曲线显示窗口的左边界处显示一个放大标尺窗口，显示与卸载值的差值；运行速度等于卸载值时，黄色光带闪烁，同时，在曲线显示窗口的左边界处显示一个放大标尺窗口，显示与卸载值的差值。

二、机车

限速曲线用单红线表示。在恒速区固定模式限速值与卸载值之间用光带显示，颜色按如下规律变化：运行速度低于固定模式限速值时，光带用灰色显示；运行速度等于固定模式限速值，光带变为黄色，同时，在曲线显示窗口的左边界处显示一个放大标尺窗口，显示与常用限速值的差值；运行速度大于等于卸载限速值时，黄色光带闪烁，同时，在曲线显示窗口的左边界处显示一个放大标尺窗口，显示与常用限速值的差值。

任务七　平面调车灯显控制

知识目标

（1）熟悉平面调车灯显设备的安装。

（2）熟悉平面调车灯显信号的限速值。

（3）熟悉十、五、三车信号控制。

（4）熟悉停车信号。

技能目标

（1）掌握平面调车灯显设备的操作方法。

（2）掌握起动、推进、空线牵引和推进时的速度值。

（3）掌握十、五、三车信号所代表的含义。

任务七/任务八课程思政
教学案例

素质目标

（1）加强品德修养，爱岗敬业，养成良好的学习习惯和行为习惯。

（2）培养学生的科学精神、科学方法和科学态度。

（3）培养学生努力奋斗、刻苦学习和实践创新的精神。

（4）培养学生树立铁路安全意识，严格按照规章对设备进行操作。

知识点学习

一、平面调车灯显设备的安装

安装平面调车（简称平调）灯显设备并与监控装置连接的机车，在进行调车作业前，先使监控装置进入调车工作状态，将平调接线盒上的转换开关拨至“调车”位（0 拨至 1），此时接线盒上的“调车”灯亮。装置收到平调灯显装置发送的“平调无码”信息进入平面调车灯显控制。

二、平调灯显信号的限速值

起动：40 km/h（监控限速 43 km/h）推进、减速、溜放、连接 30 km/h（监控限速 33 km/h）。

空线牵引运行时，实际运行速度等于 40 km/h 语音提示，41 km/h 解除机车牵引力，43 km/h 常用制动，45 km/h 紧急制动。

空线推进运行时，速度等于 30 km/h 语音提示，31 km/h 卸载，33 km/h 常用制动，35 km/h 紧急制动。

三、十、五、三车信号控制

十车信号控制：车列走行 50 m 后，限速 15 km/h；速度≥13 km/h 时语音提示；速度≥14 km/h 时，解除机车牵引力；速度≥15 km/h 时，实施常用制动；速度≥18 km/h 时，实施紧急制动。当延迟 50 m 距离未走完收到“五车”信号时，立刻按“十车”限制速度控制。

五车信号控制：车列走行 20 m 后，限速 10 km/h；速度≥8 km/h 时，语音提示；速度≥9 km/h 时，解除机车牵引力；速度≥10 km/h 时，实施常用制动；速度≥13 km/h 时，实施紧急制动。当延迟 20 m 距离未走完收到“三车”信号时，立刻按“五车”限制速度控制。

三车信号控制：车列走行 20 m 后，限速 6 km/h；速度≥4 km/h 时，语音提示；速度≥5 km/h 时，解除机车牵引力；速度≥6 km/h 时，实施常用制动；速度≥9 km/h 时，实施紧急制动。

四、停车信号

起动、收放权信号之后的停车信号：收到信号后延时 30s 实施紧急制动。停车后监控装置限速 3 km/h。

当监控装置接收到“减速”信号时，维持前一平面调车信号限速不变，“减速”信号后的停车信号延时 20 s，如机车有速度，监控装置实施紧急制动，停车后，监控装置限制速度上升到 3 km/h。

推进、连接信号之后的停车信号：收到信号后延时 20 s 后实施紧急制动。停车后监控装置限速 3 km/h。

溜放信号之后的停车信号：收到信号后延时 45 s 后实施紧急制动。停车后监控装置限速 3 km/h。

十、五、三车信号后的停车信号：十车收到信号后走行 30 m 后未停车，实施紧急制动。五车收到信号后走行 20 m 后未停车，实施紧急制动。三车收到信号后走行 10 m 后未停车，实施紧急制动。停车后监控装置限速 3 km/h。

故障停车信号：装置收到故障停车信号后延时 4 s，未停车时实施紧急制动。停车后，监控装置限制速度上升到 3 km/h。

紧急停车信号：装置收到紧急停车信号后，如机车处于停车状态限速直接降为 3 km/h（防止后部车辆涌动造成误动作）。如机车有速度，限制速度降为 0 km/h，监控装置实施紧急制动停车后，监控装置限制速度上升到 3 km/h，此时动车速度达到 1 km/h 卸载，3 km/h 紧急制动，直至接收到其他平面调车信号后才能显示相应的限速值，此时方可动车。

任务八　机车防撞土挡

知识目标

（1）熟悉机车防撞土挡装置的基本原理。

（2）熟悉具有防撞土挡文件控制的机车 LKJ 控制过程。

（3）熟悉 LKJ 防撞土挡文件控制功能的使用操作。

技能目标

（1）掌握防撞土挡装置的基本结构。

（2）掌握具有防撞土挡文件控制的机车 LKJ 控制过程。

（3）掌握 LKJ 防撞土挡文件控制功能的具体操作流程。

素质目标

（1）加强品德修养，爱岗敬业，养成良好的学习习惯和行为习惯。
（2）培养学生的科学精神、科学方法和科学态度。
（3）培养学生努力奋斗、刻苦学习和实践创新的精神。
（4）培养学生树立铁路安全意识，严格按照规章对设备进行操作。

知识点学习

一、机车防撞土挡装置的基本原理

防撞土挡装置由车载部件和地面部件两部分组成。地面部件是安装在防护地点钢轨旁的点式信号（感应磁钢）；车载部件包括磁感应器、土挡接线盒、解锁按钮等。车载部件与 LKJ 接口，装置通过 LKJ 实现机车控制和车载运行记录分析功能，当安装在机车上的磁感应器经过地面点式信号（感应磁钢）时，即收到地面磁感应器发送的脉冲信息，经过文件接线盒的转换输入 LKJ，监控装置实施限速或立即自停动作，防止机车撞土挡或侵入正线挤坏道岔。

二、LKJ 控制过程

具备防撞土挡文件控制功能的机车，在 LKJ 收到预告点点式信号时，LKJ 模式限速降至 15 km/h（12 km/h 报警、13 km/h 卸载），继续向前运行 80 m 时，LKJ 模式限速降至 10 km/h（7 km/h 报警、8 km/h 卸载），当 LKJ 收到绝对停车点点式信号时，LKJ 执行紧急制动。即 LKJ 采用预告（限速 15 km/h，地面预告点距绝对停车点不少于 200 m）→降速（越过地面预告点 80 m 后限速 10 km/h）→绝对停车点（地面绝对停车点距土挡或车挡不少于 20 m）的控制方式，停车后，下一次动车前必须按压【解锁】键解除停车控制，否则动车即实施紧急制动。

机车换向时控制模式。当机车经过预告点，监控装置调用相应限制速度后，如机车换向，监控限制速度上抬到进入防撞土挡控制模式前的调车最高限速 41 km/h；如果机车换向后走行没有越过预告点又再一次换向，监控装置将根据机车位置恢复相应防撞土挡限速控制（15 km/h 或 6 km/h）；如果机车换向后走行越过了预告点，监控装置将取消本次防撞土挡控制模式。

退出调车状态，防撞土挡功能随即取消，调车状态如果发现接收预告点或绝对停车点信号有误，可以通过退出并在速度为 0 km/h 条件下，重新进入调车状态以清除程序记忆的点信号。

当牵出线（尽头线）的长度不足时，预告点位置设置在进入该线的起点处。

三、LKJ 防撞土挡文件控制功能的使用操作

机车防撞土挡装置是防止调车（平调、出入库）作业中牵引运行的机车，发生撞土挡或侵入正线挤坏道岔的安全装备，必须正常使用防撞土挡装置，其接线盒“运用/切除”扳钮必须在运用位。

运行中司机严禁擅自切除机车防撞土挡功能，特殊情况下（如出现故障时或影响其他设备的正常使用时）必须破除防撞土挡装置接线盒“运用/切除”开关的铅封、钮子开关置“切

除位”，必须严格控制运行速度，并将情况记录在手账中。

装有防撞土挡装置的机车，在经过线路自动过分相检测磁钢时，防撞土挡装置会发生作用，引起 LKJ 窗口限速下降放风。应当在通过线路自动过分相检测磁钢过程中，一直按压防撞“解锁”按钮。

调车作业中，在尽头线（牵出线）必须越过绝对停车点调车时，司机可按下“解锁”按钮，暂时切除防撞土挡输出信号，司机必须严格控制速度，最高不超过 3 km/h。

任务九　LKJ-2000 型监控装置操作训练

LKJ-2000 型监控装置操作训练实训项目工作活页见表 5-4。

任务九课程思政教学案例

表 5-4　LKJ-2000 型监控装置操作训练实训项目工作活页

<table>
<tr><td>实训项目</td><td colspan="4">LKJ-2000 型监控装置操作</td></tr>
<tr><td>学　时</td><td colspan="2"></td><td>实训对象</td><td></td></tr>
<tr><td>指导教师</td><td colspan="2"></td><td>教学时间</td><td></td></tr>
<tr><td>实训场所</td><td colspan="4">铁道机车行车安全装备实训室</td></tr>
<tr><td>工具设备</td><td colspan="4">机车驾驶实训台、LKJ-2000 型监控装置设备、多媒体设备、多媒体课件资源</td></tr>
<tr><td rowspan="3">教学目标</td><td>专业能力</td><td colspan="3">（1）掌握 LKJ-2000 型监控装置的基本操作方法；
（2）掌握列车出入库时对 LKJ-2000 型监控装置的操作；
（3）掌握列车调车时对 LKJ-2000 型监控装置的操作；
（4）掌握列车解锁操作的方法和流程；
（5）掌握特殊情况下 LKJ-2000 型监控装置的操作方法</td></tr>
<tr><td>方法能力</td><td colspan="3">（1）能综合运用专业知识，通过利用专业书籍、多媒体课件和图片资料获得帮助信息；
（2）能根据实训项目学习任务确定实训方案，从中学会表达及展示活动过程和成果</td></tr>
<tr><td>素质能力</td><td colspan="3">（1）能在实习训练活动中保持积极向上的学习态度和社会能力；
（2）能与小组成员和教师就学习中的问题进行交流和沟通；
（3）能与他人共享学习资源，具有较好的合作能力和团队协作精神</td></tr>
<tr><td>教学活动</td><td colspan="4">以 5～7 人小组为单位开展实训活动</td></tr>
<tr><td rowspan="2">教学评价</td><td>学生评价</td><td colspan="3">（1）根据本组同学在实训过程中的能力表现及结果进行自评和组内互评；
（2）根据其他小组同学在成果展示活动中的表现及结果进行互评</td></tr>
<tr><td>教师评价</td><td colspan="3">（1）教师组织学生开展评价活动和总结；
（2）对学生本实训项目单元成绩做出综合评价</td></tr>
</table>

项目五 LKJ-2000 型监控装置标准化乘务作业操作习题

一、填空题

1. LKJ 屏幕显示器液晶屏的背光电源是_____V，35 kHz 的交流电源。

2. LKJ 的数字输入插件面板指示灯正常工作时含义，1 A 亮表示：_____灯。

3. 速度信号可取自 1 个或 2 个速度传感器，如果采用相位防溜功能，则要求 2 路速度信号相位相差__________。

4. LKJ 控制模式功能中客车对区段限速的语音提示距离是__________m。

5. 在自动闭塞区间行车，分区通过信号机前机车信号显示红黄灯时，LKJ 监控列车在该信号机前停车_____min 后自动解除停车控制功能。

6. LKJ 屏幕显示器的 X7T 插头的作用是______________。

7. 在 LKJ 系统中当系统故障时，数字量输入/输出插件将产生一个 110 V 的信号给______，使显示器蜂鸣器发出报警信号，使过压抑制板延时 3 min 后产生紧急停车信号。

8. 铁运〔2009〕98 号文件明确了 LKJ 数据由电务处编制组织和审核；LKJ 专业机构编制 LKJ 数据的依据是__________发布的资料。

9. 进岔距离：表示列车进入该股道经过的____________________的距离。

10. 国铁集团对 LKJ 系统设备检修工作进行________________，制定技术政策、规程，规定 LKJ 系统设备各级检修修程、周期、规范和技术标准。

11. LKJ 固定控制参数分为 LKJ 控制模式设定参数和____________两部分。

12. 用于侧向通过列车，速度不超过 50 km/h 的单开道岔，不得小于_______号。

13. LKJ 检测必须对 LKJ 日期、时钟进行检查，LKJ 系统时钟与标准时间误差不得超过__s。

14. 三极管有截止、放大和________三种工作状态。

15. 晶闸管有_____个 PN 结。

16. 过压吸收片用于吸收过高电压和______________的电路。

17. 有三个电阻 $R_1>R_2>R_3$ 串联接到电源电压 U 上，______电阻功率最大。

18. 机车越过一架信号机瞬间，屏幕显示器显示的距离与________的误差称为过机误差。

19. 管压误差不超过__________。

20. 通常工作状态具备按机车信号信息监控列车运行，控制曲线的计算根据需要采取速度分级控制或__________方式。

21. 监控装置的主要作用，一是防止列车运行________________，二是防止列车在任何区段运行中超过机车车辆的构造速度、线路允许的最高运行速度和对应于不同规格的道岔的限制速度。

22. 转储器与车载主机的数据传输以及与地面微机的数据转录均采用__________标准通信方式。

23. 速度传感器的工作电压为_______。

24. 管压防溜动作的条件为：停车后制动缸压力不足______或列车管减压不足 80 kPa 时，

5 s 后 LKJ 输出语音提示指令。

25. LKJ 在监控状态下，限速和实速每变化____________记录一条数据。

26. LKJ 依据____________信息进行限速计算，以防止列车越过关闭的信号机。

27. 铁路局电务处收到本局总工程室发布的《列车运行图技术资料》后必须于拟起用新版数据文件的______前完成基础数据源文件的编制和审查确认手续。

28. LKJ 监控主机自检结束后，数字量输入插件收到绝缘节信号时，______灯亮。

29. 造成______人死亡，未构成较大以上事故的，为一般 A 类事故。

30. LKJ 系统设备用于进行互换修理和故障修理的备品应不少于安装数量的______。

31. 每次 LKJ 数据换装时间间隔不得少于______天。因行车设备基础技术数据变化紧迫、频繁，不能满足 LKJ 数据换装时间间隔要求时，由铁路局制定特别行车措施保障运输安全。

32. 目标速度是指列车运行前方目标点允许的______速度。

33. 在正常使用和检测维修的情况下，LKJ 系统Ⅱ级修的质量保证期限为_______。

34. LKJ 的监控记录插件的实时时钟无须外部电池供电，时钟误差不大于________秒/月。

35. LKJ 的数字输入插件面板指示灯正常工作时含义，3A 亮表示：________灯。

36. TAX 主机中电务部门管理设备包括 TAX 信息平台、________________、TDCS 单元。

37. 最高运行速度不超过____________的列车，机车信号设备与列车运行监控记录装置结合使用，或采用列车超速防护系统。

38. 在自动闭塞区段内，当货物列车在设于上坡道上的通过信号机前停车后起动困难时，在该信号机上应装设____________。

39. 机车、动车组担当牵引和列车任务入库后，电务部门按规定对 LKJ 系统进行检测，对于____________中出现的不良功能作用的局部状态不良，按检测作用良好统计。

二、判断题

1. LKJ 屏幕显示器通过 LKJ 监控主机的 X38T 和 X39T 插头相连接。(　)

2. LKJ 监控主机可以带电拔插各功能插件。(　)

3. LKJ 采用双机热备方案，主机为 A 机，备机为 B 机。(　)

4. LKJ 的机车信号条件是从 X34T 插头引进的。(　)

5. 总线扩展盒用于 LKJ 监控主机与 LAIS 车载主机、LKJ 功能扩展盒和 GPS 接收主机通信接口。(　)

6. LKJ 不能确定列车位置时，将进入降级工作状态。(　)

7. 列车在自动闭塞区间，且处于停车状态时，LKJ 可退出 20 km/h 限速工作状态。(　)

8. 控制曲线关闭点距 LKJ 基础数据中设置的目标信号机的距离称之为安全距离。(　)

9. 当 LKJ 警惕按钮开关故障时，通过按显示器【警惕】键可替代。(　)

10. 当机车工况处于电阻制动位时，禁止 LKJ 输出解除牵引力指令。(　)

11. 列车在恒速区运行，不具备常用制动控制功能时，输出指令时机为：紧急固定模式限速值−实际速度值≤3 km/h 时，输出语音提示指令；≤2 km/h 时，输出解除牵引力指令；=0 km/h 时，输出紧急制动指令。(　)

12. LKJ 退出 20 km/h 限速工作状态，将进入通常工作状态。(　)

13. LKJ 进入 20 km/h 限速模式后，限速立即变为 20 km/h。(　)

14. 在通过信号机红灯时，进行人工解锁机车速度低于20 km/h时可通过该架信号机。( )

15. 当 LKJ 启动警惕控制后，一旦发出制动控制指令，必须在列车停车后才能解除。( )

16. LKJ 转入 20 km/h 限速模式后，取消揭示限速的控制和显示。( )

17. 列车退出反方向运行时，司机须在出站信号机前在 LKJ 中输入支线号 9 调用正向数据。( )

18. LKJ 自动校正误差小于 300 m 时操作有效。( )

19. 进行常用制动制动试验时，10 s 后自动缓解。( )

20. 货车空走距离和牵引的辆数有关。( )

21. LKJ 通过按压【调车】键，即可进入调车状态。( )

22. 当出现滞后误差时，在信号机位置，按压【向后】键，显示距离余值清零，调出下一架信号机的位置。( )

23. “20 km/h 限速模式”状态下不进行过机校正。( )

24. 在站内侧线模式时、处于模式报警时、停车状态下、临时限速模式下固定不允许车位调整。( )

25. LKJ 降级工作状态下限速值始终为线路最高限速。( )

26. LKJ 屏幕显示器曲线显示区域的右上角可显示机车工况信息。若想隐藏该工况显示窗口，可在主界面显示时，按压“确认”键。( )

27. LKJ 固定模式限速值取决于线路允许速度、机车或车辆最高允许速度等的最低值。( )

28. 出入段工作状态不按照机车信号信息监控列车运行。( )

29. 在正常行驶过程中，司机发现距前方信号机距离有较大误差，但是不知道是滞后还是超前，此时，司机在将过信号机时正确的操作方法是：按压“车位”键，再按压“开车”键。( )

30. LKJ 数据中股道修正距离是表示该股道出站信号机和正线出站信号机之间的距离差，侧线股道长度比正线股道长度短的取负数。( )

三、选择题

1. LKJ 主机输入电源为（ ）。

A. DC 24 V　B. DC 50 V　C. DC 110 V　D. DC 220 V

2. LKJ 显示的柴油机转速允许误差为（ ）。

A. ±20 r/min　B. ±5 r/min　C. ±10 r/min　D. ±30 r/min

3. 发现 LKJ 的压力比实际管压偏低，可以排除以下哪种可能？（ ）

A. 电源板 15 V 欠压　B. 电源板 12 V 欠压

C. 模拟量入/出板故障　D. 压力传感器本身有故障

4. LKJ 在通常工作状态下，限速和实速每变化（ ）记录一条数据。

A. 1 km/h　B. 2 km/h　C. 3 km/h　D. 5 km/h

5. 一个字节的二进制位数是（ ）。

A. 8　B. 16　C. 32　D. 64

6. LKJ 数字输入/输出插件 3A 灯亮表示（ ）。

A. 工况在零位　　B. 工况在制动位

C. 工况在牵引位　　D. 工况在向后位

7. 从 LKJ 屏幕显示器 X9 插座输入的+15V 信号的作用是（ ）。

A. CAN 通信

B. 监控主机系统故障信号输入

C. 外部开关量电源及控制显示器 110 V 电源通断

D. 副台按钮开关量

8. 下列 LKJ 防溜控制中属于事前预防性质的是（ ）。

A. 手柄防溜　　B. 管压防溜

C. 相位防溜　　D. 溜逸后的紧急制动

9. 机车工况信号输入 LKJ 主机后，先经过（ ）的抗干扰处理。

A. 母板　　B. 过压抑制板

C. 数字输入板　　D. 数字输入/输出板

10. 速度信号可取自 1 个或 2 个速度传感器，如果 LKJ 采用相位防溜功能，则要求 2 路速度信号相位相差（ ）。

A. 30°　　B. 60°　　C. 90°或 270°　　D. 180°

11. LKJ 主机数字输入/输出插件中常用制动控制输出采用（ ）的连接方式。

A. 串联　　B. 常开触点并联、常闭触点串联

C. 并联　　D. 常闭触点并联、常开触点串联

12. LKJ 电源插件给数字量输入/输出插件的继电器提供的电源为（ ）。

A. 5 V　　B. 15 V　　C. 12 V　　D. 24 V

13. LKJ 关键存储芯片 EPROM 类型的抽样检测试验时，反复擦除、写入次数不应低于（ ）次，对于 RAM、Flash、DOC 等可改写芯片，反复擦除、写入次数不应低于（ ）次，按键面膜按键次数应不低于（ ）次。

A. 100，10 000，50 000　　B. 50，100 000，200 000

C. 20，200 000，100 000　　D. 10，100 000，100 000

14. 20081127 版 IC 卡运行揭示管理软件（跨段写卡）使用 4M 卡可写入的最大揭示条数是（ ）。

A. 111　　B. 222　　C. 223　　D. 225

15. LKJ 设备安装完毕后，列车管压力显示值应与机车相应风压表指示值一致，允许误差范围是（ ）。

A. ±10 kPa　　B. ±20 kPa　　C. ±30 kPa　　D. ±40 kPa

16. 一般情况下，内燃机车需装 4 个压力传感器，电力机车需装 3 个压力传感器；内燃车多出的这个压力传感器安装在（ ）上。

A. 列车管　　B. 闸缸　　C. 均衡风缸　　D. 制动缸

17. 自动闭塞区间，机车信号发生故障时，机车司机应立即停车。接到继续运行至前方站内停车的调度命令后，应将 LKJ 转为（ ）。

A. 降级工作状态
B. 调车工作状态
C. 非本务工作状态
D. 20 km/h 限速工作状态

18. 一机车实际轮径为 1 050.5 mm，在 LKJ 检修参数中应输入（　　）。

A. 1050.5　　B. 1050　　C. 10505　　D. 1.0505

19. 使用 LKJ 设备进行常用制动试验时，语音提示“常用制动”，屏幕右边（　　）灯点亮，列车管减压（110±10）kPa。

A. 卸载、常用　　B. 减压、关风　　C. 常用、减压　　D. 卸载、关风

20. 下列关于 LKJ 屏幕显示器键盘检测的说法，错误的是（　　）。

A. 键盘检测的目的是检测面膜键盘是否失灵

B. 所有按键都按压一次后，被认为检测有效，但不会产生记录

C. 按压【确认】键表示终止检测，或者退出检测

D. 每按压一次相应按键后颜色会发生改变，表示该按键工作

21. 在靠标停车困难特殊车站货物列车运行速度＜15 km/h 且距出站信号机距离小于（　　）时，LKJ 提供一次性解除停车控制条件，机车乘务员按规定方法操作后，监控列车以≤15 km/h 的速度运行。

A. 50 m　　B. 100 m　　C. 150 m　　D. 200 m

22. 机车由停车状态移动，LKJ 通过速度传感器相位判断方向与机车运行方向相反，机车运行速度≥（　　）或者移动距离≥10 m，LKJ 输出语音提示指令，司机按键应答，暂停语音提示指令；当机车走行速度≥10 km/h 时，LKJ 继续输出语音提示指令，司机按键应答，解除语音提示和相位防溜控制。输出语音提示指令 10 s 内，司机未按键应答，LKJ 输出紧急制动指令。

A. 1 km/h　　B. 2 km/h　　C. 3 km/h　　D. 4 km/h

23. LKJ 进入原始降级工作状态或由通常工作状态转为降级工作状态时，固定模式限速值按机车最高运行速度、车辆最高运行速度、动车组最高运行速度的最低值或降级前的固定模式限速值确定；当机车信号为进行的信号时，自 LKJ 进入降级工作状态列车运行 2 000 m 后，固定模式限速值降为（　　）；当机车信号为停车信号或降级后由进行的信号变为关闭信号时，自 LKJ 进入降级工作状态或信号变化后列车运行 800 m 后，固定模式限速值降为 15 km/h。

A. 80 km/h　　B. 60 km/h　　C. 55 km/h　　D. 45 km/h

24. 蓄电池串联则（　　）。

A. 容量不变，电压升高
B. 容量不变，电压不变
C. 容量增加，电压不变
D. 容量减少，电压升高

25. 由 SS_3 型机车牵引的特快旅客列车，在线路允许速度为 120 km/h 的线路上运行，LKJ 限制速度显示窗口显示限速为（　　）km/h。

A. 120　　B. 100　　C. 105　　D. 125

26. 在限速为 70 km/h 的恒速区段运行的货物列车，当 LKJ 实施常用制动时，其减压量为（　　）kPa。

A. 120　　B. 110　　C. 80　　D. 70

27. 以下不属于电务类LKJ基础线路数据的是（　　）。

A. 特殊发码地点表　　B. 级间转换表

C. 开车对标距离特殊地点　　D. 信号机和轨道电路分布表

28. 临时限速25 km/h的调度命令已用IC卡输入LKJ，列车在临时限速区段，当列车运行速度为（　　）km/h时，LKJ将实施常用制动。

A. 25　　B. 26　　C. 28　　D. 30

29. 列车进入限速45 km/h的侧线股道，当列车运行速度为（　　）km/h时，LKJ将实施紧急制动。

A. 45　　B. 48　　C. 50　　D. 53

30. 当LKJ与无线调车灯显设备配合使用，LKJ进入调车灯显控制时，接收到十车距离信号，车列走行50 m后，运行速度≥（　　）km/h时输出常用制动指令。

A. 13　　B. 14　　C. 15　　D. 16

31. 下列哪一种情形，为一般D类事故？（　　）

A. 作业人员违反劳动纪律、作业纪律耽误列车

B. 漏发、错发、漏传、错传调度命令导致列车超速运行

C. 机车中破1台

D. 未准备好进路接、发列车

32. 机车信号、列车超速防护和列车无线调度通信设备（机车电台）的电源，均取自机车直流控制电源系统。直流输出电压为110 V时，电压波动允许范围为（　　）。

A. −10% ~ +10%　　B. −5% ~ +5%　　C. −20% ~ +5%　　D. −20% ~ +20%

33. 在测量前应将（　　）进行一次开路和短路试验，检查是否良好。

A. 兆欧表　　B. 接地表　　C. 万用表　　D. 数字表

34. 安装于机车上的电气设备的导电部分与机车车体的绝缘电阻（切断电源），用500 V兆欧表测试时，内燃机车不小于（　　）MΩ。

A. 0.2　　B. 0.5　　C. 1　　D. 2

35. 综合接地装置（合用接地体、贯通地线、地网等），其接地电阻值应小于（　　）。

A. 1 Ω　　B. 2 Ω　　C. 3 Ω　　D. 4 Ω

36. 网络管理信息系统的分析设计以（　　）。

A. 数据分析为中心　　B. 功能模块设计为中心

C. 系统规模分析为中心　　D. 系统拓扑结构设计为中心

37. 在目前我国铁路和列车控制系统中，主要采用（　　）来实现地车信息传输。

A. 列控中心　　B. 轨道电路

C. 点式应答器　　C. 地面信号机

38. 用500V兆欧表测量LKJ相互绝缘的各电路间，其绝缘电阻应不小于（　　）MΩ。

A. 2　　B. 0.2　　C. 1　　D. 0.02

39. LKJ系统检测必须对LKJ日期、时钟进行检查，系统时钟与标准时间的误差不得超过（　　）。

A. 3 s　　B. 30 s　　C. 3 min　　D. 30 min

40.《列车运行监控装置（LKJ）运用维护规则》（铁运〔2009〕98号）自2009年（　　）起施行。

A. 6月1日　　B. 6月15日　　C. 6月30日　　D. 7月1日

41. 下列哪种情况不属于LKJ基础数据编制软件的编译警告错误？（　　）

A. 分区距离短于或长于设置值

B. 连续两个分区支线号重复

C. 重复公里标序号大于零，长链标志没有勾选

D. 区段限速、曲线、桥梁、隧道、分相等数据中的起点公里标和终点公里标不符合公里标趋势

42. 下列哪种情况属于编译严重错误？（　　）

A. 区段限速、曲线、桥梁、隧道、分相等数据长度范围大于设置值

B. 信号机限速值和区段限速值低于或高于设置值

C. 相邻信号机位置计算差值与分区距离相差大于设置值

D. 出站信号机后不是车站信息

43. 扩展通信插件与监控记录插件之间采用（　　）方式进行数据交换。

A. 串口　　B. 并口　　C. CAN总线　　D. 双口RAM

44. 地面信息处理插件采用高速程序存储器，存储器容量不小于（　　）。

A. 16 KB　　B. 32 KB　　C. 64 KB　　D. 128 KB

45. LKJ以下部位应能承受500V工频试验电压（　　），无击穿和闪络现象。

A. 1 min　　B. 5 min　　C. 10 min　　D. 15 min

46. 对每台出厂的LKJ，制造厂都必须进行出厂例行试验，检验合格后方可出厂，并应附有（　　）。

A. 产品说明书　　B. 产品检验合格证

C. 产品质量合格证　　D. 出厂说明

47. 填写《线路允许速度表》数据时，各速度区段和限制慢行地段应根据里程大小，（　　）顺序填写。

A. 由小向大　　B. 由大向小　　C. 由远至近　　D. 由近至远

48. 屏幕显示器对外各插座芯子对机壳间相互间绝缘电阻应不小于（　　）。

A. 0.5 MΩ　　B. 1 MΩ　　C. 2 MΩ　　D. 5 MΩ

四、简答题

1. LKJ控制模式模拟检验包括哪些内容？

2. 对安装鸣笛记录装置的机车，按《LKJ系统出入段检测作业程序》，说说鸣笛记录功能试验方法和内容。

3. 简述库内LKJ数据换装作业要求。

4. 简述LKJ的数字量输入/输出插件的功能。

5. LKJ上电后，机车两端如何选择操作权？

6. 发现在途列车LKJ数据与线路变化后启用数据不相符时，机车司机和列车调度员应采取哪些措施？

7. 简述 LKJ 进入及退出 20 km/h 限速工作状态的条件。

8. 在 LKJ 运行记录文件分析时，假设某文件中，过分区的时间为 8:30:21，过绝缘节的时间为 8:30:27，已知控制参数开发软件中，校正延时时间为 4 s，此时实际速度为 72 km/h，由此产生的误差距离为多少米？该误差是什么误差？

9. LKJ2000 型屏幕显示器由哪几块电路板组成？

10. 显示器设备状态查询显示监控程序不符，是什么原因？如何处理？

11. 监控设备安装结构分界，与机务如何划分？

12.《LKJ 数据文件交接表》中应附有数据变更的必要说明，数据变更说明包括哪些内容？

13. 参与 LKJ 计算和控制的文件有哪些？

14. LKJ 系统处于调车工作状态时，应具备哪些主要功能？

15. LKJ 系统处于 20 km/h 限速工作状态时，应具备哪些主要功能？

16. 电务段 LKJ 运行记录数据质量分析的主要内容包括哪些？

17. LKJ 的监控记录插件自检完毕后就进入正常工作状态时，面板指示灯状态及含义是什么？

18. LKJ 对机车控制手段分为哪五个等级？

19. LKJ 模拟量输入/输出插件的作用是什么？

项目六　LKJ-2000 型监控装置非正常行车操作

项目描述

LKJ-2000 型列车运行监控记录装置是国内新一代列车超速防护设备，能准确记录列车运行状况、信号设备状况及机车乘务员操纵状况，并采用双机热备冗余工作方式，工作性能更加可靠；装置的屏幕显示器以图形、曲线、文字等方式来显示前方线路状况、运行情况等信息，并在列车超速、冒进信号等危险情况时自动采取紧急制动，保障铁路运输安全。

LKJ-2000 型列车运行监控记录装置的基本组成单元是一个主机箱和两个显示器。它的速度信息来自光电式速度传感器，机车信号信息来自通用式机车信号，压力监测除了检测列车管压力外，还检测机车制动缸的压力及均衡风缸压力。压力传感器可采用 TQG14 型机车压力变送器，指针式速度指示可采用 ZL 型或 EGZ3/8 型双针速度表。

当机车运行时，显示器窗口的机车图标静止不动，各信号机、站标、道岔及限速曲线等逐渐向机车图标方向运行，并伴随界面及相应窗口显示变化。

本项目任务：

任务一　LKJ-2000 型监控装置的基本操作

任务二　LKJ-2000 型监控装置的行车闭塞法非正常操作

任务三　LKJ-2000 型监控装置信号无码及特殊发码操作

任务四　LKJ-2000 型监控装置特殊情况下操作

任务五　LKJ-2000 型监控装置的基本控制功能

任务六　LKJ-2000 型监控装置操作训练

任务一　LKJ-2000 型监控装置的基本操作

知识目标

（1）LKJ-2000 型监控装置的功能检查。

（2）LKJ-2000 型监控装置的参数输入及修改。

（3）LKJ-2000 型监控装置的过机误差修改。

技能目标

（1）掌握 LKJ-2000 型监控装置的功能检查。

（2）掌握 LKJ-2000 型监控装置的参数输入及修改注意事项。

（3）熟练运用 LKJ-2000 型监控装置的参数输入及修改。

任务一课程思政教学案例

素质目标

（1）培养学生遵章守纪、爱护机车信号车载设备的职业道德。

（2）培养学生学习新技术、新知识的意识。

（3）培养学生勇于创新、开拓进取的意识。

（4）培养学生严谨认真、精益求精的态度，提升学生合作、应变与可持续性发展的能力。

（5）能客观、公正地进行学习效果的自我评价。

知识点学习

一、录音功能检查

机车出库前乘务员拿起电台话筒喊话“×××机车×端录音测试”（对于双节重联机车，也要对非操作端进行录音测试），放下话筒后，按一下语音记录装置前面板上的检查按钮，正常情况下应回放这句话。

二、参数输入/修改的条件

监控装置未输出控制指令（常用制动、紧急制动）且不处于防溜报警状态，才能进行参数输入/修改，但还需符合以下条件：

（1）客/货、本/补状态之间的转换，须在停车时。

（2）“车速等级”修改，须在停车时。

（3）区段号（监控交路号）、车站号、车次输入/修改：

① 机车信号为停车信号或按停车信号控制，停车时；

② 机车信号为双黄灯，速度小于 45 km/h 时；

③ 机车信号为其他进行的信号，速度小于 60 km/h 时；

④ 机车信号为红黄灯（或按停车信号处理的灭灯、单红灯），手信号引导、特定引导、绿色许可证、路票等解锁开口后，停车时；

⑤ 机车信号为红黄闪灯，前方信号机开口控制后，停车时。

三、参数输入/修改的注意事项

（1）若修改了客/货、本/补状态，装置进入降级工作状态。

（2）若修改了区段号、列车种类、车次、车站号，【开车】指示灯亮，显示器显示车站名和输入信息，装置进入降级工作状态。若设定完毕后，装置关机超过 30 s 再开机，则【开车】指示灯灭，需重新设定。

（3）使用 IC 卡输入数据后，装置将刷新存储的 LKJ 临时数据。因此，必须确认所使用的 LKJ 临时数据是最新的、有效的。

说明：使用 IC 卡输入数据，按压【设定】键时，IC 卡必须插在卡槽内。如果在按压【设定】键，弹出设定窗口后，设定过程中才插入 IC，此时设定完毕后，LKJ 不读入 IC 卡数据，更新将无效。

（4）对于装有两套独立 LKJ 系统设备的机车及动车组，需分别在两端设定 IC 卡数据。

四、手动修正过机误差

信号机之间的距离是地面参数设置的重要数据。列车运行中，显示器距离显示区以不断递减的数据显示距下一架信号机的距离，机车越过一架信号机瞬间显示的距离与机车实际位置的误差称为过机误差。

1. 过机误差的分类

（1）滞后误差：机车越过信号机时距离显示仍有余值，经过一段距离后才显示 0。这种零显示出现在信号机位置之后的过机误差称为滞后误差。

（2）超前误差：机车距信号机还有一段距离，但距离显示值提前进入零显示。这种零显示出现在信号机之前的过机误差称为超前误差。

2. 手动修正过机误差操作方法

（1）车位向前：出现滞后误差时，在接近信号机位置按【车位】键 1 次，在机车越过信号机时再按【向前】键 1 次，装置清除剩余距离，调出当前分区距离。

（2）车位向后：出现超前误差小于 300 m 时，在接近信号机位置按【车位】键 1 次，在机车越过信号机时再按【向后】键 1 次，装置将重新调用当前分区的距离。

（3）车位对中：当超前误差或滞后误差距离小于 300 m 时，在信号机位置，按压【自动校正】键，不论是滞后还是超前误差，装置自动进行校正。

3. 车位确认

（1）日常的车位确认：按压【开车】键后，在一离去须进行车位确认，运行途中在半自动闭塞区间进站及自动闭塞区间预告、进站信号机处须进行“车位确认”。

（2）非正常情况下的车位确认：当 LKJ 发生“空转”“滑行”“过机不校”时，须在运行前方第一架信号机处进行“车位确认”。

（3）运行过程中发生重新设定或因其他原因导致 LKJ 处于降级状态后，监控数据恢复通常工作状态后，须在运行前方第一架信号机处进行“车位确认”。

4. 有关说明

（1）【车位】+【向前】/【向后】键两次按键操作应在 3 s 内完成。装置启动停车控制模式后，校正距离误差操作无效。

（2）LKJ 系统对越过信号机 300 m 距离误差手动向后调整无效，手动向前调整不受距离限制。

（3）正常情况下，当机车头部越过地面信号发码点后，监控装置信号机显示区会显示“校正”结果。

（4）正常情况下，在机车越过自闭区段通过信号机、半自闭区段进站信号发码箱（预告信号机附近）2～4 s、双线区段反向运行机车信号上码点，装置自动进行距离误差校正，自动校正的最大误差距离为 300 m。

（5）机车轮径误差、轮对空转、轮对滑行、没按要求对标等都可能导致距离误差累积，应注意在机车越过信号机时修正过机误差。

五、侧线股道号输入

遇车机联控不通等原因，进站前无法取得股道号时，不得进行股道号输入，应严格按该站接车进路最低道岔限速和在出站信号机前能够停车的速度进站，进入站内确认所进股道后再准确输入股道号。

（1）侧线股道号输入后，窗口不再自动弹出，如果输入错误，可以再次按压【进路号】键，重新输入正确的侧线股道号。

（2）在一站多车场的车站，连续两个车场存在多侧线数据时，在前一个车场，距前方信号机的距离小于 200 m 时，只能输入下一车场的侧线股道号；否则，只能修改本车场侧线股道号。

（3）引导进站解锁后，对于存在多侧线数据的车站，装置提供输入侧线股道号的条件，按压【进路号】键，输入侧线股道，否则 LKJ 将按照正线数据进行监控。

（4）列车在接发车进路信号机前发车，当前方车场有多侧线数据时，在按【开车】键前，可输入侧线股道号。

六、监控软件及数据版本的显示及检测

（1）显示器左侧上方以灰底白字提示“监控版本”号和“数据版本号”；本窗口覆盖历史区域的限速、光带、速度曲线，其他提示信息覆盖本窗口。

（2）LKJ 基本控制软件与显示器软件一致性检测。

LKJ 基本控制软件和显示器软件版本关键属性（包括厂家）不一致或 A/B 机监控记录插件中的基本控制软件版本关键属性不一致时（包括厂家及版本），显示器中央以红底黄字提示“软件版本不匹配!”，且不允许进行开车对标操作，如图 6-1 所示。

七、卸载指令及常用制动缓解的操作

（1）列车运行中，机车监控装置发出“常用制动”指令时：

① 如列车在固定模式限速下运行，当实际速度低于固定模式限速值 5 km/h 时，提供常用制动缓解条件；

图 6-1　软件版本不匹配

② 如列车在减速信号或减速地点前运行，当实际速度低于目标限速后，提供缓解条件；

③ 如列车在停车的制动模式曲线下运行，列车停车后提供缓解条件。

操作方法是按压【缓解】键缓解列车。

（2）监控装置执行卸载指令后，当速度差值（常用固定模式限速-实际速度）为 3 km/h 时，自动撤销卸载指令。

任务二　LKJ-2000 型监控装置的行车闭塞法非正常操作

知识目标

（1）LKJ-2000 型监控装置停用基本闭塞法行车。

（2）LKJ-2000 型监控装置绿色许可证发车。

（3）LKJ-2000 型监控装置引导接车操作。

技能目标

（1）掌握 LKJ-2000 型监控装置停用基本闭塞法行车。

（2）掌握 LKJ-2000 型监控装置绿色许可证发车。

（3）掌握 LKJ-2000 型监控装置引导接车操作。

（4）掌握 LKJ-2000 型监控装置有计划施工操作。

（5）能够熟练运用 LKJ-2000 型监控装置。

任务二课程思政教学案例

素质目标

（1）培养学生遵章守纪、爱护机车信号车载设备的职业道德。

（2）培养学生学习新技术、新知识的意识。

（3）培养学生勇于创新、开拓进取的意识。

（4）培养学生严谨认真、精益求精的态度，提升学生合作、应变与可持续性发展的能力。

（5）能客观、公正地进行学习效果的自我评价。

知识点学习

一、停用基本闭塞法使用电话闭塞法行车

停用基本闭塞法使用电话闭塞法行车，以下简称“停基改电”。

（一）有计划地停用基本闭塞法使用电话闭塞法行车

机车出段前接到停基改电的调度命令。停基改电行车的调度命令内容通过 IC 卡输入监控装置。

1. 监控装置在通常监控状态

列车运行至停基改电行车的起始车站的出站信号机或发车进路信号机前：

（1）机车接近停基改电起始车站，显示器右上方显示揭示窗口。

（2）列车运行速度高于 60 km/h 时，监控装置控制列车在该信号机前停车。

（3）列车运行速度低于 60 km/h 时，监控装置自动提示司机确认调度命令编号，输入电话记录号，如图 6-2 所示。

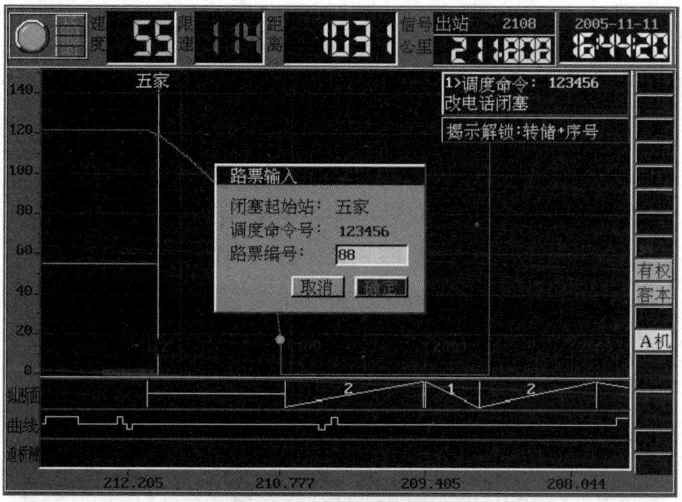

图 6-2　路票输入

输入完成后，在出站信号机前，正确输入电话记录号后，确认发车信号，开车条件具备后，按【解锁】【确认】键（5 s 内按压），装置进入“路票行车”状态（见图 6-3）：解除本站出站信号机以及至下一站间所有区间通过信号机的停车信号控制；对于客车，按该次列车在对应区间最高允许速度的 80%，至下站的进站前“路票行车状态”终止，按进站信号显示运行。

起始站出站信号不论机车信号是否显示停车信号，监控装置均按停车信号控制。

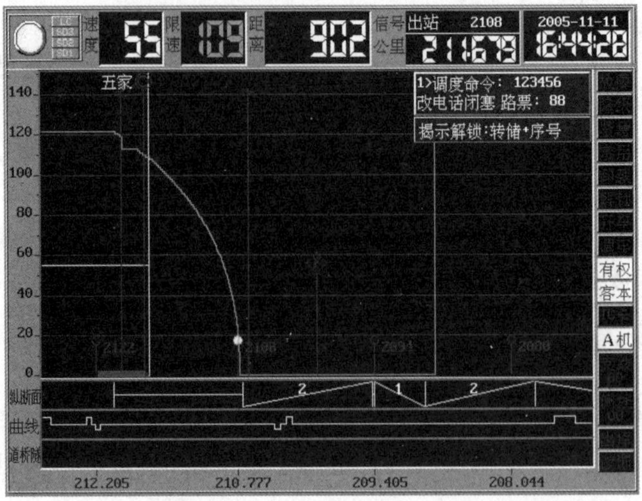

图 6-3 “路票行车”状态 1

注意事项：

（1）路票确认窗口弹出后，若速度高于 60 km/h，窗口自动关闭；若 15 s 内未做任何操作，窗口自动关闭。

（2）出站时必须注意控制列车速度，防止列车侧向通过出站道岔超速。

（3）遇 CTC 区段车站出站（发车进路）信号机故障，如果以调度命令作为行车凭证（列车调度员办理列车进路）时，“电话记录号”栏输入调度命令号后 2 位。

2. 监控装置在降级状态

（1）进行基础参数设定后，【开车】灯亮时，同时弹出路票确认窗口。

（2）确认开车条件具备后，输入电话记录号，在显示器的中间有“行车凭证确认方式”提示。

（3）按【解锁】【确认】键，然后在对标地点按【开车】键进入“路票行车”状态，控制方式与通常工作状态下的路票行车状态相同，如图 6-4 所示。

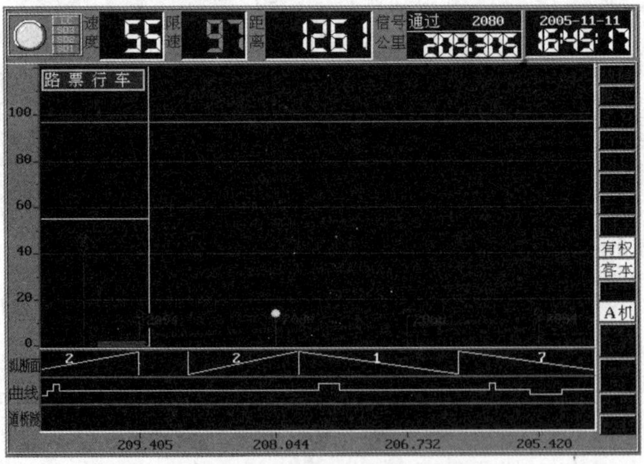

图 6-4 “路票行车”状态 2

注意事项：

（1）如果不按【解锁】【确认】键，而是直接先按【开车】键，揭示信息将被自动清除，监控装置不进入“路票行车”状态。

（2）路票上的电话记录号为 3 位数，数值范围在 0 ~ 255 号以内，否则无效，如图 6-5 所示。

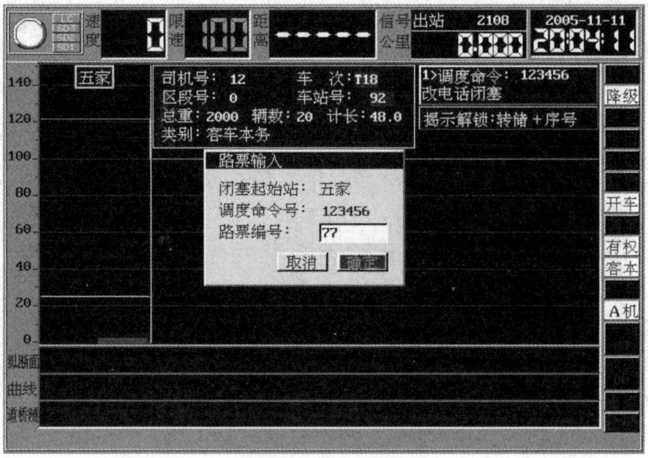

图 6-5 路票编号

（二）临时停用基本闭塞法使用电话闭塞法行车

改用电话闭塞法的调度命令没有通过 IC 卡输入监控装置，而在列车运行中接到改用电话闭塞法行车的调度命令。

1. 监控装置在通常监控状态

（1）列车运行途中收到停基改电的调度命令，在站内停车。

（2）确认调度命令、路票正确、开车条件具备后，按压显示器【↑】键 2 s，弹出“非正常行车确认”窗口，如图 6-6 所示，选择【3.路票】，弹出路票输入窗口，正确输入调度命令号、电话记录号。

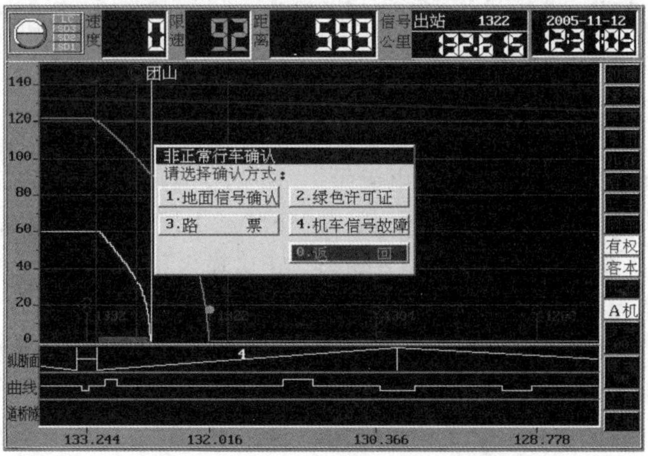

图 6-6 “非正常行车确认”窗口

（3）按显示器【解锁】【确认】键，监控装置进入“路票行车”状态，控制方式与通常工作状态下有计划地停基改电相同，如图 6-7 和图 6-8 所示。

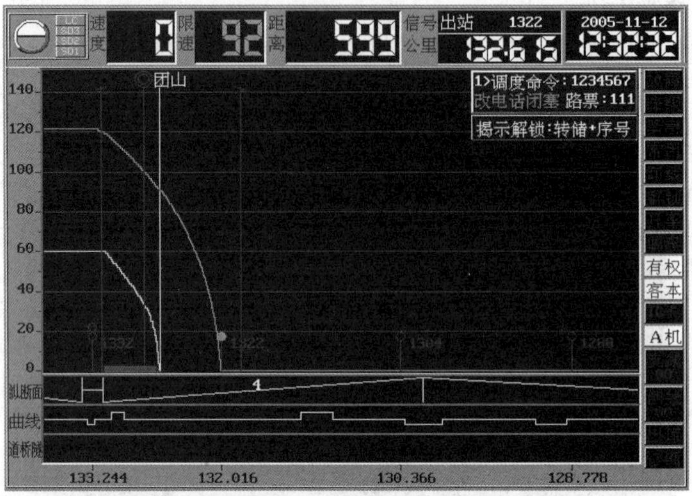

图 6-7 “路票行车”状态 3

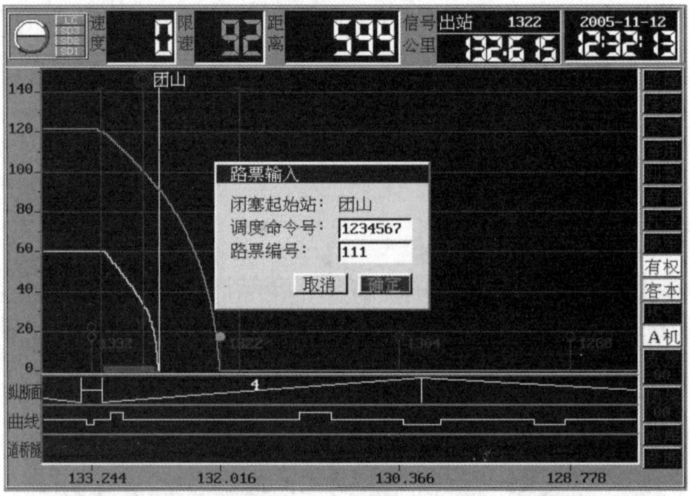

图 6-8 路票输入

2. 监控装置在降级状态

（1）若设定的始发车站即为停基改电起始车站，输入基础的设定参数，【开车】灯亮后，确认调度命令、路票正确、开车条件具备后，停车状态下按【↑】键 2 s，弹出“非正常行车确认”窗口，选择【3.路票】弹出路票输入窗口，正确输入调度命令号、电话记录号，显示器上出现“行车凭证确认方式”提示。

（2）按【解锁】【确认】键，然后在规定地点按【开车】键进入路票行车状态，控制方式与通常工作状态有计划地停基改电相同。

注：临时操作办理成功后遇取消改正常运行时，须重新输入相关参数进入降级状态下转入正常监控模式。

二、双线自动闭塞区间改反方向自动站间闭塞行车

1. 监控装置未设置站间反向运行车载基础数据

双线自动闭塞区间反方向行车，未设置站间反向运行车载基础数据的，原则不得进行反方向行车。特殊情况下，必须进行反方向行车时，司机取得在数据不对应的区域准许反方向运行调度命令后，比照机车信号故障的临时行车办法，在停车状态下，重新设定前方车站号，使 LKJ 进入降级工作状态，再将 LKJ 转为随时停车工作状态（20 km/h 限速工作状态）运行。

2. 监控装置设置了反方向运行车载基础数据

设置了站间反向运行车载基础数据的，司机取得准许反方向运行调度命令后：

对于客车，在停车状态下，确定反向运行的监控交路号和起始站车站号后，进行参数设定，确认开车条件具备、起车后进行“开车对标”操作。

对于货车，使用交路号、车站号调用反方向 LKJ 数据的，确定反方向运行监控交路号和起始车站号后，按规定进行参数设定，确认开车条件具备、起车后进行“开车对标”操作。恢复正方向运行时，需在关系站重新设定开车。

三、使用绿色许可证发车

（一）有计划使用绿色许可证

出段前接到某站改用绿色许可证发车的命令，已经通过 IC 卡输入监控装置。

1. 监控装置在通常工作状态

（1）列车接近使用绿色许可证的信号机，显示器右上方显示揭示口，如图 6-9 所示。

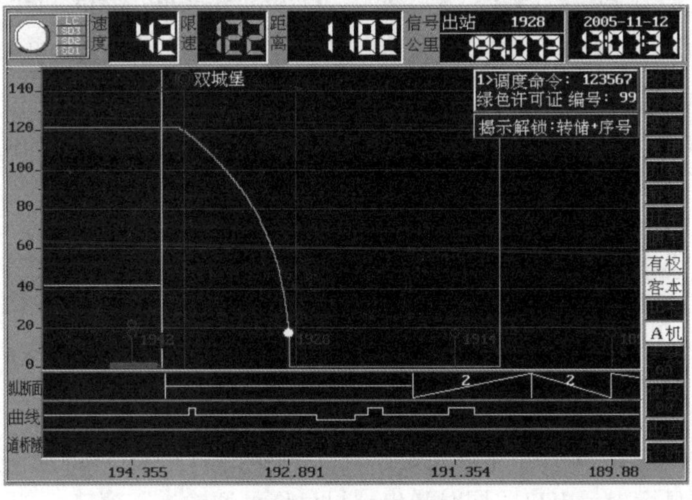

图 6-9　绿色许可证

（2）在使用绿色许可证的信号机之前，运行速度低于 45 km/h，显示器弹出“绿色许可证输入”窗口，如图 6-10 所示。

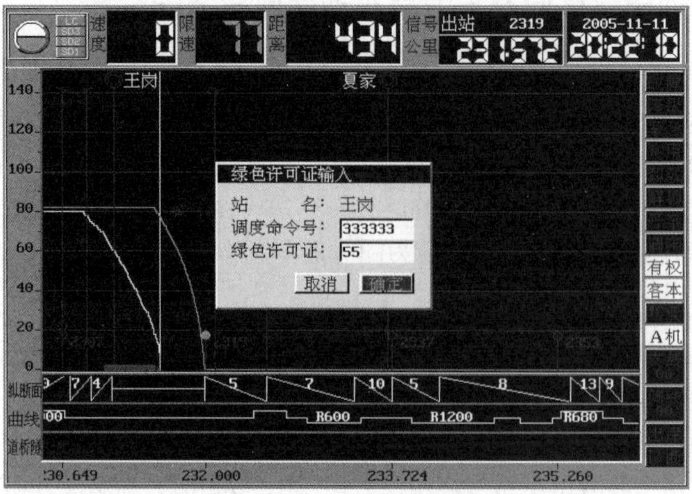

图 6-10　绿色许可证输入

（3）确认凭证正确，开车条件具备后，输入绿色许可证号（后 2 位，当后 2 位为“00”时输入倒数第 3、2 位，下同）后，在使用绿色许可证行车的信号机前，控制列车速度低于出站道岔限速，按【解锁】【确认】键，装置自动解除对该信号机的停车信号控制功能。输入完成后如图 6-11 所示。

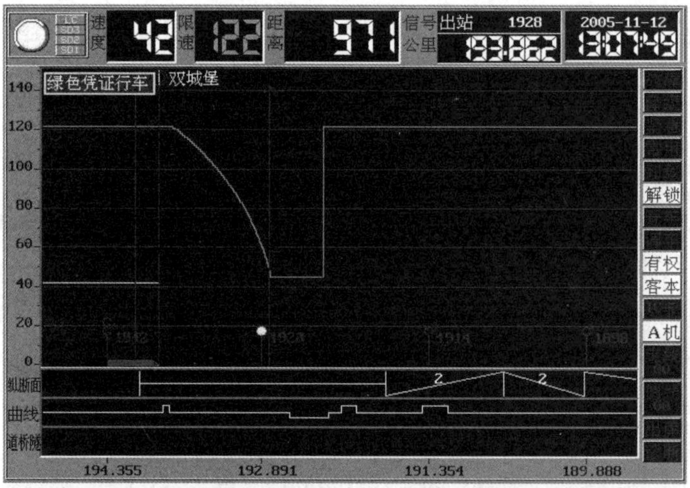

图 6-11　绿色凭证行车

2. 监控装置在降级工作状态

（1）进行参数设定后，【开车】灯亮时，若设定的车站即为有计划地使用绿色许可证的车站，显示器右上方显示揭示窗口，同时弹出“绿色许可证输入”窗口。

（2）确认开车条件具备后，正确输入绿色许可证号，在显示器的中间有“行车凭证确认方式”提示。

（3）按【解锁】【确认】键，然后在规定地点按【开车】键进入通常工作状态。

注意事项：

（1）在使用绿色许可证的信号机前，不论机车信号是否是停车信号，监控装置均按停车信号控制。

（2）绿色许可证输入窗口弹出后，若速度高于 45 km/h，窗口自动关闭；绿色许可证输入窗口弹出后 15 s 内未做任何操作，窗口自动关闭。

（3）出站时必须注意控制列车速度，防止列车侧向通过出站道岔超速。

（4）遇 CTC 区段车站出站（发车进路）信号机故障，如果以调度命令作为行车凭证（列车调度员办理列车进路）时，“绿色许可证号”栏输入调度命令号后 2 位。

（二）临时使用绿色许可证

非特定施工的绿色许可证（有揭示）及列车运行途中接到使用绿色许可证的命令。

1. 监控装置在通常工作状态

（1）列车运行途中收到绿色许可证，在使用绿色许可证行车的信号机前停车。

（2）确认凭证正确，开车条件具备后，按显示器【↑】键 2 s，弹出“非正常行车确认”窗口，选择【2.绿色许可证】，弹出绿色许可证输入窗口，输入绿色许可证号。

（3）按【解锁】【确认】键，监控装置自动解除该信号机的停车控制功能。

2. 监控装置在降级工作状态

（1）进行参数设定后，【开车】灯亮，若设定的车站使用绿色许可证行车，确认凭证正确，停车状态下按【↑】键 2 s，弹出“非正常行车确认”窗口，正确输入绿色许可证号后，在显示器的中间有“行车凭证确认方式”提示。

（2）确认开车条件具备后，按【解锁】、【确认】键，然后在约定地点按【开车】键进入通常工作状态。

注意事项：

（1）遇同一进路临时停用多架信号机时，需逐架停车、输入绿色许可证号、进行解锁操作。

（2）遇无调度命令的，“调度命令号”栏输入“0”。

（3）临时操作办理成功后遇取消改正常运行时，须重新输入相关参数进入降级状态下转入正常监控模式。

四、半自闭区段车站发车进路信号机停用

当半自动闭塞区段车站发车进路信号机停用、使用半自动闭塞发车进路通知书发车时，比照“绿色许可证”方法进行操作（“绿色许可证号”栏输入通知书编号）。

五、引导接车

（一）机车信号显示引导信号

在进站信号机前，机车信号机显示半红半黄闪信号时，监控装置接收到红黄闪信息后（显

示器 SD1/SD3 亮），监控装置监控列车以不超过 20 km/h 的速度越过该进站信号机（18 km/h 报警、19 km/h 卸载、常用制动动作值为 21 km/h）。列车进站后，按出站信号机的显示要求监控列车运行。

（二）手信号引导

列车运行至接车站的进站（接车进路）信号机前，机车信号机显示半红半黄色灯光或一个白色灯光，列车运行速度低于 20 km/h 时，司机确认引导手信号显示或 CTC 区段允许越过关闭的信号机的调度命令正确，按压显示器上【解锁】键解除停车控制功能，监控装置监控列车以不超过 20 km/h 的速度越过该信号机，列车进站后按出站信号机的显示要求监控列车运行。

注意事项：

（1）引导解锁后，还没有越过引导信号机前，即使机车信号变化为其他停车信号，不恢复停车控制功能。

（2）在车载基础数据文件中已设置为“机外大坡道特殊车站”的进站信号机前，在速度大于 20 km/h 时按【解锁】键引导解锁有效。允许在速度高于 20 km/h 时司机按压【解锁】键，解除停车控制功能，监控装置监控列车以不超过 20 km/h 的速度越过进站信号机。

（三）特定手信号引导

（1）出段前将引导进站的调度命令内容及编号用 IC 卡输入监控装置。

（2）运行途中机车接近特定引导的进站（接车进路）信号机时，显示器右上方显示揭示窗口，如图 6-12 所示。

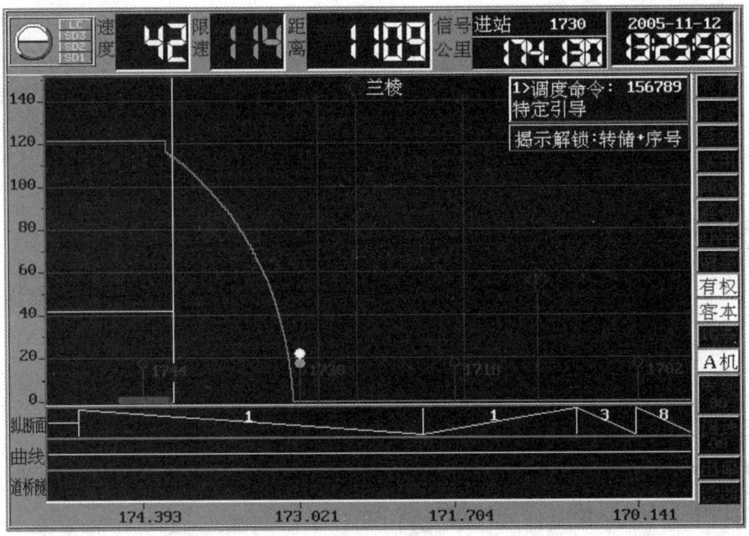

图 6-12　特定引导

（3）列车运行至特定引导站进站信号机前，并且运行速度低于 60 km/h 时，司机确认引导手信号正确，按压【开车】键，再按压【解锁】键（两次按键操作间隔时间不超过 5 s），解除对该信号机的停车控制功能；监控装置监控列车以不超过 60 km/h 的速度越过该进站信号机，列车进站后按出站信号机的显示要求监控列车运行。

（4）在接车进路信号机前，当列车运行速度低于 60 km/h 时，司机按压【开车】键，再按压【解锁】键（两次按键操作间隔时间不超过 5 s），解除停车控制功能；监控装置监控列车以不超过 60 km/h 的速度越过该信号机。

注意事项：

（1）运行至特定引导的进站、接车进路信号机前，不论机车信号是否是停车信号，监控装置均按停车信号控制。

（2）对于进站、接车进路信号机均为特定引导的，逐架信号机确认特定引导手信号正确后进行特定引导解锁操作。

（3）对于其中仅某架进站或接车进路信号机特定引导，其他按信号显示运行的进站或接车进路信号机起控时，在确认其信号开放后进行特定引导解锁操作。

（4）已载入特定引导 LKJ 临时数据的车站，改用临时引导或手信号引导解锁操作无效时，则应先按规定解除该特定引导 LKJ 临时数据。

六、线路所通过信号机故障（停用）

（1）线路所设有进站、出站信号机时，按“车站”的有关规定执行。

（2）线路所仅设有一架通过信号机时，有计划地使用绿色许可证或路票行车时，确认相应行车凭证正确后，按前述方法进行相应按键解锁操作。

（3）线路所临时使用绿色许可证或路票行车时，在线路所通过信号机前停车，再按上述第（2）点步骤操作。

七、自动闭塞区段有计划施工

（1）当进站（接车进路）信号机、出站（发车进路）信号机停用，且发码电路停用时：列车进站特定引导，出站凭绿色许可证行车。

出勤时接收特定施工行车命令，特定手信号引导进站和绿色许可证的调度命令内容写入 IC 卡，输入监控装置。

① 列车运行至引导进站信号机前，并且运行速度低于 60 km/h 时，司机确认引导手信号正确，司机按压【开车】+【解锁】键解除对该信号机的停车控制功能；监控装置监控列车以不超过 60 km/h 的速度越过该进站信号机。列车进站后，按出站信号机的显示要求监控列车运行。

② 在接车进路信号机或四显示区段的分割信号机前，当列车运行速度低于 60 km/h 时，司机确认引导手信号正确，司机按压【开车】+【解锁】键解除停车控制功能；监控装置监控列车以不超过 60 km/h 的速度越过该信号机。

③ 列车进站后，运行速度低于 45 km/h 时，司机核对调度命令号，输入车站通知的绿色许可证号，司机按压【解锁】+【确认】键，监控装置解除列车在本站出站信号机或相应发车进路信号机前的停车控制功能。出站后按接收的地面信号显示要求运行。

（2）当进站（接车进路）信号机、出站（发车进路）信号机正常显示，但发码电路停用时：列车凭地面进站（接车进路）、出站（发车进路）信号显示的信号进行运行。列车进站监控装置按引导接车操作，出站监控装置按绿色许可证操作。具体操作方法按有计划办理，出站绿色许可证号统一输入 88 号（在调度命令注明发码电路停用的时间内，地面信号发码一律视为无效）。

八、自动闭塞区段信号设备临时停用

当进站（接车进路）信号机、出站（发车进路）信号机临时停用时，列车进站引导，出站凭绿色许可证行车。

（1）在进站（接车进路）信号机前，机车信号机显示半红半黄色灯光或一个白色灯光，司机确认机械引导或人工引导信号后，列车运行速度低于 20 km/h 时，司机按压【解锁】键解除停车控制功能，监控装置监控列车以不超过 20 km/h 的速度越过进站信号机。列车进站后，按出站信号机的显示要求监控列车运行。

（2）在出站或（发车进路）信号机前，列车运行至改用绿色许可证发车车站的出站信号机或发车进路信号机前停车后，司机持续按压【↑】键 2 s，监控装置显示对话窗口；司机确认选项，输入车站通知的绿色许可证号，司机按压【解锁】+【确认】键，监控装置解除列车在本站出站信号机或相应发车进路信号机前的停车控制功能，出站后按接收的地面信号显示要求运行。

九、半自动闭塞区段有施工计划时

当进站（接车进路）信号机、出站（发车进路）信号机停用，且发码电路停用时：列车进站引导，出站信号机停用出站凭证为路票（发车进路信号机停用出站凭证为半自动闭塞发车进路通知书）。

（1）机车出段前，将特定手信号引导进站和使用路票或发车进路通知书的调度命令内容写入 IC 卡，输入监控装置。

（2）列车运行至引导站进站信号机前，并且运行速度低于 60 km/h 时，司机按压【开车】+【解锁】键解除对该信号机的停车控制功能；监控装置监控列车以不超过 60 km/h 的速度越过该进站信号机。列车进站后，按出站信号机的显示要求监控列车运行。

（3）运行速度低于 60 km/h 时，监控装置自动提示司机确认调度命令编号，输入车站通知的路票编号；在司机按压【解锁】+【确认】键（凡两个及以上键的组合操作均需在 5 s 内完成，以下同）后，监控装置解除对列车所在线路的出站信号机或发车进路信号机的停车控制功能。

（4）列车运行至接车站进站信号机前（客运列车按该次列车最高允许速度的 80%监控列车运行），监控装置按其对应的机车信号显示要求监控列车运行。

十、半动闭塞区段信号设备临时停用

当进站（接车进路）信号机、出站（发车进路）信号机临时停用：列车进站引导，出站信号机停用出站凭证为路票（发车进路信号机停用出站凭证为半自动闭塞发车进路通知书）。

（1）在进站（接车进路）信号机前，机车信号机显示半红半黄色灯光或一个白色灯光（司机确认机械引导或人工引导信号后），列车运行速度低于 20 km/h 时，司机按压【解锁】键解除停车控制功能，监控装置监控列车以不超过 20 km/h 的速度越过进站信号机。列车进站后，按出站信号机的显示要求监控列车运行。

（2）在改用电话闭塞法起始车站的出站信号机或发车进路信号机前停车后，司机持续按压【↑】键 2 s，监控装置显示对话窗口，司机确认选项，输入调度命令和车站通知的路票（发车进路通知书）编号，并按压【解锁】+【确认】键后，监控装置解除对本线出站信号机或发车进路信号机的停车控制功能。

列车运行至接车站进站信号机前，监控装置按其对应的机车信号显示要求监控列车运行。

（3）列车在改用电话闭塞法行车的区间，对于客运列车，监控装置按该次列车最高允许速度的 80%自动调整最高限制速度监控列车运行；对于货运列车，按规定速度监控列车运行。

任务三　LKJ-2000 型监控装置信号无码及特殊发码操作

知识目标

（1）信号无码区段操作。
（2）股道无码车站通过操作。
（3）关联特殊发码信号机操作。
（4）一离去和场间无码特殊信号机操作。

技能目标

（1）掌握信号无码区段操作。
（2）掌握股道无码车站通过操作。
（3）掌握关联特殊发码信号机操作。
（4）掌握一离去和场间无码特殊信号机操作。
（5）能够熟练运用 LKJ-2000 型监控装置。

任务三课程思政教学案例

素质目标

（1）培养学生遵章守纪、爱护机车信号车载设备的职业道德。
（2）培养学生学习新技术、新知识的意识。
（3）培养学生勇于创新、开拓进取的意识。
（4）培养学生严谨认真、精益求精的态度，提升学生合作、应变与可持续性发展的能力。
（5）能客观、公正地进行学习效果的自我评价。

知识点学习

一、出站绿灯/绿黄灯确认

在自动闭塞区段车站的出站（或发车进路）信号机前，且车载基础数据文件中，已设置为允许进行绿/绿黄灯确认的，机车信号为双黄灯，当机车运行距该信号机距离小于 400 m 时，监控装置语音提示“请确认信号”，提示司机确认地面信号机显示。确认地面信号显示绿灯或绿黄灯后，按【↑】键 2 s，弹出“非正常行车确认窗口”，选择【1.地面信号确认】调出确认窗口，选择【确定】。确认操作后，屏幕左侧显示“已确认绿灯/绿黄灯”，如图 6-13 所示，监控装置解除在列车接近的信号机和次一架信号机前，机车信号为一个白色灯光的停车控制功能。机车信号机接收到次一架信号机的显示时，按其显示要求监控列车运行。

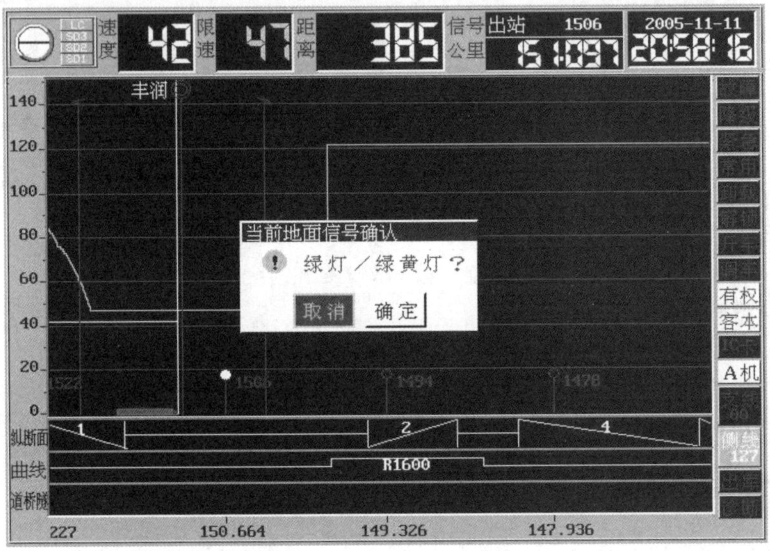

图 6-13　当前地面信号确认

注意事项：

（1）在允许绿灯/绿黄灯确认操作的车站，在距信号机 400 m 内，按规定确认地面信号机显示绿灯或绿黄灯后方可进行操作。在降级工作状态下，绿灯/绿黄灯确认操作有效，但在确认操作后又重新设定，则本次确认失效。

（2）绿灯/绿黄灯确认操作后，信号变更为除白灯之外的其他信号，或修改侧线股道号，则本次确认失效。

二、股道无码车站通过

机车信号机由进站前的双半黄色灯光（或交流计数区段的黄色灯光）显示，进站后转白灯，对于 LKJ 车载数据文件中已设置为固定无码的侧线股道，并且列车距出站信号机小于

400 m 时，司机确认地面信号机显示进行信号后，按压显示器上【解锁】键后再按压【确认】（两次按键操作间隔时间不超过 5 s）键，监控装置解除站内停车控制功能，监控列车以不超过侧向道岔规定速度越过出站信号机；机车信号机接收到次一架信号机的显示时，按其显示要求监控列车运行。

注意事项：

（1）在允许“股道固定无码”解锁的车站，在距信号机 400 m 内，确认地面信号机显示进行信号后方可进行操作。

（2）解锁操作后，若修改侧线股道号，则本次解锁失效。

三、侧线股道无码车站发车

列车在站内处于停车状态，机车信号机显示白灯时，司机确认地面信号机显示进行信号后，按压显示器上【解锁】键后再按压【确认】键（两次按键操作间隔时间不超过 5 s），监控装置解除该信号机前信号白灯的停车控制功能，监控列车以不超过侧向道岔规定速度越过出站信号机；机车信号机接收到次一架信号机的显示时，按其显示要求监控列车运行。

注意事项：

（1）发车时，如机车所处的位置无法确认地面信号机的显示，可凭车机联控关于“出站信号开放”的发车通知且具备开车条件后起动列车，直至确认地面信号机显示正确后方可进行解锁操作。

（2）解锁操作后，若修改侧线股道号，则本次解锁失效。

四、关联发码特殊信号机

对列车在某一信号机前机车信号为一个双半黄色灯光或一个黄色灯光，且运行图技术数据明确次一架信号机固定显示进行信号，车载数据中预先将此固定显示进行信号的信号机设定为“关联发码特殊信号机”的，LKJ 自动解除对机车信号为一个黄色灯光（或一个双半黄色灯光）转一个白色灯光时的停车控制。

五、一离去发码特殊信号机

站内机车信号无码，且车载数据中信号机已预先设置为“一离去发码特殊信号机”的，列车越过出站信号机，机车信号为白灯，运行速度低于 45 km/h，在 400 m 内，确认地面信号机显示进行信号后，LKJ 提供解除机车信号为一个白色灯光的停车控制条件，司机按压显示器上【解锁】键后再按压【确认】键（两次按键操作间隔时间不超过 5 s）操作后，监控列车以不超过固定模式限速值越过该信号机。

一离去发码特殊信号机的控制方式如图 6-14 所示。

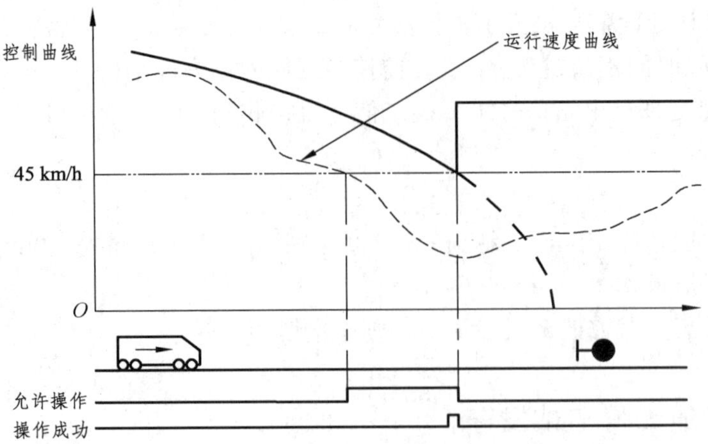

图 6-14　一离去发码特殊信号机的控制方式

六、场间无码特殊信号机

对于场间固定不发码的进站、出站、接发车进路信号机，经铁路局批准为“发码特殊信号机”时，且 LKJ 基础数据文件中已将该信号机设置为“发码特殊信号机”的，监控装置可以在机车信号显示白灯的情况下、运行速度低于 45 km/h 且距信号机 400 m 内，司机确认地面信号为进行信号，允许司机按压【解锁】键+【确认】键，解除机车信号为一个白色灯光的停车控制条件，监控列车按规定速度运行。

任务四　LKJ-2000 型监控装置特殊情况下操作

知识目标

（1）20 km/h 限速模式操作。
（2）解除前发调度命令控制操作。
（3）机车信号突变操作。
（4）担当救援任务操作。
（5）机车信号故障、LKJ 故障操作。

技能目标

（1）掌握 20 km/h 限速模式操作。
（2）掌握解除前发调度命令控制操作。
（3）掌握机车信号突变操作。
（4）掌握担当救援任务操作。
（5）能够熟练运用 LKJ-2000 特殊情况下的操作。

任务四课程思政教学案例

素质目标

（1）培养学生遵章守纪、爱护机车信号车载设备的职业道德。
（2）培养学生学习新技术、新知识的意识。
（3）培养学生勇于创新、开拓进取的意识。
（4）培养学生严谨认真、精益求精的态度，提升学生合作、应变与可持续性发展的能力。
（5）能客观、公正地进行学习效果的自我评价。

知识点学习

一、20 km/h 限速模式

列车在停车状态下，司机确认机车信号故障时，司机按规定操作后，监控装置转为“20 km/h 限速模式”状态运行。在“20 km/h 限速模式”状态下，监控装置不再按照机车信号信息监控列车运行，监控列车以不超过 20 km/h 的速度运行至前方站停车。

（一）进入 20 km/h 限速模式条件（半自闭区段禁止进入）

（1）在监控状态下，机车运行在区间（出站信号机至下一进站信号机前）停车后可进入。
（2）降级状态下，机车停车后可进入，如图 6-15 和图 6-16 所示。

（二）转入 20 km/h 限速模式的操作方法

在满足允许进入 20 km/h 限速模式条件的情况下，按压显示器的方向【↑】键 2 s，显示器弹出“非正常行车确认”窗口，将光标移到“转入 20 km/h 限速模式”选项上，再按压【确认】键，监控进入 20 km/h 限速模式，如图 6-17 所示。

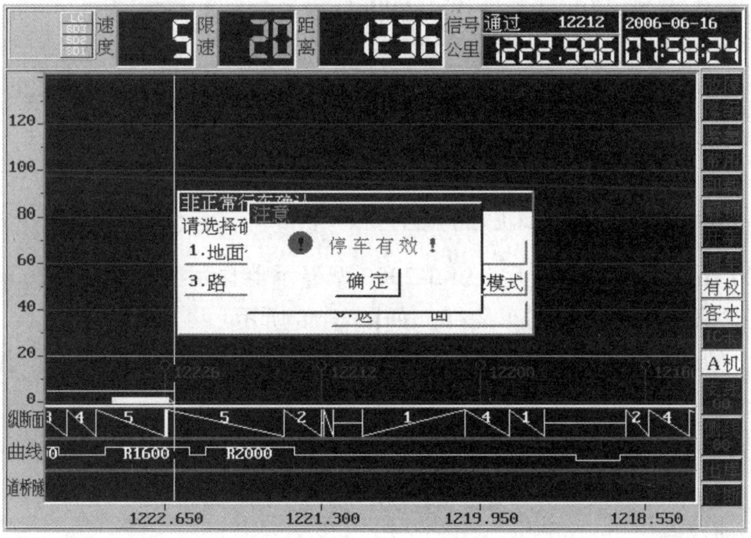

图 6-15　停车有效

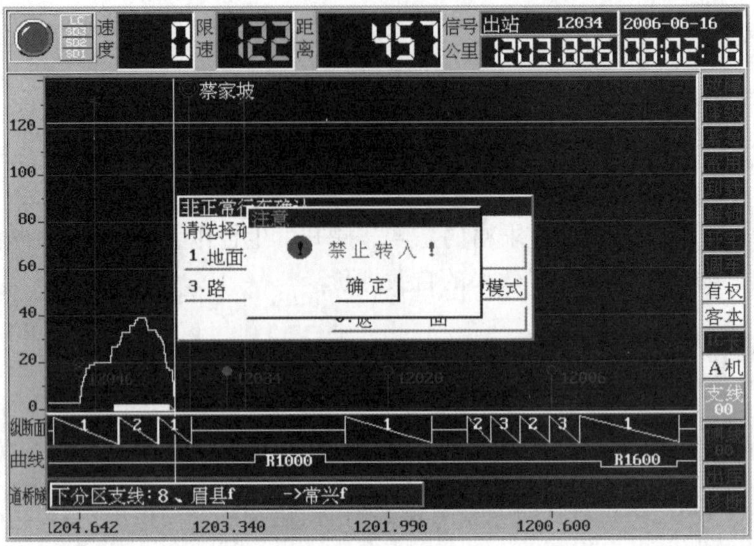

图 6-16　禁止转入

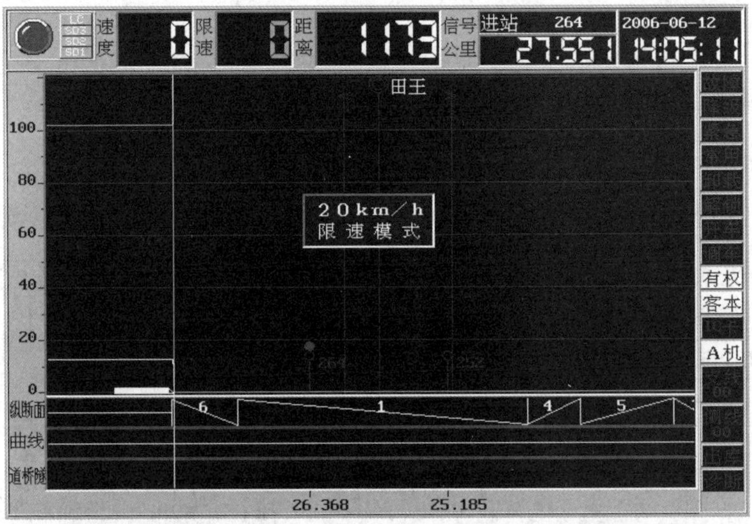

图 6-17　20 km/h 限速模式

（三）转入 20 km/h 限速模式后监控的控制

（1）进入“20 km/h 限速模式”后，LKJ-2000 型显示器显示醒目标志“20 km/h 限速模式”，监控装置不按机车信号信息监控列车运行，如图 6-18 所示。

（2）进入“20 km/h 限速模式”后，显示器限速窗口立即显示 0 km/h，同时语音提示“出口限速 0 公里”。

（3）停车 2 min 后，限速自动开口至 20 km/h，同时语音提示“出口限速 20 公里”。

（4）监控列车以不超过 20 km/h 的速度运行至前方车站（不含线路所）的出站信号机（或进/出站信号机）前停车。

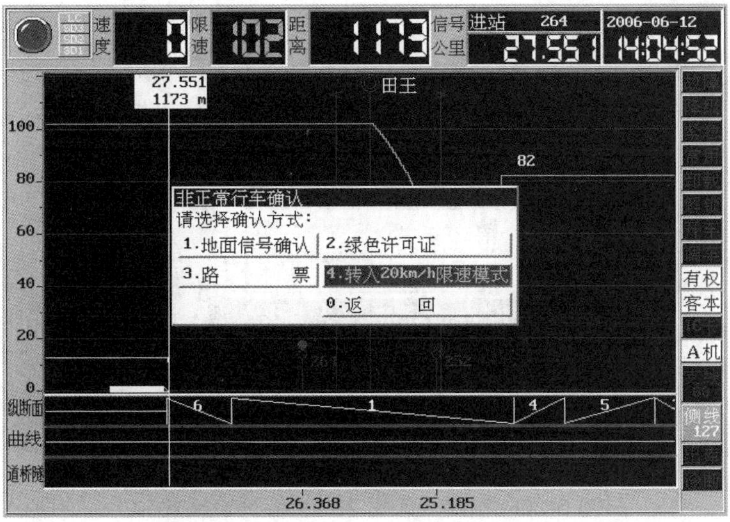

图 6-18　转入 20 km/h 限速模式

（四）退出 20 km/h 模式的操作方法

1. 退出 20 km/h 限速模式条件

（1）必须在停车状态下办理。

（2）在监控状态下，机车运行到前方站内（出站信号机前）停车后可退出（监控装置数据在区间时，无法退出 20 km/h 限速模式）。

（3）降级状态下，机车停车后可退出。

2. 操作方法

机车处于停车状态，乘务员按压显示器的方向【↑】键 2 s，显示器弹出“非正常行车确认”人机交互窗口，将光标移到“转出 20 km/h 限速模式”选项上，再按压【确认】键，模式状态转换成监控装置降级控制功能，如图 6-19 和图 6-20 所示。

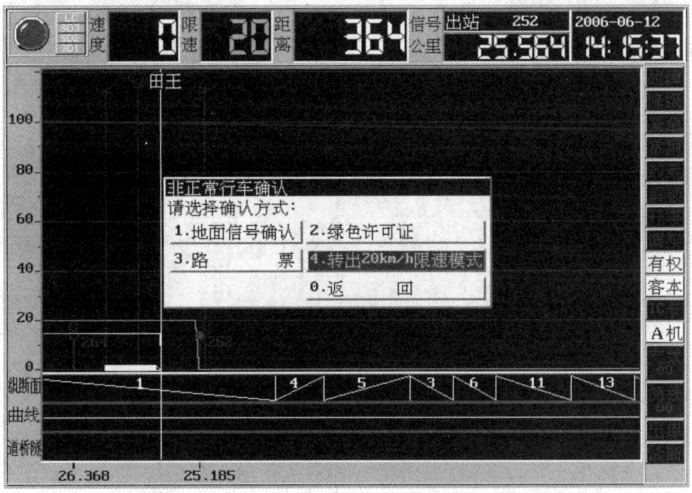

图 6-19　转出 20 km/h 限速模式

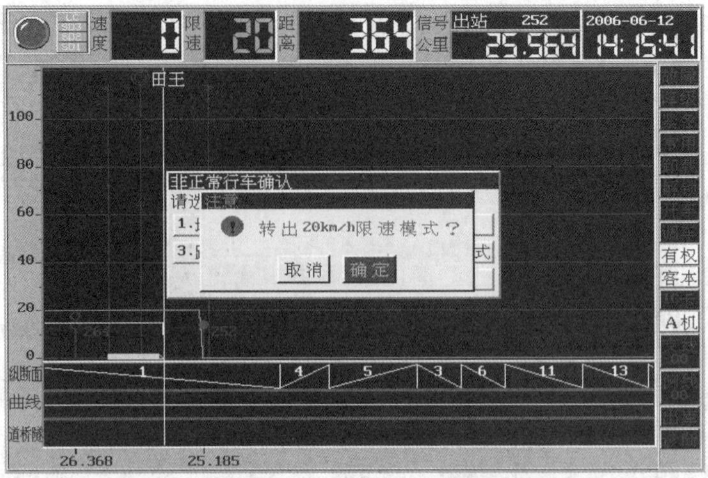

图 6-20　确定“转出 20 km/h 限速模式”

二、解除前发调度命令控制

（一）列车运行中解除运行揭示数据

列车运行中，司机接到列车调度员取消前发改用电话闭塞法行车或使用绿色许可证、特定引导的调度命令时，列车运行中，在监控装置显示器右上角显示被取消的运行揭示对应的 LKJ 临时数据提示窗口后，按【转储】键，然后按提示窗口中被取消的 LKJ 临时数据对应序号，弹出调令号输入窗口，输入取消前发运行揭示的调度命令号码，确认后，监控装置解除被取消的 LKJ 临时数据的控制，如图 6-21 所示。

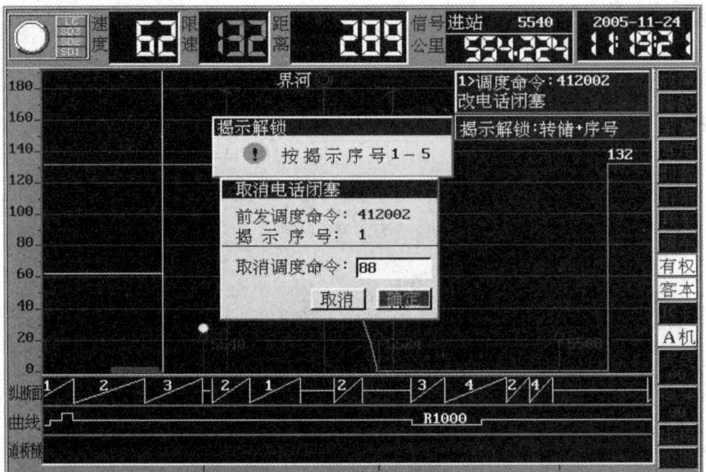

图 6-21　取消调度命令

（二）停车时解除调度命令控制

列车停车时，司机接到列车调度员取消前发调度命令的调度命令时，司机按压【查询】

键选择查询“全部揭示”，进入揭示查询窗口，按【1 选择】，按【↑】【↓】键选中被取消的运行揭示对应的 LKJ 临时数据，按压【确认】键，然后选择【3 解锁】，弹出解除揭示输入调度命令窗口，输入取消前发运行揭示的调度命令号码，确认后，监控装置解除被取消的 LKJ 临时数据的控制。

全部揭示信息查询接口如图 6-22 所示。

图 6-22　全部揭示信息查询

停车时解除前发绿色许可证调度命令接口如图 6-23 所示。

图 6-23　取消绿色许可证

停车时解除前发调度命令成功接口如图 6-24 所示。

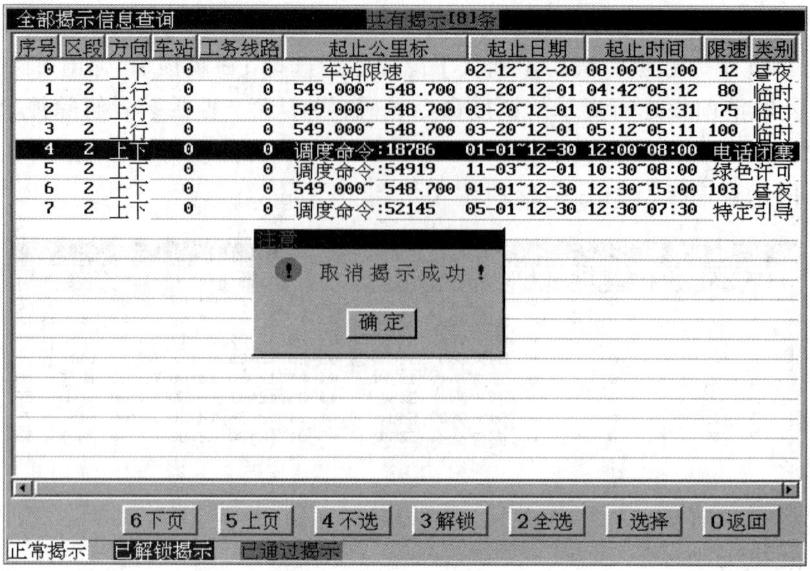

图 6-24　取消揭示成功

三、客车固定径路

（一）基本要求

固定走行径路运行列车的 LKJ 基础数据文件中，对应一个实际列车运行径路只允许编制一套 LKJ 数据，LKJ 基础数据文件与实际列车运行径路的数据须相符。固定走行径路运行列车严禁使用支线号方式区分和标识一个实际列车运行径路不同启用时间的 LKJ 基础数据。

采用监控交路号与车速等级相结合的方式满足固定径路需求。依据司机选择的“车速等级”来区分不同的列车种类限速；使用监控交路号区分不同的制动类型和不同的固定走行径路。

（二）基础数据组织实现方式

LKJ 数据中可通过设置交路转移，实现旅客列车按固定走行径路，严禁使用支线转移功能（不含双黄灯自动转移）。

（三）变更固定径路

（1）旅客列车变更固定径路时，列车调度员必须在变更点前的车站停车向该次列车的机车乘务员及相关车站发布变更径路运行的调度命令，并由停车站转交机车乘务员（具备良好通信记录装置的条件下，可由车站值班员使用列车无线调度通信设备转达）。机车乘务员接到临时变更固定径路的调度命令后，必须在停车状态下根据实际走行径路选择输入相对应的客车交路号。

（2）遇变通径路上有慢行限速时，禁止经由该线路变更运行径路。因特殊原因确需经由该线路变更运行径路时，由列车调度员发布允许在数据不对应的区域将 LKJ 由通常工作状态人工转为 20 km/h 限速工作状态运行的调度命令后，方准变更。

（3）变更径路运行结束需恢复原固定径路时，列车应于恢复固定径路前的车站停车，由机车乘务员自行切换 LKJ 回原径路数据。

（4）按客车交路运行的行邮、回送客车车底以及使用客车车底开行的路用列车，临时改变固定径路比照旅客列车执行。单机、其他行包专列及路用列车运行径路按货车模式办理，不固定运行径路。

（5）旅客列车改变固定径路，特殊情况下如遇机车 LKJ 装置中无与本列车运行一致的运行径路数据时，司机可将 LKJ 设为货车模式，选择对应交路运行（以“Z”“T”“K”“L”等字母打头的旅客列车，将第一位字母变更为“6”，余下车次数字作为 LKJ 输入车次的尾数，不足 5 位中间补“0”，如“K370”→“60370”，车次输入完毕后，将“客/货”状态置于货车），转换成货车模式后，司机利用列车无线通信设备通过车站值班员转告列车调度员，至 LKJ 有客车径路的车站停车后，重新设置为客车模式运行。

旅客列车变更固定径路，LKJ 临时按货车模式运行时，运行中值乘司机必须根据 LKJ 显示窗口提示按规定输入相对应运行径路支线号准确调用，遇值乘司机对该运行区段货车支线操作不熟时，按第（2）条执行。

车次转换仅限于机务 LKJ 监控装置操作，运输组织、车机联控等规定按现行不变。

（四）操作注意事项

（1）发现在途列车 LKJ 资料与线路变化后启用资料不相符的，由机车乘务员报告列车调度员；列车调度员应发布允许在数据不对应的区域将 LKJ 由通常工作状态人工转为 20 km/h 限速工作状态运行的调度命令。

（2）如对牵引旅客列车车底制动类型无法清晰掌握，明确 Z、T 字头旅客列车制动类型一律按盘型类型输入对应监控交路号，K 次头及以下旅客列车制动类型一律按闸瓦类型输入对应监控交路号。

（3）出库单机挂车时如走其他径路时，始发开车单机输入货本位，车次修改为货运单机车次。具体交路号由各机务段细化。

（4）如遇调度所发客车单机车次，又不走行固定径路时，乘务员 LKJ 输入时，对“50”字头的车次按“59”字头的车次输入，列车种类为“货车”。车次转换仅限于机务 LKJ 监控装置操作，运输组织、车机联控等规定按现行不变。

（5）客运机车担当客车车底在枢纽地区取、送任务时，不固定走行径路，LKJ 转入货车模式运行。乘务员 LKJ 车次输入时，去掉“0”及打头字母，改为“6”，不足 5 位时中间补“0”，如“0K809”改为“60809”。车次转换仅限于机务 LKJ 监控装置操作，运输组织、车机联控等规定按现行不变。

（6）CTC 区段客车单机、回送客车车底，给客车车次需按固定径路运行；给货车车次不按固定径路运行。

（7）遇特殊情况执行相关局“旅客列车固定走行径路及实施办法”相关规定。由各机务段细化制定办法。

四、机车信号突变

（一）自动闭塞区段

在自动闭塞区段，列车运行时，当监控装置计算距前方信号机距离≤50 m 时，机车信号由黄灯突变红黄灯或白灯、由双黄灯突变红黄灯或白灯，监控装置自动解除对当前信号机的停车控制，并将计算的剩余里程消除，按距次一架信号机的距离监控列车运行。

（二）半自动闭塞区段

在半自动闭塞区段，列车运行时，当监控装置计算距前方信号机距离≤100 m，机车信号由黄灯突变红黄灯或白灯、由双黄灯突变红黄灯或白灯，监控装置持续发出“信号突变”语音报警，司机确认地面信号机显示进行的信号或者是由于距离误差引起，在 7 s 内按【警惕】键解除信号突变报警和对当前信号机的停车控制功能；否则 7 s 后按停车信号进行控制。

注意事项：

（1）即使在距前方信号机距离 50 m（半自闭为 100 m）之内，如果机车信号由绿灯、绿黄灯突变为红黄灯，监控装置立即实施紧急制动控制。

（2）在距前方信号机距离大于 50 m（半自闭为 100 m）时，信号变为停车信号，监控装置按防止冒进信号控制，达到计算的实施制动控制条件时，立即实施制动控制。

（3）由于距离误差原因，监控装置实施制动，列车停车后距离尚未“走完”，确认是距离误差时：若为进站，按压【解锁】键，以不超过 15 km/h 的速度运行，此时要严格注意出站信号机显示和监控距离，防止冒进；若为出站，重新设定对标开车，并注意调整距离误差。

五、担当救援任务

除另有规定外，机车担当救援时：

（1）在进入封锁区间前的站间区段，按规定操作、使用监控装置。

（2）除自闭区段正向进入封锁区间应使 LKJ 处于通常工作状态，运行至规定地点停车后，将 LKJ 转为调车工作状态外，其他情况下进入封锁区间及牵引列车返回车站，须将 LKJ 转入调车工作状态。被救援机车将 LKJ 转入非本务工作状态。

（3）返回车站后，根据调度命令明确的牵引区段，确定监控交路号和车站号，进行参数设定、“开车对标”操作。其中“列车种类（客/货）”“车速等级”、列车编组数据按被救援的列车确定。

注意事项：

（1）重新设定时，“车速等级”根据机车以及被救援机车、车辆构造速度的最低值确定。

（2）安装有防撞土挡装置的机车，在调车工作状态进入电气化区间，为防止地面安装的电力机车过分相磁钢干扰，在越过磁钢时需按住防撞土挡信息切除按钮。

六、列车分部运行

列车需要分部运行时，司机根据调度命令输入分部运行车次、确定运行区段交路号、始发车站车站号等有关资料。

（1）牵引列车前部分列车开往接车站时，机车信号正常开机，按监控模式运行，自闭区段确认接车站进站信号开放后进站。半自闭区段在进站信号机前停车通知车站，得到允许并确认接车站进站信号开放后进站。

（2）须由本务机车进入封锁区间挂取遗留列车时，机车按调车模式进入封锁区间。按规定连挂妥当，正向牵引运行时，本务机车退出调车模式，转入正常监控模式。自闭区段确认接车站进站信号开放后进站。半自闭区段在进站信号机前停车通知车站，得到允许再确认接车站进站信号开放后进站。

七、列车退行

收到调度员（或车站值班员）准许列车退行的命令后，监控装置按调车模式退行，并控制运行速度不得超过 15 km/h，回到后方站退出调车模式恢复列车监控模式。

核对机车显示器窗口“信号机距离”，如数据误差较大时，应重新核对车站代码和距离，修改有关参数重新开车对标。

八、机车非本务运行、附挂

（一）非本务运行

除另有规定外，机车担当非本务牵引或在列车尾部担当补机任务时，应将监控装置设定为非本务工作状态（补机模式）。

（1）停车设定时，“本/补”栏选择“补机”，车次、监控交路号、车站号等参数与本务机一致。始发时在规定地点按【开车】键。

（2）担当本务前，必须停车重新设定参数，“本/补”栏选择“本务”退出非本务工作状态。

（二）附挂

机车有动力附挂，应开启 LKJ 电源并设置为非本务工作状态（补机模式）。无动力、或因 LKJ 设备故障等原因无法开机运行的机车附挂，关闭 LKJ 电源。

注意事项：

（1）进入、退出非本务工作状态，必须在停车时进行。

（2）进入“调车工作状态”时，装置自动退出“非本务工作状态”。

（3）在“调车工作状态”，进入“非本务工作状态”无效。

（4）附挂机车随本务机车调车时（包括出入库），机车换向手柄应与本务机保持一致，否则监控装置会出现“相位防溜”报警。

（5）监控装置在非本务（“补机”）运行模式下运行时，仅实现正常运行模式下的运行记录功能。

（6）附挂机车在中间站担当本务时，必须重新输入参数，退出“补机”模式，恢复监控状态。

（7）监控设备故障或其他原因无法开机运行的附挂机车，监控装置按关机处理。

（8）“补机”模式下进入调车模式时，装置会自动退出“补机”模式。

九、机车信号故障

（一）机车信号故障判断及处理

（1）运行途中出现下列情况之一可视为机车信号故障：

① 机车信号灭灯、多个灯位显示或数个灯位乱跳显示。

② 自动闭塞区段，连续两架区间通过信号机为进行信号，但机车信号显示白灯（单红灯）或红黄灯。

③ 发车进路、出站、线路所通过信号机为进行信号，但机车信号显示白灯、单红灯或红黄灯（固定无码股道除外）。

④ 进站、接车进路信号机为进行信号，机车信号为红黄灯或连续两架不接码（固定无码除外）。

⑤ 机车信号升级显示。

⑥ 机车信号其他异常现象，影响 LKJ 正常工作。

（2）当出现以上现象时，立即停车（避开分相），报告车站值班员、列车调度员，并进行以下检查处理：

① 确认“上下行”开关位置是否正确，并来回切换一次开关位置。

② 机车信号主机设有“试验/运行”开关的机车，确认开关位置在“运行”位。

③ 确认操纵端机车信号机【操纵端】指示灯是否亮。

④ 若列车停在站内，报告车站值班员、列车调度员，发车条件全部具备后，起动列车往前移动 8 ~ 10 m。

⑤ 经以上检查处理后故障现象仍未消除时，进行一次机车信号关机、开机操作（关机后间隔 5 ~ 10 s 开机）。

经应急处置后故障消除，报告车站值班员、列车调度员，恢复运行。

（二）确认机车信号故障后的操作

经应急处置，故障无法消除，若列车停在站内，请求救援；若列车停在区间，报告车站值班员、列车调度员后：

（1）若列车停于自动闭塞区段通过信号机前，将 LKJ 转入随时停车工作状态（20 km/h 限速工作状态）。若列车停在进站信号机、接车进路信号机前，实施 LKJ 引导解锁操作。严格按地面信号机的显示要求操纵列车，并以不超过 20 km/h 的速度运行，到前方站内停车。

（2）在半自闭区间运行至进站信号机前停车，确认地面信号开放后，实施 LKJ 引导解锁操作，以不超过 20 km/h 的速度进站。

注意事项：在 LKJ 数据设置的进站、进出站信号机前，无法转入随时停车工作状态（20 km/h 限速工作状态）。

十、途中 LKJ 故障

（一）故障判断

运行途中 LKJ 出现以下情况之一时，应选择合适位置停车，报告车站值班员、列车调度员。

（1）系统故障，持续发出“呜呜”的报警声。

（2）操纵端显示器无法进行输入、设定等操作或者显示“停滞”“死机”“黑屏”“白屏”。

（3）LKJ 显示器显示速度频繁跳动影响正常控制或者无速度显示。

（4）其他故障导致不能正常监控，或者影响列车正常运行。

注意事项：带有 LKJ 警惕控制功能的监控装置，迅速以不超过 10 s 周期性按压“警惕”，再选择合适位置停车。

（二）故障处理

报告车站值班员、列车调度员的同时进行应急处置。

1. 监控装置显示器故障应急处理

（1）故障现象：显示器出现死机、显示或语音混乱、黑屏、白屏、IC 卡座等故障现象（白屏是指显示器有电，但显示器呈白色且无任何显示；黑屏是指显示器无电；死机指显示器显示的信息静止；显示混乱指显示器显示信息混乱或时有时无；IC 卡座故障指文件无法转储、临时慢行无法写入）。

（2）判断方法：如果显示器【故障】标志灯亮并伴有报警声，为 LKJ 系统故障；否则到非操纵端确认显示器显示正常，为操纵端显示器故障。

（3）应急处理方法：

① 仅单端显示器故障时，瞬间断电 10 ~ 15 s 再开机（内燃机车开关主机电源，电力机车在电源控制柜上“监控装置”自动开关）；仍不能恢复，有条件时 Ⅰ 、Ⅱ端互换显示器；维持运行。

② 双端显示器都故障时，检查并拧紧主机箱各插头，断电 30 s 以上后重新开机，此时 LKJ 进入降级状态，LKJ 恢复正常，输入就近站车站号等参数，重新对标。

2. 监控主机故障应急处理

（1）立即拨打电务“110”电话，开关机操作瞬间断电 10 ~ 15 s，LKJ 如恢复正常，则可继续运行。

（2）按上述处理后如还不能正常工作，在电务“110”指导下，进行 A/B 机主备切换操作，判断是否正常。

（3）如果监控装置持续发出“呜呜呜”的报警声，110 应急人员指挥司机在 3 min 内切断监控装置电源，关机 1 min 后再开机，如恢复正常，在前方站输入参数重新开车对标。

3. 速度信号异常（包括无速度、速度跳变、比实际运行速度高或低）应急处理

（1）运行中显示器报“速度通道故障”或速度显示不正常。人工切换速度通道：按压显示器【设定】键，再按压【4】号键，将光标移动至“确定”，按压【确认】键，人工切换速

度通道。如果恢复正常，为主（备）之一速度通道故障，维持运行。

（2）主备速度均无信号输出（显示器 3 个速度均为 0）时，拨打电务“110”电话，将监控装置主机关机 30 s 后再开机，如果恢复正常，维持运行。

（三）经应急处置后故障消除，报告车站值班员、列车调度员

（1）若 LKJ 未进入降级工作状态，恢复运行，运行时注意调整车位误差。

（2）若 LKJ 已进入降级工作状态，核对 LKJ 设定参数、LKJ 临时数据，开车对标，正确调整距离。

（四）经应急处置，故障无法消除，报告车站值班员、列车调度员

严格按地面信号机的显示要求操纵列车。在自动闭塞区间列车运行速度不超过 20 km/h；在半自闭区间运行至进站信号机前停车，确认地面信号开放后，速度不超过 20 km/h，运行至前方站内停车处理。

任务五　LKJ-2000 型监控装置的基本控制功能

知识目标

（1）监控装置基本控制功能。
（2）降级工作状态下的控制。
（3）出入段工作状态。
（4）非本务工作状态。

技能目标

（1）掌握监控装置基本控制功能。
（2）掌握降级工作状态下的控制。
（3）掌握出入段工作状态。
（4）能够熟练运用 LKJ-2000 型监控装置基本控制模式。

任务五课程思政教学案例

素质目标

（1）培养学生遵章守纪、爱护机车信号车载设备的职业道德。
（2）培养学生学习新技术、新知识的意识。
（3）培养学生勇于创新、开拓进取的意识。
（4）培养学生严谨认真、精益求精的态度，提升学生合作、应用与可持续性发展的能力。
（5）能客观、公正地进行学习效果的自我评价。

知识点学习

一、监控装置基本控制功能

通常情况下，显示器显示的限速值为常用固定模式限速值（常用制动动作值）。当装置发出常用制动指令或暂停常用制动控制时，显示紧急固定模式限速值（紧急制动动作值）。

（一）实施常用制动控制的减压量

（1）监控装置控制模式的安全距离基本值如下：
区间：紧急制动取 70 m；常用制动取 100 m。
站内：紧急制动取 20 m；常用制动取 50 m。
（2）实施常用制动控制的减压量如下：
① 在减速区，机车牵引的旅客列车取 130 kPa。
② 在恒速区，机车牵引的客、货物列车均取 80 kPa。
③ 调车作业实施常用制动控制的减压量取 120 kPa。

（二）固定限速模式控制

监控装置按照线路允许速度（包括线路、道岔、曲线、桥梁、隧道、长期慢行地段、临时慢行地段等各项允许速度和限制速度）、接触网限制速度、机车最高运行速度、车辆最高运行速度、特定限速等各项允许和限制速度的最低者确定固定模式限速值。对于半径 400 m 及以下的曲线地段，按线路允许速度值减 2 确定该曲线地段的允许速度。LKJ 的控制指令输出包括语音提示、解除牵引力、常用制动和紧急制动四种。监控装置按报警、卸载、常用制动、紧急制动四个过程防止列车超速。

1. 通过侧向道岔、临时限速地段

当列车速度达到固定模式限速值时，语音提示报警；当列车速度达到固定模式限速值＋1 km/h 时，解除牵引力（卸载）。

当列车速度达到固定模式限速值+3 km/h 时，实施常用制动控制。

当列车速度达到固定模式限速值+5 km/h 时，实施紧急制动控制。

2. 通过其他地段

当列车速度达到固定模式限速值+2 km/h 时，语音提示报警。
当列车速度达到固定模式限速值+3 km/h 时，解除牵引力。
当列车速度达到固定模式限速值+5 km/h 时，实施常用制动控制。
当列车速度达到固定模式限速值+8 km/h 时，实施紧急制动控制。

3. 控制指令的解除

（1）卸载指令在速度低于常用制动限速值 3 km/h 后自动解除。
（2）常用制动指令的解除：当速度下降到比固定模式限速值低 5 km/h 时，语音提示“允

许缓解”，确认可以缓解列车后，按压【缓解】键，装置解除常用制动指令。

（3）紧急制动之后的解除：列车停车后，紧急制动指令自动解除，同时解除其他控制指令。

（三）减速模式控制

（1）在减速模式下，装置以计算的常用制动和紧急制动限速防止列车在限速地点超速。

① 动作值：

常用计算模式限速值-实际速度值≤5 km/h 时，语音提示。

常用计算模式限速值-实际速度值≤1 km/h 时，输出解除牵引力（卸载）指令。

常用计算模式限速值-实际速度值=0 km/h 时，实施常用制动控制。

紧急计算模式限速值-实际速度值=0 km/h 时，实施紧急制动控制。

② 若列车管减压 50 kPa 及以上，装置自动暂停常用制动的控制，只保留紧急制动控制，直至列车停车或者越过减速模式控制区后恢复常用制动控制。

（2）当列车尾部越过限速地段后，限速恢复为固定模式限速。

（3）控制指令的解除。

① 卸载指令在速度低于常用制动限速值 3 km/h 后自动解除。

② 常用制动指令的解除：速度下降到目标限速以下，语音提示“允许缓解”，确认可以缓解列车后，按压【缓解】键，装置解除常用制动指令。

③ 紧急制动指令的解除：列车停车后，紧急制动指令自动解除，同时解除其他控制指令。

（四）停车模式控制

（1）当机车信号为停车信号（红黄灯，黄灯、双黄灯转白灯，灭灯，多灯，红黄灯转单红灯等），装置以计算的常用制动和紧急制动限速监控列车停车（列车在站内停车控制时只采用计算的紧急制动限速监控列车）。

① 动作值：

常用计算模式限速值-实际速度值≤5 km/h 时，语音提示。

常用计算模式限速值-实际速度值≤1 km/h 时，输出解除牵引力（卸载）指令。

常用计算模式限速值-实际速度值=0 km/h 时，实施常用制动控制。

紧急计算模式限速值-实际速度值=0 km/h 时，实施紧急制动控制。

② 若列车管减压 50 kPa 及以上，则装置自动暂停常用制动的控制，只保留紧急制动控制，直至列车停车后恢复常用制动控制。

（2）控制指令的解除。

① 卸载指令在速度低于常用制动限速值 3 km/h 后自动解除。

② 常用制动指令的解除：列车停车后，装置语音提示“允许缓解”，确认可以缓解列车后，按压【缓解】键，装置解除常用制动指令。

③ 紧急制动指令的解除：列车停车后，紧急制动指令自动解除，同时解除其他控制指令。

注：当机车工况处于电阻制动位时，禁止 LKJ 输出解除牵引力指令。

二、临时性控制参数的输入

（一）LKJ 临时控制参数（司机输入数据）

LKJ 临时控制参数（司机输入的数据）是指由机车乘务员担当具体值乘任务时通过 LKJ 人机界面单元输入 LKJ 设备的参数。LKJ 临时控制参数由司机根据担当牵引列车任务确定，主要内容包括：

（1）LKJ 工作状态；

（2）牵引列车的车次号、车站号、监控交路、列车类型、列车编组信息、司机号及车速等级等；

（3）开车对标；

（4）列车运行中，按照运行需要输入或选择的参数。

（二）参数输入的时机

当 LKJ 无控制指令（卸载、常用、紧急）输出且不处于防溜报警状态，满足下列条件之一时允许进行 LKJ 临时控制参数（区段号、车站号、车种、车次、客/货、本/补、编组信息）输入：

（1）机车信号为停车信号或按停车信号控制且列车处于停车状态；

（2）机车信号为 UU 码且列车速度<45 km/h；

（3）机车信号为其他进行的信号且列车速度<60 km/h；

（4）机车信号为红黄灯（或按照停车信号处理的灭灯、单红灯），手信号引导或特定引导后，列车停车时允许进行参数设定；

（5）机车信号为红黄闪，自动引导后，列车停车时允许进行参数设定；

（6）半自闭区间信号机的红黄灯（或按照停车信号处理的灭灯、单红灯），列车停车时允许进行参数设定。

三、LKJ 对机车信号信息的控制

（1）货运机车单机运行最高限制速度为 80 km/h。

（2）客运机车单机运行最高限制速度为 100 km/h。

四、临时限速控制

1. 控制过程

监控装置通过 IC 卡输入正确的临时限速运行揭示数据（时间、地点、限速值等）后，在限速时段内，列车接近限速地点 4 000 m 时，显示器右上方弹出“揭示信息”窗口，客车距施工点 3 000 m 时语音提示“注意临时限速”，并以减速模式防止列车通过临时限速地点超速，如图 6-25 所示。

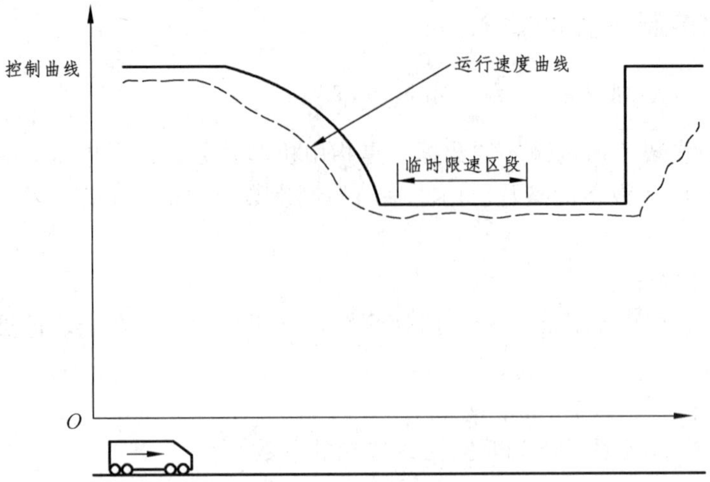

图 6-25 减速模式

2. 临时限速解锁操作

当临时限速解锁条件满足，需要解除当前临时限速控制时，按下列方法操作：

列车接近施工地点，显示器右上角自动弹出“揭示信息”窗口，按压【转储】键，再根据“揭示信息”窗口内需解锁的临时限速序号，按压对应的数字键，弹出调令号输入窗口，输入取消临时限速运行揭示的调度命令号并按压【确认】键后，解除当前临时限速控制。

五、防止冒进信号

（1）当机车信号为停车信号（红黄灯，黄灯、双黄灯转白灯，灭灯，红黄灯转单红灯等）时，装置以前方信号机前附加安全距离处为停车目标，以停车模式防止列车冒进信号。

（2）安全距离。

监控装置控制模式的安全距离基本值如下：

区间：紧急制动取 70 m；常用制动取 100 m。

站内：紧急制动取 20 m；常用制动取 50 m。

六、机车信号突变为白灯的控制

（1）机车信号由 L3、L2、L、LU、U2、U2S、UUS 码变为白灯，变灯分区不控制，允许列车按规定速度越过变灯时前方第一架信号机，列车通过该信号机后，机车信号仍为一个白色灯光，按前方信号机关闭监控列车运行。

（2）机车信号由 LU2、U3、U、UU 码变为白灯，变灯分区起控，即按变灯时前方信号机关闭监控列车运行。

（3）机车信号突变的控制。

① 自动闭塞区段，LKJ 计算列车距前方信号机距离≤50 m 时，机车信号由 U 码突变为 HU 码、白色灯光，或由 UU 码突变 HU 码、白色灯光，LKJ 自动解除对当前信号机的停车控

制，并将计算的剩余距离消除。

② 半自动闭塞区段，LKJ 计算列车距前方信号机距离≤100 m 时，机车信号由 U 码突变为 HU 码、白色灯光，或由 UU 码突变 HU 码、白色灯光，LKJ 输出语音提示指令。司机进行【警惕】操作后，撤除语音提示指令，并解除对当前信号机的停车控制。

七、自动闭塞区间停车信号控制

（1）在自动闭塞区间，前方为通过信号机，机车信号为停车信号时，监控装置按防止列车冒进信号控制。列车停车 2 min 后，监控列车以不超过 20 km/h 的速度运行，越过前方显示停车信号的分区通过信号机。

（2）机车越过该信号机后，继续监控列车以不超过 20 km/h 的速度运行，并根据信号种类的不同按第（3）条或第（4）条控制。

（3）当信号为停车信号时：若前方信号机为通过信号机，则按第（1）条控制；若前方信号机为进站信号机，则按防止冒进信号控制。

（4）当信号不是停车信号时，监控列车以不超过 20 km/h 的速度越过信号机，然后按接收的信号控制。

八、列车管欠压提示

通常监控状态下，当列车速度大于 5 km/h 时，若列车管压力低于定压 100 kPa 以上且持续时间超过 4 min，装置语音提示“欠压运行、欠压运行”，提醒机车乘务员采取措施。乘务员应立即检查总风压力、列车管压力和均衡风缸压力，当列车管压力恢复定压时，装置停止报警。

经检查各风压正常，按【警惕】键可停止语音提示。

九、防动轮弛缓（抱闸运行）提示

（1）机车闸缸压力大于或等于 50 kPa 定义为机车抱闸。机车在监控、调车、补机、降级状态下，防动轮弛缓功能都能起到报警作用。

（2）抱闸动车时，机车处于牵引状态且速度≥1 km/h 报警。

（3）监控状态下，列车运行过程中，对出现列车管压力下降不足 40 kPa 且机车闸缸压力超过 50kPa（机车上闸）的机车，持续时间超过 2 min 后，则 LKJ 输出语音提示指令，语音提示“弛缓、弛缓”，要求乘务员采取措施。

（4）防动轮弛缓报警时，必须先进行缓解操作，确认机车是否报闸。当闸缸压力小于 10 kPa，装置撤除语音提示指令。经检查闸缸压力正常，按【警惕】键可停止语音提示。

十、警惕功能控制

警惕功能控制有“进站确认”和“周期警惕”两项功能。

（一）进站确认

（1）列车运行前方信号机为 LKJ 固定基础数据中设置的进站信号机、进出站信号机，且次一架信号机为出站或进出站信号机时，LKJ 语音提示“请确认信号”两遍。

（2）列车越过进站、进出站信号机前，LKJ 未检测到按压司机操纵端“警惕”按钮（按下的动作，下同），则列车越过信号机后，显示器弹出提示窗口，并从 20 s 开始倒计时，倒计时到 10 s 时伴以“呜呜”的报警声，倒计时到 0 时实施常用控制（报警声持续至制动指令被解除）。在倒计时过程中，检测到下列信息之一时终止本次控制过程：

① 按压司机操纵端警惕按钮开关；

② 列车管减压 50 kPa 及以上（以进入通常监控工作状态时的管压为基准，下同）；

③ 闸缸压力大于等于 50 kPa；

④ 机车工况（零位/非零位）状态变化。

（二）周期报警

（1）LKJ 在通常监控工作状态下，列车速度大于 5 km/h 时，LKJ 启动周期警惕功能；列车速度小于 3 km/h，终止周期警惕功能。

（2）启动周期警惕功能后，开始计时；当检测到下列信息之一时重新开始计时：

① 列车管减压 50 kPa 及以上；

② 闸缸压力大于等于 50 kPa；

③ 机车工况（零位/非零位）状态变化。

若计时达到 120 s，显示器弹出提示窗口，并从 20 s 开始倒计时，倒计时到 10 s 时伴以“呜呜”报警声，倒计时到 0 时实施制动控制（报警声持续至制动指令被解除）。在倒计时过程中，检测到下列信息之一时停止报警，清除提示窗口，启动新的警惕周期：

① 按压司机操纵端警惕按钮开关；

② 列车管减压 50 kPa 及以上；

③ 闸缸压力大于等于 50 kPa；

④ 机车工况（零位/非零位）状态变化。

（三）实施制动控制方式

（1）LKJ 具备常用制动功能的，发出解除牵引力和常用制动指令（减压量 80 kPa）；

（2）LKJ 制动控制指令发出后，须停车后解除。

（四）其他

（1）LKJ 显示器【定标】键可替代警惕按钮；

（2）LKJ 在通常监控工作状态，同时具备进站确认、周期报警两种警惕功能，LKJ 在其他状态（降级、调车等）下，不具备此功能。

（3）因警惕功能使 LKJ 发出制动控制指令后，须停车后解除。

十一、降级工作状态下的控制

（1）在降级工作状态下，机车信号为停车信号，当列车运行速度大于 5 km/h 时，LKJ 输出语音提示指令，监控装置实施周期（4 s）报警，司机须在 7 s 内按键应答，如果司机在 7s 内没有按压【警惕】键进行应答操作，监控装置自动实施紧急制动。控制方式如图 6-26 所示。

（2）原始降级工作状态下，机车信号为白灯，或机车信号由 LU2、U、U3、UU、UUS 码变为白灯，LKJ 均按停车信号处理。

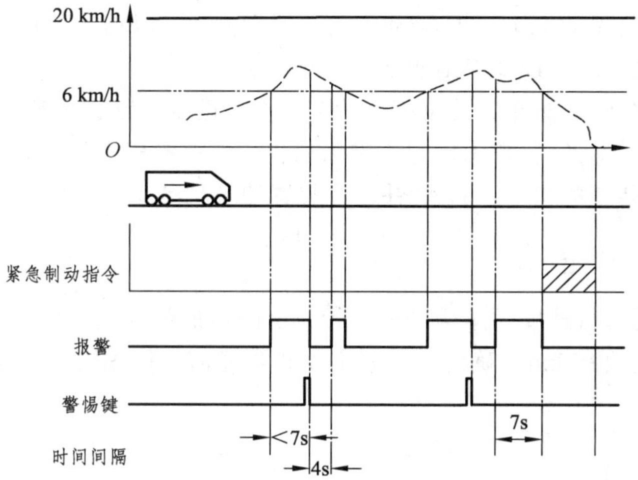

图 6-26　紧急制动控制方式

十二、出入段工作状态

（一）进入和退出条件

1. 进入出入段工作状态条件

（1）列车处于停车状态。

（2）司机先按压【调车】键，使监控装置进入调车状态，再按压【出/入库】键，LKJ 就进入了出入段工作状态。

2. 退出段工作状态条件

（1）列车处于停车状态。

（2）司机按压【出/入库】键，LKJ 就退出了出入段工作状态，转入调车工作状态。

（二）模式限速值的确定

LKJ 在出入段工作状态下，模式限速值按以下要求确定：

（1）按车载资料中设置的出入段限速值（16 km/h）确定固定模式限速值。

（2）按固定模式限速值+1 km/h 确定常用固定模式限速值，按固定模式限速值+4 km/h 确定紧急固定模式限速值。

十三、非本务工作状态

非本务工作状态也称为“补机模式”。

(一)进入和退出条件

(1)满足以下条件之一时，LKJ 进入非本务工作状态：

① 未安装本/补切换装置的机车，处于停车状态，按【设定】键进入参数设定窗口，进入“本补”设定菜单，选择“补机”，按【确定】键后进入“补机模式”。

② 已安装本/补切换装置的机车，将本/补切换装置切换到“补机”位。

(2)满足以下条件之一时，LKJ 退出非本务工作状态：

① 未安装本/补切换装置的机车，处于停车状态，按【设定】键进入参数设定窗口，进入“本补”设定菜单，选择“本务”，按【确定】键后退出“补机模式”。

② 已安装本/补切换装置的机车，将本/补切换装置切换到“本务”位。

(二)模式限速值的确定

(1)LKJ 按机车最高运行速度、车辆最高运行速度的最低值确定固定模式限速值。

(2)按固定模式限速值+5 km/h 确定常用固定模式限速值，按固定模式限速值+8 km/h 确定紧急固定模式限速值。

(三)功能

1. 记录与显示

监控装置在非本务工作状态下，不具备防止冒进信号、防止超速等监控功能，仅保留记录功能，显示屏显示“非本务运行”。

2. 防止“补机打钢轨”

机车监控装置在非本务工作状态下运行时，若列车管压力比定压下降 50 kPa 及以上时，立即实施卸载控制。列车管压恢复后解除卸载指令(双机重联牵引时，在本务机车实施制动时，防止补机加载，磨伤钢轨或者超速)。

十四、20 km/h(随时停车)工作状态

(一)进入

列车在自动闭塞区间，机车处于停车状态，按压显示器的【↑】键 2 s 以上，显示器弹出“非正常行车确认”窗口，将光标移到“转入 20 km/h 限速模式？”选项上，再按压【确认】键(或直接按【4】键)，监控装置转入“20 km/h 限速模式”，显示器显示“20 km/h 限速模式”。LKJ 进入 20 km/h 限速工作状态。

注意：

进站、进路、出站信号机前，均无法转入“20 km/h 限速模式”，显示屏提示“禁止操作”。

（二）功能

进入 20 km/h 限速工作状态后，装置限速值立即为 0。2 min 后，限速 21 km/h。由通常工作状态进入该模式，监控列车以不超过 20 km/h 的速度运行至前方车站的出站信号机（指车载基础数据中未设有线路所标志的出站信号机、进出站信号机）前停车；由降级工作状态进入该模式，监控列车以不超过 20 km/h 的速度运行，由机车乘务员控制运行至前方站停车，如图 6-27 所示。机车信号不再作为控制依据，不进行自动过机距离误差校正。

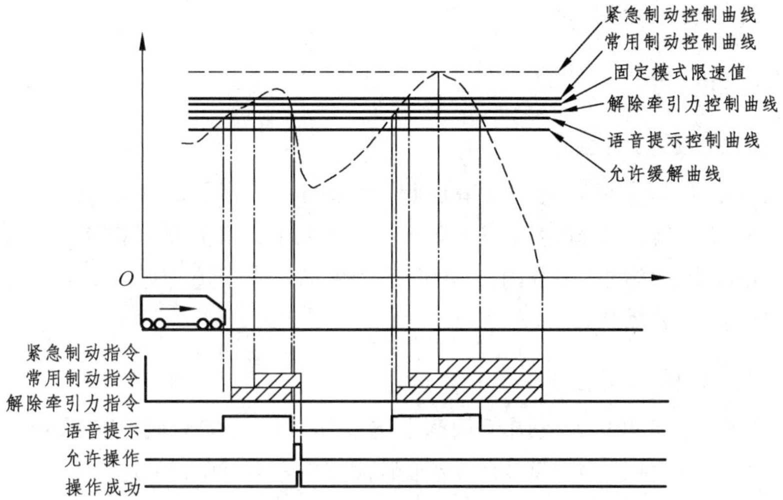

图 6-27　控制模式

注意事项：

进入“20 km/h 限速工作状态”后：

（1）装置不以机车信号作为控制依据；

（2）装置不进行自动距离误差校正；

（3）不能输入侧线股道号；

（4）不能进入调车、降级工作状态；

（5）无各项解锁功能；

（6）无临时限速、区段限速控制和显示；

（7）对于发车进路、出站信号机，按停车模式控制；

（8）无机车信号变化的语音提示。

（三）退出

列车处于站内停车状态；按压显示器的【↑】键 2 s 以上，显示器弹出“模式状态转换”窗口，将光标移到“转出 20 km/h 限速模式”选项上，再按压【确认】键，LKJ 退出“20 km/h 限速模式”进入降级工作状态。

（四）模式限速值的确定

（1）LKJ 按 20 km/h 确定固定模式限速值。

（2）机车按固定模式限速值+1 km/h 确定常用固定模式限速值；按固定模式限速值+4 km/h 确定紧急固定模式限速值。

十五、防溜控制

监控装置在通常监控、降级监控、调车监控状态下具备相位防溜、管压防溜和手柄防溜功能。当监控装置启动防溜控制，进行防溜语音报警时，司机未在规定时间内按规定要求进行应答操作，监控装置实施紧急制动。

（一）管压防溜

1. 列车车次的管压防溜控制

除单机车次外的列车停车后列车管减压量<80 kPa，5 s 后 LKJ 输出“注意管压防溜”语音提示指令，司机按【警惕】键应答或追加减压≥80 kPa 以上时，撤除语音提示指令和管压防溜控制。输出语音提示指令 10 s 内，司机未按键应答或未追加减压，LKJ 输出紧急制动指令，语音提示“管压防溜动作”。

2. 单机车次的管压防溜控制

单机车次（50001 ~ 52998）或调车状态下的管压防溜增加对制动缸的判断：

（1）机车停车后制动缸压力<80 kPa 或列车管减压不足 80 kPa 时，5 s 后 LKJ 输出“注意管压防溜”语音提示指令；

（2）当制动缸压力≥80 kPa 或列车管减压≥80 kPa 及以上，或司机按【警惕】键应答时，撤除语音提示指令和管压防溜控制；

（3）输出语音提示指令 10 s，未满足第（2）条条件时，LKJ 输出紧急制动指令，语音提示“管压防溜动作”。

（二）手柄防溜

根据停车时主手柄状态，手柄防溜可分为零位防溜、非零位防溜。

（1）零位防溜：动车时主手柄处于零位，当速度超过 3 km/h 或者运行距离超过 10 m 时，将启动手柄防溜。

（2）非零防溜：主手柄在非零位停车后，停车期间主手柄一直未发生变化，再次动车时，主手柄仍处于非零位，当速度超过 3 km/h 或者运行距离超过 10 m 时，将启动手柄防溜。

LKJ 启动手柄防溜后，连续输出“注意手柄防溜”语音提示指令，司机按【警惕】键应答或使机车输入，撤除语音提示指令和手柄防溜控制。输出语音提示指令 10 s 内，司机未按键应答或未输入，LKJ 输出紧急制动指令，语音提示“手柄防溜动作”。

（三）相位防溜

机车由停车状态移动，LKJ 通过速度传感器两信道相位判断方向与机车运行方向相反，机车运行速度≥3 km/h 或者移动距离≥10 m，LKJ 连续输出“注意相位防溜”语音提示指令，司机按【警惕】键应答，暂停语音提示指令；当机车走行速度≥10 km/h 时，LKJ 继续输出语音提示指令，司机按键应答，解除语音提示和相位防溜控制。输出语音提示指令 10 s 内，司机未按键应答，LKJ 输出紧急制动指令，语音提示“相位防溜动作”。

注意：防溜控制排风后，必须人工按压【警惕】键后方可进行缓解操作。

十六、速度通道的切换

对于监控装置配套安装两个速度传感器的机车，当其中一个速度传感器发生故障时，可切换使用另一个速度传感器。切换方式有自动和手动两种。

1. 自动切换

机车运行时，若监控装置当前使用的速度传感器速度信息故障，而另一个速度传感器速度信息正常时，装置自动切换。

2. 手动切换

按【设定】键进入“参数设定”窗口，移动光标到“4 主速度”(或“4 备速度”)，按【确认】键（也可直接按数字键【4】)，选择【确定】，切换到另一个速度传感器。

3. 注意事项

（1）在“参数设定”窗口中，显示“4 主速度”表示当前使用的是主速度传感器，显示“4 备速度”表示当前使用的是备用速度传感器。

（2）执行过手动切换后自动切换无效。只有在监控装置关机 30 s 以上再开机的情况下，才恢复自动切换功能。

十七、LKJ 各种工作状态间转换

LKJ 各种工作状态的转换如表 6-1 所示。

表 6-1　各种工作状态转换表

	降级	通常	调车	出入段	非本务	20 km/h 限速
降级		人工	人工	人工	人工	人工
通常	人工或 LKJ 无法定位		人工	人工	人工	人工
调车	人工	—		人工	—	—
出入段	人工	—	人工		—	—
非本务	人工	—	人工	人工		—
20 km/h 限速	人工	—	—	—	—	

进入与其他 ATP 结合状态，由其他 ATP 控制；从其他 ATP 结合状态退出后，LKJ 返回原工作状态。

任务六　LKJ-2000 型监控装置操作训练

LKJ-2000 型监控装置操作训练实训项目工作活页见表 6-2。

表 6-2　LKJ-2000 型监控装置操作训练实训项目工作活页

<table>
<tr><td>实训项目</td><td colspan="4">LKJ-2000 型监控装置操作训练</td></tr>
<tr><td>学　　时</td><td colspan="2"></td><td>实训对象</td><td></td></tr>
<tr><td>指导教师</td><td colspan="2"></td><td>教学时间</td><td></td></tr>
<tr><td>实训场所</td><td colspan="4">铁道机车行车安全装备实训室</td></tr>
<tr><td>工具设备</td><td colspan="4">LKJ-2000 型监控装置模拟器、机车驾驶实训台、多媒体设备、多媒体课件资源</td></tr>
<tr><td rowspan="3">教学目标</td><td>专业能力</td><td colspan="3">（1）熟悉 LKJ-2000 型监控装置基本操作；
（2）掌握 LKJ-2000 型监控装置的行车闭塞法非正常操作；
（3）掌握 LKJ-2000 型监控装置信号无码及特殊发码操作；
（4）掌握 LKJ-2000 型监控装置特殊情况下操作；
（5）能够熟练运用 LKJ-2000 型监控装置</td></tr>
<tr><td>方法能力</td><td colspan="3">（1）能综合运用专业知识，通过利用专业书籍、多媒体课件和图片资料获得帮助信息；
（2）能根据实训项目学习任务确定实训方案，从中学会表达及展示活动过程和成果</td></tr>
<tr><td>素质能力</td><td colspan="3">（1）能在实习训练活动中保持积极向上的学习态度和社会能力；
（2）能与小组成员和教师就学习中的问题进行交流和沟通；
（3）能与他人共享学习资源，具有较好的合作能力和团队协作精神</td></tr>
<tr><td>教学活动</td><td colspan="4">以 5～7 人小组为单位开展实训活动</td></tr>
<tr><td rowspan="2">教学评价</td><td>学生评价</td><td colspan="3">（1）根据本组同学在实训过程中的能力表现及结果进行自评和组内互评；
（2）根据其他小组同学在成果展示活动中的表现及结果进行互评</td></tr>
<tr><td>教师评价</td><td colspan="3">（1）教师组织学生开展评价活动和总结；
（2）对学生本实训项目单元成绩做出综合评价</td></tr>
</table>

项目六 LKJ-2000 型监控装置非正常行车操作习题

一、填空题

1. 运输基础设备、设施技术数据变化或_____变化引起 LKJ 基础数据变化，需对 LKJ 车载基础数据文件做变更工作以及 LKJ 车载控制文件版本的升级工作，简称 LKJ 数据换装。

2. 在机车出库前应对 LKJ 系统设备进行检测，经过检查试验、_______________，签发合格证。

3. LKJ 系统采用双机冗余的工作方式，采用的主处理器是 MC68332，单元内部不带 CPU 的模块之间采用______与监控主机模块连接，带 CPU 的模块之间采用 CAN 总线连接。

4. 运行途中，机车距越过地面信号机时 LKJ 显示距离值仍有余量，经过一段距离后才到零值，这种过机误差称为___________。

5. LKJ 机车司机警惕功能包括___________和周期警惕两项子功能。

6. 列车在改用电话闭塞法行车的区间，对客运列车，监控装置按_______________监控列车运行；对货运列车，按实际线路限制速度的 100%监控列车运行。

7. LKJ 根据不同工作条件或需求分为通常工作状态、调车工作状态、非本务工作状态、_________、降级工作状态和与其他 ATP 结合工作状态等多种控制状态。

8. LKJ 是中国列车运行控制系统体系的组成部分，是用于防止___________、运行超速事故和辅助机车司机提高操纵能力的重要行车设备。

9. 机车司机使用 LKJ 系统前须经过_____________________的培训并考试合格后方可担当机车、动车组值乘任务。

10. 铁路局每半年应组织一次对 LKJ 系统工作的___________。

11. 铁路局应建立日常 LKJ 运行情况统计报告和___________，定期分析通报 LKJ 系统使用及管理情况，及时解决日常工作中存在的问题。

12. LKJ 系统设备实行___________管理，必须使用国铁集团批准的型号。

13. LKJ 专用检修测试设备实行_______，定期检验由铁路局专业计量检验机构负责实施。

14. 违反国铁集团 LKJ 数据管理规定的，按发生___________追究。

15. LKJ 系统设备应按___________逐台设立技术履历簿。

16. LKJ 基础数据是指纳入铁路局_______________中的线路、信号、接触网、站场等设备、设施基础线路数据。

17. LKJ 基础数据源文件是通过专用软件编辑 LKJ 基础数据形成的，用于编译生成 LKJ 车载基础数据文件的___________。

18.《列车运行图技术资料》的“LKJ 基础数据”章节须同时具备_______________。

19. 铁路局总工程师室______应组织进行一次对《列车运行图技术资料》“LKJ 基础数据”章节修改内容和标注的核对、整理，并以文件发布。

20. LKJ 基础数据源文件的编制与核对工作应由______完成。

21. 设置__________期间，铁路局电务处、机务处和运输处的主管人员应到铁路局调度台协调指挥。

22. 每次 LKJ 数据换装从开始至全部换装结束，铁路局应制定相应行车安全保障措施确保行车安全，在此期间须暂停安排______的其他施工项目。

23. 对完成数据换装的 LKJ，须在屏幕显示器上逐台粘贴标识，标识内容须包括换装日期、__________。

24. LKJ 数据换装实施铁路局确保换装的 LKJ 车载基础数据文件，须与运输设备、设施和行车组织数据变化__________的要求一致。

25. 对于每次跨局换装工作，机车、动车组配属机务段、动车基地、车辆段（动车所）的对口电务段须__________。

26. LKJ 数据文件电子文档应通过__________或规定的专门网络发送。

27. 在 LKJ 数据文件交接表中对交付的各数据文件须标明版本号并__________，提交方应同时在交接表中附有数据变更的必要说明。

28. 运行揭示调度命令实行______________制度。

29. 在一定时间和管理范围内，LKJ 运行记录数据转储成功文件数与应转储文件总数之比定义为______________。

30. 当机车工况处于电阻制动位时，禁止 LKJ 输出__________指令。

31. 使用电烙铁时，电烙铁外壳必须接地，或者使用气烙铁，以避免由于__________造成集成块的损坏。

32. LKJ 与平面灯显配合使用进行调车作业时，在运行中接收到“十车”信号以后，列车走行 50 m 后，限速变为______km/h。

33. 不具备常用制动功能的列车在恒速区，LKJ 屏幕显示器限速窗口显示值和限速曲线为__________。

34. 对于侧向道岔和临时施工慢行引起的列车限速，特殊规定为：按固定模式限速值 +3 km/h 确定常用固定模式限速值，按固定模式限速值______确定紧急固定模式限速值。

35. LKJ 与平面灯显配合使用进行调车作业时，在运行中接收到“五车”信号以后，列车走行 20 m 后，限速变为______km/h。

36. 可根据铁路局要求，运行中列车管减压量不足 40 kPa 且闸缸压力__________的机车，2 min 后 LKJ 输出语音提示指令“注意迟缓”，司机按压【警惕】键或闸缸压力＜10 kPa，撤除语音提示指令。

37. LKJ 在通常监控工作状态，列车在运行途中，速度__________时，LKJ 启动周期报警功能；列车速度小于 3 km/h，终止周期报警功能。

38. 司机未移动手柄使机车加载由停车状态移动速度≥3 km/h 或者移动距离__________时，LKJ 输出语音提示指令，司机按压【警惕】键或使机车加载，撤除语音提示指令和手柄防溜控制。

39. 在降级工作状态下，机车信号为停车信号，当列车运行速度大于 5 km/h 时，LKJ 输出周期报警指令，司机须在 7 s 内按压______键应答。

40.《技规》338 条规定：进站及接车进路色灯信号机的引导信号显示一个红色灯光及一

个月白色灯光——准许列车在该信号机前方不停车，以不超过＿＿＿＿＿＿的速度进站或通过接车进路，并需准备随时停车。

二、判断题

1. 在进站信号机外方，若地面信号显示绿灯，但机车信号显示白灯，可连续按压三次“解锁”键，将 LKJ 限速恢复到线路允许速度。(　　)

2. 在四显示自动闭塞区段两个绿色灯光表示准许列车由车站出发，开往自动闭塞区间。(　　)

3. LKJ 装置上电自检后，显示器进入主界面显示状态，在此状态下，只有在操作端操作均有效，其标志为：显示屏操作权显示窗口显示为“有权”。(　　)

4. LKJ 屏幕显示器的显示界面能显示列车最近走过的不少于 2 km 以内的运行速度值轨迹曲线。(　　)

5. 同一条数据交路同一方向的车站号不得重复。(　　)

6. 禁止使用表面有明显凸起的芯片。(　　)

7. LKJ 因防溜控制原因输出紧急制动指令后，机车停车后需司机按规定方法操作方可撤除紧急制动指令。(　　)

8. 车号识别系统车载设备主要包括机车标签、写入单元、通信记录单元。(　　)

9. 调车机车进入具备平面灯显设备的车站时，司机应将“平面调车接口盒”上的开关置于“1”位，此时机车信号不能使用。(　　)

10. 在正确输入各项参数后，虽然调车状态下“开车灯”不能点亮。但此时按压【开车】键也可以开车对标，只是距离不准。(　　)

11. 当 LKJ 的机车工况显示不正确时，可更换数字量输入/输出插件进行处理。(　　)

12. LKJ 控制曲线是一条固定的曲线。(　　)

13. 某一车站存在“正进侧出”股道且其各股道出站道岔限速不一致，为保证该站侧线开车对标后按最低出站道岔控制，车站信息中的道岔限速应按本站最低道岔填写。(　　)

14. LKJ-2000 型数据源文件中开车对标距离不为零的车站，表示开车对标的地点距次一架信号机的距离与分区距离一致。(　　)

15. 在编制 LKJ 数据源文件过程中，当“坐标突变”点越过信号机距离为零时，可以用信号机坐标代替“坐标突变”。(　　)

16. LKJ 在通常工作状态下，显示屏显示的坡度值与地面坡度标的坡度值完全相同。(　　)

17. LKJ 在通常工作状态下，显示屏能显示工务线路纵断面的曲线、桥梁、隧道、道口、坡度、涵洞信息。(　　)

18. “交路转移”只能在不同的监控数据交路间进行数据跳转。(　　)

19. 在通过信号机、进站信号机、出站信号机前，机车信号为红黄灯时，均可进行“解锁操作”。(　　)

20. 临时改路票行车时，可在不停车的情况下进行监控装置的路票行车操作。(　　)

21. 编制 LKJ 基础数据时，工务行别为上行线的数据必须放置在监控交路的上行数据中。(　　)

22. “支线转移”数据可在不同的监控数据交路间进行数据跳转。(　　)

23. 临时改路票行车时，可在不停车的情况下进行监控装置的路票行车操作。（ ）

24. 编制 LKJ 基础数据时，工务行别为下行线的数据必须放置在监控交路的下行数据中。（ ）

25. 侧线操作时，如果输入错误，在本架信号机距离没有结束的情况下，不可以再次按压【进路号】键，重新输入正确的侧线股道号。（ ）

26. 有计划地改路票行车时，可在不停车的情况下进行监控装置的路票行车操作。（ ）

27. 在通过信号机、进站信号机、出站信号机前，机车信号为红灯时，均可进行“解锁操作”。（ ）

28. LKJ 的防溜控制有：① 相位防溜；② 保压防溜；③ 手闸防溜。（ ）

29. LKJ 屏幕显示器键盘检测步骤：① 按压显示器【查询】+9 键进入库测试选项；② 选择“键盘检测”，轻触各按键后颜色发生变化；③ 最后按压【确认】键。（ ）

30. LKJ 基础数据源文件是通过基础数据编制软件编辑 LKJ 基础数据形成的，用于编译生成 LKJ 车载基础数据文件的区域数据集合。（ ）

31. 临时使用电话闭塞法行车，须在站内停车状态下方可将 LKJ 进行“路票”模式。（ ）

32. LKJ 监控装置应防止列车超过线路（或道岔）允许速度以及机车、车辆允许的构造速度中的最高值。（ ）

33. LKJ 的地面信息处理插件对机车地面感应器信号采用模拟电路进行滤波。（ ）

三、选择题

1. 监控记录插件具备隔离型同步通信接口，供工作主机与热备主机之间交换数据，同步通信速率为（ ）。

A. 0.5 Mb/s　B. 1 Mb/s　C. 2 Mb/s　D. 4 Mb/s

2. 通信插件的串行通道采用（ ）隔离方式。

A. 电气　B. 光电　C. 隔离放大器　D. 变压器

3. 机车电子标签安装在机车纵向中心线（ ）的位置上。

A. ±10 mm　B. ±30 mm　C. ±50 mm　D. ±100 mm

4. 为保证多台机车相联时，安装在两台机车上的标签不产生相互干扰，要求标签安装位置距离车钩的距离应大于（ ）m。

A. 1　B. 1.2　C. 1.5　D. 2

5. LKJ 监控主机的绝缘节检测误差范围为（ ）。

A. 10 m　B. 50 m　C. 100 m　D. 150 m

6. 容量为 2 MB 的 IC 卡可存储运行揭示条数最多为（ ）条。

A. 111　B. 223　C. 256　D. 333

7. IC 卡与卡座之间的接触方式采用（ ）方式。

A. 八引脚　B. 十六引脚　C. 三十二引脚　D. 六十四引脚

8. LAIS 车载设备安装在车顶的天线，相互之间的距离不小于（ ）m。

A. 1　B. 1.2　C. 1.5　D. 2

9. 在 LKJ 上电前拔出两块监控记录插件模拟系统故障现象，装置应能发出声光报警，报警持续（ ）后仍不关断装置电源，则装置输出紧急制动指令。

A. 1 min　　B. 2 min　　C. 3min　　D. 5 min

10. 使用 500 V 兆欧表测量控制电路地与外接 50 V 和 110 V 的连接器芯子间绝缘电阻，应不小于（　　）。

A. 0.5 MΩ　　B. 1 MΩ　　C. 2 MΩ　　D. 5 MΩ

11. 机车运行在自闭区段，在距前方信号机距离大于（　　）时，信号变为停车信号，LKJ 按防止冒进信号控制。

A. 25 m　　B. 50 m　　C. 100 m　　D. 200 m

12. 数字量输入插件加电前用数字万用表测量 VCC 对 GND 阻值应大于（　　）。

A. 0.5 MΩ　　B. 1 MΩ　　C. 2 MΩ　　D. 5 MΩ

13. 压力传感器信号输入通道采用（　　）隔离方式。

A. 电气　　B. 光电　　C. 隔离放大器　　D. 变压器

14. LKJ 测试仪器的检定周期一般不超过（　　）。

A. 1 年　　B. 2 年　　C. 3 年　　D. 5 年

15. 如遇 LKJ 系统大修未能与机车（动车组）大修同步进行的，允许将 LKJ 系统的设备与机车、动车组本体相关 LKJ 基础设施分开大修，但设备的大修年限原则上不得超过（　　）。

A. 1 年　　B. 2 年　　C. 4 年　　D. 5 年

16. 接收方在接收到交付方数据后，确认接收数据的字节数、校核密码并填写《LKJ 数据文件交接表》，于（　　）小时内将该表传送回交付方。

A. 12　　B. 24　　C. 48　　D. 72

17. 机务、电务处应加强 LKJ 系统工作的领导，（　　）召开一次由运输、机务、电务、工务、总工室、安监室、铁通公司等相关部门参加的工作协调会。

A. 每月　　B. 每季度　　C. 每半年　　D. 每年

18. 数据交路主线车站名称须使用规定的标准名称，最多为（　　）个字符。

A. 8　　B. 10　　C. 16　　D. 20

19. 在 LKJ 数据变更生效时刻（　　）小时之前，铁路局调度所须依据换装电报发布相应运行揭示调度命令。

A. 12　　B. 24　　C. 48　　D. 72

20. 电务、机务段对 LKJ 的直接运行记录数据及其格式处理文件须建立数据库保存，须使用安全、可靠的存储设备进行存储，保存时间不得少于（　　）。

A. 3 个月　　B. 6 个月　　C. 12 个月　　D. 24 个月

21. 大修、中修机车返段后，机务段及时书面通知电务段车载设备车间、铁通公司检修工区，车载设备车间、铁通公司检修工区自接到通知后（　　）小时内恢复装车。

A. 12　　B. 24　　C. 48　　D. 72

22. LKJ 车载基础数据存储器容量可扩充至（　　）。

A. 1 MB　　B. 2 MB　　C. 4 MB　　D. 8 MB

23. 机车信号接收线圈安装架、安装架螺栓、调整架和列车运行 LKJ、无线列调安装架由（　　）负责管理。

A. 机务部门　　B. 电务部门　　C. 车辆部门　　D. 通信部门

24. 列车运行监控装置（LKJ）、TAX 箱、机车信号、机车无线列调等车载设备安装时，（　　）负责车体电焊、气焊、开孔等配合工作。

A. 机务部门　　B. 电务部门　　C. 车辆部门　　D. 通信部门

25. 参加 LKJ 数据实验室模拟检验、复核及运行试验的电务人员必须实行（　　），互相确认。

A. 单人作业　　B. 双人作业　　C. 三人作业　　D. 群体作业

26. 电力机车、机车制动部位挂有（　　）或防护信号灯时，测试人员不得进行试验。

A. 禁动牌　　B. 禁动灯　　C. 警示灯　　D. 红旗

27. LKJ 屏幕显示器与监控主机采用（　　）通信标准。

A. CAN　　B. 串口　　C. 以太网口　　D. 并口

28. LKJ 监控主机采用（　　）冗余工作方式。

A. 双套冷备　　B. 双套热备　　C. 三取二容错　　D. 二乘二取二

29. LKJ 的监控记录插件上的 RS232 通信芯片损坏可造成（　　）后果。

A. 用转储器转不出文件　　B. 不能生成文件

C. 缺文件　　D. 用 IC 卡转不出文件

30. LKJ 的监控记录插件上电后面板指示灯（　　），然后对外部芯片逐一检查。

A. 全亮后全灭　　B. 全灭　　C. 全亮　　D. 不一定

31. 速度传感器使用的电源是由（　　）供给的。

A. 电源板　　B. 显示器　　C. 蓄电池　　D. 主机板

32. 压力传感器的供电电压是（　　）。

A. 24 V　　B. 15 V　　C. 110 V　　D. 12 V

33. TAX 装置使用的电源电压是（　　）。

A. 220 V　　B. 110 V　　C. 15 V　　D. 12 V

34. LKJ 中负责自动校正距离的插件是（　　）。

A. 信号调整　　B. 数字量输入/输出　　C. 地面信息处理　　D. 数字量输入

35. 检测人员所使用的转储器需要外加（　　）电源电压，才能保证其可靠工作。

A. 直流 12 V　　B. 交流 12 V　　C. 直流 24 V　　D. 直流 15 V

36. LKJ 中由（　　）插件进行压力信号的处理工作。

A. 模拟量输入/输出　　B. 数字量输入/输出

C. 绝缘节　　D. 数字量输入

37. LKJ 排风试验时不排风可能与（　　）有关。

A. 压力传感器　　B. 电磁阀　　C. 速度电机　　D. 模拟量输入插件

38. LKJ 监控主机电源关闭（　　）以上不能保留关机前的工作状态。

A. 30 s　　B. 7 s　　C. 4 s　　D. 20 s

39. 二通道速度传感器相位差范围是（　　）。

A. 90º±45º　　B. 90º±30º　　C. 90º±15º　　D. 180º

40. LKJ 无文件可能是（　　）故障。

A. 监控记录插件　　B. 模拟量输入/输出插件

C. 数字量输入/输出插件　　D. 通信插件

41. 停车状态下制动管压力变化幅度达（　　）kPa，LKJ-2000 型监控装置产生管压变化的记录。

A. 10　　B. 20　　C. 30　　D. 40

42. 列车运行速度变化幅度达（　　）km/h，LKJ-2000 型监控装置产生速度变化的记录。

A. 1　　B. 2　　C. 3　　D. 4

43. 列车运行中，LKJ 计算限制速度变化幅度达（　　）km/h，产生限速变化的记录。

A. 1　　B. 2　　C. 3　　D. 4

44. 当机车信号由白灯变为双半黄色灯光时，LKJ-2000 型监控装置产生（　　）记录。

A. 机车信号变化　　B. 双黄灯侧线停车

C. 双黄灯侧线进站　　D. 双黄灯减速

45. 调车工作状态下机车由停车开始移动 LKJ 语音提示（　　）。

A. 色灯提示　　B. 请注意调车信号

C. 请注意按开车键　　D. 红灯停车

46. 下列哪种情况符合进入 20 km/h 限速工作状态？（　　）。

A. 自闭区段站内　　B. 半自闭区段进站分区

C. 半自闭区段预告分区　　D. 自闭区段通过信号机前

47. 缸闸压力的显示值应与机车相应压力表指示值一致，允许误差（　　）。

A. ±10 kPa　　B. ±30 kPa　　C. ±20 kPa　　D. ±5 kPa

48. LKJ 距离误差时，人工进行距离调整的方法正确的是（　　）

A. 按压【车位】+【开车】键　　B. 按压【向后】键

C. 按压【向前】键　　D. 按压【自动校正】键

49. 特定引导解锁后，LKJ 监控列车以不超过（　　）的速度通过该信号机。

A. 30 km/h　　B. 21 km/h　　C. 60 km/h　　D. 45 km/h

50. 下列什么状态下常用制动无效？（　　）

A. 进站信号机前停车模式下

B. 出站信号机前停车模式下，运行至减速限速区

C. 通过信号机前停车模式下

D. 没有规定

四、简答题

1. LKJ 的工作状态有哪些？

2.《列车运行监控装置（LKJ）运用维护规则》中对 LKJ 是如何定义的？

3. 什么是安全电压？我国规定的安全电压是多少？

4. 简述 LKJ“系统故障”的工作原理。

5. 什么是 LKJ 的过机误差？分别为哪几类？

6. LKJ 的地面信息处理插件的主要功能是什么？

7. LKJ 的数字量输入板各指示灯所表示的含义是什么？

8. LKJ 通过什么途径采集速度信号信息？

9. LKJ 主要采集哪几路信息？分别通过哪些途径得到？
10. LKJ 监控主机的 CAN 总线故障时，应如何处理？
11. LKJ 的主要监控依据是什么？
12. LKJ 基础数据源文件中主要包含哪些基本信息数据？
13. 简述 LKJ 的基本技术要求。
14. 简述 LKJ 的过压抑制板的组成和主要功能。
15. 简述 LKJ 是如何对 A、B 机进行识别的。
16. 挂接在 LKJ 系统 CAN 总线上的模块有哪些？
17. 简述机车工况信号输入通道自检电路的作用。
18. 简述 LKJ 的电源插件面板指示灯含义。

项目七 LKJ 典型事故案例

项目描述

随着铁路运输向着高速度、高密度和重载方向的发展，目前在我国各条铁路线上运行的各型机车及动车组均安装了列车运行监控记录装置。列车运行监控记录装置是中国铁路列车运行控制系统体系的组成部分，是用于防止列车冒进信号、运行超速事故和辅助机车司机（含动车组司机）提高操纵能力的重要行车设备。列车运行监控记录装置具有监控、记录、显示和报警等功能，是机车、动车组设备的组成部分。

本项目首先是对各个典型事故案例的概况进行介绍，然后向同学们剖析案例发生的全部过程，继而分析事故发生的原因，并总结事故的经验教训，在总结经验教训的基础上得出避免此项事故再次发生的注意事项以及相关要求。以此，让广大从业者吸取教训，切实提高机车乘务员作业水平；督促相关部门落实主体责任，平时要有效进行风险排查，加强检查督导，切实履行岗位职责；同时也告诫同学们铁路安全无小事，在学校学习的过程当中应树立起“一切按规章操作”的严谨学风及工作作风。

本项目任务：

任务一　某客场错输始发车站号造成 LKJ 不控

任务二　某场开车错输车次行别

任务三　调车作业完毕未将调车灯显恢复监控位

任务四　机车乘务员接班未输入运行揭示造成特定行车不控

任务五　机车乘务员某站错输侧线股道号导致 LKJ 发生紧急制动

任务六　机车乘务员漏输支线号后处置不当造成 LKJ 不控

任务七　机车乘务员晚输支线号造成 LKJ 紧急制动

任务八　机车乘务员错输始发车站号

任务一　某客场错输始发车站号造成 LKJ 不控

一、问题概况

某年某月某日，司机×××、××机班，值乘××型×××号机车，开行×××××次，××时××分在某客场输入始发数据时，将某客场的始发车站代码 119 错输为某上行场的始发车站代码118，某时某分在某客场开车后该机班未采取补救措施，某时某分运行至某北站内3道停车，LKJ显示距离某北预告信号机（信号机编号6058）255 m，造成LKJ不控。

二、分析情况

通过三合一分析，还原该机班作业过程如下：

某时某分，该机班在某上行场接班，LKJ直接转换为调车模式，未在LKJ中输入本机班的司机代号及IC卡信息。

某时某分，附挂第二位开始转线。

某时某分，到达某客场。

某时某分，司机退出调车模式，输入本机班的司机代号及IC卡信息，副司机在一旁，未复核确认。

某时某分，恢复本务状态后值乘机班开始转线。

某时某分，单机转线至某客场7道，其间二人均为手比呼唤调车信号。

某时某分，车站联控司机开行车次为×××××次。

某时某分，车站开放出站信号，机车信号显示黄灯，司机与车站联控。

某时某分，司机输入LKJ始发数据，将车次输入为51603次，随乘司机在司机左后方站立。

某时某分，司机发现输入的车次行别与实际列车行别不一致，重新输入LKJ始发数据，输入车次为52520次，将某客场始发车站号119输入为某上行场始发车站号118，随乘司机站在司机左侧，二人均未手比，未手持机车乘务员安全风险提示卡，在司机输入完数据后，随乘司机未进行复核。

某时某分，机车信号绿灯，司机就地对标后输入支线号5。

某时某分，机车信号绿灯，运行速度1 km/h，列车在某客场开车，二人均未手比呼唤。

某时某分，司机发现LKJ显示与实际地面显示不一致，使用自动校正键校正监控距离255 m。

某时某分，机车信号红黄灯，运行速度0 km/h，列车在某北站内3道停车，LKJ显示距离某北站预告信号机（信号机6346）275 m。

由三合一分析可以看出，该机班在某上行场接班后，未执行接班的作业标准；在调车转线中，未执行调车信号呼唤手比的作业标准；在输入始发数据时，未执行防错漏输作业标准；在某客场开车后，未执行呼唤应答的作业标准。从该机班作业过程分析，该机班作业标准严重流失，最终造成问题发生。

三、原因和教训

（1）该机班乘务员严重违反《列车运行监控装置（LKJ）运用维护管理办法》，机车司机需通过LKJ人机界面单元输入LKJ参数时，必须严格按照“一人输入、一人确认”的作业标准规定。

（2）作业标准严重流失。一是该机班某时某分在某上行场接班，在得到车站通知附挂转线后，未及时输入本机班的司机代号及 IC 卡信息，一直使用所接机班乘务员的司机代号附挂调车作业运行至某下行场，直至某时某分到达某下行场后才输入本机班的司机代号和 IC 卡信息。二是始发开车前，输入 LKJ 监控数据时，司机二人未认真检查核对《安全风险提示卡》内容，利用“假呼唤、假手比、假确认”的方式，应对行车安保设备机车视频及录音笔的检索分析。

（3）行车安全意识弱化。一是某某联络线开通初期，某某运用车间安排人员在某客场至某北，某北至×××间趟趟添乘带道，现在要求机车乘务员遇到至某北的交路必须给指导司机打电话，该机班认为原来走过该交路，便未给指导司机打电话，咨询相关操作。二是单机转线到达某客场，因出站信号开放，车站催促开车，该机班乘务员急于开车，忙中出错，首次输入 LKJ 参数时，错输列车上下行车次，在发现错输车次后，重新修改 LKJ 参数过程中再次错输某客场车站号。

（4）应急处置能力差。某客场开车后，该机班发现 LKJ 显示距离与实际距离不相符，未及时查明原因，采取相应的措施，仍继续运行，造成 LKJ 不控。

四、相关要求

（1）各车间要将上述典型严重违章违纪案例传达到每一名干部职工，深刻吸取教训，结合当前工作实际，加强宣传和教育机车乘务员在值乘作业过程中严格执行作业标准，进一步强化现场作业安全控制，确保行车工作安全稳定。

（2）各车间要进一步深入分析管理方面存在的问题，深刻吸取教训，举一反三，制定具体的整改措施，强化现场作业盯控，加强对关键岗位、关键人员、关键时段的盯控力度，确保现场作业安全，坚决防止同类问题再次发生。

（3）各车间管理人员对现场发现的职工“两违”问题，要硬起手腕抓管理，敢于直面矛盾，敢于指出和纠正错误，严格分析、严肃处理，决不姑息迁就，促使职工养成良好的作业习惯。

（4）结合实际，统筹规范。各运用车间要高度重视“三合一”检索分析，充分树立安保设备保安全意识，找准安全隐患及死角，细化“三合一”检索分析制度，合理制定检索分析项点，明确各级管理人员“三合一”检索分析量化要求。

任务二 某场开车错输车次行别

一、问题概况

某年某月某日，司机×××、×××机班，值乘××型×××号机车，担当某站小运转牵引任务。××时××分某场输入始发数据时，值乘司机×××错输始发列车车次行别，将“8867”次输入为“8678”次，开车后随乘司机发现 LKJ 数据显示径路与实际列车走行径路不符，提醒司机后司机未采取补救措施，某时某分运行某站内×道停车后重新降级修改 LKJ 数据，造成某场间 LKJ 不控。

二、分析情况

（1）某时某分某秒，机车乘务员输入列车始发信息：车次 8678、交路号 3、车站号 674 及列车编组信息。

（2）某时某分某秒，机车信号双黄灯，牵引手柄非前牵位，运行速度 2 km/h，LKJ 窗口限速 80 km/h，列车在某场开车。

（3）某时某分某秒，机车信号白灯，牵引手柄非前牵位，运行速度 10 km/h，LKJ 窗口限速 80 km/h，机车乘务员按压 LKJ 上 7 号键对标，列车车次由 8867 跳转为 8678，车站由某场（746）跳转为 BW（647），信号机由出站 15 跳转为进出站 12689，LKJ 显示距离前方信号机距离 4 285 m。

（4）某时某分某秒，机车信号由白灯变为双黄灯，牵引手柄非前牵位，列车运行速度 11 km/h，LKJ 窗口限速 33 km/h，LKJ 显示距离前方信号机距离 3 589 m，列车运行至某站机外。

（5）某时某分某秒，机车信号由双黄灯变为白灯，牵引手柄零前牵位，运行速度 10 km/h，LKJ 窗口限速 80 km/h，LKJ 显示距离前方信号机距离 2 458 m，机车越过某站进站信号机。

（6）某时某分某秒，机车信号白灯，牵引手柄非前牵位，运行速度 14 km/h，LKJ 窗口限速 85 km/h，LKJ 显示距离前方信号机 2 252 m，机车乘务员输入侧线股道号 7 无效。

（7）某时某分某秒，机车信号由白灯变为红黄灯，牵引手柄非前牵位，运行速度 16 km/h，LKJ 窗口限速 85 km/h，LKJ 显示距离前方信号机 2 114 m，机车进入某站 7 道。

（8）某时某分某秒，机车信号红黄灯，运行速度 0 km/h，LKJ 窗口限速 80 km/h，LKJ 显示距离前方信号机 1 530 m，列车在某站 7 道全列过标停车。

（9）某时某分某秒，机车信号红黄灯，运行速度 0 km/h，机车乘务员在某站内重新输入××站始发 LKJ 数据。

由 LKJ 数据分析可见，机车乘务员在某场错输列车始发车次行别，某场开车至某间，未采取补救措施，任由列车在 LKJ 不控的情况下运行。

三、原因和教训

（1）机车乘务员防错漏输措施执行不到位。一是机车乘务员在某场挂车后，根据到达乘务员留在车列上的编组（车次为 8678）机械化地输入 LKJ 始发数据，未考虑到实际情况，未严格按照安全风险提示卡内容进行 LKJ 输入操作。二是作业标准流于形式。在输入始发数据时，假呼唤、假手比，未做到入脑入心，完全是为了应付录音笔及视频检索。

（2）预想预防不足，连续错过防止问题发生的时机。一是车站外勤送来编组后，未核对编组信息，第一次错过防止问题发生的时机。二是车站联控开车，呼叫的车次与 LKJ 所输入的车次不一致，未引起机车乘务员重视，第二次错过防止问题发生的时机。三是随乘司机提醒值乘司机人为修改后，值乘司机未修改，第三次错过防止问题发生的时机。

（3）机车乘务员业务素质差，应急处置不力。机车乘务员开车对标后，随乘司机发现 LKJ 数据显示与实际列车走行径路不符，提醒值乘司机×××，而值乘司机错误地认为收到信号后再重新修改，未采取任何补救措施，未做到“宁可错停、不可盲行”，盲目运行至某站 7 道停车后重新修改数据，导致某场至××站间 LKJ 不控。

四、相关要求

（1）认真组织传达教育。各运用车间要将这件典型违章违纪问题对管理人员及乘务员进行记名式传达，深刻吸取教训，结合当前工作实际，进一步强化现场作业安全控制，确保行车工作安全稳定。

（2）加强乘务员业务培训。各运用车间要组织乘务员对 LKJ 操作进行专题培训。认真学习 LKJ 相关操作，对 LKJ 参数输入、支线号侧线股道号操作、距离误差校正、发生错漏输后的补救措施等 LKJ 基本操作进行补强式培训，提高乘务员的 LKJ 操作能力。

（3）加强检查督导。安全科、各运用车间要加大安保设备的分析力度，通过对 6A、录音笔和 LKJ 文件的分析，检查乘务员在作业过程中存在的问题，重点对车机联控、LKJ 输入、列车进出站及慢行控速等情况进行细致分析，发现问题苗头，及时组织分析，按规定考核。

（4）大胆管理，实事求是。安全管理工作要做到“三不”。不搞下不为例，不搞功过相抵，不搞弄虚作假。各运用车间管理人员对现场发现的职工“两违”问题，要硬起手腕抓管理，敢于直面矛盾，敢于指出和纠正错误，严格分析、严肃处理，决不姑息迁就，促使职工养成良好的作业习惯。

任务三　调车作业完毕未将调车灯显恢复监控位

一、问题概况

某年某月某日，司机×××、×××机班，值乘××型××××号机车，某时某分某站调车作业完毕后开××××次，由于调车作业完毕后司机未将灯显平调控制盒恢复至“监控”位，列车出站后监控装置不能正常接机车信号信息，司机误判为机车信号故障，某时某分列车停于某站至某区间 K1010+787 处，停车后司机将监控装置转入 20 km/h 限速模式，在判明原因后司机处置不当，不会转出 20 km/h 限速模式，导致列车按 20 km/h 限速模式运行，造成某至某区间 LKJ 不控。

二、分析情况

某时某分某秒，机车信号灭灯，牵引手柄非后牵位，运行速度 1 km/h，LKJ 窗口限速 81 km/h，列车在某站开车。

某时某分某秒，机车信号灭灯，牵引手柄非后牵位，运行速度 13 km/h，LKJ 窗口限速由 72 km/h 突变为 85 km/h，司机按压【开车】键，在某站对标。

某时某分某秒，机车信号灭灯，牵引手柄零后牵位，运行速度 0 km/h，LKJ 窗口限速 85 km/h，列车在某至某区间 K1010+787 处停车。

某时某分某秒，机车信号灭灯，牵引手柄零后牵位，运行速度 0 km/h，LKJ 窗口限速由

85 km/h 突变为 0 km/h，司机操作 LKJ 转入 20 km/h 限速模式。

某时某分某秒，机车信号由灭灯变为绿灯，牵引手柄零后牵位，运行速度 0 km/h，LKJ 窗口限速 0 km/h，司机将灯显平调控制盒转换至“监控”位。

某时某分某秒，机车信号由绿灯变为灭灯，牵引手柄零后牵位，运行速度 0 km/h，LKJ 窗口限速 20 km/h，司机将平调控制盒转至“调车”位。

某时某分某秒，机车信号由灭灯变为绿灯，牵引手柄零后牵位，运行速度 0 km/h，LKJ 窗口限速 20 km/h，司机发现问题所在，将灯显平调控制盒转换至“监控”位。

某时某分某秒，机车信号绿灯，牵引手柄零后牵位，运行速度 0 km/h，LKJ 窗口限速 20 km/h，司机将 LKJ 主机关闭 15 s 后重启。

某时某分某秒，机车信号绿灯，牵引手柄非后牵位，运行速度 1 km/h，LKJ 窗口限速 20 km/h，司机在监控装置 20 km/h 限速模式下区间起动列车。

某时某分某秒，机车信号红黄灯，牵引手柄零后牵位，运行速度 0 km/h，LKJ 窗口限速 20 km/h，列车在某站全列过标停车。

由 LKJ 数据分析可见，机车乘务员在某起车前未确认 LKJ 监控机车信号信息的显示，在开出列车后发现机车信号显示不正确，未判明原因的情况下擅自将 LKJ 转入 20 km/h 限速模式，在确定原因并恢复机车信号显示后又不会转出 20 km/h 限速模式，导致列车按 20 km/h 限速模式，造成区间通过信号机及某站进站信号机不控车。

三、原因分析

（1）机车乘务员作业标准执行不到位。一是乘务员在某站调车作业开始前使用机控器，将平调控制盒转至“调车”位，调车作业完毕后未及时恢复至“监控”位。二是二人始发开车关键环节盯控流于形式，发现问题未及时查找原因，盲目开车，未做到“宁可错停、不可盲行”。

（2）机车乘务员业务素质差，应急处置不力。一是在未判明机车信号是否故障的情况下进入 20 km/h 限速模式。二是在处理完毕后，不会转出 20 km/h 限速模式，盲目运行导致区间通过信号机及某站进站信号机不控车。

四、相关要求

（1）深刻吸取教训，举一反三。各运用车间要迅速将这件典型违章违纪问题对管理人员及乘务员进行传达，教育机车乘务员日常作业中严守各项规章制度，严格执行作业标准，确保现场作业有序可控。

（2）落实教育培训，切实提高机车乘务员作业水平。一是各运用车间日常学习中要对机车乘务员 LKJ 操作进行针对性培训。认真学习 LKJ 相关操作，对 LKJ 参数输入、支线号侧线股道号操作、距离误差校正、发生错漏输后的补救措施等 LKJ 基本操作进行补强式培训，切实提高乘务员的 LKJ 操作能力。二是各运用车间在日常学习教育中，要加强机车乘务员应知应会、现场操作、应急处置的学习，要教会机车乘务员怎么做，如何做，提高机车乘务员现场处置能力。

（3）落实风险排查，有效卡控安全风险。运用车间要立足本职岗位，梳理各岗位可能存在的安全风险，形成安全风险库，制定有效合理的卡控措施，逐一销号。从工作组织、客车安全、职工两违、季节性安全风险、非正常行车、应急救援 6 个方面研究制定卡控措施，确保各项风险卡控到位，确保运输安全绝对稳定。

（4）加强检查督导。安全科、各运用车间要加大安保设备的分析力度，通过对 6A、录音笔和 LKJ 文件的分析，检查乘务员在作业过程中存在的问题，重点对 LKJ 输入、列车进出站及慢行控速、非正常情况下 LKJ 操作、特定施工行车办法的操作等情况进行细致分析，发现问题苗头，及时组织分析，按规定考核。

（5）履行岗位职责，强化乘务员标准化作业水平。从管理人员做起，端正思想，强化乘务员作业标准的执行。运用安全管理干部、指导司机要切实履行职责，在添乘工作时，不但要对乘务员作业标准进行指导，更要对乘务员讲清讲明执行作业标准所对应的安全卡控项点。以“三问、三教、三查”的形式，加大现场作业标准执行情况的检查督导，真正把“两标”落到实处。

任务四　机车乘务员接班未输入运行揭示造成特定行车不控

一、问题概况

某年某月某日，司机×××、×××机班，××时××分某上行场站接××型×××号机车，牵引×××××次。接班后，司机未在 LKJ 中插入 IC 卡，未载入 IC 卡运行揭示，随乘司机未认真复核，未发现问题所在，造成 LKJ 中的运行揭示与担当区段的运行揭示不符。某时某分某上行场开车，某时某分某场 10 道停车后换挂下行列车×××××次，×××××次于某时某分某场开车，某时某分到达某下行场。

二、分析情况

1. LKJ 数据分析

某时某分某秒，机车信号红黄灯，牵引手柄零后位，运行速度 0 km/h，LKJ 窗口限速 70 km/h，司机在 LKJ 输入司机代号以及列车编组信息。

某时某分某秒，机车信号红黄灯，牵引手柄零后位，运行速度 0 km/h，LKJ 窗口限速 70 km/h，司机在 LKJ 中输入某上行场车站代码，使 LKJ 进入降级状态。

某时某分某秒、某时某分某秒、某时某分某秒，记录三次揭示查询，运行揭示查询结果均为 6 条。

某时某分某秒，机车信号双黄灯，牵引手柄非后牵位，运行速度 1 km/h，LKJ 窗口限速 85 km/h，列车在某上行场开车。

某时某分某秒，机车信号红黄灯，牵引手柄非后制位，运行速度 0 km/h，LKJ 窗口限速

16 km/h，列车在某场 10 道停车。

某时某分某秒，机车信号红灯，牵引手柄零位，运行速度 0 km/h，LKJ 窗口限速 41 km/h，司机在某场输入 23450 次编组信息及 LKJ 相关参数。

某时某分某秒、某时某分某秒、某时某分某秒，记录三次揭示查询，运行揭示查询结果均为 6 条。

某时某分某秒，机车信号双黄灯，牵引手柄非前牵位，运行速度 1 km/h，LKJ 窗口限速 95 km/h，23450 次在某场开车。

某时某分某秒，机车信号红黄灯，牵引手柄非前制位，运行速度 0 km/h，LKJ 窗口限速 26 km/h，列车在某下行场 5 道停车。

由 LKJ 数据分析可见，机车乘务员在某上行场接班后，某场开车前均查询了揭示，但是都未发现问题所在。

2. 录音文件分析

某时某分某秒，司机："输入参数，输入好了，核对好了"。

某时某分某秒，司机："揭示查询好了，6 条"。

某时某分某秒，随乘司机："×××，输好了没有"，司机×××："输好了，没点开"。

某时某分某秒，司机×××："开 23450 次，输入参数，参数输入好了"。

某时某分某秒，司机×××："揭示查询 3 遍，6 条"。

由录音文件可以看出，该机班存在假呼唤、假确认的现象。只呼不确认揭示内容，是造成问题发生的主要原因。

3. 6A 视频分析

某时某分某秒，司机×××一人手持文本揭示，对照查询 LKJ 揭示 3 次。

某时某分某秒，司机一人查询揭示，随乘司机未共同确认。

由视频文件分析，该机班在两次核对揭示时均未做到二人共同确认核对的标准，存在假确认的现象。

三、原因分析

（1）机车乘务员作业标准严重流失。一是出勤时未将即将值乘区段的运行揭示抄入手账本，未做到心中有数，出勤作业环节标准流于形式。二是接班后，一人输入 LKJ 数据，一人在车下打水，未执行一人输入、一人核对的作业标准，接班作业环节标准流于形式。三是某场开车前，一人复核 LKJ 揭示，一人在做其他的事情，开车前准备的作业环节标准流于形式。

（2）机车乘务员责任意识、安全意识严重丧失。一是该机班担当运行区段的运行揭示共 7 条，在值乘过程中共查询 6 次，查询的结果都是 6 条，未引起该机班的足够重视，未发现问题所在。二是该机班对《事规》认识不清，没有敬畏感。认识不到 LKJ 中无担当区段运行揭示后果的严重性和危害性。

（3）二人互控形同虚设。司机于某时某分某秒由××运用车间调入××运用车间后单独，与随乘司机固定配班，随乘司机具有帮扶的责任和义务，但二人搭班形成默契，过于信任对方，随乘司机经常不查询复核 LKJ 参数，基本不存在互控作用。

四、相关要求

（1）深刻吸取问题教训，认真组织传达教育。各运用车间要迅速将这件典型违章违纪问题对管理人员及乘务员进行传达，深刻吸取教训，举一反三，结合当前工作实际，进一步强化现场作业安全控制，确保行车工作安全稳定。

（2）落实机车乘务员宣传教育。一是各运用车间对某月某日某机务段担当的××××次客车，因乘务员出勤未认真审核揭示，出勤派班员也未把关，造成错误携带为其他区段运行揭示的事故教训以及“四核对、四反馈”制度对全体干部职工进行再学习、再传达。二是加强对机车乘务员掌握业务知识、规章制度等情况的排查，对“一问三不知”或“答非所问”的人要重点帮教，使其尽快转变，切实落实宣传教育制度。

（3）加强检查督导，加强现场作业控制。一是各运用车间要围绕机车乘务员、派班员出退勤作业标准进行检查和指导，安排运用管理干部在派班室跟班检查。二是各运用车间近期组织一次机车乘务员“四核对、四反馈”制度的专项检查。利用安保设备分析、现场作业检查等手段，检查乘务员在作业过程中存在的问题，重点检查 LKJ 参数输入，运行揭示的输入和复核，要求机车乘务员在输入 LKJ 参数和运行揭示时必须做到一人输入、一人复核、二人共同确认。三是加强分析通报。对近期发现的问题立即分析、定责、通报，以高压态势遏制隐患苗头。

（4）统筹兼顾，确保决战决胜。一是在确保春运临客安全的情况下，春运开始后不担当春运临客添乘的车间干部添乘、抽查量化任务按照段文件上浮，并加强量化任务落实的检查，按周上报安全科。二是春运添乘干部在保质保量地完成个人量化的前提下，加强现场作业抽查、三合一分析、LKJ 检索，对发现的问题按照“四不放过”的原则分析、定责、通报，提高机车乘务员的安全意识、责任意识，确保现场作业有序可控，确保运输安全。

任务五　机车乘务员某站错输侧线股道号导致 LKJ 发生紧急制动

一、问题概况

某年某月某日，司机×××、×××机班，值乘×××型×××号机车，牵引×××××次。某上行场××时××分开车，列车接近某站时，车站联控某站 7 道停车，司机在输入侧线股道号码时，错误将 7 道输入为 4 道（4 道比 7 道长 80 m，短输长），停车后司机存在侥幸心理且处置不当，将侧线股道号改为 7 道后又改为 4 道，造成 LKJ 距离滞后误差。某时某分某站 7 道开车，某时某分，列车出站后，机车信号接收白灯，运行速度 14 km/h，因 LKJ 距离滞后约 70 m，导致 LKJ 窗口限速由 48 km/h 陡降为 3 km/h，造成 LKJ 紧急制动。紧急制动后机车乘务员应急处置不当，退回站内重新降级开车。

二、分析情况

1. LKJ 数据分析

某时某分某秒，机车信号双黄灯，牵引手柄非后制位，运行速度 48 km/h，LKJ 窗口限速 86 km/h，列车运行至某站机外，值乘司机输入侧线股道号 7。

某时某分某秒，机车信号红黄灯，牵引手柄非后制位，运行速度 2 km/h，值乘司机在某 7 道站内将侧线股道号改为 4，LKJ 显示出站信号机距离由 133 m 跳转为 48 m，LKJ 窗口限速由 29 km/h 跳转为 10 km/h。

某时某分某秒，机车信号红黄灯，牵引手柄非后制位，运行速度 0 km/h，值乘司机将侧线股道号改为 4，LKJ 显示出站信号机距离由 48 m 跳转为 133 m，LKJ 窗口限速由 10 km/h 跳转为 29 km/h。

某时某分某秒，机车信号红黄灯，牵引手柄零位，运行速度 0 km/h，值乘司机将侧线股道号改为 7，LKJ 显示出站信号机距离由 133 m 跳转为 48 m，LKJ 窗口限速由 29 km/h 跳转为 10 km/h。

某时某分某秒，机车信号红黄灯，牵引手柄零位，运行速度 0 km/h，值乘司机将侧线股道号改为 4，LKJ 显示出站信号机距离由 48 m 跳转为 133 m，LKJ 窗口限速由 10 km/h 跳转为 29 km/h。

某时某分某秒，机车信号双黄灯，牵引手柄非后牵位，运行速度 1 km/h，LKJ 窗口限速 48 km/h，列车在某站 7 道起动。

某时某分某秒，机车信号由双黄灯变为白灯，牵引手柄非后牵位，运行速度 11 km/h，LKJ 显示出站信号机距离 67 m，LKJ 窗口限速由 48 km/h 陡降为 15 km/h，LKJ 语音提示报警的同时输出卸载动作指令。

某时某分某秒，机车信号白灯，牵引手柄零后位，运行速度 10 km/h，LKJ 显示出站信号机距离 48 m，LKJ 窗口限速 10 km/h，LKJ 输出紧急制动指令。

某时某分某秒，机车信号白灯，牵引手柄非后制位，运行速度 0 km/h，LKJ 显示出站信号机距离 34 m，LKJ 窗口限速 6 km/h，列车在紧急制动后停车。

某时某分某秒，机车信号白灯，牵引手柄非后制位，运行速度 0 km/h，值乘司机将侧线股道号改为 7 道，LKJ 显示信号机类型由出站信号机跳转为通过信号机，LKJ 窗口限速由 6 km/h 跳转为 48 km/h，值乘司机更改侧线股道号，造成 LKJ 显示的信号机类型及距离改变。

某时某分某秒，机车信号白灯，牵引手柄零位，运行速度 0 km/h，LKJ 窗口限速由 48 km/h 跳转为 21 km/h。

某时某分某秒，机车信号白灯，牵引手柄非后牵位，运行速度 1 km/h，LKJ 窗口限速 21 km/h，列车开始向站内退行。

某时某分某秒，机车信号红黄灯，牵引手柄零位，运行速度 0 km/h，LKJ 窗口限速 21 km/h，列车全列退回站内。

由 LKJ 数据分析可以看出，机车乘务员作业标准严重流失，业务知识掌握不到位，应急处置能力较差。

2. 录音文件分析

某时某分某秒，司机：“某站，24010 次接近”；某车站值班员：“24010 次，7 道停车”；司机：“24010 次，7 道停车”。

某时某分某秒，LKJ 语音“输入侧线股道号 4”，司机“弄错了吧”。

某时某分某秒，司机：“4 道、7 道”，LKJ 语音“输入侧线股道号 7”。

某时某分某秒，LKJ 语音“输入侧线股道号 4”。

某时某分某秒，LKJ 语音“输入侧线股道号 7”。

某时某分某秒，LKJ 语音“输入侧线股道号 4”。

某时某分某秒，司机与车站联控开车。

某时某分某秒，LKJ 语音“卸载动作！减速，减速！紧急制动！注意停车！”

某时某分某秒，随乘司机：“怎么限速 20 km/h 了？2 min 能开口吧？”，司机：“后面车堵住了，侧线股道号输错了”。

由录音文件可以看出，机车乘务员心存侥幸，明知 LKJ 股道号错输的情况下未按规定修改。

三、原因分析

（1）机车乘务员侥幸心理严重，作业标准严重流失。一是值乘中未按规定对信号机进行呼唤手比。二是在车站联控 7 道停车后，LKJ 股道号错输为 4 道，未对所输股道号进行确认，任由列车运行，第一次错过防止问题发生的时机。三是停车后将侧线股道号改为 7 道后，因担心违章，又改为 4 道，造成 LKJ 距离滞后误差，第二次错过防止问题发生的时机。四是某站出站后未执行确认车位的作业标准，未及时对滞后的 LKJ 距离进行校正，第三次错过防止问题发生的时机。

（2）机车乘务员业务素质差。一是对 LKJ 操作不清。对错输股道号后的补救方式不清；对 LKJ 由“UU”码变为“B”码时，滞后误差 50 m 及其以上时按停车信号控制的模式不清；对自闭区间机车信号显示停车信号前停车超过 2 min，LKJ 自动进入 20 km/h 的模式，机车信号接收到进行信号后 LKJ 恢复通常模式不清；对 LKJ 发生常用制动、防溜紧急制动后 LKJ 解锁方式不清。二是对近期发生事故教训不清。对发生的××事故的原因及教训不清，对近期发生的典型问题的原因及教训不清。

（3）机车乘务员应急处置能力较差。在距离滞后造成 LKJ 自停动作后，未采取重新降级或对出站信号机解锁的方式行车，而是将侧线股道号重新调整为 7 道，造成 LKJ 距离及信号机类型调转，无法进行解锁操作。停车超过 2 min 后，LKJ 自动转入 20 km/h，机车乘务员因对 LKJ 控制模式不熟，退回站内重新降级。

（4）机车乘务员信息反馈制度没有落实。发生问题后未及时反馈现场信息，直到列车全部退回站内后才向段安全生产指挥中心汇报现场信息。

四、相关要求

（1）认真组织传达教育。各运用车间要迅速将该典型违章违纪问题对管理人员及乘务员进行传达，深刻吸取教训，举一反三，结合当前工作实际，进一步强化现场作业安全控制，确保行车工作安全稳定。

（2）加强乘务员业务培训。一是各运用车间近期要组织一次乘务员对 LKJ 操作进行专题培训。认真学习 LKJ 相关操作，对 LKJ 参数输入、支线号侧线股道号操作、距离误差校正、发生错漏输后的补救措施等 LKJ 基本操作进行补强式培训，切实提高乘务员的 LKJ 操作能力。各运用车间培训情况在某月某日前报安全科备检。二是各运用车间在日常学习教育中，要加强机车乘务员应知应会、现场操作、应急处置的学习，要教会机车乘务员怎么做，如何做，提高机车乘务员现场处置能力。三是加强对机车乘务员掌握业务知识、规章制度等情况的排查，对“一问三不知”或“答非所问”的人要重点帮教，使其尽快转变，切实落实宣传教育制度。

（3）深入开展安全大检查，落实带班写实。各运用车间在一周内进行排查，制定有力的整改措施卡控，并在某月某日前将排查和整改情况报安全科。

（4）加强检查督导。安全科、各运用车间要加大安保设备的分析力度，通过对 6A、录音笔和 LKJ 文件的分析，检查乘务员在作业过程中存在的问题，重点对车机联控、LKJ 输入、列车进出站及慢行控速等情况进行细致分析，发现问题苗头，及时组织分析，按规定考核。

（5）大胆管理，实事求是。安全管理工作要做到“三不”。不搞下不为例，不搞功过相抵，不搞弄虚作假。各运用车间管理人员对现场发现的职工“两违”问题，要硬起手腕抓管理，敢于直面矛盾，敢于指出和纠正错误，严格分析、严肃处理，决不姑息迁就，促使职工养成良好的作业习惯。

任务六　机车乘务员漏输支线号后处置不当造成 LKJ 不控

一、问题概况

某年某月某日，司机×××、×××机班，值乘××型××号机车，某时某分某场开×××××次。某时某分某场通过时，因值乘司机×××精力不集中漏输支线号 2，造成出站 LKJ 调用某场至××间监控数据。15 时 19 分列车运行至××站司机重新降级修改时，未修改列车车次行别；15 时 24 分司机再次降级修改时错误输入前方站×××车站号；15 时 39 分运行至×××站内重新降级。造成某场出站至×××站内 LKJ 不控车。

二、分析情况

（1）某时某分某场出站前司机未输入支线 1；某时某分越过第一离去信号机前司机也未补充输入。

（2）某时某分，司机输入支线 1 无效，LKJ 调用××线 LKJ 数据，显示到××方向，列车实际已运行至××线路所。

（3）某时某分，司机在××降级修改 LKJ 数据时，仅对车站号进行修改，未修改列车车次行别。

（4）某时某分，司机在××至×××区间再次修改 LKJ 数据时错误输入前方站×××的车站号。

（5）某时某分，司机在×××站内重新修改数据。

通过 LKJ 数据分析，值乘司机某场漏输支线号后，未第一时间进行修改，后续处置也不得当，造成 LKJ 数据混乱，不控车。

三、原因分析

（1）值乘司机在某场站内时精力不集中。某场以××线方向为干线模式，去××线路所方向应输入支线号 2。××线路所是××交路的必经方向，须进行支线号 2 操作。值乘司机在输入支线的关键地点精力不集中，未确认 LKJ 数据是否与列车实际径路相符，漏输支线号。

（2）值乘司机业务素质差，应急处置不到位。值乘司机对 LKJ 降级的条件不清，片面认为停车后才能进行降级操作，未在第一时间采取补救措施。在××重新降级时未想到××线各站车次行别应该为上行，未修改车次行别。某时某分，司机再次降级修改时错误输入前方站×××车站号。一系列错误操作充分说明值乘司机业务能力差，对 LKJ 操作掌握不到位。

（3）未严格执行呼唤应答制度。值乘司机未对出站信号、进路表示器的显示进行呼唤，也未呼唤输入支线号，错过自控时机。

四、相关要求

（1）深刻吸取问题教训，举一反三。一是各运用车间要立即通报这起典型严重违章违纪的原因和教训，并记名式传达到每一名干部职工。二是车间组织责任人在车间内部做检查，讲教训，扩大宣传面。

（2）落实宣传教育。一是各运用车间要加强担当区段内支线号、车站号的宣传，管理人员和机车乘务员对某站区支线号的输入要做到人人过关。二是各运用车间要将安全科发的《防止错漏输安全措施及发生错漏输后的处置办法》《关于防止错漏输的硬性要求》组织乘务员认真学习，一要教育乘务员严格执行防错漏输措施，从源头上遏制错漏输的发生；二要乘务员掌握发生错漏输后的办法，发生错漏输后能熟练操作，将风险和损失降到最低。三是各运用车间要定期组织乘务员对 LKJ 操作进行专题培训，认真学习 LKJ 相关操作。

（3）加强检查督导。一是各级管理人员在添乘工作时，不但要对乘务员作业标准进行指导，更要对乘务员讲清讲明执行作业标准所对应的安全卡控项点，加大现场作业标准执行情况的检查督导，真正把“两标”落到实处。二是加强 LKJ、音视频分析的检索力度。重点对 LKJ 始发数据、支线号、侧线股道号的输入进行专项分析，发现问题苗头及时分析、定责、通报。

任务七　机车乘务员晚输支线号后造成 LKJ 紧急制动

一、问题概况

某年某月某日，司机×××、随乘司机×××机班，值乘××型××号机车，牵引×××××次，某时某分某场开车，某时某分经某联络下行线至某站 13 道停车。车站通知司机经某线至某场 5 道停车，某时某分开车前司机未输入经某线至某场的支线号 2，随乘司机多次提醒司机输入后司机也未输入。0 时 38 分列车越过 XL 信号机司机补输支线 2，列车运行速度 23 km/h，LKJ 窗口限速由 35 km/h 陡降为 0 km/h，LKJ 紧急制动。

二、分析情况

（1）某时某分，开车前司机未输入支线 2，出站后也未立即补输；某时某分，司机输入侧线股道号 3 后未引起警觉，仍然盲目运行。

（2）某时某分，司机再次输入侧线股道号 3 仍然输入无效；某时某分，列车由某出站运行 1 423 m（某站出站信号机距离 XL 信号机 1 519 m），运行速度 23 km/h，司机输入支线 1，LKJ 窗口限速由 35 km/h 陡降为 0 km/h，LKJ 紧急制动。

通过 LKJ 文件分析，值乘司机在某站内漏输支线 2，出站后未及时补输，越过×L 信号机后进行补输，造成 LKJ 紧急制动。

三、原因分析

（1）机车乘务员业务素质差。值乘司机对某站场 LKJ 操作不熟，对由某联络下行线至某客场再经某线至某场需输支线 2 不清。

（2）值乘司机盲目运行。随乘司机对其多次提醒需输入支线号后仍我行我素，不进行支线输入。

（3）不执行换班制度，值乘中精力不集中。某时某分某站开车至某时某分发生问题共 9 小时 34 分钟，均是值乘司机操纵列车，对三小时换班制度不执行，造成值乘中精力不集中。

四、相关要求

（1）深刻吸取问题教训，举一反三。一是各运用车间要立即通报这起典型严重违章违纪的原因和教训，并记名式传达到每一名干部职工。二是车间组织责任人在车间内部做检查，讲教训，扩大宣传面。

（2）落实宣传教育。一是各运用车间要加强担当区段内支线号、车站号的宣传，管理人员和机车乘务员对某站区支线号的输入要做到人人过关。二是各运用车间要将安全科发的《防止错漏输安全措施及发生错漏输后的处置办法》《关于防止错漏输的硬性要求》组织乘务员认真学习，一要教育乘务员严格执行防错漏输措施，从源头上遏制错漏输的发生；二要乘务员掌握发生错漏输后的办法，发生错漏输后能熟练操作，将风险和损失降到最低。三是各运用车间要定期组织乘务员对 LKJ 操作进行专题培训，认真学习 LKJ 相关操作。

（3）加强检查督导。一是各级管理人员在添乘工作时，不但要对乘务员作业标准进行指导，更要对乘务员讲清讲明执行作业标准所对应的安全卡控项点，加大现场作业标准执行情况的检查督导，真正把“两标”落到实处。二是加强 LKJ、音视频分析的检索力度。重点对 LKJ 始发数据、支线号、侧线股道号的输入进行专项分析，发现问题苗头及时分析、定责、通报。

任务八 机车乘务员错输始发车站号

一、问题概况

某年某月某日，司机×××、副司机×××机班，值乘××型××机车，牵引×××××次，某时某分司机×××在某站输入始发数据时将某站车站号 107 输入为某上行场车站号 117，某时某分开车，某时某分司机按压对标键后副司机发现数据不正确，提醒司机停车修改，司机认为下站有调车作业，未采取补救措施，造成 LKJ 不控。

二、分析情况

（1）某时某分，司机在输入始发数据时将某站车站号 107 输入为某上行场车站号 117。

（2）某时某分，列车在某站开车；某时某分，司机按压【开车】键，LKJ 显示某上行场。

（3）某时某分某站 6 道停车，LKJ 显示信号机类型为进站信号机，应为出站信号机，LKJ 不控。

通过 LKJ 文件分析，司机在某站错输始发车站号，开车后未修改，造成 LKJ 不控。

三、原因分析

（1）假手比、假呼唤、假确认。司机在输入始发数据后二人均进行了手比、呼唤、确认，但未入脑入心，完全是为了应付安保设备分析。

（2）机车乘务员业务素质差，应急处置不力。司机开车对标后副司机发现 LKJ 数据显示与实际列车走行径路不符，提醒司机，而司机错误认为下一站要调车作业，运行到下一站再重新修改，未采取任何补救措施，未做到“宁可错停、不可盲行”，盲目运行至某站 5 道停车后重新修改数据。

（3）副司机互控不到位。副司机发现问题后虽然提醒司机，但未坚持，未防止问题的发生，未起到“同班互控、共保安全”的作用。

四、相关要求

（1）迅速传达，吸取教训。一是各运用车间立即将该典型严重违章违纪问题的原因和教训记名式传达到全体管理人员和机车乘务员，起到举一反三的作用。相关车间由胜任人员带队，组织责任人在全段范围内做检查、讲教训，扩大教育面。

（2）加强培训，迅速提高管理人员和机车乘务员的业务素质。一是运用车间要对调车车队全体车队管理人员和机车乘务员进行一次 LKJ 操作的培训，一要对 LKJ 控制模式、LKJ 参数输入、支线号侧线股道号操作、距离误差校正、发生错漏输后的补救措施等 LKJ 基本操作要点进行培训，二要对防止错漏输及发生错漏输后的补救措施进行培训，必须确保人人过关，迅速提高车队管理人员和机车乘务员操作 LKJ 的水平。二是各运用车间要定期组织乘务员对 LKJ 操作进行专题培训，认真学习 LKJ 相关操作。

（3）履行岗位职责，强化乘务员作业标准的执行。一是各级运用安全管理人员要加强学习，提高自身的业务素质。二是指导司机、运用安全管理干部要切实履行职责，在添乘时，以“三问、三教、三查”的形式，加大现场作业标准执行情况的检查督导，真正把“两标”落到实处。

（4）深入开展列车运行监控记录装置（LKJ）数据输入专项整治活动，确保活动取得成效。各运用车间要严格按照数据输入专项整治活动要求，加大对乘务员数据输入作业标准和行车安全装备记录数据分析的整治，切实减少 LKJ 使用过程中的惯性违章。

项目七 LKJ 典型事故案例习题

1. LKJ 无速度信号显示或速度显示不正确，请分析原因并列出应急处理方法。

2. 机车工况显示不正确，请分析原因并列出应急处理方法。

3. 机车压力信号无显示或显示不正确，请分析原因并列出应急处理方法。

4. LKJ 输出了紧急制动指令，紧急制动放风阀却不能动作，请分析原因并列出应急处理方法。

5. LKJ 在通常工作状态下，屏幕显示器限速窗口显示值和限速曲线如何显示？

6. 请叙述单机车次的管压防溜控制。

7. 请简述 LKJ 临时性控制参数输入的时机。

8. 当具备常用制动接口功能的机车牵引列车在减速区运行时，取消 LKJ 常用制动控制功能的条件有哪些？

9. 请简述 LKJ 在调车工作状态下的管压防溜控制功能。

10. 详细说明警惕装置的周期报警警惕功能。

11. LKJ-2000 型屏幕显示器内有哪些电路板？各电路板的功能是什么？

12. 停车时，显示屏速度窗口有速度显示的处理方法是什么？

13. 机车信号设备 I 端信号不上码，请写出造成该故障的原因。

14. LKJ 屏幕显示器能显示哪些信息？

15. 列车在运行中，机车信号如何判断？当判定机车信号故障后，如何对 LKJ 进行操作？

16. 当 LKJ 屏幕显示器弹出警惕提示窗口后，如何操作终止本次警惕提示控制过程？

17. 简述 LKJ 进入“特殊前行”控制功能的条件。

18. 当 LKJ 启动警惕控制后，在倒计时 20 s 内，LKJ 未检测到任何可终止本次控制过程的信息，LKJ 如何实施制动控制？

19. LKJ 监控记录插件出现 5A、5B 灯“灭”，该现象是否正常？分析原因并提出处理意见。

附　录

附录一　常用名词术语

一、名词术语

允许速度，列车运行过程中允许达到的最高安全速度。

目标速度，列车运行前方目标点允许的最高速度。

目标距离，列车前端至运行前方目标点的距离。

目标距离模式曲线，以目标速度、目标距离、线路条件、列车特性为基础生成的保证列车安全运行的一次制动模式曲线。

固定限速，由线路结构及道岔位置决定的最高运行速度。

临时限速，由行车人员临时给出的列车限速。

过走防护区段，为保证行车安全在禁止信号内方设置的防护区段。

冒进防护，列车越过禁止信号立即触发紧急制动。

车尾限速保持，为了防止列车尾部在限速区段超速，在相关区段采取的限速措施。

二、缩写语

ATP（Automatic Train Protection），列车超速防护。

BTM（Balise transmission Module），应答器信息接收单元。

CS（Cab Signal），列控车载设备控制模式——机车信号模式。

CTC（Centralized Traffic Control），调度集中。

CTCS（Chinese Train Control System），中国列车运行控制系统。

CSM（Ceiling Speed Monitoring Section）常数速度监视区。

DMIS（Dispatch Management Information System），列车运行调度管理信息系统。

DRU（Juridical Data Recorder Unit），记录单元。

DMI（Driver Machine Interface），列控车载显示装置。

EMC（ElectroMagnetic Compatibility），电磁兼容性。

EBI（The Emergency Brake Intervention limit），紧急制动介入限制。

ETCS（European Train Control System），欧洲列车运行控制系统。

ETML（European Traffic Management Layer），欧洲铁路运输管理层。

ERTMS（European Railway Traffic Management System），欧洲铁路运输管理系统。

FRS（Functional Requirements Specifications），功能需求规范。

FS（Full Supervision），列控车载设备控制模式——完全监控模式。

GSM-R（Global System Mobile for Railway），铁路专用全球移动通信系统。

IS（Isolation Supervision），列控车载设备控制模式——隔离模式。

LEU（Landside Electronic Unit），地面电子单元。

LKJ，列车运行监控记录装置。

LMA（Limit of Movement Authority），列车停车界限。

MA（Movement Authority），移动授权，即运行许可。

MRSP（Most Restrictive Speed Profile），最低限速。

PS（Partial Supervision），列控车载设备控制模式——部分监控模式。

OS（On Sight mode），列控车载设备控制模式——目视行车模式。

RAMS（Reliability, Availability, Maintainability, and Safety），可靠性、可用性、可维护性和安全性。

REL（Release Speed），缓解制动速度。

RBC（Radio Block Center），无线闭塞中心。

RMP（Revised Mileage for positional recognition），校正累计计数距离。

SRS（System Requirements Specifications），系统需求规范。

SBI（Service Brake Intervention limit），常用制动介入限制。

SSP（Static Speed Profile），静态速度限制。

SH（Shunting mode），列控车载设备控制模式——调车模式。

SB（Standby mode），列控车载设备控制模式——待机模式。

STM（Specific Transmission Module），轨道电路信息接收单元。

TIU（Train Interface Unit），制动接口单元。

TSM（Target Speed Monitoring Section），目标速度监视区。

TDCS（Train operation Dispatching Command System），列车调度指挥系统。

TSR（Temporary Speed Restriction），临时限速。

VC（Vital Computer），车载安全计算机。

ZPW，自动闭塞移频无绝缘轨道电路。

附录二　名词解释

1. 线路允许速度值：线路允许速度取线路、道岔、曲线、桥梁、隧道、长期慢行地段等各项允许和限制速度的最低值。

2. 特定限速值：国铁集团、路局文电规定或 LKJ 逻辑需要，为保证列车安全运行特别规定的限制速度值。

3. 固定模式限速值：固定模式限速值取线路允许速度、接触网限制速度、机车最高运行速度、动车组最高运行速度和特定限速等的最低值。

4. 恒速区：监控列车按固定模式限速值运行的区域。

5. 常用固定模式限速值：列车在恒速区运行，LKJ 达到输出常用制动指令的速度值。

6. 紧急固定模式限速值：列车在恒速区运行，LKJ 达到输出紧急制动指令的速度值。

7. 计算模式限速值：为防止列车越过关闭的信号机或超速运行，LKJ 计算产生的限速值。

8. 减速区：列车在减速地点或减速信号（含停车信号）前，LKJ 监控列车从恒速区开始下降直至目标点的运行区域。

9. 车载数据：LKJ 车载基础数据文件、LKJ 车载控制文件及 LKJ 临时数据文件的内容。

10. 控制曲线有语言提示控制曲线、解除牵引力控制曲线、常用制动控制曲线、紧急制动控制曲线。

语音提示控制曲线：LKJ 车载数据和输入文件，计算产生输出语音提示时机的速度值连成的曲线。

解除牵引力控制曲线：LKJ 根据车载数据和输入文件，计算产生输出牵引力时机的速度值连成的曲线。

常用制动控制曲线：LKJ 根据车载数和输入条件，计算产生输出常用制动时机的速度值连成的曲线。

紧急制动控制曲线：LKJ 根据车载数据和输入条件，计算产生输出紧急控制时机的速度值连成的。

11. 控制曲线关闭点：控制速度目标为“0 km/h”的点。

12. 安全距离：控制曲线关闭点距 LKJ 基础数据中设置的目标信号机距离。

13. 速度分级控制：以列车运行前方的第一架信号机为目标点，计算产生控制曲线，防止列车穿越过关闭的信号机或超过道岔限制速度。

14. 速度连续控制：以列车运行前方的停车信号或限速地点为目标点，计算产生平滑的控制曲线，防止列车越过关闭信号机或超过目标点限制速度。

15. 走停走：列车运行中，LKJ 接收到信号为停车信号或逻辑判断未停车信号，且车在数据已预先设置该信号机为自动闭塞区间通过信号机时，监控列车在该通过信号机前停车，停车时间超过 2 min，监控列车以不超过 20 km/h 的速度运行到次一信号机。该监控过程称走停走。

16. 靠标停车困难特殊车站：列车停车位置距出站信号机较近，司机操纵列车靠标停车困难的车站。

17. 防止冒进信号：防止列车越过关闭的信号机或逻辑判断为关闭的信号机。

附录三 习题答案

项目一习题答案

一、填空题

1.接近连续式 2.500 3.导电 4.稳定可靠 5.最大限制 6.17.5 7.机车信号 8.并行处理 9.双套热备 10.双路电源 11.闭环自动 12.交流轨道电路 13.便携式车载机车信号测试仪 14.动态方波控制 15.运行 16.地面信号 17.双路感应线圈 18.接收及输出 19.并行输出 20.机车信号信息 21.动态点灯 22.地面信号机 23.红灯 24.信号表示器 25.行车凭证 26.调制低频方波 27.制式区分输出 28.故障导向安全 29.U盘转储 30.阻抗和电流 31.信号机上/下行开关 32.屏蔽（机壳） 33.数据存储器 34.A/D 转换电路 35.（48±4.8）V

二、判断题

1.√ 2.√ 3.× 4.× 5.√ 6.√ 7.√ 8.× 9.√ 10.√ 11.√ 12.√ 13.√ 14.√ 15.× 16.× 17.× 18.√ 19.√ 20.× 21.× 22.√ 23.× 24.√ 25.√ 26.√ 27.√ 28.× 29.√ 30.√

三、选择题

1.A 2.C 3.C 4.B 5.A 6.C 7.A 8.A 9.D 10.A 11.A 12.B 13.A 14.C 15.A 16.C 17.B 18.B 19.D 20.B 21.B 22.A 23.B 24.B 25.C 26.D 27.D 28.A 29.A 30.C 31.A 32.A 33.D 34.C 35.C 36.C 37.B 38.D 39.B 40.B

四、简答题

1. 数据分析处理软件具有文件管理与数据转换功能、状态文件分析功能、波形文件显示功能及波形频谱分析功能。

2. 包括记录器内时刻、来自 TAX2 箱的线路公里标、机车号、时刻、速度、信号机号、车站号等。

3. 因为线路上两钢轨中信号电流方向相反，机车两侧接收线圈的感应电势也相反。因此，反向串联也就使两接收线圈的感应电势相加，即接收感应电压升高能使主机可靠工作。而对于牵引电流在两钢轨中传输的方向一致，在机车两侧接收线圈的感应电势方向也一致，反向串联后互相抵消，大大减小对机车信号的干扰。

4. 自左至右依次是记录板、主机板 A、主机板 B、连接板、电源板一、电源板二。

5. 机车信号与列车超速防护设备安装牢固，应有防振、防松动、防潮湿、防磨卡、防冲击、防高低温等保护措施。接收线圈接线盒、引线管（含车内的）等封堵良好。

6. 为完成机车信号作用的全套设备称为机车信号设备；为完成检查机车信号设备，用于代替测试区段所设的环形导线称为测试环线。

7. 安装测试环线能将机车信号通用式自动发送箱发出的各种信号信息，传递到需要检查机车的股道，机车通过感应器反映出机车工作性能及故障状态。

8.（1）接收钢轨（或环线）中传输的机车信号信息，给出相应的机车信号显示。

（2）为列车运行监控记录装置提供机车信号信息。

（3）在移频（载频 550 ~ 850 Hz）、交流计数区段，应兼容通用式机车信号的功能。

（4）具有数据记录功能。

9.（1）主机自检状态良好，主机工作灯、上下行灯显示正常，信号机显示正确。

（2）方向、电源等开关作用良好，转换灵活；接线盒、感应器安装牢固，符合标准；各部螺丝不松动；插接件接触可靠。

（3）环线发码试验机车信号显示关系正确。

（4）检查 JT-C 系列机车信号设备记录数据。

10. 安装于机车上的机车信号、列车超速防护设备的导电部分与机车车体的绝缘电阻（切断电源），用 500 V 兆欧表测试时：蒸汽机车不小于 0.2 MΩ；电力、内燃机车不小于 1 MΩ；其配线及引入线的线间相互绝缘电阻不小于 0.2 MΩ。机车信号与列车超速防护单项设备导电部分与其外壳间的绝缘电阻不小于 25 MΩ。机车接收线圈与其外壳间的绝缘电阻不小于 1 MΩ。连续式及接近连续式机车信号接收线圈的外壳上下两部分间的绝缘电阻不小于 0.2 MΩ。

11. 由一体化机车信号主机、双面机车信号显示器、记录器、机车信号双路感应线圈及感应线圈接线盒、连接电缆线等组成。

12. 机车信号是一种能够自动显示列车运行前方地面信号机显示的机车车载系统，它可以反映列车的运行条件，通过对接收到的地面信号进行处理，得到列车运行前方信号机的显示信息，并将该信息通过相应的显示机构显示出来。

要保证机车信号系统正常工作，必须满足三个条件，即地面信号（行车指令信号）、工作电源和控制条件（工作条件输入），三者缺一不可。

项目二习题答案

一、填空题

1.不干扰　保证　2.驾驶　数据输入输出　3.信息显示　数据输入　4.自检　动态检查　5.数据　动作　6.铁路运输管理　网络传输　7.CTCS　通信网络　8.有线　无线　9.操纵控制　10.通用　列车运行监控　11.轨道电路　点式应答器　12.无线　检查列车占用　13.定位　完整性　14.虚拟　移动　15.轨旁　室内　16.连续　点式　17.控制速度　目标距离　18.轨道电路　有源应答器　19.占用检测　完整性　20.行车许可　进路速度　21.入口　进、出站　22.速度　坡度　23.接车进路参数　临时限速　24.线路　进路　25.计算　校正　26.CTCS　LKJ　27.地面应答器　自动　28.停车　缓解　29.ZPW-2000　UM71　30.报文　1023

二、判断题

1.√　2.√　3.×　4.√　5.×　6.√　7.×　8.√　9.×　10.√　11.×　12.×　13.×　14.√　15.√　16.×　17.√　18.×　19.√　20.√　21.√　22.×　23.×　24.√　25.×　26.√　27.√　28.×　29.×　30.√

三、选择题

1.C　2.D　3.C　4.D　5.A　6.B　7.B　8.B　9.B　10.C　11.A　12.D　13.D　14.C　15.C　16.A　17.A　18.B　19.A　20.C　21.C　22.C　23.D　24.C　25.B　26.C　27.B　28.D　29.A　30.D

四、简答题

1.（1）采用先进的速度-目标距离控车模式监控列车安全运行；

（2）适应动车组列车运行速度 250 km/h；

（3）满足我国铁路各种类型列车高密度混合运输作业要求，动车组列车追踪间隔达到 5 min；

（4）实现既有线、提速铁路、客运专线跨线运行和互联互通。

2.（1）以字符、数字及图形等方式显示列车运行速度、允许速度、目标速度和目标距离；

（2）实时给出列车超速、制动、允许缓解等表示以及设备故障状态的报警；

（3）具有标准的列车数据输入界面，可根据运营和安全控制要求对输入数据进行有效性检查。

3. 通过开关量接口、通信接口、模拟量接口，列控车载设备向 LKJ 输出控车权，与 LKJ 交换与运行监督记录有关的信息，提供轨道电路感应信号、机车信号等；LKJ 经列控车载设备与列车的制动控制接口连接。LKJ 向列控车载设备输出 LKJ 制动状态以及司机号、车次号、日期、时间等信息。

4. 列控车载设备接收 EMU 输入的牵引位置、制动位置、零位位置、向前位置、向后位置等信息，向 EMU 输出紧急制动、最大常用制动、中等常用制动、弱常用制动、切除牵引等指令。

5. 列控车载设备具有超速防护、生成目标距离模式曲线、数据记录、应答器信息接收与处理、速度、距离计算及防滑防空转、与乘务员进行信息交互、防溜、CTCS 级间切换、位置校正、载频锁定、两种车载工作方式选择、与 LKJ 接口、与动态检测设备接口、与动车组（EMU）接口等基本功能。

6. 安全计算机是列控车载设备的核心，负责从车载设备各个模块获取信息，依据轨道电路信息、列车制动力、线路坡度、列车运行速度等信息，按照列车牵引计算模型的要求，生成制动模式曲线并把列车运行速度与模型曲线相比较，必要时通过故障-安全电路向列车输出制动信息，控制列车安全运行。

7. 轨道电路信息接收模块通过 STM 天线（感应器）接收轨道电路的信息，解调轨道电路上传的信号信息，并将解调的信息传递给安全计算机，为安全计算机生成制动模式曲线提供依据。

8. 应答器信息接收模块通过 BTM 天线，接收来自地面应答器的线路信息，校核后，将解调的用户信息传输至安全计算机，为安全计算机生成制动模式曲线提供数据。

9. 运行记录单元通过记录列控车载设备的动作、状态、司机操作等信息，可将行车及列控车载设备自身运行状况的关键数据记录到 PCMCIA 卡上，并可通过读卡器将数据下载至地面分析管理微机，进行设备运行状况分析。

10.报文信息包括应答器链接【ETCS-5】、线路坡度【ETCS-21】、线路速度【ETCS-27】、等级切换【ETCS-41】、特殊区段【ETCS-68】、轨道区段【CTCS-1】、区间反向运行【CTCS-3】、临时限速【CTCS-2】、大号码道岔【CTCS-4】、调车危险【ETCS-132】等信息包。

11.（1）线路允许速度在 160 km/h 以下；

（2）通常不产生制动的区域；

（3）距进、出站端距离大于 450 m；

（4）预告点至执行点不小于 240 m。

12.目标距离模式曲线是根据目标速度、线路参数、列车参数、制动性能等确定的反映列车允许速度与目标距离间关系的曲线。目标距离模式曲线反映了列车在各位置的允许速度值。列控车载设备根据目标距离模式曲线实时给出列车当前的允许速度，当列车超过当前允许速度时，自动实施常用制动或紧急制动，保证列车能在停车点前停车。

项目三习题答案

一、填空题

1.常用　切除牵引　2.人工干预　停车　3.轴端旋转信息　无线　4.磁电　光电　5.雷达　卫星 GPS 定位　6.轨道电路信息　列车控制权　7.车站　应答器（组）　8.3～5　成对　9.特殊轨道　10.1　1 个或多个　11.1　1 个或多个　12.顶棚区　速度下降区　13.顶棚　目标　14.正向　反向　15.信息接收　位置识别　16.列车制动性能　线路坡度　17.紧急　最大常用　18.CSM　TSM　19.距离　地面　20.车次号　司机号　21.车次号　司机号　22.扩展　固定　23.开机　DMI 使用　24.轮径　等级模式　25.进路　临时限速　26.速度　连续监控　27.连续　点连　28.轨道电路　电码化　29.无源　有源　30.列控等级切换　大号码道岔　31.RBC　应答器　32.常用制动　紧急制动　33.应答器　无线通信　34.停车　电源切断　35.有车占用　完整　36.列控中心　有源应答器　37.预先存储　默认　38.隧道　桥梁　39.长度　载频

二、判断题

1.√　2.×　3.√　4.√　5.√　6.×　7.×　8.√　9.×　10.√　11.×　12.√　13.×　14.×　15.√　16.√　17.√　18.×　19.×　20.×　21.√　22.×　23.√　24.√　25.×　26.×　27.×　28.√　29.　√　30.√

三、选择题

1.D　2.D　3.D　4.B　5.D　6.A　7.A　8.A　9.A　10.D　11.B　12.A　13.A　14.A　15.A　16.A　17.A　18.A　19.A　20.A　21.D　22.D　23.A　24.A　25.B　26.C　27.C　28.B　29.D　30.B

四、简答题

1. 具备下列任一条件时，转入待机模式：

（1）在车体主电源接通的情况下，列控车载设备上电后（默认 CTCS 等级设置为“CTCS-2”级时）；

（2）退出调车模式时；

（3）退出隔离模式时。

2. 当列控车载设备工作在除 SB、IS、SH 等模式以外的其他模式下，且以下条件全部成立时进入 OS 模式：

（1）从轨道电路收到的信息为 HU、H、无信号、25.7 Hz、27.9 Hz 中任意一个；

（2）列车处于停车状态；

（3）条件（1）、（2）同时满足并持续 120 s 后，按下目视行车按键。

3. 具备下列条件之一时，可转入机车信号工作状态：

（1）从应答器接收到从 CTCS-2 级切换到 CTCS-0/1 级的信息；

（2）在 CTCS-2 级区段，列车运行速度低于 160 km/h 时，司机手动选择 CTCS-0/1 级；

（3）在列控车载设备设定 CTCS-0/1 级为默认等级时，开启电源后自动进入机车信号工作状态。

4. 根据 CTCS-2 级列控系统设计方案，车站列控中心主要目的是用于向设置在车站进、出站端的有源应答器发送可变信息报文，具有发送接车进路信息、临时限速信息以及进站信号机降级显示等主要功能。

5. 轨道电路信息接收与处理、应答器信息接收与处理、测速测距、超速防护、两种车载工作方式选择、CTCS 级间切换、防溜、与 LKJ 接口、与动态监测设备接口、与动车组接口、机车信号、载频锁定、与司机进行信息交互、数据记录。

6. 列车超速防护系统（ATP）是指列车能根据自身的运行速度和前方列车位置及线路状态对采取制动操作的时机做出逻辑判断，对列车运行速度进行实时控制的技术。

7. 列车运行速度的测量有车载设备自测和系统测量两种方法。车载设备自测有测速发电机、路程脉冲发生器、光电式传感器和霍尔式脉冲转速传感器等方法。系统测量有卫星测速和雷达测速等方法。

8. CTCS-2 级级间切换主要指列控车载设备与 LKJ 之间控制权的切换。列控车载设备在地面应答器的配合下，可以在区间完成与 LKJ 的自动切换，也可以通过人机界面进行人工切换。控车权的交接以列控车载设备为主。为保证制动的安全性、平稳性和连续性，如果在切换时列控车载设备或 LKJ 已触发制动，则在停车后或缓解后方可切换。

9. 列控车载设备接收动车组输入的牵引位置、制动位置、零位位置、向前位置、向后位置等信息，向动车组输出紧急制动、最大常用制动、中等常用制动、弱常用制动、切除牵引等指令。

10. 当列车经过地面应答器上方时，应答器接收到列控车载设备点式信息接收天线发送的电磁能量后，应答器将电磁能量转换为工作电源，启动电子电路工作，把预先存储或 LEU 传送的 1 023 位应答器传输报文循环发送出去，直至电能消失（即车载天线消失）。

11.（1）以字符、数字及图形等方式显示列车运行速度、允许速度、目标速度和目标距离；

（2）实时给出列车超速、制动、允许缓解等表示以及设备故障状态的报警；

（3）具有标准的列车数据输入界面，可根据运行和安全控制要求对输入数据进行有效性检查。

12. 无源应答器报文内容包括：应答器的链接信息、线路坡度信息、线路速度信息、等级切换信息、特殊区段信息、轨道区段信息；主要用于反向运行。

有源应答器的报文内容包括：线路坡度信息、线路速度信息、调车危险信息、轨道区段信息、临时限速信息、反向运行。

项目四习题答案

一、填空题

1.双机热备冗余 2.20 km/h 3.70 4.监控和记录 5.开关量输入通道 6.数字量输入/输出插件 7.预防修与故障修 8.绝缘电阻 9.同步通信 10.300 11.声音或电平信号 12.CAN总线通信方式 13.语音提示 14.感性负载 15.通信记录单元 16.线路允许速度 17.停车信号 18.130 19.解除牵引力 20.6 21.货车 22.解锁+确认 23.30 s 24.43 25.100% 26.120 27.临时控制参数 28.串行通信功能 29.有效制动距离 30.抑制后的速度 31.车载数据与地面信息 32.MC68332 33.CRC 34.实时 35.11.0592 MHz 36.轨道点式或叠加信息 37.监控装置与其他设备之间的通信调理 38.瞬变干扰信号吸收电路 39.各种外部 40.IC卡语音板

二、判断题

1.× 2.√ 3.√ 4.× 5.√ 6.× 7.× 8.√ 9.× 10.× 11.× 12.√ 13.× 14.√ 15.× 16.× 17.× 18.× 19.× 20.× 21.× 22.× 23.√ 24.√ 25.√ 26.× 27.√ 28.√ 29.× 30.√

三、选择题

1.C 2.D 3.C 4.B 5.C 6.D 7.C 8.B 9.B 10.A 11.D 12.A 13.D 14.BC 15.C 16.A 17.C 18.C 19.B 20.D 21.D 22.A 23.C 24.C 25.A 26.B 27.A 28.C 29.A 30.C 31.A 32.D 33.B 34.B 35.C 36.D 37.B 38.C 39.B 40.C 41.B 42.D 43.A 44.B 45.D 46.A 47.B 48.D 49.B 50.D

四、简答题

1. 监控功能包括以下主要功能，LKJ根据工作状态的不同调用相应的控制。

（1）LKJ在列车速度超过安全行车允许的速度时启动制动设备；当列车速度低于安全行车允许的速度时，LKJ不得影响列车的正常运行。

（2）LKJ依据机车信号信息进行限速控制，以防止列车越过关闭的信号机。

（3）LKJ应防止列车超过线路允许速度、机车允许速度、车辆允许速度及其他允许速度中的最低值。

（4）LKJ可按揭示命令要求监控列车在规定的施工区段速度不超过临时限速。

（5）LKJ应防止列车超过规定的调车限速。

（6）LKJ应根据车载数据和输入条件，计算产生输出不同控制指令的控制曲线。

（7）当列车达到报警速度时，LKJ应报警，若列车速度超过LKJ设定的动作值，则解除牵引力、实施常用或紧急制动，控制列车减速或停车。

（8）LKJ应防止列车溜逸运行。

（9）LKJ启动制动设备实施列车制动后，对于紧急制动方式，必须停车后才可缓解。对于常用制动方式，在列车速度低于LKJ设定的速度时，LKJ提供人工缓解条件。

2. 通信插件主要完成监控装置与其他设备之间的通信调整，以使不同通信格式、不同通信接口和速率的设备可以与 LKJ 监控主机交换数据。通信插件设置的通信接口有：

（1）两路半双工 RS485 通信接口，可分别与 TAX2 综合监测装置和列车总线连接。

（2）一路 HDLC 全双工/半双工通信接口，可与地面点式信息等设备连接。

（3）两路独立 CAN 通信接口，与主机内其他挂在 CAN 总线上的模块通信。

3. 以列车运行前方的停车信号或限速地点为目标点，计算产生平滑的控制曲线，防止列车越过关闭的信号机或超过目标点限制速度的控制方式，称之为速度连续控制方式。

4. 以列车运行前方的第一架信号机为目标点，计算产生控制曲线，防止列车越过关闭的信号机或超过道岔限制速度的控制方式，称之为速度分级控制方式。

5. 其工作原理是利用硅压阻效应，当外界压力作用在芯体敏感区域时，在恒压供电情况下，便有相应的电信号输出，再进行技术处理转换成 0 ~ 5 V 的直流电压信号，它可与机车监控装置直接配用，从而实现机车行车自动测量压力和控制。

6. 当 DC+15 V 电源接通后：① 发光二极管随车轮转动的光栅盘变为断续光；② 致使光断续器中的光敏三极管通断运行；③ 经电路放大整形后输出与转速比例的方波脉冲。

7. 监控记录插件集监控、记录功能于一体，是系统的核心单元，主要依据预先存储的 LKJ 车载基础数据，通过实时监测列车速度，计算列车的走行距离和限制速度，从而确定列车位置和控制限制速度；实时监测是否超速并控制制动输出，提供日历时钟，对其他功能模块的控制和管理，文件记录和转储。

8.（1）初始上电或断电时间超过 30 s 后再开机。

（2）通常工作状态下，修改监控交路号、车站号、车次、本补任一参数时。

（3）LKJ 不能确定列车位置时。

（4）退出 20 km/h 限速工作状态时。

9. 运行中列车管减压量不足 40 kPa 且闸缸压力超过 50 kPa 的机车，2 min 后 LKJ 输出语音提示指令，司机按压【警惕】键或闸缸压力<10 kPa，撤除语音提示指令。

10. 参数输入包括 LKJ 临时控制参数和 LKJ 临时数据两部分。

（1）LKJ 临时控制参数包括司机输入的信息。

（2）LKJ 临时数据包括司机输入的各种运行揭示信息，主要通过 IC 卡载入。

11. 常用固定模式限速值－实际速度值≤3 km/h 时，输出语音提示指令。

常用固定模式限速值-实际速度值≤2 km/h 时，输出解除牵引力指令。

常用固定模式限速值-实际速度值=0 km/h 时，输出常用制动指令。

紧急固定模式限速值-实际速度值=0 km/h 时，输出紧急制动指令。

12. 对于旅客列车，LKJ 按该区段最高运行速度的 80%确定固定模式限速（该区间某区段限速值低于上述取值的按低速控制）。对于货物列车，按本区间原规定速度监控列车运行。

13. 常用计算模式限速值－实际速度值≤5 km/h 时，输出语音提示指令。

常用计算模式限速值-实际速度值≤1 km/h 时，输出解除牵引力指令。

常用计算模式限速值-实际速度值=0 km/h 时，输出常用制动指令。

紧急计算模式限速值-实际速度值=0 km/h 时，输出紧急制动指令。

14.（1）检测 LKJ 系统状况。

（2）负责发出和回收 LKJ 系统检测合格证，汇集、处理 LKJ 系统设备质量信息。

（3）负责 LKJ 运行记录数据的转储和设备质量分析，并向对口机务段发送。

（4）抢修和处置 LKJ 系统故障设备。

（5）机车、动车组的 LKJ 数据换装作业。

15. CAN 总线通信线有两根，通常分别称之为 CANH、CANL。当 CANH 与 CANL 电平差高于一定幅值，称总线状态为显性，表示为逻辑“0”；否则称为隐形，表示为逻辑“1”。当总线上多个节点分别同时发送显性数据与隐性数据位时，总线总是呈现显性状态。可理解为多个节点的发送数据位通过总线进行逻辑与运算，只要有任一节点发送逻辑 0，则总线状态为逻辑 0。

16.（1）准备。

① 按照换装作业通知单的换装数量准备需要换装的芯片和 IC 卡。

② 确认芯片、显示器、刷屏 IC 卡（含软件厂家）与换装方案一致，检查芯片管脚正常，无弯曲、氧化现象，擦写次数不超过 7 次。

③ 携带芯片换装工具。

（2）核对参数。

核对芯片版本号与主机、屏幕显示器文件版本一致，A/B 机芯片一致，核对机车型号、机车号、装置号、轮径、柴油机转速脉冲数等各项参数与更换前一致，粘贴换装标识。换装工作采用双人作业并相互检查。

17. 行车设备故障耽误本列客运列车 1 h 以上，或耽误本列货运列车 2 h 以上；固定设备故障延时影响正常行车 2 h 以上（仅指正线）。

18. 在一定时间和管理范围内，发生故障关机数与装用 LKJ 系统的机车、动车组全部走行里程数之比为 LKJ 系统故障关机率。

19. 准许列车经过 18 号及以上道岔侧向位置，进入站内越过次一架已经开放的信号机，且该信号机防护的进路是经道岔的直向位置或 18 号及以上道岔的侧向位置。

20.（1）机车过轨道电路绝缘节时，LKJ 距离校正是否正常。

（2）语音提示时机是否满足要求，屏幕显示是否正确。

（3）LKJ 车载基础数据文件内容与实际情况是否相符。

（4）对典型区段和关键地点进行 LKJ 控制的制动试验；验证 LKJ 控制的制动距离是否满足要求。

（5）对铁路局指定的专项功能进行试验。

（6）LKJ 运行记录数据文件转储、处理结果及记录内容是否正常。

项目五习题答案

一、填空题

1.1 000　2.绿　3.90°或 270°　4.3 000　5.2　6.外接 110 V 电源　7.过压抑制板和显示器　8.本局总工程师室　9.最外方道岔岔尖距进站信号机　10.统一规划　11.LKJ 列车参数　12.12　13.30　14.饱和　15.3　16.反向电动势能量　17.R_1　18.机车实际位置　19.±20 kPa　20.速度连续控制　21.越过关闭的信号机　22.RS232　23.+15 V　24.80 kPa　25.2 km/h　26.机车信号　27.7 天　28.7 A　29.2　30.20%　31.10　32.最高　33.6 个月　34.90　35.双黄　36.机车语音记录装置　37.160 km/h　38.容许信号　39.多重冗余系统

二、判断题

1.√　2.×　3.×　4.×　5.√　6.√　7.　8.√　9.×　10.√　11.√　12.×　13.×　14.×　15.√　16.√　17.×　18.×　19.×　20.√　21.×　22.×　23.×　24.×　25.×　26.√　27.√　28.√　29.×　30.√

三、选择题

1.C　2.D　3.B　4.B　5.A　6.B　7.C　8.B　9.B　10.C　11.B　12.D　13.D　14.C　15.B　16.C　17.D　18.C　19.A　20.B　21.D　22.C　23.C　24.A　25.C　26.C　27.C　28.C　29.C　30.C　31.A　32.C　33.A　34.C　35.A　36.A　37.B　38.A　39.B　40.B　41.C　42.D　43.C　44.B　45.A　46.C　47.A　48.C

四、简答题

1.（1）检验新增或修改内容及相关部分的 LKJ 数据是否正确。

（2）各项控制功能是否达到预定目标，包括语音提示、防超速控制、防冒进信号控制、减速控制、区段限速控制、临时限速控制、道岔限速控制、降级控制、防溜控制、调车控制、特殊前行及其他特殊控制功能等。

（3）控制模式设定的关键处所及其控制要求是否正确。

（4）转储和处理 LKJ 运行记录数据文件后，检查记录是否正常。

2.（1）通过屏幕显示器“查询+4”键进入设备状态查询窗口，确认功能扩展盒状态。

（2）按压Ⅰ端或Ⅱ端鸣笛按钮，鸣笛记录框由绿色变黄色即表示正常。

3.（1）换装前确认文件转储完整；

（2）关闭主机电源，拆卸监控主机板上芯片放入芯片管内；

（3）按顺序插入新版芯片；

（4）插上主机板后开机自检；

（5）IC 卡刷屏后开机自检；

（6）核对参数和软件、数据版本；

（7）输入特定检测车次并转储检测文件；

（8）插入版本校核仪；

（9）检查相应插件安装到位并进行固定。

4.（1）将机车工况等 110 V 信号进行隔离和电平转换后送数据总线，并且各通道具有自检功能；

（2）输出隔离的开关量控制信号，对机车常用制动阀和紧急制动阀等进行控制，输出通道也具有自检功能；

（3）将系统工作正常时监控板送来的“系统正常”脉冲转换成“系统故障信号”，系统故障时使系统交权。

5. 系统上电自检后，显示器进入主界面显示状态，在此状态下，机车两端操作均有效。哪端先进入“监控”状态，则哪端有操作权。调车工作状态下两端均有权，其标志为：显示屏操作权显示窗口显示为“有权”。在操作端可进行正常按键操作，而在非操作端只能进行一些“查询”功能的操作。

6. 发现在途列车 LKJ 数据与线路变化后启用数据不相符的，由机车司机报告列车调度员；列车调度员应发布允许在数据不对应的区域将 LKJ 由通常工作状态人工转为 20 km/h 限速工作状态运行的调度命令，并由铁路局制定特别行车措施保障运输安全。

7.（1）进入条件：

① 列车在自动闭塞区间，且处于停车状态；

② 司机按规定进行了进入 20 km/h 限速工作状态的操作。

（2）退出 20 km/h 限速工作状态的条件：

①列车处于站内停车状态；

②司机按规定进行了退出 20 km/h 限速工作状态的操作。

8.（1）根据 $S=vt$，机车走行距离 $S_1=72\times1\,000/3\,600\times6=120$（m）；

（2）校正延时行距离 $S_2=72\times1\,000/3\,600\times4=80$（m）；

（3）产生的误差距离 $S=S_1-S_2=120-80=40$（m）；

（4）该误差为滞后误差，误差距离为 40 m。

9. 底板、IC 卡语音板、电源板、高压板、PC104 总线 CPU 卡、PC104 总线显卡、通信子板。

10. 监控 A、B 机监控记录板上程序芯片写片版本不同；取下监控记录板，核实程序版本，换下不一致的监控记录板。

11.（1）设备安装结构以将设备固定在车体、机架或安装台上的螺孔、螺丝分界，车体、机架或安装台由机务、车辆部门负责。

（2）如机车或动车上需要加装改造 LKJ 等设备时，本着“谁管理、谁负责”的原则完成加装改造相关工作。

12.（1）交路示意图；（2）靠标停车困难特殊车站；（3）特殊发码信号机；（4）关联发码特殊信号机；（5）监控交路号表；（6）线名及线编号表；（7）车站编号（TMIS 站号）表；（8）过渡支线号设置情况。

13. 参与 LKJ 计算和控制的文件由 LKJ 车载基础数据文件、LKJ 车载控制文件、LKJ 临时数据文件（IC 卡数据文件）和 LKJ 临时控制参数（司机输入数据）四部分组成（《维规》第 37 条）。

14. 不按照机车信号信息监控列车运行；监控列车不超过规定的调车限速；自动识别调车

灯显信息，按其信息实现相应的控制功能。

15.（1）转入后列车停车达到 2 min，以 20 km/h 为固定限速值监控列车运行。

（2）监控列车运行至前方车站（不含线路所）的出站信号机（或发车进路信号机）前停车。

（3）不按机车信号信息监控列车运行。

（4）取消 LKJ 的人工股道选择及站内靠标停车控制功能。

16. 主要内容包括车型、机车号、装置号、时钟、轮径、机车工况、管压、速度、车位调整、常用紧急动作、关机、降级、过机校正、硬件故障记录、主断记录、鸣笛记录、机车信号异常、内燃机车柴油机转速、揭示控制、库内检测试验作业标准、乘务员违章使用、文件完整性等进行分析。

17.

指示灯	定　　义	指示灯	定　　义
1A	（闪）工作正常（A 机快闪、B 机慢闪）	1B	（亮/灭/闪）主机/备机/单机
2A	（亮/灭）实时时钟工作正常/不正常	2B	无定义
3A	（亮/灭）双机同步通信自检正常/不正常	3B	无定义
4A	（亮/灭）数字输入插件自检正常/不正常	4B	（亮/灭）模拟输入自检正常/不正常
5A	（亮/灭）数字输入/输出插件输入部分正常/不正常	5B	（亮/灭）数字输入/输出插件输出部分正常/不正常
6A	（亮/灭）程序和数据片一致	6B	（亮/灭）记录同步/不同步
7A 复位标志	（亮）未复位	7B	无定义
	（闪）闪得越快，复位次数越多		
	（灭）复位超过 10 次		
8A	无定义	8B	（亮/灭）有记录产生/数据转储

18. LKJ 对机车控制手段分为报警、卸载、常用制动、紧急制动、故障报警五个等级。

19. 主要完成模拟输入信号和频率输入信号的调整、隔离、模/数转换及模拟输出信号的数/模转换、隔离及调整输出。

项目六习题答案

一、填空题

1.行车组织　2.确认技术状态良好后　3.VME 总线　4.滞后误差　5.进站确认　6.该区间最高允许速度的 80%　7.20 km/h 限速工作状态　8.列车冒进信号　9.基本原理和操作方法　10.全面检查　11.分析通报制度　12.CRCC 认证　13.定期检验制度　14.责任事故　15.检修互换单元　16.《列车运行图技术资料》　17.区域数据集合　18. 纸质文档和电子文档　19.每季度　20.不同人员　21.应急换装点　22.涉及换装　23.数据文件或控制文件版本号　24.生效时刻　25.提交换装作业委托书　26.铁路综合 IT 网　27.设置校核密码　28.接收、核对、签认、保存　29.LKJ 运行记录数据转储成功率　30.解除牵引力　31.感应电压　32.15　33.紧急固定模式限速值　34.+5 km/h　35.10　36.超过 50 kPa　37.大于 5 km/h　38.≥10 m　39.警惕　40.20 km/h

二、判断题

1.×　2.×　3.×　4.×　5.√　6.√　7.√　8.√　9.√　10.×　11.√　12.×　13.×　14.×　15.×　16.×　17.×　18.×　19.×　20.×　21.×　22.√　23.×　24.×　25.×　26.√　27.×　28.×　29.×　30.√　31.√　32.√　33.×

三、选择题

1.B　2.B　3.B　4.B　5.C　6.B　7.A　8.C　9.C　10.C　11.D　12.B　13.C　14.A　15.C　16.B　17.C　18.B　19.B　20.A　21.B　22.B　23.A　24.A　25.B　26.A　27.A　28.B　29.A　30.A　31.A　32.B　33.B　34.C　35.A　36.D　37.B　38.A　39.A　40.A　41.D　42.B　43.B　44.A　45.B　46.D　47.C　48.D　49.C　50.B

四、简答题

1. 通常工作状态、降级工作状态、调车工作状态、出入段工作状态、非本务工作状态、20 km/h 限速工作状态、与其他 ATP 结合工作状态。

2. LKJ 是中国列车运行控制系统体系的组成部分，是用于防止列车冒进信号、运行超速事故和辅助机车司机（含动车组司机，下同）提高操纵能力的重要行车设备。LKJ 是机车、动车组的组成部分。

3. 安全电压是指人体偶然接触没有生命危险的电压。电流对人体的危险作用与电流量、电流种类、频率高低、延续时间、电流通路、人体电阻和接触电压高低有关，通过人体的电流为 50 mA 时，就会引起呼吸器官麻痹，人体最小电阻为 800 Ω，接地电压超过 0.05 mA×800 Ω=40 V 就会有危险，因此，我国规定人身安全电压为 36 V。

4. 当主机 A、B 机同时故障时，将产生系统故障输出，一方面输出 110 V 故障信号至显示器，驱动蜂鸣器报警，另一方面启动过压抑制板上的 3 min 延时电路，要求在 3 min 内人工关闭主机电源，否则实施紧急制动。

5. 过机误差：列车运行中，装置距离显示区以不断递减的数据显示距下一信号机的距离，机车越过一架信号机瞬间显示的距离与机车实际位置的误差称为过机误差。

过机误差分为滞后误差、超前误差。

6. 地面信息处理插件的功能主要是完成地面轨道电路绝缘节点的识别，为监控装置提供用以校正距前方信号机的距离绝缘节信号。

7. 1A 灯点亮时表示接收的是绿灯信号；

1B 灯点亮时表示接收的是绿/黄灯信号；

2A 灯点亮时表示接收的是黄灯信号；

2B 灯点亮时表示接收的是黄 2 灯信号；

3A 灯点亮时表示接收的是双黄灯信号；

3B 灯点亮时表示接收的是红黄灯信号；

4A 灯点亮时表示接收的是红灯信号；

4B 灯点亮时表示接收的是白灯信号；

5A 灯点亮时表示接收到速度等级 1；

5B 灯点亮时表示接收到速度等级 2；

6A 灯点亮时表示接收到速度等级 3；

6B 灯点亮时表示接收制式信号；

7A 灯点亮时表示接收到绝缘节信号。

8.（1）通过安装在机车轮对上的速度传感器得到；（2）其中速度通道 0 和速度通道 1 取自一个速度传感器；速度通道 2 取自另外一个速度传感器。

9.（1）三路速度信号，其速度信息来自安装在机车轮对上的速度传感器，速度信号的基本配置为二通道（可扩充至三通道）；监控装置通过同一速度传感器上的两路速度信号的相位差判断相位情况。

（2）机车信号条件（色灯信号），机车信号信息可取自主体化机车信号或 JT1-A（SJ93）、JT1-B（SJ94）通用式机车信号装置（取点灯条件），也可通过 RS485/RS422 串行通信方式获取。

（3）四路压力信号，分别为列车管压力、制动缸压力和 2 路均衡风缸压力；压力信号通过压力传感器采集。压力传感器可采用 TQG14 型机车压力变送器。

（4）机车工况信息，通过安装在机车上的继电器采集零位/非零位、牵引/制动和向前/向后信息。

10.（1）确认 CAN 总线引起故障的具体插件，通过替换监控记录插件、地面信息处理插件、通信插件、扩展通信插件和屏幕显示器确认。

（2）将故障插件更换为良好插件。

11. 其主要监控依据有：机车信号、机车速度、线路参数、《技规》《牵规》《技术条件》、过节校正信号、输入参数及键盘操作。

12. 主要包含以下数据：信号机数据（包括进站、出站、进出站、通过、预告等信号机类型）；侧线股道信息数据；车站信息数据；支线转移数据；交路转移数据；公里标突变数据；区段限速数据；分项数据；防洪数据、坡度数据；曲线数据；桥梁数据；道口数据和 GPS 数据等。

13.（1）监控装置应适应地面自动和半自动闭塞区段的 UM71（ZPW2000）、移频（包括

18 信息移频)、交流计数、极频等信号制式。

(2)线路数据文件采用监控装置预先存储方式，在具备条件的区段可以接收点式应答器信息作为列车定位和辅助控制信息。

(3)应具备实施列车动力切除、常用制动及紧急制动控制功能。

(4)系统应具备或预留的接口：

① 应具有与列车运行安全状态信息系统（LAIS）的接口；

② 应具备与全球定位系统（GPS）的接口；

③ 应具备与机务信息化车载平台的接口；

④ 应具备与列车通信网络的接口；

⑤ 应具备与双向机车标签的接口；

⑥ 应具备与主体化机车信号设备及应答器的接口。

(5)监控装置接通电源后应对各功能电路硬件进行自检，并应对故障情况进行显示和语音提示。系统在列车运行过程中进行检测时，不能影响司机的操作和系统的速度监控功能。

(6)监控主机箱体、插件的机械尺寸应符合标准。

14.(1)过压抑制板由瞬变干扰信号吸收电路和电源滤波电路、延时继电器三部分组成。

(2)外部 110 V 电源及 110 V 电路输入信号经过压抑制板的滤波及瞬态过压抑制处理，消除机车 110 V 回路干扰对装置的影响。

(3)在监控主机故障时，完成 3 in 故障延时功能。

15. 对 A、B 机的识别是靠对 W/STB 信号的高低电平进行判断的。W/STB 信号通过母板恒接低电平的是 A 机，W/STB 信号通过母板恒接高电平的是 B 机。

16. 挂接在 LKJ 系统 CAN 总线上的模块有监控记录插件、地面信息处理插件、通信插件、扩展通信插件、Ⅰ端显示器、Ⅱ端显示器以及事故状态记录器、无线数据传输系统、LKJ 功能扩展盒、GPS 接收主机。

17. 机车工况信号通道自检电路用于给机车工况信号通道的输入端送 110 V 电压信号，检测机车工况信号通道是否正常。

18. 上电后，电源插件指示灯 1A、B～4A、B 全亮，表示电源插件各路输出电源正常，各指示灯含义如所示：

指示灯	含义	指示灯	含义
1A	+5 V	1B	+12 V
2A	−12 V	2B	+15 V
3A	+24 V	3B	+15 V1（供速度传感器）
4A	+24 V	4B	+15 V2（供压力传感器）

项目七习题答案

1.（1）分析原因。

速度信号取自安装在车轴上的速度传感器，速度传感器信号输出至模拟量输入/输出插件，经整形、滤波处理后送给监控记录插件，监控记录插件按照机车轮径及传感器每周计数脉冲数进行计算。如果无速度信号显示，多为速度传输通道故障，使传感器发出的脉冲信号不能传入监控记录插件；如果速度显示不正确，可以检查机车轮径输入与实际是否相符或传感器是否故障，实际发出的脉冲数与理论值不符；如果速度显示不稳定，多为机车上各种信号干扰所致，应先检查机车的速度传感器部分以及模拟量输入/输出插件的速度通道中的干扰。

（2）应急处理方法。

➢ 检查速度传感器通道连线；

➢ 更换速度传感器；

➢ 更换模拟量输入/输出插件；

➢ 检查机车轮径是否正确。

2.（1）分析原因。

机车工况等 110 V 信号，都是通过过压抑制板处理后送入数字量输入/输出插件，进行滤波、隔离、整形后送上总线的。出现这种情况多为连线出现问题或数字量输入/输出插件故障所致。

（2）应急处理方法。

➢ 检查机车工况连线；

➢ 更换数字量输入/输出插件；

➢ 更换主机箱。

3.（1）分析原因。

LKJ 可以同时引入 4 路压力信号，压力传感器将 0 ~ 1 000 kPa 的压力信号转换成 0 ~ 5 V 的电压信号，送入模拟量输入/输出插件，处理后送到监控记录插件，所以出现这种现象多为压力传感器故障、压力传感器工作电压不正常或模拟量输入/输出插件故障所致。

（2）应急处理方法。

➢ 更换模拟量输入/输出插件；

➢ 检查压力传感器插头是否连接紧密；

➢ 检查压力传感器工作电压；

➢ 更换压力传感器。

4.（1）分析原因。

LKJ 输出了紧急制动指令时，向电空阀或停车继电器送出 110 V 的正电源条件，由电空阀执行对列车实施紧急制动的控制。出现这种故障首先要判断是监控装置故障还是机车制动执行机构故障，检查 110 V 条件是否送入电控阀是判断故障点的关键。

（2）应急处理方法。

紧急制动时，测量电控阀是否得电，若得电，检查电控阀管路中的折角塞门是否开启，如开启，则更换电控阀。若不得电，则执行下面三步：

➢ 检查紧急制动阀接线；

➢ 更换数字量输入/输出插件；

➢ 更换监控主机。

5. 列车在恒速区运行，LKJ 屏幕显示器限速窗口显示值和限速曲线为常用固定模式限速值。当不具备常用制动接口或取消常用制动功能时，LKJ 屏幕显示器限速窗口显示值和限速曲线为紧急固定模式限速值。

列车在减速区运行，LKJ 屏幕显示器限速窗口显示值和限速曲线为常用计算模式限速值。当 LKJ 输出常用制动指令后、不具备常用制动接口或取消常用制动功能时，LKJ 屏幕显示器限速窗口显示值和限速曲线为紧急计算模式限速值。

6.（1）停车后制动缸压力<80 kPa 或列车管减压不足 80 kPa 时，5 s 后 LKJ 输出语音提示指令。

（2）当制动缸压力≥80 kPa 或列车管压力减压≥80 kPa 及以上，或司机按键应答时，撤除语音提示指令和管压防溜控制。

（3）输出语音提示指令 10 s，未满足第（2）条条件时，LKJ 输出紧急制动指令。

7. 当 LKJ 无控制指令输出且不处于防溜报警状态，满足下列条件之一时允许进行 LKJ 的参数输入：

➢ 机车信号为停车信号或按停车控制且列车处于停车状态；

➢ 机车信号为 UU 码且列车速度<45 km/h；

➢ 机车信号为其他进行信号且列车速度<60 km/h。

8.（1）在车载数据中预先设置为“长大下坡道”的区段，且设置为机车不具备电阻制动功能时，LKJ 取消常用制动控制功能。

（2）当列车管减压大于等于 50 kPa 后，取消常用制动控制功能，列车缓解后，在本减速区不恢复常用制动控制功能。

（3）列车在站内停车控制时，取消 LKJ 的常用制动控制功能。

9.（1）停车后制动缸压力不足 80 kPa 或列车管减压不足 80 kPa 时，5 s 后 LKJ 输出语音提示指令。

（2）当制动缸压力达 80 kPa 或列车管压力减压达 80 kPa 及以上，或司机按键应答时，撤除语音提示指令和管压防溜控制。

（3）输出语音提示指令 10 s，未满足第（2）条条件时，LKJ 输出紧急制动指令。

10.（1）LKJ 在通常监控工作状态下，列车速度大于 5 km/h 时，LKJ 启动周期警惕功能；列车速度小于 3 km/h，终止周期警惕功能。

（2）启动周期警惕功能后，开始计时；当检测到下列信息之一时重新开始计时：

➢ 列车管减压 50 kPa 及以上；

➢ 闸缸压力大于等于 50 kPa；

➢ 机车工况（零位/非零位）状态变化。

（3）若计时达到 120 s，显示屏弹出提示窗口，并从 20 s 开始倒计时，倒计时到 10 s 时伴以“呜呜”的报警声，倒计时到 0 时实施制动控制（报警声持续至制动指令被解除）。在倒计时过程中，检测到下列信息之一时停止报警，清除提示窗口，启动新的警惕周期：

➢ 按压司机操纵端警惕按钮开关；

➢ 列车管减压 50 kPa 及以上；

➢ 闸缸压力大于等于 50 kPa；

➢ 机车工况（零位/非零位）状态变化。

11.屏幕显示器包括 6 块电路板。

➢ 底板：提供 PC104 总线接口、与主机通信的 CAN 接口、与 LKJ-93A 或 TAX2 设备通信的 485 接口、3×7 键盘接口、8 路开关量输入接口等。

➢ IC 卡语音板：提供 IC 卡读卡器接口、语音提示接口。

➢ 电源板：将机车 110 V 电源转换为 5 V、12 V 电源供显示器其他各板用。

➢ 高压板：提供故障报警电路及液晶屏 1 000 V 背光电源电路。

➢ 通信子板：通过 RS485/422 接口与微机柜进行通信，并通过双口 RAM 与上位机 80486 主板 CPU 进行信息交换。

➢ PC104 总线 CPU486 主板：80486 处理机系统；同时集成 LCD 显卡，负责将 CPU 传过来的数据变成图形点阵并送液晶屏显示。

12.（1）先用替换法，对模拟量输入/输出插件、监控记录插件进行检验，如现象消失，则模拟量输入/输出插件、监控记录插件故障或性能降低。

（2）替换后现象仍出现，则甩开 X34#插头检查测量速度导线 J132、J131 对 J169 屏蔽地线间的绝缘，是否有车体电压串进速度通道，如绝缘不好，则查找接地处所进行处理。

（3）测得绝缘良好，拧紧 X34#插头，甩开速度传感器插头观察是否还有速度值。

（4）如故障现象消失，则速度传感器故障，更换速度传感器。

13.（1）检查机车信号Ⅰ、Ⅱ端（司机换向手柄前进、后退）转换是否正常。

（2）检查Ⅰ端机车信号机上下行位置是否与实际运行一致。

（3）检查Ⅰ端接收线圈是否接反，有无断线或混线。

（4）检查地面发码电流是否正确。

14.（1）日期和时间；

（2）机车信号信息；

（3）列车运行速度与限速；

（4）前方目标信号机的类型、编号；

（5）距前方信号机距离；

（6）机车所在位置的里程坐标；

（7）工作状态和列车制动状态；

（8）列车最近走过的不少于 1 km 以内的运行速度值轨迹曲线；

（9）机车当前位置至前方不少于 3 km 以内的线路允许速度曲线；

（10）运行所在闭塞分区及运行前方闭塞分区模式限速值曲线；

（11）以曲线、符号和文字形式，沿线路里程的延展显示机车运行前方不少于 3 km 以内的线路曲线、坡道坡度、道口、桥梁、隧道及车站、信号机、电气化铁路接触网分相标等设置情况；

（12）警示光带及放大标尺窗口显示。

15. 凡在半自动闭塞区间连续两个车站或自动闭塞区间连续两架信号机发生机车信号与地面信号不符时，均可判定为机车信号故障。

机车信号故障后，及时向列车调度员汇报，说明情况并索取调度命令，自闭区段将 LKJ 转入“20 km/h 限速模式”运行，半自闭区段按人工引导方式进站；运行到前方车站后，请求将本务机车转为重联机车，或更换机车。

16. 进行下列任一操作后，可以终止本次警惕提示控制过程：

➢ 按压警惕按钮开关 1 次；

➢ 列车管减压 50 kPa 及以上；

➢ 闸缸压力大于等于 50 kPa；

➢ 机车工况（零位/非零位）状态变化。

17. 货运列车运行在站内停车后，遇列车尾部未越过警冲标时，在同时满足下列条件的情况下，司机可请求调度员发布调度命令允许突破停车速度控制模式曲线关闭点前行，具体前行距离由司机同时申请。

➢ 货运列车；

➢ 机车运行速度为 0；

➢ 首次进入时 LKJ 显示的前方信号机为出站（包括进出站，线路所除外，下同）信号机；

➢ LKJ 显示的前方信号机在 LKJ 车载基础数据文件中未预先设置为“货车靠标停车困难特殊车站”；

➢ NJ2 型机车首次进入时 LKJ 显示距前方信号机距离<120 m，其他系列机车首次进入时 LKJ 显示距前方信号机距离<70 m；

➢ LKJ 处于通常工作状态下；

➢ LKJ 接收的机车信号为停车信号（红灯、低频信息为“H”码除外）或 LKJ 按停车信号控制的条件时。

18. 当 LKJ 具备常用制动功能时，发出解除牵引力（卸载）和常用制动指令（减压量 80 kPa）；当不具备常用制动接口或取消常用制动功能时，发出解除牵引力和紧急制动指令。

一旦发出制动控制指令，必须在列车停车后才能解除（若发出常用制动控制指令，还必须按【缓解】键）。

19. 不正常。

（1）分析原因。

5A、5B 灯灭说明主机数字量输入/输出插件故障或监控记录插件本身没有检测到数字量输入/输出插件的信号。

（2）处理方法。

➢ 检查机车工况布线和制动输出布线；

➢ 用替换插件的方法确认监控记录插件故障还是数字量输入/输出插件故障；

➢ 如确认监控记录插件故障，检查自检数据线有无短路或开路现象；

➢ 如确认数字量输入/输出故障，更换数字量输入/输出插件。

参考文献

[1] 梅国宏，朱济龙. 铁路行车安全装备[M]. 北京：中国铁道出版社，2015.
[2] 吕娜玺. 行车安全装置操作与故障处理[M]. 北京：北京交通大学出版社，2018.
[3] 中国铁路总公司. CTCS-2 级列车运行控制系统[M]. 北京：中国铁道出版社，2013.
[4] 张丽. 列车运行自动控制系统设备维护[M]. 成都：西南交通大学出版社，2013.
[5] 杨志刚. LKJ 列控技术与应用[M]. 北京：中国铁道出版社，2012.
[6] 武学工. 铁路机务行车安全装备[M]. 北京：北京交通大学出版社，2022.